Das Buch

Erstmals erschienen die Erinnerungen des letzten Chefs der DDR-Aufklärung 2001. Seither sind neue Erkenntnisse gewonnen worden und haben sich Entwicklungen vollzogen, die für die neue Auflage eine Überarbeitung sinnvoll erscheinen ließen. Dabei ging es nicht um die Korrektur von Sichten oder Urteilen, sondern um deren Ergänzung und Unterstreichung. Geschichte vollzieht sich in langen Prozessen, und oft lassen aktuelle Vorgänge den Blick unscharf werden. Großmann blickt zwar zurück, liefert aber eigentlich Kommentare zur Gegenwart. Nur wer das Wesen und das Wesentliche der Vergangenheit erkannt hat, kommt auch mit der Gegenwart und der Zukunft klar. Insofern sind Großmanns Erinnerungen aktueller Stoff, der bewußt macht, wieviel Heuchelei, ideologische Verblendung und Rechtsbeugung heute im Spiel sind, wenn es um Demokratie und bürgerliche Freiheiten in der Bundesrepublik Deutschland geht. In diesem Sinne ist der Autor Aufklärer geblieben.

Der Autor

Werner Großmann, Jahrgang 1929, geboren und aufgewachsen in einem Dorf bei Pirna. Nach Maurerlehre und einigen Semestern Studium an der Technischen Hochschule Dresden 1952 Wechsel nach Berlin an die Schule des Außenpolitischen Nachrichtendienstes (APN), aus dem die Hauptverwaltung Aufklärung (HVA) des MfS wurde. 1966/67 Besuch der Parteihochschule in Moskau, 1972 Abschluß eines Fernstudiums an der Juristischen Hochschule Potsdam als Diplomjurist.
1986 in der Nachfolge von Markus Wolf (1923-2006), der die HVA von Anfang an geleitet hatte, Chef der Aufklärung und Stellvertretender Minister für Staatssicherheit. Letzter Dienstgrad: Generaloberst.

Inhalt

Ein deutscher Patriot und wahrer Freund der Sowjetunion

*Von Armeegeneral a. D. Wladimir Krjutschkow**

Sehr gern nutze ich diese Gelegenheit, um noch einmal über mein Verhältnis zum Autor zu schreiben und zu all meinen Gleichgesinnten, den Aufklärern im MfS der DDR, zu sprechen.

Werner Großmann hat ein sehr interessantes, informatives und lehrreiches Erinnerungsbuch über Arbeit und Kampf der deutschen Aufklärer geschrieben. Es ist ein Buch über die verantwortungsvolle und komplizierte Interessenverteidigung des deutschen Staates der Arbeiter und Bauern.

Wir können uns darin von der hohen Professionalität unserer Kollegen und vom tragischen Schicksal des ersten sozialistischen Staates in der deutschen Geschichte eine Vorstellung machen.

Das Buch wird bestimmt großes Interesse nicht nur bei ehemaligen und aktiven Mitarbeitern der Geheimdienste hervorrufen, sondern bei allen Menschen, denen das Schicksal der DDR nicht gleichgültig ist – das Schicksal eines mit der Sowjetunion befreundeten Staates und unseres treuen Verbündeten. Die vielseitige Zusammenarbeit und brüderlichen Beziehungen wurden von Gorbatschow & Co. nach 40 Jahren abgebrochen. Sie haben damit nicht nur die Interessen der Sowjetunion verraten, sondern auch die der anderen Staaten der sozialistischen Gemeinschaft.

Ich selbst war aktiv an dieser Zusammenarbeit beteiligt und konnte mich vom hohen professionellen Niveau der deutschen Kollegen bei der Lösung kompliziertester Aufgaben in der Zeit des Kalten Krieges, des Kampfes zwischen den Kräften des Sozialismus und des Kapitalismus, überzeugen.

Während der gesamten Zeit seiner Tätigkeit im Bereich der Aufklärung – immerhin 38 Jahre – erfüllte Werner Großmann aufrecht seine Pflicht und war unserer gemeinsamen Sache stets treu. Niemals wich er zurück. Sowohl in seiner Heimat als auch in der

Sowjetunion und in anderen sozialistischen Ländern wurde er dafür hoch geschätzt.

Werner Großmann war ein wahrer Freund der Sowjetunion, aber vor allem ein deutscher Patriot. Er glaubte an die sozialistische Zukunft Deutschlands. Vor dem deutschen Volk hat er sich in keinerlei Weise schuldig gemacht. Sein Gewissen ist rein.

Besonders interessant und lehrreich sind jene Passagen, in denen es um die sozialpolitische Situation in der Deutschen Demokratischen Republik, um ihre Beziehungen zur BRD und um die Angriffe auf die DDR geht.

Nach dem Anschluß Ostdeutschlands an Westdeutschland gerieten unsere deutschen Freunde in eine schwierige Situation. Es begann die Verfolgung der Mitarbeiter der Nachrichtendienste und anderer Staatsorgane der DDR, obgleich sie Bürger eines selbständigen Staates waren und nach dessen Gesetzen handelten. Schließlich war die DDR Mitglied der UNO und allgemein anerkannter Teil der internationalen Gemeinschaft. Den Verlust der Arbeit und der Mittel zur Existenz, Strafverfolgung, Gerichtsverfahren, Haft, Psychoterror in den Massenmedien – all das haben unsere deutschen Freunde durchstehen müssen.

Auch unter diesen Umständen bewahrte Werner Großmann seine Würde.

Die Schuld an diese Tragödie liegt ganz beim damaligen Oberhaupt der Sowjetunion, Michail Gorbatschow. Er gab die DDR auf und verriet dieses Land. Er rührte keinen Finger, um unsere Freunde in der DDR zu schützen. Gorbatschow hat einmal gesagt, er hätte ein Gespräch mit Helmut Kohl, dem Kanzler der BRD, geführt. Der solle ihm zugesichert haben, daß die Vertreter der Staatsorgane der DDR nach der Vereinigung mit der Bundesrepublik nicht verfolgt werden würden. Später sagte Kohl jedoch, daß er sich an ein solches Gespräch und eine solche Zusage nicht erinnern könne.

Das zeigt doch: In der großen Politik kann man nicht auf persönliche Gespräche bauen, wenn später der eine sich nicht erinnern will und der andere nur erklären kann, daß er darüber gesprochen habe.

Politische Fragen lassen sich nur auf der Basis von nachprüfbaren, also schriftlichen Vereinbarungen regeln. Nur das ist legitim.

Werner Großmanns Buch »Bonn im Blick« beweist, daß er ein treuer Freund seiner sowjetischen Genossen war. Er und das von ihm geführte Kollektiv haben viel auch für die Sowjetunion geleistet. Dafür danken wir ihnen, wir schätzen diesen Beitrag der deutschen Aufklärer hoch ein.

Ich wünsche dem Genossen Werner Großmann alles Gute, Gesundheit und weitere Publikationen, in denen er das Leben in der Deutschen Demokratischen Republik beleuchtet und in denen die Wahrheit über die vierzigjährige Geschichte der DDR verbreitet wird.

Die Welt hat darauf Anspruch, sie zu erfahren.

Vielen Dank, Genosse Werner Großmann, für Ihr Buch!

Wladimir Krjutschkow
Moskau, Dezember 2006

Übersetzung: Svetlana Bartseva

* *Wladimir Krjutschkow, Jahrgang 1924, leitete vom 1. Oktober 1988 bis zum 22. August 1991 das KGB.*

Nach Jura-Studium und Besuch der Diplomatenschule trat er 1954 in den diplomatischen Dienst der Sowjetunion. Im Herbst 1956 war er Dritter Sekretär der Botschaft in Budapest, die Juri Andropow leitete.

1967 wurde Andropow Vorsitzender des KGB, Krjutschkow folgte ihm in den Dienst. Er wurde dort zunächst Leiter des Sekretariats der I. Hauptverwaltung (Auslandsaufklärung), später stellvertretender Leiter und schließlich von 1974 bis 1988 Vorsitzender der I. Hauptverwaltung. Ab 1978 war er Stellvertretender KGB-Vorsitzender. 1982 wurde er Generaloberst des KGB und 1984 Abgeordneter der Nationalitätenkammer des Obersten Sowjets, 1988 Vorsitzender des Komitees für Staatssicherheit und Armeegeneral.

1986 war er Vollmitglied des von Gorbatschow als Generalsekretär geführten Zentralkomitees der KPdSU geworden, ab 1989 gehörte er dem Politbüro des ZK der KPdSU an.

Es lohnt sich, sein Buch zu lesen.
Großmann zeichnet ein dichtes Bild von der Entstehung und von der Arbeit der HVA, »um die Lebensleistung der Mitarbeiter zu würdigen«.
Er schreibt sparsam, nüchtern lakonisch, ohne Eitelkeit [...]
Und Großmann ist ehrlich [...]
Er ist stolz auf die HVA,
ohne sich selbst in den Vordergrund zu rücken.

Volker Foertsch,
bis 1998 Abteilungsleiter beim BND,
in: Tagesspiegel, *19. März 2001*

Die geheime Schule

Am 1. April 1952 verabschiede ich mich in Dresden von meiner Frau Brigitte und von meiner kleinen Tochter Ingrid. Ich fahre nach Berlin. Dort soll ich eine Schule des Zentralkomitees der SED besuchen, um mich auf eine verantwortliche Position im Staat oder in der Partei vorzubereiten. Trotz dieser Chance für mein berufliches Fortkommen fällt uns die Trennung schwer. Wir sind jung, beide Jahrgang 1929, seit anderthalb Jahren verheiratet. Erst vor kurzem sind wir in Dresden in eine kleine, aber schöne Wohnung gezogen. Brigitte erwartet unser zweites Kind.

Ich verspreche, sofort nach meiner Ankunft zu schreiben, denn eine Adresse der Schule, geschweige denn meine zukünftige Wohnanschrift, kenne ich nicht. Ich soll mich in Berlin lediglich im Zentralkomitee der SED melden. »Es wird sich alles finden«, tröste ich meine Frau.

Mit leichtem Gepäck gehe ich zum Hauptbahnhof. Obwohl ich nun schon seit einiger Zeit in Dresden lebe, hier schon mein Abitur an der Vorstudienanstalt, der Vorläuferin der 1949 gegründeten Arbeiter-und-Bauern-Fakultät, abgelegt habe, erschreckt mich immer wieder die Ruinenlandschaft. Als gelernter Maurer weiß ich, wieviel Arbeit es kosten wird, aus diesem Chaos wieder eine Stadt zu bauen. Meine Frau empfindet die zerstörte Stadt noch schmerzlicher. Sie wurde in Elbflorenz geboren. In der Nacht vom 13. zum 14. Februar 1945, in der Bomber der britischen und amerikanischen Luftwaffe 15 Quadratkilometer Stadtgebiet vernichteten und in der mindestens 35.000 Menschen starben, ging auch die Wohnung ihrer Eltern in Dresden-Neustadt in Flammen auf. Sie und ihre Mutter überlebten und zogen zu Verwandten nach Pirna, der Vater war an der Front.

Der Hauptbahnhof ist immer noch ein Provisorium. Der Zug, der mich nach Berlin bringen soll, fährt verspätet ab. Niemand regt sich auf, es ist nichts Außergewöhnliches. Mit Glück und Schnelligkeit bekomme ich einen Sitzplatz. Der Schaffner hebt die grüne Kelle, pfeift das Abfahrtsignal. Nun siegt doch die Neugier: Berlin, ich komme! Was erwartet mich, wo werde ich wohnen, welchen Anforderungen muß ich genügen, und wie werde ich mit Lehrern und Studienkollegen auskommen? Was werde ich nach einem Jahr Schule tun?

Ängstlich bin ich nicht, ich kann mich neuen Situationen gut anpassen, bekomme schnell Kontakt zu Menschen und verzage selten bis nie.

Im Ostbahnhof in Berlin steige ich aus. Mit der S-Bahn fahre ich bis zum Alexanderplatz und gehe dann zu Fuß zum Gebäude des Zentralkomitees an der Wilhelm-Pieck-Straße, Ecke Prenzlauer Allee. Ich bin angemeldet, und ein Genosse holt mich am Einlaß ab. Ohne lange Umstände werde ich in einen PKW verfrachtet. Und los geht es in Richtung Pankow. In Niederschönhausen biegen wir in eine stille Straße ein. Im Vorbeifahren lese ich gerade noch das Straßenschild »Tschaikowskistraße«, dann hält das Auto vor einem kleinen Gebäude.

Ein Mittvierziger begrüßt mich. Ohne seinen Namen zu nennen stellt er sich als Mitarbeiter der Kaderabteilung des Zentralkomitees der SED vor. In den nächsten Tage erfahre ich, daß er Peter Scheib heißt. (In der HVA arbeitet er als stellvertretender Kaderchef und später in der Parteileitung.) Heute erledigt er die Einweisungsformalitäten. Ich muß meinen Personalausweis und andere Dokumente abgeben. Das irritiert mich zwar ein wenig, aber, so denke ich mir, die Genossen wollen noch einmal die persönlichen Daten überprüfen.

Als ich einen neuen Personalausweis erhalte, der auf einen anderen Namen ausgestellt ist, kann ich allerdings mein Erstaunen nur mühsam verbergen. »Du heißt jetzt Olldorf«, sagt der Kaderinstrukteur fast nebenbei und schärft mir ein, niemandem meinen wirklichen Namen zu nennen. Fast ein wenig erleichtert bin ich, daß ich meinen Vornamen behalten darf.

Eingedenk meines Versprechens, meiner Frau sofort zu schreiben, erkundige ich mich nach der Postadresse. Ist es Belustigung oder Ärger, was ich im Gesicht meines Gegenübers sehe? Er nennt mir jedenfalls eine Schließfachnummer. »Briefe, die du abschicken möchtest, gib im Sekretariat der Schule ab.« Öffentliche Briefkästen, so sagt er mir, dürfe ich nicht benutzen, Telefonate nach Hause gäbe es nicht. Einmal in Fahrt, setzt der Kaderinstrukteur seine Belehrung fort: »In Briefen darfst du keine Adresse oder Telefonnummer der Schule angeben, nichts über den Schulbetrieb, die Lehrer und andere Kursanten berichten.« Das wiederum leuchtet mir fast ein, denn das Zentralkomitee muß sich ja vor dem Klassenfeind schützen.

Daß ich abends nur in Begleitung eines anderen Schülers das Areal verlassen darf und 22 Uhr wieder zurück sein muß, erscheint mir übertrieben. Doch es kommt noch heftiger: »Untersagt ist es auch, anderen Kursanten Einzelheiten über die eigene Vergangenheit und die persönlichen Verhältnisse zu erzählen, keine Adressen, nur Wohnort, keine genauen Angaben über den Beruf und die zuletzt ausgeübte Tätigkeit.«

Ich darf also niemandem erzählen, daß ich an der Technischen Universität Dresden – Fakultät Pädagogik und Kulturwissenschaften, Abteilung Gewerbelehrer – zwei Jahre studiert, aber nicht abgeschlossen habe, und mir gegenwärtig noch zwei Semester bis zum Diplom fehlen. Eigentlich sollte ich das Studium nur unterbrechen, um als 1. Sekretär der FDJ-Hochschulgruppenleitung zu arbeiten, was ich ja auch getan habe. Doch dann besuchte mich mehrere Male ein Mitarbeiter des ZK der SED, sprach mit mir, mit Vertretern des Rektors, der Parteileitung und mit meiner Frau.

Nun bin ich hier und heiße nicht mehr *Werner Großmann*, sondern *Werner Olldorf*.

Nach der Belehrung erhalte ich die Schulordnung. Ich quittiere den Empfang und darf nun das Wohngebäude betreten. Es liegt dem Schulgebäude gegenüber. Dort werde ich mit noch zwei Kursanten in einem Zimmer wohnen.

Als ich mit dem Instrukteur den Raum betrete, gibt es eine Überraschung. Am Tisch sitzt ein junger Mann, den ich von der TU Dresden kenne. Als ich ihn freudig mit seinem Vornamen anrede – ich hatte ja meinen behalten, er also wohl auch den seinen – legt er sofort den rechten Zeigefinger an seine Lippen und sagt: »Den haben sie bei mir auch geändert.« (Dieser Günter Herschel, Elektrotechniker, wird nach dem Schulbesuch als stellvertretender Leiter in der Abteilung Operative Technik arbeiten.)

Am nächsten Tag beginnt in der Tschaikowskistraße das Schulleben. In einem kleinen Raum sitzen die 30 Teilnehmer des Lehrgangs. Der Leiter der für uns namenlosen Schule, Bruno Haid, und sein Stellvertreter, der Philosoph Hans Olschewski, stellen sich uns vor. Olschewski ist blind.

Über ihre Biographien erfahren wir nichts. Dabei wäre es für uns interessant gewesen zu wissen, daß Bruno Haid vor 1933 der Roten Studentengruppe der Berliner Universität angehörte und im Nachrichtendienst der KPD gearbeitet hatte. Für uns sind sie verantwortliche Mitarbeiter des ZK der SED ohne Vergangenheit.

Und wir lernen an einer Schule des Zentralkomitees. Der Lehrplan der ersten Monate läßt keine anderen Schlüsse zu. Historischer und Dialektischer Materialismus steht auf dem Lehrplan, Politische Ökonomie des Kapitalismus und des Sozialismus, Geschichte der KPdSU und der deutschen Arbeiterbewegung ...

Der Lehrgang soll ein Jahr dauern. Meine Familie erhält monatlich 300 Mark und Wohngeld. Ich bekomme wie jeder andere noch 90 Mark Büchergeld. Wie alle Kursanten kaufe ich Werke von Marx und Engels sowie die Bände von Lenin und Stalin.

Urlaub gibt es im Sommer und zum Jahresende. In der Zeit dazwischen sind keine Besuche bei den Familien vorgesehen. Unsere Frauen erreichen uns nur schriftlich. Über eine Telefonnummer im Zentralkomitee können sie notfalls eine Nachricht übermitteln.

Es vergehen Wochen, ehe wir uns wiedersehen.

Am 5. Oktober 1952 wird unser Sohn Harald geboren. Meine Frau telegrafiert umgehend. Ich werde erst 14 Tage später benachrichtigt und bitte um Wochenendurlaub. Der wird abgelehnt. Mehrere Gespräche mit dem stellvertretenden und dann mit dem Schulleiter sind erfolglos. Erst als ich energisch auf dem Besuch zu Hause bestehe, kommt es überraschend zu einem demokratischen Akt: Die Schulleitung läßt die Kursteilnehmer entscheiden. Während einer Parteiversammlung stimmen alle für den jungen Vater. Bruno Haid widersetzt sich nicht länger, und ich kann zu meiner Familie fahren.

Der Leiter der Schule findet keinen Zugang zu den Kursanten. Mit grimmigem Blick läuft er durch die Schule, er ist nicht unbedingt kontaktfreudig und gefühlsbetont. Er hält sich sklavisch an seine Vorgaben und setzt diese auch dogmatisch durch. Hans Bentzien, in den 60er Jahren Kulturminister der DDR und danach Leiter des Verlags Neues Leben, beschreibt Haid in seinem Buch »Meine Sekretäre und ich« als bürokratisch, verknöchert, unwirsch und grob. (Haid amtierte, als Bentzien ihn erlebte, seit 1960 als Leiter der Abteilung Literatur und Buchwesen, dann als Leiter der Hauptverwaltung Verlage und Buchhandel im Ministerium für Kultur, bis er Anfang der 70er Jahre abgelöst wird.)

Im Unterricht arbeiten wir intensiv und angespannt. In den Vorlesungen und Seminaren sowie beim Selbststudium befassen wir uns mit den Werken der marxistischen Klassiker. Dazu gehört natürlich auch Stalin. Nach jedem Gedanken von Lenin, über den wir uns austauschen, stellt der Seminarleiter die Frage: Was hat Stalin dazu gesagt?

Wir reagieren bald und fügen ungefragt Stalins Meinung an.

Die Kursanten sind fast alle im selben Alter, und in den Nachkriegsjahren war jeder von uns damit beschäftigt gewesen, einen sicheren Beruf zu finden. Ein so umfassendes Studium der Gesellschaftswissenschaften hatte keiner für möglich gehalten.

Nach einem halben Jahr treffen wir uns zu einer Vollversammlung. Ein Richard Stahlmann eröffnet uns, daß wir uns auf einer Schule des *Außenpolitischen Nachrichtendienstes der DDR* befinden. Im zweiten Halbjahr des Lehrganges würden wir uns das nötige Fachwissen aneignen. Sonst sagt er weiter nichts.

Wir sind wieder einmal ratlos und wissen nicht, was auf uns zukommen wird.

Nach der Versammlung rätseln wir im Freundeskreis, ob wir vielleicht beim Rundfunk oder in einer Zeitung als außenpolitische Mitarbeiter eingesetzt werden würden. Dort gehe es ja bekanntlich um Nachrichten. Kein Gedanke an einen Geheimdienst. Wir wissen auch nicht, daß Richard Stahlmann zu den Mitbegründern des *Instituts für Wirtschaftswissenschaftliche Forschungen* gehört, jenem Tarninstitut des Außenpolitischen Nachrichtendienstes, dessen stellvertretender Leiter er ist. Der 61jährige ist ein alter Kommunist. Doch auch von ihm erfahren wir nicht, daß er in den 20er Jahren im Auftrag der Kommunistischen Internationale in Großbritannien und China, in der Tschechoslowakei und in Frankreich illegal gearbeitet hat. In den 30er Jahren war er Sekretär Georgi Dimitroffs im illegalen Berliner Balkanbüro und in Spanien Partisanenkommandeur.

Erst als die ersten Vorlesungen über nachrichtendienstliche Theorie und Praxis beginnen, wird uns bewußt, wo wir sind. Und verstehen langsam, weshalb wir uns derart konspirativ verhalten müssen. Dennoch empfinden wir manches als überzogen. Und wir wehren uns auch dagegen. Als beispielsweise bekannt wird, daß ein Kursant am Wochenende heimlich zu seiner kranken Frau nach Leipzig gefahren war und er dafür vom Kollektiv zur Rechenschaft gezogen werden soll, erlebt die Schul- und Parteileitung ein Fiasko. Mehrheitlich lehnen die Teilnehmer eine Bestrafung von Rudi Klusemann ab. Seinen richtigen Namen erfahre ich erst später. In der HVA wird er in der Abteilung Übersiedlung/operative Dokumentation arbeiten und sich zu einem der versiertesten Schriftspezialisten entwickeln, der jede Handschrift täuschend ähnlich nachmachen kann.

Wir jungen, unternehmungslustigen und lebenshungrigen Männer – auch deshalb waren wir ja ausgewählt worden – suchen natürlich Freiräume in dem streng reglementierten Leben unserer Schule. Neben der Ausgangsbeschränkung bis 22 Uhr, die auch am Wochenende gilt, gibt es eine umfangreiche Liste der Lokale, die wir nicht betreten dürfen. Natürlich reizt es, vor Ort die Gründe für das Verbot zu erfahren. Ein Effekt, den die Lehrgangsleitung wohl so unterschätzte wie sie unsere Angst vor Bestrafung überschätzte. Natürlich halten sich einige Kursanten an die Verdikte, die Mehrzahl versucht jedoch auszubrechen.

So treffe ich denn in den indizierten Bars und Kneipen manchen wieder, der mit mir auf der Schulbank in jenem unscheinbaren Gebäude in der Tschaikowskistraße sitzt. Hin und wieder schwärzt jemand einen anderen an. Mich und meine Freunde Wolfgang Lange und Gerhard Schaaf trifft es nicht. Trotz der Order, unsere Klarnamen zu verschweigen, beziehen wir die Familien mit ein, zumal Wolfgangs Frau und Kinder inzwischen in Berlin wohnen. Zugegeben, die strengen konspirativen Regeln zu übertreten, ist etwas leichtsinnig, denn die angedrohten Sanktionen sind drakonisch. Doch es schadet uns nicht, sondern stärkt eher den eigenen Willen und das Selbstbewußtsein.

Als Wolfgang Leiter der Aufklärungsabteilung in den Bezirksverwaltungen Frankfurt (Oder) und Berlin ist und Gerhard in der Zentrale im Sektor Wissenschaft und Technik arbeitet, erinnern wir uns gern unseres jugendlichen Übermuts.

Die Vorträge und bald auch die praktischen Übungen in der nachrichtendienstlichen Tätigkeit sind spannend und interessant. Uns unterrichten gestandene Funktionäre, die sich in der Illegalität und im Kampf als Partisanen bewährt haben.

Richard Stahlmann lernen wir nun richtig kennen, Robert Korb auch. Von Herbert Hentschke wissen wir, daß der junge Schlosser 1934 mit seinen Eltern in die Sowjetunion emigrierte, dort während des Krieges im Nationalkomitee »Freies Deutschland« arbeitete und als Partisan hinter der Front kämpfte. Wir erfahren natürlich nicht, daß er auch Gefangener des NKWD, des Volkskommissariats für innere Angelegenheiten der Sowjetunion, war. Darüber wird besonders intensiv geschwiegen.

Politische und ökonomische Vorlesungen halten unter anderen Anton Ackermann, Robert Naumann, Fred Oelßner und Peter Florin. Diese erfahrenen Funktionäre, die nicht nur über ein umfangreiches Fachwissen verfügen, sondern auch aus einem prallen Leben schöpfen, sind für uns ausgesprochene Autoritäten. Vieles nehmen wir von ihnen kritiklos entgegen. Als der fast gleichaltrige Markus Wolf, der schon Leiter des Instituts für Wirtschaftswissenschaftliche Forschungen ist, also praktisch unser Chef, mit der linken Hand etwas an die Tafel schreibt, glauben wir, daß eine Ausbildung als Linkshänder möglicherweise zum Geschäft des Geheimdienstlers gehört.

Später merken wir, daß vieles, was uns die Referenten über geheimdienstliche Arbeit, etwa zu Konspiration, Kontaktarbeit, Ermittlung, Werbung etc. erzählten, wenig mit den aktuellen Anforderungen zu tun hat. Illegale Arbeit in der Zeit des Faschismus und der Kampf als Partisan sind etwas anderes als die Aufklärungsarbeit, die wir später zu leisten haben. So gesehen steht der erste Lehrgang für nachrichtendienstliche Tätigkeit auf keinem wissenschaftlichen Fundament. Es ist mehr ein Experimentierfeld. Unsere praktische Tätigkeit später erfolgt notgedrungen mehr oder minder autodidaktisch.

Mit Beginn des zweiten Teils des Lehrgangs zieht Unruhe in die Schule ein. Wir werden unvermittelt zu Kaderaussprachen befohlen, ohne Grund und Absicht zu erkennen. Auch fehlen plötzlich Mitschüler. Keiner erklärt das, niemand traut sich zu fragen.

Dann sickern Gründe für diese Gespräche durch. Bei einigen hätten »Zweifel an der kaderpolitischen Zuverlässigkeit« bestanden. Andere müßten sich schon auf den Einsatz als Kundschafter vorbereiten oder Ende 1952 als hauptamtliche Mitarbeiter in den im Aufbau befindlichen Dienst gehen.

Die Unsicherheit wächst, als plötzlich auch Bruno Haid verschwindet. Auch dafür gibt es keine Erklärung. Er ist einfach weg. – Später vermuteten wir, daß es möglicherweise einen Zusammenhang mit Franz Dahlem und Paul Merker geben könnte. Beide gehörten der Parteiführung seit den 30er Jahren an, waren in der Emigration – genauer: in der sogenannten Westemigration – und hatten dadurch auch Kontakte zu Noël H. Field. Das war der Kopf einer amerikanischen Hilfsorganisation und in einigen Schauprozessen gegen kommunistische Funktionäre – z. B. in Prag gegen den ehemaligen KPTsch-Generalsekretär Rudolf Slansky und andere, in Budapest gegen den ehemaligen Innenminster László Rajk und weitere Genossen – zu einem »zionistischen Spion« hochstilisiert worden. Dahlem und Merker waren die prominentesten deutschen Kommunisten, gegen die offenkundig in dieser Richtung ebenfalls ermittelt wurde und denen ein ähnliches Schicksal zugedacht war. Allerdings korrigierte der weitere Gang der Geschichte diesen Unsinn, wenngleich Merker als parteiloser HO-Gaststättenleiter in Luckenwalde landen und nur Dahlem vollständig rehabilitiert werden sollte ...

Der Wechsel an der Spitze unserer Schule erweist sich als ein Segen. Mit dem neuen Chef Robert Korb wendet sich alles zum Guten. Natürlich bestimmen auch weiterhin Konspiration und Geheimniskrämerei den Alltag, aber die Atmosphäre wird erträglicher. Die Umgangsformen lockern sich, man geht menschlich miteinander um, eben wie es Kommunisten eigentlich immer miteinander halten sollten.

Robert ist Jahrgang 1900 und damit aus unserer Perspektive ganz schön alt. Noch mehr Respekt nötigt uns aber seine politische Vergangenheit ab. Er ist intelligent, verfügt über ein beachtliches Allgemeinwissen und kennt sich aus bei historischen und gesellschaftlichen Zusammenhängen. Nicht zuletzt schätzen wir sein umgängliches, kollegiales Wesen. Er interessiert sich nicht nur für jeden einzelnen Kursanten, sondern auch für unsere Familien. Er ist geborener Tscheche, und er kennt nicht nur seinen Schwejk – er ist selbst bisweilen einer. Lachen gehört nun zum täglichen Dienst. Robert Korb kann Menschen gewinnen und sie begeistern. Er ist einer von uns und doch ein anerkanntes Vorbild. Später soll er Chef der Zentralen Auswertungs- und Informationsgruppe im Ministerium für Staatssicherheit werden, der ZAIG.

Beliebt sind seine politischen Vorträge, ebenso seine für die Kursanten gestalteten Freizeitstunden, in denen er über seine illegale Arbeit spricht und manchmal sogar Akkordeon spielt.

Anfang 1953 erhalte ich überraschend in Berlin-Friedrichsfelde eine kleine Wohnung mit zweieinhalb Zimmern. Das Haus, während des Krieges stark beschädigt, war schnell wieder hergerichtet worden. Die Freude darüber, daß meine Frau und die Kinder nun endlich nach Berlin ziehen können, überdeckt die offensichtlichen Mängel unseres neuen Heims.

Urlaub bekomme ich nicht, meine Frau muß den Umzug allein bewerkstelligen. Wir hoffen sehr, Anfang März meinen Geburtstag schon im neuen Heim feiern zu können. Doch ein Umzug nach Berlin, in die geteilte Stadt, ist im Jahre 1953 nicht einfach. Brigitte füllt unzählige Formulare aus, trägt jedes Möbelstück, jeden Kaffeelöffel in Listen ein – alles wird erfaßt. Wegen der offenen Grenze erfolgt der Transport von Hab und Gut mit der Bahn. Das dauert drei Tage. Brigitte hat also erst mal keine Bleibe, ringt dem ZK der SED ein Hotelzimmer ab und landet zu ihrem Entsetzen in der Nähe des Alexanderplatzes in einem Stundenhotel.

Sie richtet allein die Wohnung ein, läßt die Kinder von Verwandten nach Berlin bringen. Ich aber sitze in der Tschaikowskistraße fest. Denn wegen Stalins Tod am 5. März 1953 verhängt die Schulleitung eine totale Ausgangssperre. Markus Wolf hält die Trauerrede. Für uns ist nicht nur der letzte Klassiker des Marxismus gestorben, dessen Werke wir ausführlich lesen, konspektieren und zitieren, sondern auch der Führer aller Werktätigen, der Sieger über den deutschen Faschismus – unser großes Vorbild.

Lange nach meinem Geburtstag am 9. März begrüßt mich endlich meine Frau in der neuen Wohnung. Meinen Aufenthaltsort darf ich ihr auch jetzt nicht mitteilen. Alles bleibt wie gehabt, nur daß ich jetzt öfter nach Hause darf.

Die Hoffnung, daß im April der Schulbesuch und damit die Trennung zu Ende ist, zerschlägt sich plötzlich. Unmittelbar vor Ostern 1953 wechselt Gotthold Kraus, ein Mitarbeiter des im Aufbau befindlichen Außenpolitischen Nachrichtendienstes, die Seiten. Die westdeutschen Behörden lösen die »Aktion Vulkan« aus und verhaften, wie sie behaupten, 35 ostdeutsche Agenten.

Davon erfahren wir in der Schule aber nichts, auch nicht, als sich diese Aktion für die Gegenseite zu einer großen Blamage auswächst. Weil Kraus nicht viel weiß, läßt er seiner Phantasie freien Lauf und erzählt krauses Zeug. Westmedien sind uns nicht zugänglich, unsere Zeitungen informieren darüber nicht, und die Schulleitung hüllt sich in Schweigen. Wir spüren lediglich, daß irgend etwas Ärgerliches passiert sein muß: Es wird eine totale Ausgangssperre verhängt und der Schulaufenthalt auf unbestimmte Zeit verlängert. Unsicherheit macht sich breit. Keiner weiß, wie es weitergehen wird.

Vom Streik der Bauarbeiter in der Stalinallee, von den Demonstrationen in der Berliner Innenstadt, von den sowjetischen Panzern und dem Ausnahmezustand erfahren wir aus der Zeitung. Für uns ist klar: Die Konterrevolution marschiert. Als alles vorbei ist, werden wir losgeschickt. Wir sollen auf den Straßen Berlins »die Stimmung der Bevölkerung« einfangen. Die Berichte, die wir schreiben, sind eher dürftig. Ich beziehe mich hauptsächlich auf Informationen meiner Frau und ihrer Bekannten aus unserem Wohngebiet.

Dann steht einigen von uns endlich eine tatsächliche Bewährungsprobe bevor. Ich soll zu einem in Westberlin lebenden Informanten Kontakt aufnehmen und ihn zu einem Treff im Ostteil Berlins bringen. Die Vorbereitung ist kurz und reichlich unprofessionell. Richard Stahlmann holt mich mit dem Auto von der Schule ab. Während der Fahrt in den Wald gegenüber dem Westberliner Ortsteil Frohnau zeigt er mir ein Paßbild des Mannes, nennt mir seinen Namen, die Telefonnummer, den Ort des Treffens und die Parole. Ich versuche, mir alles einzuprägen. Im Wald soll ich einen kleinen Graben überqueren, das ist die Sektorengrenze, dann ins Zentrum Westberlins fahren und mit dem IM zur vereinbarten Stunde zum gleichen Ort zurückkehren.

Ich will von Richard wissen, was ich sagen soll, wenn mich jemand durch den Wald kommen sieht und nach meinem Woher und Wohin fragt. Ohne zu überlegen empfiehlt er mir: »Dann sagst du eben, daß du Heidelbeeren suchst.«

Ich trage einen Anzug mit einer Krawatte – das paßt. Allerdings treffe ich auf niemandem, der mir eine solche Frage stellt. Ohne Probleme finde ich den erwarteten Partner und bewege ihn ohne Schwierigkeiten zum Aufbruch nach Ostberlin. Doch dann wird es kritisch: Ich finde den vereinbarten Übergang im Norden Berlins nicht mehr.

Nach meinem Eindruck sehen alle Straßen und Wohnhäuser in Frohnau gleich aus. Wir müssen lange suchen, ehe wir die Genossen finden, die schon geraume Zeit auf uns warten.

Dennoch: Der Jungtschekist Olldorf hat seinen ersten richtigen Auftrag erfüllt.

Die nächste Herausforderung fällt jedoch in die Kategorie »Beschäftigungstherapie«. In der Nähe der Sektorengrenze müssen wir zu zweit »Kontrollgänge« absolvieren. Wir verfügen weder über Ausweise zur Legitimation noch über konkrete Aufgaben. Selbst wenn wir etwas bemerkten, könnten wir es nicht melden: Uns wurden keine Anlaufpunkte genannt. Nach der Rückkehr verfassen wir auftraggemäß »Stimmungsberichte«.

Als ich eines Tages mit Gerhard Peyerl unterwegs bin, verhaftet uns eine sowjetische Armeepatrouille. Mit anderen festgesetzten Zivilisten bringen uns die Soldaten mit einem LKW ins Schwimmstadion Friedrichshain. Nach langem Warten vernimmt uns ein Offizier. Gerhards guten russischen Sprachkenntnissen – er war in sowjetischer Gefangenschaft – verdanken wir es, daß er uns schließlich glaubt, im Auftrag des ZK der SED unterwegs zu sein. Die Soldaten lassen uns laufen. Ziemlich kleinlaut melden wir uns in der Schule. (Gerhard Peyerl wird später Lehrer an der Schule und arbeitet in der Abteilung Übersiedlung/Dokumentation.)

Die Atmosphäre in der Nachbarschaft in Friedrichfelde, klagt meine Frau, sei gespannt. In unserem Kiez wohnen aus Sachsen zugezogene Familien. Die Männer arbeiten in staatlichen Institutionen, im SED-Apparat, in der FDJ, in der Gewerkschaft. Für eingesessene Berliner bleiben sie unerwünschte Fremde. Sie belegen Wohnungen, deren frühere Mieter ausquartiert worden waren. Patrouillengänge sowjetischer Soldaten – nachts gilt noch immer Ausgangssperre – verstärken den Unmut, der sich inbesondere gegen die Frauen der »Bonzen« richtet. Diese schließen sich umso enger zusammen und helfen sich gegenseitig. Es existiert ein Graben zwischen den heimischen Berlinern und den zugezogenen Sachsen.

Ich aber sitze tagsüber in der Tschaikowskistraße und werte mit den anderen Kursanten Westzeitungen aus. Der Sinn dieser Übung ist nicht erkennbar. Offensichtlich weiß man noch immer nicht, wie es mit dem Dienst weitergehen soll.

Schließlich entläßt man uns in einen fast sechswöchigen Sommerurlaub. Für diese Zeit gibt es weder Gehalt noch Wohngeld. Unseren Protest nimmt die Schulleitung staunend zur Kenntnis. Die hauptamtlichen Funktionäre können sich nicht vorstellen, daß wir nichts auf der hohen Kante haben, von dem wir unseren Lebensunterhalt bestreiten könnten.

Endlich bekommen wir unser erstes Gehalt.

Lehrjahre als Aufklärer

Ab September 1953 verlassen die Kursanten des ersten Lehrgangs nacheinander die Schule. Ich bin nun offiziell Mitarbeiter des Außenpolitischen Nachrichtendienstes. Für die Familie, für Verwandte und Bekannte bin ich im Ministerium des Inneren tätig. Am 1. Oktober fahre ich erstmals mit der U-Bahn aus dem grünen Friedrichsfelde in die graue und noch immer von Ruinen geprägte Innenstadt. Ich steige am Alexanderplatz in die U 2 und fahre noch eine Station. In der Klosterstraße, Ecke Rolandufer, im Stadtbezirk Mitte, befindet sich meine neue Dienststelle. Ich stehe vor dem Haupteingang, der aber ist geschlossen. Noch weiß ich nicht, daß direkt darüber mein neuer Chef in einem großen Zimmer sitzt. Markus Wolf kenne ich lediglich als Lektor aus der Schule in Pankow.

Durch ein großes Hoftor, quasi durch den Hintereingang, den wir in Zukunft ausschließlich benutzen, betrete ich jenen Teil des Hauses, in dem die Mitarbeiter des Außenpolitischen Nachrichtendienstes ihr konspiratives Gewerbe betreiben. Schnell lerne ich alle vierzig kennen.

Die leitenden Kader – vom 30jährigen Wolf abgesehen – sind viel älter als ich. Alle übrigen Mitarbeiter sind junge Kerle Mitte 20. Einige kenne ich bereits aus der Tschaikowskistraße.

Mein Schreibtisch steht in der Abteilung IV – Westalliierte. Horst Jänicke, der nur wenige Zeit vorher in diesen Dienst berufen worden ist, leitet diese Abteilung. Zwei meiner ehemaligen Mitschüler, Werner Steinführer und Gerhard Peyerl, treffe ich wieder, und mit Werner Prosetzky und Heinz Lerche kommen zwei ehemalige FDJ-Funktionäre hinzu. Eine junge Truppe will sich ihre Sporen verdienen. Wir sind ehrgeizig und tatendurstig.

Horst Jänicke ist sechs Jahre älter als wir. Er besuchte in sowjetischer Gefangenschaft eine Antifa-Schule. Jetzt ist er unser Abteilungsleiter. Uns alle zeichnet eines aus: Wir haben wenig Ahnung von der nachrichtendienstlichen Arbeit. Um so mehr respektieren wir die leitenden, älteren Mitarbeiter des Dienstes.

Richard Stahlmann und Gerhard Heidenreich sind die Stellvertreter von Markus Wolf. Robert Korb leitet die Hauptabteilung Information und Herbert Hentschke die Hauptabteilung I – Politische Parteien und Organisationen. Alfred Schönherr ist Abteilungsleiter Westberlin, und Heinrich Weiberg führt die Abteilung Wirtschaftsaufklärung. Der Kaderleiter heißt Willy Wöhl, und Richard Großkopf leitet die Abteilung Paß- und Dokumentenherstellung.

Allesamt hatten sie als Emigranten, als Illegale, als Offiziere in den Internationalen Brigaden in Spanien oder als Partisanen gegen den Faschismus gekämpft. So wie sie wollen auch wir werden.

Unsere Aufgabe ist klar. Wir sollen einen funktionsfähigen, effektiven Auslandsnachrichtendienst aufbauen, in gegnerische Dienststellen eindringen und Informationen gewinnen, um die Deutsche Demokratische Republik vor äußeren Angriffen zu schützen. Unser Ziel ist die Prävention.

Enthusiasmus des Aufbruchs

Hochmotiviert und mit vagen Vorstellungen über das Wie unserer Arbeit, fehlen uns die primitivsten materiellen Voraussetzungen. Jeder von uns verfügt lediglich über einen Schreibtisch, einen Stuhl, einen Stahlschrank und Schreibutensilien. Ich soll Einrichtungen der britischen Besatzungsmacht in Westberlin operativ bearbeiten.

Das bedeutet für mich 23jährigen, eine Art Freischwimmerprüfung im Haifischbecken abzulegen.

Jeder Anfängerfehler kann katastrophale Folgen haben.

Während der Arbeit lerne ich das praktische Einmaleins der Aufklärung. Ich verschaffe mir zunächst einen ersten Überblick über die Objekte der Briten, deren Aufgaben, die Absicherung und wer dort tätig ist. Jede Recherche selbst im demokratischen Sektor, wie unser Teil Berlins heißt, gerät zur Bewährungsprobe. Ich besitze weder einen Dienstausweis noch ein anderes Papier, mit dem ich mich bei Ermittlungen legitimieren kann. Gezwungenermaßen trainiere und praktiziere ich bei jedem Schritt die Arbeit unter Legende, die Anwendung illegaler Methoden, die Einhaltung der Konspiration. Ein Lehrbuch gibt es nicht, und das auf der Schule Vermittelte nutzt kaum. Niemand kann helfen, jeder ist auf sich allein gestellt und »seines Glückes Schmied«. Mancher verbrennt sich an heißen Eisen, die er notgedrungen anfassen muß, hin und wieder die Finger.

Sowjetische Berater, die jeder Diensteinheit zugeordnet sind, versuchen zu helfen. Für unsere Abteilung ist ein älterer Geheimdienstoffizier zuständig. Er spricht zwar ausgezeichnet unsere Sprache, die deutsche Mentalität ist ihm aber so fremd wie die illegale Arbeit. Doch pflichtgemäß leitet er uns an und kontrolliert unsere Arbeit. Vielen seiner Gedanken zu operativen Vorgängen können wir nicht folgen, sie scheinen ein wenig weltfremd unter den Bedingungen einer geteilten Stadt und in einem zerrissenen Land. Das versteht er wiederum nicht.

Wenig hilfreich wirkt auch die nach sowjetischem Vorbild aufgebaute Administration. Die Formulare, mit denen wir täglich kämpfen, sind aus dem Russischen ins Deutsche übersetzt worden und das ziemlich schlecht. Beim Anlegen und Führen der Akten gewonnener Informanten kämpfen vor allem die operativen Mitarbeiter mit der Tücke der Objekte. Jedes einzelne Blatt legen wir nicht einfach ab, sondern nähen es, nach sowjetischem Vorbild, mit Nadel und Bindfaden in die jeweilige Akte ein. In solcher Art Handarbeit ziemlich ungeübt, kapitulieren wir jungen Heißsporne bald, wir halten das für Schnickschnack. In den Stahlschränken häufen sich die losen Schriftstücke. Die Systematik ist erst einmal dahin, wir trainieren unser Gedächtnis – eine wichtige Voraussetzung für jeden Geheimdienstmann, sagen wir uns.

Als nachrichtendienstliche Autodidakten handeln wir mit dem gleichen Enthusiasmus, wie wir ihn aus einschlägigen sowjetischen Romanen kennen: Neuland unterm Pflug.

Der Außenpolitische Nachrichtendienst wird 1953 zur Hauptabteilung XV im Staatssekretariat für Staatssicherheit (SfS). Die Parteiführung hatte im Juli das am 8. Februar 1950 gegründete Ministerium für Staatssicherheit faktisch zurückgestuft. (Erst am 24. November 1955 sollte es wieder zum Ministerium werden.) Wir junge Leute merken von diesen Umstrukturierungen nichts. Erst als ich 1954 einen Dienstausweis erhalte, auf dem ich als »Oberleutnant« erscheine, nehme ich wahr, daß ich zum Staatssekretariat für Staatssicherheit gehöre.

Kaum jemand empfindet die Verbindung von Auslandsaufklärung und Inlandgeheimdienst als ungewöhnlich. Im Kalten Krieg, in der Auseinandersetzung der Nachrichtendienste, gibt es keine Front und kein Hinterland. Alles ist Kampfgebiet. Und es erweist sich, wie ich selbst bald merke, als Vorzug, wenn die auf unterschiedlichen Feldern erarbeiteten Informationen zusammengeführt, die Kräfte gebündelt und auf eine Aufgabe konzentriert werden können. Die organische Verzahnung von Aufklärung und Abwehr macht unsere Stärke aus. Daß später – worauf ich noch zu sprechen kommen werde – die Neigung sich durchsetzen wird, politische Probleme des Landes nicht mit politischen, sondern mit nachrichtendienstlichen Mitteln und Methoden zu lösen, steht auf einem anderen Blatt.

Die Umwandlung des MfS in ein Staatssekretariat wird in der Geschichtsschreibung in den Kontext des 17. Juni gestellt und an der Absetzung Wilhelm Zaissers als Minister festgemacht. Zaisser – als General Gomez in den Interbrigaden hoch gerühmt – war im Juli 1953 wegen »parteifeindlicher fraktioneller Tätigkeit« aus dem Politbüro und dem Zentralkomitee der SED ausgeschlossen und als Minister abberufen worden, im Januar 1954 folgte der Parteiausschluß. Die zeitliche Nähe der Vorgänge kann jedoch nur bedingt darüber hinweg täuschen, daß die Partei- und Staatsführung auch dabei dem sowjetischen Beispiel folgte. In der UdSSR war die seit 1943 selbstständige Staatssicherheit (einschließlich der Aufklärung) nach Stalins Tod in das Innenministerium eingegliedert, Berija Innenminister und Chef der Staatssicherheit geworden.

Unsere Dienststelle verläßt 1954 das Gebäude am Rolandufer. Die einzelnen Hauptabteilungen und Abteilungen ziehen in verschiedene Objekte, die zumeist am östlichen Rand von Berlin liegen. Unsere Abteilung kommt in einer Villa in Berlin-Karolinenhof am Langen See unter. Später entsteht dort das zentrale konspirative Leitungsobjekt der HVA, ein herrliches Haus mit gepflegtem Garten, Bootssteg und Ruderbooten. Der Vorzug der neuen Dienststelle, ihre Abgeschiedenheit, ist zugleich ihr Nachteil: Es verlängert sich nicht nur unser Arbeitsweg, sondern auch die Arbeitszeit: In der Nacht müssen wir gemeinsam mit zwei hauptamtlichen Wachleuten unser Objekt selbst bewachen.

Ich knüpfe erste Kontakte zu Beschäftigten des britischen Hauptquartiers in Westberlin. Über längere Zeit versuche ich eine Sekretärin zu gewinnen, deren Verwandte in Ostberlin wohnen.

Doch sie lehnt letztlich ab. Schließlich komme ich mit einem Haushandwerker der Briten ins Gespräch, der gemeinsam mit seiner Frau erste Informationen aus den britischen Dienststellen liefert. Alles in allem aber bleiben meine Ergebnisse dürftig. Der wichtigste Gewinn sind die Erfahrungen.

Zum Räsonieren bleibt keine Zeit. Ich werde beauftragt, ein Referat zur Bearbeitung des Amtes Blank vorzubereiten. Diese Institution in Bonn, benannt nach ihrem Leiter – dem Ex-Wehrmachtoberleutnant und MdB/CDU Theodor Blank –, existiert seit 26. Januar 1950. Sie ist die Zentralstelle der Remilitarisierung. Blank ist der Beauftragte von Bundeskanzler Adenauer »für die mit der Vermehrung der alliierten Truppen zusammenhängenden Fragen«. Dafür beruft er die ehemaligen Generale der faschistischen Wehrmacht Adolf Heusinger (nachmals Generalinspekteur der Bundeswehr) und Dr. Hans Speidel (später Befehlshaber der NATO-Landstreitkräfte in Mitteleuropa) als seine ersten Berater.

Nachdem 1954 die europäische Verteidigungsgemeinschaft (EVG) – ein westeuropäischer Militärblock innerhalb der NATO, in den auch BRD-Truppen integriert werden sollen – scheitert, verfolgt Bonn die Integration der BRD in die NATO. Das Amt Blank wächst von 1953 bis 1955 auf über 1.300 Mitarbeiter, darunter sind viele ehemalige Generale und Offiziere des Dritten Reiches. Am 7. Juni 1955 wird das Amt in Bundesministerium für Verteidigung umbenannt, Blank wird Minister, und auch die Militärs der Hitlerwehrmacht werden übernommen.

Wir reagieren auf das Amt Blank mit Bildung eines neuen Referats: David tritt gegen Goliath an. Unsere kleine Arbeitsgruppe versucht, dem Riesen mit List beizukommen.

Motiviert sind wir. Die Aufbruchstimmung in der jungen DDR trägt uns. Wir wollen nie wieder Krieg, nie wieder Faschismus. Wir sind auf die Verfassung der DDR vereidigt und verpflichtet, alles für den Frieden und die Einheit, für die äußere Sicherheit und die friedliche Entwicklung zu tun.

Die Wiederbewaffnung in Westdeutschland und seine Einbindung in den westlichen Militärblocks sehen wir als Gefahr für den Frieden. Wir wollen und müssen den Klassenfeind stoppen. Aus dem kalten Krieg darf kein heißer Krieg werden. Das motiviert uns, den uns übertragenen Auftrag gewissenhaft zu erfüllen. Ich kenne niemanden in meiner Umgebung, der nicht so denkt.

Die kleine Abteilung IV bildet eine Gemeinschaft, in der jeder jeden achtet, in der alle erfolgreich arbeiten wollen, in der einer dem anderen hilft. Trotz aller Schwierigkeiten, trotz des Drucks, schnell operative Ergebnisse zu erzielen, trotz des sehr großen Zeitaufwands, trotz der persönlichen Einschränkungen zweifeln wir nie am Sinn unseres Auftrages. Wir sind überzeugt, daß wir alles packen werden, weil wir es packen müssen und weil es richtig ist.

Unsere Ehefrauen, die berufstätig sind, die Kinder betreuen und erziehen, unterstützen uns selbstlos, indem sie zurückstecken: Sie wissen ja nicht, was genau wir machen und wo sie uns erreichen. Sie können uns auch nur unter einer Sammelnummer, nie direkt anrufen.

Zehn Jahre nach der bedingungslosen Kapitulation Deutschlands wird die Bundesrepublik Deutschland Mitglied der NATO, der Bundestag billigt ein Gesetz zur Wiederverwendung von Wehrmachtoffizieren, bis zum 1. Januar 1959 sollen zwölf Divisionen des Heeres und ein Jahr später Marine und Luftwaffe einsatzbereit sein. Mein Referat wird verstärkt, Absolventen des zweiten Lehrgangs der Schule, die sich nunmehr in Gransee bei Berlin befindet, stoßen zu uns.

Im November 1955 wird die Staatssicherheit aus dem Innenministerium herausgelöst und wieder zu einem selbständigen Ministerium. Der 57jährige Ernst Wollweber, seit 1919 Mitglied der KPD, später Reichstagsabgeordneter und dann Emigrant, steht an der Spitze. Auch diese Rückführung geht auf das Beispiel der Sowjetunion zurück. Dort war 1954 aus Abteilungen des Inlandsgeheimdienstes des Innenministeriums (MWD) ein selbständiges Staatliches Komitee für Staatssicherheit (Komitet Gosudarstvennoy Bezopasnosti, KGB) gebildet worden. Die Zentrale des KGB zog in die Moskauer Lubjanka ein.

Die Umbildung zum MfS führt auch zur Umstrukturierung des Nachrichtendienstes. Aus der Hauptabteilung XV wird 1956 die Hauptverwaltung A (HVA), bestehend aus Hauptabteilungen und Abteilungen. Dadurch bekommt die Aufklärung innerhalb des Ministeriums einen höheren Stellenwert und eine größere Selbständigkeit. Die wichtigen Posten werden jedoch mit Offizieren der Abwehr besetzt. Sie sollen das »abwehrmäßige Verhalten« der Aufklärer verbessern und das »proletarische Element« stärken.

Die Abteilung IV, meine Abteilung, gehört nun zur Hauptabteilung II, die von Alfred Scholz, einem Abwehroffizier, geleitet wird. Er ist der Vertraute von Staatssekretär Erich Mielke. Scholz hatte in sowjetischer Kriegsgefangenschaft eine Antifa-Schule besucht, war Mitglied des Nationalkomitees Freies Deutschland, Partisan in Belorußland und Aufklärer der Roten Armee. (1975, drei Jahre vor seinem Ableben, soll er Generalleutnant und Stellvertreter des Ministers für Staatssicherheit werden.)

Leiter der Abteilung IV ist Otto Knye, der bisher in der Hauptabteilung V des MfS die Kampfgruppe gegen Unmenschlichkeit (KGU) in Westberlin bearbeitet hat. Ich bin sein Stellvertreter.

Als Gewinn für die HVA erweist sich der bisherige Chef der Berliner Verwaltung des MfS, Hans Fruck. (46jährig wird er 1957 Wolfs Stellvertreter im Range eines Generalmajors.) Zu Frucks Aufgaben gehört die Anleitung der Abteilung IV. Schnell entwickelt sich zwischen uns ein enges Verhältnis. Er ist nicht nur mein Vorgesetzter, er ist auch mein Mentor und väterlicher Freund. Fruck ist für mich Vorbild und Partner. Gespräche mit ihm und gemeinsame Treffs mit Kundschaftern und IM sind für mich praktische Lehrstunden.

Der 1911 geborene Berliner Hans Fruck ist gelernter Werkzeugdreher. Er war Mitglied des Kommunistischen Jugendverbandes und leitete nach 1933 eine Widerstandsgruppe. 1944 wurde er verhaftet und zu fünf Jahren Zuchthaus verurteilt. Bis zur Befreiung saß er in Brandenburg-Görden. Seit 1950 gehört er dem MfS an. Sein unkonventionelles Denken, seine direkte und offene Art, sein Pragmatismus befruchten nicht nur die geheimdienstliche Arbeit, sie sind auch von unschätzbarem Wert für die ihm unterstellten Mitarbeiter.

Und er ist jemand, dessen Leben nicht nur in der Dienststelle stattfindet. Einmal in der Woche geht Hans mit seiner Frau ins Theater, egal, was passiert. Er kennt fast jede Inszenierung, die in Berlin läuft. Und er erzählt darüber. Manchen von uns animiert er, ins Deutsche Theater, ins BE oder ins Maxim-Gorki-Theater, in die Staatsoper oder in die Komische Oper zu gehen.

Obwohl ich 16 Jahre jünger und weniger lebenserfahren bin, akzeptiert und respektiert Fruck meine Meinung und meine Ansichten. Daß ich bei seinem Ausscheiden aus dem Dienst 1977 seine Nachfolge als Vize-Chef der HVA antreten werde, geht vor allem auf seinen Vorschlag zurück.

Den strukturellen und personellen Veränderungen im Dienst folgen auch logistische. Die Abteilung IV zieht 1956 von der Villa in Karolinenhof zunächst nach Karlshorst und im Jahr darauf mit weiteren Abteilungen der HVA nach Johannisthal.

Residenten und Quellen

Wir versuchen verstärkt, in der Bundesrepublik Fuß zu fassen. DDR-Bürger, meist Genossen, die kinderlos und politisch motiviert sind wie wir und über die notwendigen charakterlichen und psychischen Voraussetzungen und Eigenschaften verfügen, siedeln wir in die Bundesrepublik über. Sie sollen entweder selbst in ein gegnerisches Objekt eindringen oder geeignete Bundesbürger zur Mitarbeit werben. Um ihre Arbeit abzusichern, brauchen wir Residenten und Gehilfen. Dafür suchen wir DDR-Ehepaare. Gewährsleute in staatlichen und gesellschaftlichen Einrichtungen empfehlen uns potentielle Kandidaten, mit denen wir sprechen.

Gerhard Peyerl und Werner Steinführer, meine Mitschüler in Pankow, übersiedeln die 25jährige Rosalie Kunze, Deckname »Ingrid«, nach einjähriger Ausbildung 1955 in die Bundesrepublik. Sie bewirbt sich als Sekretärin im Bundesverteidigungsministerium und bekommt eine Stelle im Führungsstab Marine. Unser Resident Horst Schötzki, gerade in der Bundesrepublik angekommen, übernimmt ihre Führung und Anleitung. Zwei Jahre später folgt Evelyn Schötzki ihrem Mann.

Bis zu ihrer Enttarnung im Jahre 1960 erhalten wir höchst geheime Dokumente aus dem Verteidigungsministerium.

1961 werden Rosalie Kunze zu vier Jahren, Horst Schötzki zu fünf Jahren und Evelyn zu einem Jahr Haft verurteilt.

Es stellt sich schnell heraus, daß vor allem in solcher Kombination schnell und effektiv wirklich interessante Informationen zu beschaffen sind. Deshalb beschäftigen wir uns in den folgenden Jahren hauptsächlich damit, Residentenehepaare in die Bundesrepublik einzuschleusen und zu positionieren. Wir wählen sorgfältig aus, denn außer Einsatzbereitschaft, Mut und Entschlossenheit verlangt dieser Einsatz Lernvermögen, Geduld und Ausdauer. Da unsere Kundschafter nicht mehr unter Klarnamen ausreisen, sondern wir sie mit dem Namen eines realen Menschen ausstatten, müssen sie eine zweite Biographie verinnerlichen und wie ihre Namensgeber leben. In der Regel wechseln sie auch den Beruf. Niemanden dürfen sie einweihen, das Stillschweigen gilt auch für die engsten Verwandten. Ihr Leben wird komplett umgestülpt. Das Ehepaar gibt sein vertrautes Umfeld auf und nimmt ein für andere schwer überschaubares fiktives Arbeitsverhältnis auf. Oder die beiden verschwinden bei Nacht und Nebel und gelten mitunter als »republikflüchtig«.

Die nachrichtendienstliche Ausbildung vor dem Einsatz ist aufwendig, der Erfolg nicht garantiert. Unwägbarkeiten sind gerade im geheimdienstlichen Geschäft gang und gäbe. Dieter und Hilde Stapff, beide Mitte 20, kommen im Rahmen der »Aktion 100« zu uns (auf die ich noch zu sprechen kommen werde).

Wir bilden die beiden intensiv für die nachrichtendienstliche Aufgabe aus. Sie müssen nicht nur eine neue Identität annehmen, sondern auch ihren erzgebirgischen Dialekt ablegen, sich von ihrer Heimat lösen und an die Großstadt gewöhnen. Das klappt problemlos. Nach Abschluß ihrer Legalisierung verfügen wir über einen zuverlässigen Stützpunkt in Köln.

Doch schon nach kurzer Zeit müssen wir sie zurückrufen. Bei einem Ausflug mit seiner Kölner Firma wird Dieter Stapff von einem ehemaligen Landsmann aus seinem Erzgebirgsdorf erkannt. Er wird von diesem laut und erregt angesprochen und als ehemaliger Mitarbeiter der dortigen Kreisdienststelle des MfS enttarnt.

Damit haben wir ein Residentenehepaar weniger im Einsatz.

In Siegfried Günther aus der Lausitz habe ich einen hervorragenden Kandidaten für die Funktion eines Residenten gewonnen. Weil das familiäre Umfeld stimmt, beziehe ich – abweichend von der Regel – auch seinen Vater in die Gespräche mit ein.

Wie in den meisten Fällen bitte ich den Kandidaten, an seiner Legende mitzuarbeiten. Da Siegfried in seiner Jugend im Zirkus tätig war, wählt er den Beruf eines Tierpflegers. Für eine in der Bundesrepublik neue berufliche Karriere gewiß etwas ungewöhnlich, aber nicht immer sind die glatten Legenden am überzeugendsten. Siegfried Günther soll sich in der Nähe von Bonn ansiedeln. Kurze Zeit nach seinem Übertritt in die Bundesrepublik findet er schnell bei den Fordwerken in Köln eine Anstellung als Polsterer. Seine Frau, die wir als Gehilfin ausgebildet haben, zieht nach. Nach rund zwei Jahren sind die beiden etabliert, eine »Quelle« gibt es noch nicht, für die sie zuständig sein können. Die Arbeit kann beginnen.

Doch als die Frau während eines Aufenthaltes in Berlin mit mir spricht, stelle ich Ungereimtheiten fest. Briefe, die sie mit Geheimtinte schreibt und die bei mir eintreffen, werden immer wirrer. Als dann Siegfried signalisiert, daß mit seiner Frau etwas nicht stimme, lassen wir sie in Berlin untersuchen. Die Ärzte diagnostizieren Schizophrenie. Ich breche den Einsatz ab, beide kommen in die DDR zurück. Die Ehe geht in die Brüche, sie zieht wieder in die Lausitz, kommt aber öfter zur Behandlung nach Berlin. Ich fühle mich verantwortlich und betreue sie weiter. Nach einigen Jahren stirbt sie.

Ob die Belastung des konspirativen Lebens der Auslöser der Krankheit war oder etwas anderes, können die Mediziner nicht sagen. Trotzdem: Das Ende der kaum begonnenen geheimdienstlichen Karriere ist in jeder Hinsicht tragisch. Manche Panne, manche persönliche Niederlage verkrafte ich, doch menschliches Leid meiner Kundschafter wirkt nach.

Bald sind wir in der Lage, die anfangs noch wenigen Quellen von der BRD aus erfolgreich mit übergesiedelten Residenten und Gehilfen zu führen. Diese leiten die Informationen zu uns in die DDR weiter.

Ruth Moser und Norbert Moser – Oberstleutnant der Bundesluftwaffe –, Bruno Winzer, Major und Presseoffizier der Luftwaffengruppe Süd, sowie Peter Keller – tätig in der Fernschreibstelle des Bundesverteidigungsministeriums – liefern wertvolles Material. Fachlich hervorragend ausgebildete Ehepaare wie Heinz und Inge Baude, Jochen und Karin Pingel, Hans und Evelyn Vierjahn sowie Rudi Archut sorgen dafür, daß die Dokumente und Nachrichten zu uns gelangen. Die Ehepaare sind zum Zeitpunkt ihrer Übersiedlung im Durchschnitt 25 Jahre alt, arbeiteten in der DDR als Pädagogen oder in der staatlichen Verwaltung, können mit Menschen umgehen und sie führen. Auch nach ihrer Enttarnung – keine ist selbst verschuldet – verhalten sie sich professionell. Alle kehren in die DDR zurück.

Doch noch immer reicht die Basis unserer Residenten nicht aus. Das Netz zur Informationsübermittlung müssen wir noch enger stricken. Zwischen 1954 und 1956 sucht das MfS qualifizierte

DDR-Bürger zur Führung von Quellen in die BRD. Aus den Kreisdienststellen kommen die ersten Meldungen. Das Auswahlverfahren überstehen aber nicht 100, sondern nur 15 Kandidaten. Dennoch betrachten wir die »Aktion 100« zurecht als Erfolg.

Aus unterschiedlichen Gründen kehren nach und nach die ersten Residenten und Quellen von ihrem Einsatz zurück. Wieder beginnt für sie ein neues Leben unter ganz anderen Bedingungen. Bei der Eingliederung helfen wir natürlich. In der Regel werden sie nicht in den offiziellen Apparat der HVA eingegliedert. Streng gehandhabte kaderpolitische Vorschriften des MfS verbieten das. Sicherheit in der Geheimdienstarbeit steht an erster Stelle, und wer aus dem Operationsgebiet kommt, gilt als potentielles Sicherheitsrisiko. Doch für uns sind es Menschen, mit denen wir freundschaftlich verbunden sind. Sie verfügen zudem über Erfahrungen und Kenntnisse, die wir in unserer Arbeit nutzen können. In einigen Fällen gelingt es, sie doch direkt bei uns zu beschäftigen.

Heinz und Inge Baude wie auch Dieter Stapff arbeiten beispielsweise nach ihrem Einsatz fest im Apparat der HVA. Ich übernehme persönliche Bürgschaften. Das sind schriftliche Erklärungen, die die eigene Kaderakte beschweren können. Jeder, der eine solche Bürgschaft abgibt, haftet mit seinem Namen bei etwaigen Zwischenfällen.

Mit einigen zurückgekehrten Kundschaftern gründen wir operative Außengruppen in konspirativen Büros, da sie nicht die Zentrale betreten dürfen, und attestieren sie als *Offiziere im besondern Einsatz* (OibE). Sie werden von uns direkt angeleitet. Damit schlagen wir drei Fliegen mit einer Klappe. Die ehemaligen Kundschafter haben eine Aufgabe und ein Einkommen. Außerdem verfügen wir mit ihnen über zusätzliche Mitarbeiter, die uns bei laufenden operativen Maßnahmen beraten.

Andere kehren nach ihrem Einsatz in ihre alten Berufe zurück oder bauen sich mit unserer Hilfe eine neue Existenz auf.

Heiße Kohle

Im Januar 1954 findet in Berlin ein Treffen der Außenminister der USA, Großbritanniens, Frankreichs und der UdSSR statt. Die Deutschlandfrage steht im Mittelpunkt der Gespräche. Wir nutzen die Anwesenheit vieler Journalisten, um Kontakte zu schließen, mit Leuten zu sprechen, Informationen abzuschöpfen. Zu diesem Zweck arbeiten wir eng mit den Mitarbeitern im Presseamt des Ministerrats zusammen. Sie erzählen mir eines Tages von einem Bundesbürger, der in Gesprächen durchblicken ließ, er habe beste Beziehungen zu führenden Persönlichkeiten aus Parteien und staatlichen Institutionen der BRD.

Ich nehme Kontakt zu ihm auf und führe ihn dann als Vorgang über Jahre unter dem Decknamen »Kohle«. Da er sich faktisch angeboten und sich auch schnell zur Zusammenarbeit bereit erklärt hatte, prüfen wir ihn sehr kritisch. Ist er mit Auftrag zu uns geschickt worden?

Er war im Krieg Leutnant und arbeitet jetzt als freier Journalist. Mit seinen Verbindungen ins Amt Blank, dort auch zu dem sich entwickelnden Abwehrdienst unter Oberst Achim Oster, und seinen engen Beziehungen zu Spitzenfunktionären der SPD wie dem Bundestagsabgeordneten Fritz Erler, ist er für uns sehr interessant

Wir überprüfen seine Angaben und treffen uns mit ihm nur in der DDR. Wir setzen keine IM als Verbindung zu ihm ein. Für uns bleibt er eine glühende Kohle, die vorsichtig angefaßt werden muß. Nach seinen Motiven befragt, warum er mit uns zusammenarbeiten will, nennt »Kohle« seine Kriegserlebnisse. Die Remilitarisierung der Bundesrepublik sehe er als Gefährdung des Friedens. An diesem Punkt treffen sich unsere Ansichten.

»Kohle« bringt viele Informationen, bald aber auch fotokopierte Dokumente. Einige stammen, wie er behauptet, aus dem Panzerschrank General Speidels. Sie tragen die Bezeichnung DECO I und DECO II – Planspiele zur militärischen Besetzung der DDR. Wir glauben jedoch nicht, daß solche Szenarien – wir sind in den 50er Jahren – tatsächlich am Rhein entworfen werden. In der Propaganda vielleicht, aber doch nicht in der Politik.

Wieder prüfen wir »Kohles« Informationen. Uns interessiert die Sekretärin, von der er die Dokumente erhalten haben will. Wir finden sie unter der angegebenen Adresse. Die Frau läßt allerdings unseren IM wortlos abblitzen, als der sie auf »Kohle« anspricht, .

Ist »Kohle« nun echt oder nicht? Wir wissen es nicht. Jedenfalls passen seine Informationen in das politische Konzept des Kalten Krieges.

Auf einer Pressekonferenz in Berlin stellt die DDR-Regierung die Kriegsplanungen der »Bonner Ultras« der Öffentlichkeit vor. Ein Dementi bleibt aus.

»Kohle« wird allerdings verhaftet. Seine Mutter hält während seiner Haft den Kontakt zu uns.

Nach seiner Entlassung läßt er sich in Österreich nieder. Er bietet über eine Freundin erneut seine Dienste an. Da wir immer mehr an seiner Zuverlässigkeit zweifeln, in persönlichen Gesprächen mit ihm auch unklare, schwer überprüfbare Antworten erhalten, winken wir ab. »Kohle« beendet die Verbindung zu uns.

Ein späterer Versuch von unserer Seite, wieder mit ihm ins Gespräch zu kommen, läuft ins Leere.

Um Angaben von »Kohle« zu überprüfen, fahre ich im Frühsommer 1957 in die ungarische Hauptstadt. Im Herbst des vergangenen Jahres hatte es blutige Auseinandersetzungen gegeben. Der massive Versuch, Ungarn aus dem Warschauer Pakt herauszubrechen, war mit Hilfe sowjetische Panzer vereitelt worden. Botschafter Andropow, später KGB-Chef und in den 80er Jahren Generalsekretär des ZK der KPdSU, spielte dabei eine wesentliche Rolle – wie auch der Autor des Vorwortes zu diesem Buch.

Ich steige im noblen Grand-Hotel auf der Margathen-Insel ab. Von der andauernden Zerrissenheit der ungarischen Gesellschaft ist hier wenig zu spüren. Anders dagegen im Innenministerium, wo ich meine Gesprächspartner treffe. Mitarbeiter der Aufklärung und der Abwehr berichten, daß Genossen massakriert und gelyncht worden sind. Meine Dolmetscherin verteidigte ihre Dienststelle mit der Waffe. Für sie, ihre Kollegen und mich gibt es keinerlei Zweifel, daß es sich um eine Konterrevolution gehandelt hatte. Für uns haben die sowjetischen Truppen den Sozialismus nicht nur in Ungarn gerettet. Zweifel an dieser Einschätzung quälen mich nicht. Im Gegenteil, ich bin noch stärker motiviert, alle Angriffe auf den Sozialismus abzuwehren.

Feuertaufe in Genf

An einem Sommertag im Juli 1955 verabschiede ich mich für mehrere Tage von meiner Frau. Eine Dienstreise steht bevor. Für sie ist das nichts Besonderes, das kommt jetzt öfter vor. Sie wünscht mir schöne Tage in Warschau, weil sie glaubt, daß ich nach Polen fliege. Auf dem Flughafen Schönefeld treffe ich

Richard Gyptner. Er ist Hauptabteilungsleiter im Ministerium für Auswärtige Angelegenheiten. Frau Gyptner, die sich von ihrem Mann auf dem Flugplatz verabschiedet, erkundigt sich, warum meine Frau nicht mitgekommen sei. Beide kennen sich, wir wohnen im selben Stadtviertel. Ich brummele etwas von Kinderbetreuung und suche krampfhaft nach einem anderen Thema. Ich hoffe nur, daß sich die beiden Frauen nicht gleich treffen. Dann würde Brigitte nämlich sofort erfahren, daß ich nicht in Warschau, sondern in Genf bin. Im Gegensatz zum Diplomaten Richard Gyptner bin ich auch gegenüber meiner Frau an konspirative Regeln gebunden.

Vorerst steigen Gyptner und ich erst einmal in eine IL-14 der DDR-Lufthansa, wir fliegen nach Prag. Von Westberlin aus gibt es zwar eine schnellere Verbindung nach Genf, aber die ist für uns tabu. Dabei gehören wir beide zur offiziellen DDR-Delegation, die an einer Konferenz der USA, Großbritanniens, Frankreichs und der UdSSR teilnehmen darf. Die dreiköpfige Abordnung wird von Staatssekretär Georg Handke, 1. Stellvertreter des Außenministers, geleitet. Es geht um die kollektive Sicherheit in Europa, um den gegenseitigen Gewaltverzicht der NATO und des Warschauer Vertrages, aber eigentlich steht die deutsche Frage im Mittelpunkt.

Es ist mein zweiter Ausflug nach Genf. Mit Georg Handke war ich schon einmal Ende 1954 in der Schweiz. Im Unterschied zu Handke und Gyptner reise ich mit Pseudonym. Doch sie sind die erfahreneren Konspirateure, nehmen mich unter ihre Fittiche und erleichtern mir meine Arbeit.

Georg Handke arbeitete in der KPD-Zentrale, war Chefredakteur der »Arbeiterzeitung«, ging 1933 in die Illegalität und wurde nach seiner Verhaftung zu 15 Jahren Zuchthaus verurteilt. Nach der Gründung der DDR berief man ihn als Minister für Außenhandel, dann wechselte er ins Außenministerium.

Richard Gyptner, Jahrgang 1901, war Vorsitzender des Kommunistischen Jugendverbandes Deutschlands, später Sekretär des Exekutivkomitees der Kommunistischen Jugendinternationale, dann in der Komintern Gehilfe von Georgi Dimitroff. Er lebte als Emigrant in Skandinavien, Frankreich und in der Sowjetunion. Von dort kam er 1945 mit der Gruppe Ulbricht nach Deutschland zurück. Kurz nach unserer gemeisamen Dienstreise nach

Genf wird er als Botschafter nach Peking gehen. Und ich habe noch einen dritten Schutzengel dabei. Vor meinem zweiten Trip nach Zürich lernte ich in Berlin Wadim Kutschin kennen. Er gilt als einer der erfahrensten sowjetischen Aufklärer, der sich in vielen komplizierten Situationen ausgezeichnet hat. Er spricht perfekt deutsch, französisch, englisch und bei Bedarf das breiteste Sächsisch, das ich je gehört habe. (Als wir uns einmal in Berlin-Karlshorst trafen, begrüßte er mich in meinem Heimatdialekt. Beide sächselten wir nun, was das Zeug hielt.)

In Genf ist er nicht nur Partner, sondern auch mein Lehrmeister. Ich wohne in einem kleinen Hotel im Zentrum, in dem die ohne offizielle Anerkennung oder diplomatische Legitimation ausgewiesene Beobachterdelegation der DDR wohnt. Bei meiner Ankunft spüre ich, daß mich jemand beobachtet.

Der clevere Kutschin hat auch bemerkt, daß ich observiert werde. Er zeigt mir die entsprechenden Leute, gibt mir noch ein paar gute Tips und bewahrt mich bei meinem ersten größeren Einsatz im Operationsgebiet vor allzu großen Pannen. Nicht zu übersehen ist ein Journalist, der ständig dort auftaucht, wo auch ich bin. Im Hotel sitzt er ständig am Nebentisch. Wenn ich mit jemandem spreche, steht er in meiner Nähe. Ich werde immer vorsichtiger. Als ich den Mann später in Berlin beschreibe, sagt Markus Wolf trocken: »Das ist ein englischer Resident.«

Ich begleite Georg Handke und Richard Gyptner zu ihren Gesprächen und empfange ihre Gäste. Viele Politiker und Journalisten sind wegen des Hauptthemas der Konferenz, der Deutschlandfrage, in Genf und suchen den Gedankenaustausch mit Vertretern der BRD und der DDR.

Inoffiziell spreche ich auch mit IM aus der DDR, die als Journalisten hier tätig sind, und mit mir anvertrauten inoffiziellen Mitarbeitern aus dem Operationsgebiet, die ich noch nicht persönlich kenne. Ein Abgeordneter des Bundestages ist dabei und ein aus der Bundeswehr ausgeschiedener Stabsoffizier.

Für mich ist das alles Neuland, und ich bin hoch konzentriert. Doch alles läuft viel prosaischer ab, als ich es mir vorgestellt hatte und bei weitem nicht so reibungslos, wie es dann später im Schulungsmaterial, in Ausbildungsunterlagen und Durchführungsbestimmungen der HVA stehen wird.

Für mich ist der Aufenthalt in Genf Feuerprobe, Praktikum,

Unterricht rund um die Uhr. Ich lerne unterschiedliche Menschen kennen, verkehre mit ihnen unter Legende, mache mich mit den Verhältnissen einer kapitalistischen Gesellschaft vertraut und versuche, mich in diese ungewohnte Umgebung einzupassen. Schon deswegen lohnt sich diese Dienstreise, meine Informationen sind sicher für die aktuellen Ereignisse am Ort interessant, doch nicht entscheidend.

Und die Eindrücke bestätigen mir, das ich das Richtige tue. Die DDR wird geschnitten, als Paria behandelt. Zwar nimmt man ihre Delegation zur Kenntnis, versagt ihr aber den diplomatischen Respekt. In Absprache mit der UdSSR übernimmt die chinesische Delegation die diplomatische Präsentation der DDR. Wir schätzen die chinesischen Vertreter wegen ihres freundschaftlichen Verhaltens.

Nach meiner Rückkehr läßt mich meine Frau von meinen interessanten Erlebnissen in Warschau erzählen, ehe sie mich fragt: »Was du in Polen erlebt hast, weiß ich jetzt. Aber wie war es in der Schweiz?«

Nach einer Schrecksekunde bin ich erleichtert. Kann ich ihr doch nun etwas über dieses schöne Land, über Genf, Montreux und Bern erzählen.

Die konspirative Arbeit verschweige ich wie gewohnt.

Neue Herausforderungen

Der rasante Aufbau der Bundeswehr und ihre wachsende Rolle in der NATO hat Konsequenzen für unsere Abteilung. Immer dringender fordert man von uns, Quellen nicht nur in Chefetagen unterzubringen, sondern auch an der Basis. Der Druck wird größer. Auf höhere Weisung bilden wir das Referat »Masseninfiltration«. Wir sollen wehrpflichtige Jugendliche in der BRD werben. Für mich und andere ist das ein völlig irrsinniges Unternehmen. Wir betreiben es nicht ernsthaft.

Unser Ziel ist es, in die Spitze der Bundeswehr und in die Führung der Waffengattungen einzudringen. Uns geht es um die Aufklärung militärpolitischer und militärstrategischer Planungen. Später interessieren wir uns auch für die Militärtechnik und dringen in das Bundesamt für Wehrtechnik und Beschaffung in Koblenz ein. Dort und auf der Hardthöhe in Bonn liegen die wichtigen Informationen – nicht in den Mannschaftstuben der

Bundeswehr. Die Masseninfiltration gerät ins Vergessen, wir sind froh darüber.

Am 13. August 1961 klingelt kurz nach Mitternacht in meiner Wohnung das Telefon. Nicht unüblich in meinem Beruf. Ich werde zur Dienststelle gerufen. Ich bin nicht der einzige, der dort eintrifft. Alle Mitarbeiter sind mobilisiert worden. Wir erfahren, daß Kampfgruppen, Volkspolizei und Einheiten der NVA ab null Uhr die Grenzen rund um Westberlin und zur Bundesrepublik geschlossen haben.

Die Leitung befiehlt »Ständige Bereitschaft« im Hause.

Da wir unser Ohr mehr jenseits der Grenze haben und die Geheimhaltung zwischen den einzelnen Diensteinheiten im MfS offensichtlich funktioniert, überrascht uns die sorgfältig geplante Aktion. Natürlich hatten auch wir diskutiert, wie man das Ausbluten der DDR durch Massenflucht und Ausverkauf verhindern könne, doch wir waren zu keinem Ergebnis gekommen. Von der Entscheidung des Politisch Beratenden Ausschusses, des höchsten Gremiums des Warschauer Paktes, wissen wir nichts. Anfang August war in Moskau beschlossen worden, die Westgrenze des östlichen Bündnisses, die zugleich die Ostgrenze der NATO war, unter Kontrolle zu nehmen.

In Washington wie in Moskau atmet man nun erleichtert auf, weil dadurch die »Berlin-Krise« beendet und klare Verhältnisse geschaffen worden sind.

Uns aber wird in dieser Nacht bereits bewußt: Nicht nur die Arbeit der westlichen Geheimdienste wird schwieriger.

Wir überlegen, wie die Verbindung zu unseren Quellen und Residenten aufrechterhalten werden kann. Partei und Regierung erwarten zudem, daß wir nicht weniger, sondern noch mehr Informationen von der anderen Seite liefern.

In der nächsten Zeit organisieren wir Möglichkeiten, den operativen Grenzübertritt von Ost nach West und in umgekehrter Richtung zu sichern.

Um die Arbeit der HVA flexibler zu gestalten, werden die Hauptabteilungen abgeschafft und selbständige Abteilungen gebildet. Diese Maßnahme verbessert die Effizienz und bewährt sich bis zum Ende unserer Tätigkeit.

Wir bleiben die Abteilung IV. Als unser Leiter Otto Knye Anfang 1962 zur Abwehr zurückgeht, übernehme ich die Leitung.

Nach dem 13. August sichern wir vor allem die Verbindungen zu zwei hervorragend plazierten Quellen. Der seit 1960 für uns tätige westdeutsche Journalist Helmut Ernst (»Henry«) hat engen Kontakt zu zwei Frauen, die er für uns geworben hat. Die Tochter arbeitet als Sekretärin im Bundesamt für Wehrtechnik und Beschaffung in Koblenz, ihre Mutter – unter französischer Flagge geworben – besorgt sich einen Job als Sekretärin im Bundesverteidigungsministerium. Beide liefern Dokumente über elektronische Waffensysteme, Raketen, Berichte des Militärischen Abschirmdienstes, Finanzplanungen der Bundeswehr. Ihre Informationen fließen bis Ende 1973. Im Dezember verunglückt IM »Henry« auf glatter Straße schwer. Im Kofferraum seines Autos findet die Polizei technische Spionageausrüstung und Filme, auf denen geheime Dokumente abgelichtet sind.

Damit werden die Quellen identifiziert.

1966 beginnt einer der erfolgreichsten operativen Vorgänge. Lothar und Renate Lutze sowie der von ihnen geworbene Jürgen Wiegel arbeiten in sensiblen Bereichen des Bundesverteidigungsministeriums. Sie werden geführt vom Residentenehepaar Frank und Christine Gerstner. Über Jahre liefern die Quellen viele geheime Dokumente: Konstruktionspläne für Waffen, Baupläne für Atomanlagen und Waffendepots, die jährliche Einschätzung des Zustandes der Bundeswehr und die Notfallpläne der NATO ... Der absolute Hit sind Unterlagen für die NATO-Pipeline in Europa. Mit der Erdölleitung werden alle NATO-Einheiten mit Treibstoff versorgt. Wer ihren Verlauf kennt, kann im Kriegsfall die Mobilität aller Einheiten stark einschränken.

Als die Kundschafter nach zehn Jahren durch die »Aktion Anmeldung« des Bundesamtes für Verfassungsschutz enttarnt werden, löst besonders diese Entdeckung großes Entsetzen in NATO-Kreisen aus. Entsprechend hoch sind die Strafen. Lothar Lutze erhält zwölf Jahre, Renate Lutze, Jürgen Wiegel, Frank Gerstner und Christine Gerstner je sieben Jahre Haft.

Lothar Lutze verweigert den sonst üblichen Austausch und die Haftverschonung nach zwei Drittel der Haft. Elf Jahre sitzt er im Gefängnis und damit am längsten von all unseren Kundschaftern.

Vom April 1966 bis Juli 1967 besuche ich die Parteihochschule beim ZK der KPdSU in Moskau. Dies ist nicht nur wichtig für meinen weiteren Dienstweg – ich erfülle mir auch ein Wunsch. Ein Jahr lebe ich in einem faszinierenden Land und lerne die russische Sprache.

Wieder einmal beschäftige ich mich mit Philosophie und Ökonomie. Wir lesen, konspektieren und diskutieren die Werke von Marx, Engels und Lenin. Für die Teilnehmer aus der DDR ist es vergleichsweise ungewohnt, daß in Vorlesungen und Seminaren kaum Bezug genommen wird auf aktuelle Äußerungen führender Funktionäre. Und von Prof. Jantzen bin nicht nur ich begeistert. Seine Philosophie-Vorlesungen und Seminare in deutscher Sprache sind ein intellektueller Genuß.

Dröge hingegen sind die Lehrveranstaltungen in Ökonomie. Der sowjetische Dozent kritisiert das »Neue ökonomische System der Planung und Leitung« (NÖSPL) heftig. Um die DDR-Teilnehmer auf den rechten Weg zu führen, empfiehlt er uns, Marx zu lesen und uns an der ökonomischen Praxis der Sowjetunion zu orientieren. Das auf dem VI. Parteitag der SED 1963 beschlossene Reformkonzept ist, wie wir erst nach dem Ende des Realsozialismus feststellen werden, das einzige realistische und mithin realisierbare Konzept zur notwendigen gesellschaftschaftlichen Umgestaltung des sowjetischen Sozialismus-Modells. Der Unmut darüber, den wir bereits 1966/67 erfahren sollen, führt letztlich auch zum Sturz Walter Ulbrichts 1970.

Wichtig wie die Lehrveranstaltungen sind die Gespräche mit den anderen Teilnehmern des Lehrgangs. Es sind Partei-, Staats- und Wirtschaftsfunktionäre aus allen Republiken der UdSSR, aus der ČSSR, Bulgarien, Ungarn und der Mongolei. Wir treffen uns am Abend, diskutieren und feiern miteinander. Wir sind eine internationale Familie. In der Freizeit streifen wir durch Moskau, fahren ins Umland, besuchen Nowosibirsk. Ich spreche mit vielen Menschen auf der Straße, in Geschäften, in Restaurants.

Ich habe den Eindruck, daß der sozialistische Aufbau in der UdSSR voranschreitet. Trotz der unsagbaren Leiden, die Hitlerdeutschland den Sowjetbürgern zwischen 1941 und 1945 zufügte, begegnen diese uns aufgeschlossen und freundlich. Nicht zuletzt solche Beobachtungen bestärken mich in der Überzeugung, an der Westflanke der sozialistischen Staatengemeinschaft alles zu tun, um Frieden und Freundschaft in Europa zu sichern.

Bonn im Blick

Im April 1967 fliege ich letztmalig als Urlauber nach Berlin. Ich freue mich auf meine Frau und und unsere drei Kinder. Ingrid ist inzwischen 17, Harald 15 und Frank zwölf Jahre alt. Sorgen gibt es nicht, Brigitte hat wie immer alles im Griff. Sie ist berufstätig, schmeißt den Haushalt, kümmert sich um die Hausaufgaben der Kinder, arbeitet im Elternaktiv, löst die großen und kleinen Erziehungsprobleme und verbringt gemeinsam mit den Kindern die Wochenenden. Alarmierende Nachrichten aus der Ahlbecker Straße im Prenzlauer Berg gibt es also nicht.

Daß ich außer der Reihe nach Hause fahren darf, verdanke ich Harald. Er hat Jugendweihe. Und doch bin ich etwas unruhig. Ich habe einen offiziellen Termin bei Markus Wolf. Ungewöhnlich, weil ich ohnehin in die Dienststelle gehe, wenn ich in Berlin bin. Wahrscheinlich will er mit mir über meinen weiteren Einsatz sprechen, vermute ich.

Pünktlich fünf Minuten vor 15 Uhr, stehe ich im Sekretariat des HVA-Chefs. Ich warte, Wolf telefoniert noch. Nach einer Viertelstunde verlischt das Lämpchen an der Telefonanlage der Sekretärin. Er ruft, ich solle reinkommen.

Der sonst für viele Mitarbeiter unnahbar durch die Flure der Dienststelle schreitende, sehr distinguiert wirkende Wolf begrüßt mich mit Handschlag. Unser Verhältnis ist gut. Eigentlich ist das schwer zu verstehen. Wir unterscheiden uns hinsichtlich Herkunft, Biographie, Charakter und privaten Vorstellungen. Mit einem Wort: Wir sind sehr verschieden.

Wolf kommt schnell zur Sache. Ich rechnete damit, nach meiner Rückkehr wieder in meiner alten Abteilung zu arbeiten. Deshalb trifft es mich ziemlich unerwartet, als er mir gleichsam das Kronjuwel der HVA anbietet: die Abteilung I. Sie bearbeitet die Regierung der BRD und gilt als sehr erfolgreich. Wolf selbst, der Stellvertreter des Ministers, leitet die Abteilung an. Und er ist auch Mitglied der dortigen Parteigrundorganisation und nimmt regelmäßig an den Versammlungen teil.

Warum soll ich Leiter dieser Abteilung werden?

Der Posten sei vakant, sagt er. Heinrich Folk ist schwerkrank. Er habe einen Tumor. Oberst Folk ist sei 1952 dabei, war Partisan und kehrte mit der Roten Armee nach Deutschland zurück. Er gehört zu jenen, die das »proletarische Elment« in der HVA verkörperten. Er ist äußerst selbstbewußt und wirkt stets abweisend. Offensichtlich sucht der Chef jemanden, dessen Fähigkeiten die eigenen ergänzen. Wolf ist ein Stratege, ein Mann der großen Entwürfe. Ständig entwickelt er neue Ideen für die operative Arbeit. Doch er braucht in der Abt. I einen durchsetzungsfähigen Partner, der ausdauernd seinen formulierten Zielen zustrebt und dabei noch eigene Ideen einbringt. Seine zwei Stellvertreter, Hans Fruck und Horst Jänicke, sind von ähnlichem Schrot und Korn.

Außerdem hat Wolf durchaus registriert, daß mein Stellvertreter in der Abteilung IV, Harry Schütt, seine Chance während meiner Abwesenheit nutzte und gute Arbeit leistete. Das Bonner Verteidigungsministerium war also trotz meiner Abwesenheit in guten Händen.

Wie ich merke, hat mich Hans Fruck zudem wärmstens empfohlen, was mich ehrt. Ich freue mich über die angebotene Aufgabe und nehme sie ohne Umschweife an.

Wolf hat nichts anderes erwartet.

Im August nehme ich meine neue Tätigkeit auf. Die Situation ist völlig anders als damals, als ich die Abteilung IV übernahm. Diese Truppe besteht aus bereits gestandenen Aufklärern, die selbstbewußt und nicht ohne Stolz auf ihre Arbeitsergebnisse verweisen. Meine beiden Stellvertreter sind älter als ich, die Referatsleiter sind in meinem Alter, also keine 40.

Manchen kenne ich bereits. Rudi Genschow genießt als stellvertretender Abteilungsleiter großes Ansehen, er steht von Anfang an an meiner Seite. Immer den nächsten Auftrag im Blick, schließen sich die anderen schnell an.

Unser wichtigstes Ziel ist es, eine Quelle im Bundeskanzleramt zu installieren. Im Gegensatz zu anderen Regierungsämtern und Ministerien bekommen wir von dort nur wenige Informationen. In den anderen Bereichen haben wir sowohl Quellen als auch qualifizierte Perspektiv-IM, Nachwuchs also, der sich auf den Einsatz vorbereitet.

Wir haben drei wesentliche Aufgaben zu erfüllen: zu verhindern, daß der Kalte Krieg zu einem heißen wird, die SPD bei der Übernahme der Regierungsverantwortung zu unterstützen sowie Entspannungs-Bemühungen des Westens zu erkennen und zu fördern.

1966 war die CDU-Regierung Geschichte, und eine von Kurt Georg Kiesinger (CDU) und Willy Brandt (SPD) als Vizekanzler geführte Große Koalition begann eine vorsichtige politische Kurskorrektur. Im März 1969 wurde der Sozialdemokrat Gustav Heinemann zum Bundespräsidenten gewählt, was ein deutliches Signal zu einer Trendwende bedeutet. Im Oktober 1969 sind Bundestagswahlen. SPD und FDP bilden eine Regierung. Der von Egon Bahr Mitte der 60er Jahre formulierte »Wandel durch Annäherung« wird Regierungsprogramm: Kanzler Brandt postuliert eine »neue Ostpolitik«.

Das vollzieht sich vor dem Hintergrund der Politik der beiden Großmächte. Diese gestehen sich wechselseitig ein atomares Patt zu, das heißt keine Seite ist mehr in der Lage, die andere militärisch niederzuringen, ohne dabei selbst zugrunde zu gehen. Wer als erster schießt, stirbt als zweiter, erklärt Leonid Breshnew lakonisch. In dieser bipolaren Welt müssen also beide Seiten miteinander klarkommen, sich arrangieren, die Konflikte unterhalb der Kriegsebene austragen. Diese Einsicht führt zu einer Politik der Entspannung – auf der globalen wie auch auf der nationalen Bühne.

Von uns erwartet man frühzeitig Informationen darüber, was die neue Regierung in Bonn gegenüber dem Osten politisch plant und umzusetzen gedenkt. Natürlich bleiben wir mißtrauisch. Schließlich beiben die antagonistischen Gegensätze zwischen Realkapitalismus und Realsozialismus bestehen. Wir geben uns keinen Illusionen über den Klassencharakter des Konfliktes hin – DDR-Außenminister Otto Winzer spricht pointiert von der »Konterrevolution auf Filzlatschen« – und verstärken unsere Anstrengungen. Wir beschaffen zahlreiche und wertvolle Informationen und wollen alles tun, damit aus der Konfrontation eine Kooperation werden kann. Zusammenarbeit heißt ja nicht, die Gegensätze zu negieren.

Im März und Mai 1970 treffen sich Ministerpräsident Willi Stoph und Bundeskanzler Willy Brandt in Erfurt und in Kassel. Im Mai 1970 beginnt Egon Bahr Verhandlungen in Moskau über einen Gewaltverzichtsvertrag. Am 12. August 1970 erfolgt die Unterzeichnung des Moskauer Vertrags. Kernpunkte sind die Erhaltung des Friedens und Wege zur Entspannung, die Unverletzlichkeit der Grenzen, der Verzicht auf Gebietsansprüche und die Anerkennung der Oder-Neiße-Linie als Westgrenze Polens.

Am 7. Dezember 1970 wird der Warschauer Vertrag unterschrieben. Auch dort werden die Oder-Neiße-Linie als Westgrenze Polens, die uneingeschränkte Achtung der territorialen Integrität und der Verzicht auf deutsche Gebietsansprüche festgeschrieben.

Am 3. September 1971 schließen die Regierungen der USA, Großbritanniens, Frankreichs und der UdSSR ein vierseitiges Abkommen zu Berlin, indem die für uns wichtige Feststellung enthalten ist, daß Westberlin kein Bestandteil der Bundesrepublik ist und auch nicht von ihr regiert werden darf.

Am 17. Dezember 1971 folgt das Transitabkommen zwischen der DDR und der BRD und am 20. Dezember 1971 ein Reiseverkehrsabkommen zwischen der DDR und dem Westberliner Senat.

Am 17. Mai 1972 ratifiziert der Deutsche Bundestag die sogenannten Ostverträge. Am 3. Juni 1972 tritt das Berlin-Abkommen in Kraft. Am 8. November unterschreiben die Staatssekretäre Egon Bahr und Michael Kohl den »Vertrag über die Grundlagen der Beziehungen zwischen der Bundesrepublik Deutschland und der Deutschen Demokratischen Republik«.

Am 11. Mai 1973 stimmt der Bundestag nach kontroverser Debatte mehrheitlich dem Grundsatzabkommen zu. Beide deutsche Staaten haben sich darin verpflichtet, normale, gutnachbarliche Beziehungen zu entwickeln. Streitfragen sollen ausschließlich mit friedlichen Mitteln gelöst werden. Jeder der beiden deutschen Staaten erkennt die Hoheitsgewalt des jeweiligen anderen über sein eigenes Staatsgebiet an. Keiner darf den anderen international vertreten – damit ist die Hallstein-Doktrin, jener in den 50er Jahren postulierter Alleinvertretungsanspruch der Bundesrepublik wirklich erledigt.

Nunmehr steht auch beiden deutschen Staaten der gleichberechtigte Zugang zu internationalen Organisationen und Gremien offen. 1973 werden die DDR und die BRD in die UNO aufgenommen.

An den Regierungssitzen in Berlin und Bonn werden »Ständige Vertretungen« eingerichtet. Botschaften hätte die wechselseitige völkerrechtliche Anerkennung bedeutet, die jedoch unverändert von der BRD unter Hinweis aufs Grundgesetz verweigert wird. Brandt spricht von den »zwei Staaten in Deutschland«.

Am 20. Juni 1974 treten Günter Gaus für die BRD und Michael Kohl für die DDR ihr Amt als Ständige Vertreter an.

Da arbeiten bereits die Diplomaten aus 33 europäischen Staaten, aus den USA und Kanada an der Vorbereitung einer Konferenz für Sicherheit und Zusammenarbeit (KSZE).

In vergleichsweise kurzer Zeit hat sich die politische Lage auf dem Kontinent und in der Welt trotz Blockkonfrontation gravierend verändert. Dem müssen und wollen auch wir Rechnung tragen. Und das heißt nicht, daß wir uns zurückziehen und alles laufen lassen. Wir wollen nicht nur beobachten und aufklären, sondern durchaus auch politisch gestaltend eingreifen. Wir möchten mit unseren Mitteln dafür sorgen, daß sich das Rad der Geschichte rascher vorwärtsdreht.

Das Auswärtige Amt in Bonn ist von uns blendend besetzt. Dort sitzen drei wichtige Kundschafter. Mit Dr. Hagen Blau treffe ich mich in der DDR und im Ausland – aus Sicherheitsgründen niemals in NATO-Staaten. Mit Ludwig Pauli konferiere ich nur in der DDR. Die Verbindung zu Klaus von Raussendorff behält sich Markus Wolf vor.

Motive der Kundschafter

Hagen Blau studiert in den späten 50er Jahren in Westberlin Japanologie. Er liest marxistische Literatur, beschäftigt sich mit sozialdemokratischem Gedankengut und schließt sich den Jungsozialisten an. Er ist Mitglied eines SPD-Kreisvorstandes in Berlin und betätigt sich im außenpolitischen Arbeitskreis des Berliner SPD-Vorstands. Er gehört zu den Linken in seiner Partei.

SPD-Mitglieder, mit denen er politisch übereinstimmt, sprechen ihn an. Er weiß nicht, daß sie in unserem Auftrag handeln. Sie sagen zu ihm: »Komm mit nach Ostberlin, wir kennen dort interessante Gesprächspartner.« Nach einigen Treffen geben sich die HVA-Mitarbeiter zu erkennen. Schnell haben sie gemerkt, daß Hagen Blau keine Quelle sein wird, die nur Informationen liefert.

Der junge Mann hat eine feste politische Meinung, die gar nicht so weit entfernt ist von der unsrigen. Der Zeit des Krieges und des Faschismus, die Hagen als Kind erlebte, und die seinen Eltern noch in den Knochen sitzt, ist ihm als Manung präsent. Er will eine bessere, eine friedliche, eine menschliche Gesellschaft.

Die DDR betrachtet er als eine Alternative zur kapitalistischen, reaktionären Adenauer-Republik. Blau erklärt sich bereit, mit uns zusammenzuarbeiten. Er ist ein Idealist. Böten wir ihm Geld, würde er die Verbindung unwiderruflich abbrechen.

1961 bewirbt sich Hagen Blau im Auswärtigen Amt. Als promovierter Japanologe, mit spezifischen Kenntnissen und Fähigkeiten bei Sprachen, Politik und Geschichte, sieht er sich als geeignet für den diplomatischen Dienst. Dies und sein selbstbewußtes Auftreten, seine Erscheinung, seine Umgangsformen überzeugen den künftigen Arbeitgeber. Durch seine analytischen Fähigkeiten und seine prägnante Art zu formulieren, wird er schnell zu einem gefragten und geschätzten Mitarbeiter im Auswärtigen Amt. Erst Attaché, dann Vortragender Legationsrat und schließlich stellvertretender Botschafter in Colombo, Sri Lanka.

Seine Talente, die ihm diese diplomatische Karriere ermöglichen, prägen auch Hagens Berichte an uns. Sie sind sachlich, präzise, analytisch und mit dem Impetus geschrieben, der Bundesrepublik nicht zu schaden. Ohnehin weigert er sich, Angaben über einzelne Persönlichkeiten aus seinem Umfeld zu liefern. Er sieht sich nicht als Spion. Er will mit seiner Arbeit dafür sorgen, daß der Kalte Krieg nicht eskaliert, daß die Politik dem Menschen dient, daß Ost und West sich annähern. Nur deshalb beschafft er Materialien, die er unter anderem in den BRD-Botschaften in London, in Japan, in Wien und in der Bonner Zentrale des Auswärtigen Amtes in die Hand bekommt. Seine Informationen tragen dazu bei, daß schließlich die Ostverträge unterschrieben werden, die beiden Seiten gerecht werden. Er und andere Kundschafter arbeiten mit uns nicht *gegen*, sondern *für* diese Verträge. Gemeinsam sorgen wir mit dafür, daß sie unter Dach und Fach kommen. Unsere Informationen liefern unserer Partei- und Staatsführung Denkanstöße.

Während der Vorbereitung des Moskauer Vertrages 1970 verblüffen wir unseren sowjetischen Verbindungsoffizier mit der Tatsache, daß wir bereits die Verhandlungspositionen der Gegenseite kennen, ehe sie in Moskau vorgetragen worden waren.

Als stellvertretender HVA-Chef treffe ich Hagen Blau 1979 in Stockholm. Er arbeitet augenblicklich als Vertreter des Gesandten in der Botschaft der Bundesrepublik in Wien. Wir sprechen ungestört in einer konspirativen Wohnung. Wenige Monate später hat der *Spiegel* Markus Wolf auf dem Titelblatt. Das Foto ist vor dem Haus in Stockholm geschossen worden, in dem Hagen und ich uns gegenüber saßen. Das Bild beunruhigt uns sehr: Sind auch wir observiert worden?

Wir recherchieren und sind uns sicher, daß wir sicher waren. Der HVA-Resident in Stockholm hatte vor dem Besuch von Markus Wolfs einen solchen Wirbel veranstaltet – er ließ die Wohnung renovieren und neu möblieren –, daß interessierte Stellen erst auf die KW aufmerksam wurden. Der elementare handwerkliche Schnitzer gibt dem »Mann ohne Gesicht« im Westen ein Gesicht, der Nimbus von Wolf ist dahin.

Als der Wirbel um die *Spiegel*-Veröffentlichung vorbei ist, nimmt Hagen Blau die Gespräche mit den von uns eingesetzten Instrukteuren im Ausland und in der BRD wieder auf. Hagen verbindet seine Berichte zunehmend mit Empfehlungen an die Adresse der DDR-Politik. Und er macht nicht nur interessante Vorschläge. Er will auch unsere Meinung zu bestimmten Themen hören, unsere Haltung kennenlernen. Auf Treffen mit ihm bereiten wir uns besonders sorgfältig vor.

Auch für mich ist Hagen nicht nur ein Informant. In den Gesprächen mit ihm finde ich Antworten auf Fragen, die mich und meinesgleichen besonders in den 80er Jahren bewegen. Immer deutlicher äußert Hagen seinen Unmut über die Entwicklung in den sozialistischen Ländern und besonders in der DDR. Zunehmend mischen sich Zweifel den Sinn unserer Tätigkeit. Mit Recht fragt er: »Lohnt sich mein Risiko überhaupt noch angesichts der Politik in den sozialistischen Ländern?«

Mit Blick auf gesellschaftliche Erosionsprozesse und die Preisgabe politischer Prinzipien erkundigt er sich besorgt: »Nutzen meine Informationen überhaupt noch jemandem, wenn alles den Bach runtergeht?«

Wir versichern ihm wider besseren Wissens, daß die DDR alle Probleme selbstverständlich in den Griff bekommen werde. Wir setzen hinzu, und daran glauben wir selbst unverdrossen, daß uns die Sowjetunion nie im Stich lassen würde.

Hagen Blau gibt sich nicht mit Nebensächlichkeiten und Losungen ab, er bringt Wesentliches schonungslos auf den Punkt. Ehrlich und direkt, wie er ist, erwartet er diese Haltung auch von uns, seinen Partnern. Dabei entsteht ein enges Miteinander. Es ist längst mehr als eine Zweckverbindung zwischen Führungsoffizier und Informant. Mit seinem langjährigen Instrukteur Volker M. aus der DDR verbindet ihn bis heute eine enge Freundschaft.

Oberst Werner Roitzsch, der über Jahre direkt mit Hagen arbeitet und für ihn verantwortlich ist, wird ihn nach der Wende verraten. Auch wenn zwischen Hagen und Roitzsch nie ein solches enges Verhältnis wie zu Volker M. bestand, trifft ihn der Verrat des Überläufers schwer, 1990 wird er zu sechs Jahren Haft verurteilt, von denen er vier absitzt.

Nach seiner Inhaftierung und Verurteilung hat sich niemand von uns weder bei ihm noch bei seiner Ehefrau gemeldet. Das hat ihn tief getroffen, was ich nachvollziehen kann. Auch ich unterließ es, weil ich selbst mit Ermittlungsverfahren und Anklage zu kämpfen hatte. Das erklärt das Versäumnis, entschuldigt aber nichts. Nach seiner Entlassung jedoch rief er mich an. Wir trafen uns in meiner Wohnung und sprachen uns aus.

Wir sind wieder oder noch immer befreundet.

Ein ganz anderer Typ ist Ludwig Pauli. Der etwas füllige, dunkelblonde Oberamtsrat im Auswärtigen Amt ist Anfang 40 und arbeitet schon geraume Zeit für die HVA, als ich ihn kennenlerne. Er ist ruhig, verläßlich, ein bißchen verträumt und sehr musisch veranlagt. Zu jedem Treffen schenkt er mir eine Schallplatte mit klassischer Musik. Pauli hängt erkennbar an seiner Mutter, hat kaum Freunde und nur selten eine Frau. Seine eigentlichen Bezugspersonen sind die Instrukteure der HVA. Ein besonders freundschaftliches Verhältnis verbindet ihn mit Bernhard Schorm, dem verantwortlichen Leiter unseres Referates Auswärtiges Amt. Bernhard Schorm hat großen Anteil an der Dislokation von Quellen im AA und anderen Institutionen.

Wenn Ludwig Pauli zu uns kommt, bereiten wir einen angenehmen Abend mit einem guten Essen vor. Wir reden weniger über handwerkliche Dinge der nachrichtendienstlichen Arbeit, die beherrscht Ludwig perfekt, es geht eher familiär zu. Politische und persönliche Themen, Ansichten zu Büchern und Theaterinszenierungen verweben sich im Gespräch. Ludwig genießt diese offene und freundschaftliche Atmosphäre, die er im Auswärtigen Amt und besonders während seiner vielen Auslandseinsätze als Konsularmitarbeiter in Edinburgh, Palermo, Liverpool und Salzburg offensichtlich vermißt.

Ludwig ist Sozialist. Aus dieser Haltung speist sich sein politisches Motiv, nachrichtendienstlich für die DDR tätig zu sein.

Ängstlich ist er nie, und ihm passiert auch nichts. Seine Informationen sind für andere Kundschafter oft überlebenswichtig. Im konsularischen Bereich kennt er die Personalien von vielen Mitarbeitern des Bundesnachrichtendienstes und erfährt viel über ihre Aktivitäten, besonders während seiner Tätigkeit in Salzburg. Wir können auf geplante Aktionen des BND rechtzeitig reagieren. In einigen Fällen warnen wir unsere sowjetischen Partner: Von ihnen geplante Aktionen in Österreich und der BRD hatte der Bundesnachrichtendienst bereits aufgeklärt.

Im Bundeskanzleramt haben wir, als ich 1967 die Abteilung I übernehme, noch keine Quelle. Wir arbeiten mit Hochdruck daran, daß sich das ändert. Aus der Führungsspitze der CDU bekommt die HVA von Adolf Kanter wertvolle Informationen. »Fichtel« ist unser dienstältester Kundschafter, er arbeitet seit 1960 für uns. Er kommt aus der Parteiaufklärung, ein von der westdeutschen KPD gegründeter und von der SED gesteuerter Aufklärungsdienst. »Fichtel« vom Jahrgang 1925 gehört zu den Mitbegründern der Freien Deutschen Jugend (FDJ) in Rheinland-Pfalz, wechselte 1949 zur Jungen Union und wurde bald Kreisvorsitzender. Helmut Kohl, zu jener Zeit Mitglied des Bezirksvorstandes der Jungen Union, gehört seither zum engeren Bekanntenkreis unseres Mannes. Zu »Fichtels« Freunden zählt auch der Flick-Manager Eberhard von Brauchitsch.

1967 gerät Kanter in Schwierigkeiten. Der Bundesrechnungshof beschuldigt ihn, als Direktor des »Europa-Hauses« Gelder zweckentfremdet verwandt zu haben. Das »Europa-Haus« ist eine internationale Begegnungsstätte für Führungskräfte aus Politik und Wirtschaft in Bad Marienberg im Westerwald. Die Staatsanwaltschaft ermittelt. Kohl und Brauchitsch sorgen jedoch dafür, daß das Verfahren eingestellt und Staatsanwalt Abbot abgelöst wird. Trotzdem ist Kanters Ruf erst einmal beschädigt, der Zugang zu bestimmten Kreisen erschwert. An für uns wichtige Informationen kommt er nicht mehr heran.

Später gelingt ihm ein Comeback. Kanter wird stellvertretender Leiter im Bonner Büro des Flick-Konzerns. Auf Grund seiner guten Beziehungen zum Vorstandsvorsitzenden Eberhard von Brauchitsch und zu Phillip Jenninger (von 1973 bis 1982 Parlamentarischer Geschäftsführer der Unions-Fraktion, dann Kanzleramtsminister und von 1984 bis 1988 Bundestagspräsident) entwickelt er sich erneut zu einer wertvollen Quelle. Kanter gerät als Lobbyist in das enge Beziehungsgeflecht, das den Flick-Konzern mit Parteien und Regierungsämtern verbindet. Weil er über die Vergabe der Spenden des Konzerns mitentscheidet, kommt er in die komfortable Lage, Vertrauensperson für alle zu sein. Dabei erfährt er vieles. Wir bekommen über ihn höchst interessante politische Informationen, können umfassend und genau das Zusammenspiel von Kapital und Politik beobachten und belegen. Die Akte über geflossene Parteispenden und über ihre Empfänger wächst stetig. Ob die Schmiergelder nun in privaten Portemonnaies verschwinden oder in Parteikassen sickern, kann allerdings auch »Fichtel« nicht feststellen.

Zu unserem Erstaunen spielen bei staatsanwaltlichen Ermittlungen und Gerichtsverfahren der CDU-Vorsitzende, Helmut Kohl (1973-1998), und der Chef der FDP, Hans-Dietrich Genscher (1974-1985), nicht die ihnen zukommende Rolle. Das widerspricht eindeutig unserer Aktenlage. Weil wir unsere Quelle aber schützen müssen und aus politischer Rücksichtnahme behalten wir dieses Wissen für uns. Selbst die Partei- und Staatsführung der DDR erfährt nichts darüber.

Diese Akten vernichten wir im Jahre 1989/90.

Mitunter fragen wir uns, warum sich Adolf Kanter nachrichtendienstlich so stark für die DDR engagiert. Dafür gibt es vermutliche verschiedene Motive. Seit seiner Jugend strebt Kanter politisch und beruflich aufwärts, er möchte nach oben. Dabei gerät er in die Mühlen einer von Egoismus, Kastendenken und Korruption geprägten kapitalistischen Gesellschaft. Viele benutzen ihn, doch anerkannt und akzeptiert wird er nicht. Kanter steigt nicht wirklich auf, er bleibt Domestik und Erfüllungsgehilfe der Oberschicht. Das spürt er. Bei uns hingegen findet er die Aufmerksamkeit und Zuwendung, die ihm daheim versagt wird.

Natürlich spielt auch die finanzielle Seite eine gewisse Rolle.

1983 enttarnt der Bundesverfassungsschutz seinen Instrukteur. Wir erfahren es rechtzeitig und können ihn vor der Festnahme bewahren. Dennoch gerät »Fichtel« ins Visier der Strafverfolgungsbehörden. Das eingeleitete Ermittlungsverfahren wird zwar eingestellt, doch Kanter verliert seinen Posten im Flick-Konzern. Seine politischen Kontakte gehen zurück, sie sind wenig ertragreich, die Kontakte zu ihm sind risikobehaftet.

Wir lassen die Verbindung zu ihm trotzdem nicht abreißen, aus Sicherheitsgründen treffen wir uns aber nicht mehr in der BRD und nur in ganz wenigen Fällen in der DDR. Für Adolf Kanter ist es überlebenswichtig, seinen Instrukteur Werner K. zu sehen. Willy Otto, der stellvertretende Abteilungsleiter, Harald Fischer, Leiter des Referats Innerdeutsches Ministerium, und später auch ich reden zwar auch mit ihm, die Begegnungen sind aber auf wenige Stunden beschränkt. Werner K. hingegen ist Kanters ständiger Vertrauter. Wenn er jemals einen Freund hatte, dann ist es der kompetente und einfühlsamen Werner K. »Fichtel«, der in die Jahre gekommene Kundschafter, braucht dessen starke Hand, die ihm das Leben ordnet und ihm hilft, den Alltag zu bewältigen.

1994 wird Kanter wieder verhaftet und zu zwei Jahren Haft verurteilt. Dieses Verfahren wird kaum bemerkt, alles geht ruhig und schnell über die Bühne. Vieles bleibt im dunkeln. Interessante Details bleiben unerwähnt, Namen werden kaum genannt. Ein unabhängiges Gericht spielt seinen zurückhaltenden Part. Einflußreiche Männer im Hintergrund breiten behutsam den Mantel über den Vorgang ...

Werner P. hält die Verbindung zu Alexander Dahms, den ich bald kennenlerne. Der Perspektiv-IM vom Jahrgang 1942 ist 1963 auf politisch-ideologischer Grundlage geworben worden. Wir treffen uns erstmals in der Nähe von Bratislava. Alexander wohnt in Andernac und reiste über Wien an. Bernhard Schorm, der schon länger mit Alexander arbeitet, will ihn ins Auswärtige Amt einschleusen. Wir beraten nun darüber, wie das geschehen kann. Alexander studiert derzeit Jura. Er ist mit dem operativen Ziel einverstanden.

Es gelingt ihm jedoch nicht, nach dem Examen ins AA in Bonn zu landen. Er geht zum Bundesgrenzschutz, wird beamtet und schließlich Polizeidirektor in der BGS-Direktion Koblenz.

Wir erfahren von ihm Interna aus seiner Dienststelle und auch aus dem Bundesinnenministerium, dem Bundesnachrichtendienst, dem Bundesverfassungsschutz und aus Brüssel: die Europäischen Union bereitet das Schengener Abkommen vor. (Auf einem Schiff auf der Mosel unweit der luxemburgischen Gemeinde Schengen unterzeichnen 1985 fünf EU-Staaten einen Vertrag, der den Abbau der Kontrollen an den gemeinsamen Grenzen und den freien Personen- und Warenverkehr vorsieht.)

Mit Dahms Informationen können wir unser IM-Netz besser sichern.

In Werner P. hat Alexander Dahms über Jahre einen Instrukteur, der nicht nur die Verbindung zur Zentrale hält, sondern auch menschlich mit ihm harmoniert. Mit seinem sachlichen, ruhigen Wesen wirkt der ältere Werner ausgleichend auf den überschäumenden, exzentrischen Alexander.

Doch während einer Reise in die BRD gerät Werner P. in den Blick des Verfassungsschutzes. Wir können ihn rechtzeitig warnen, und er entzieht sich erfolgreich der Beobachtung. Alexander wird nicht gefährdet. Er setzt die operative Arbeit fort.

So wie Werner K. mit »Fichtel« und Werner P. mit Alexander Dahms zusammenarbeiten, sind auch andere DDR-Bürger als Instrukteure tätig. Sie sind das Bindeglied zwischen Zentrale und Kundschafter. Einige verpflichten sich hauptamtlich, andere üben diese Tätigkeit neben ihren beruflichen und offiziellen politischen Pflichten aus. In der Mehrheit sind das motivierte, fachlich solide ausgebildete und menschlich vertrauenswürdige Mitarbeiter. Sie sind weltgewandt und meist polyglott. In Hannover oder in Hamburg, in Tokio oder in Zürich, in Paris oder in Stockholm müssen sie sich selbstsicher bewegen, sie dürfen durch nichts auffallen. Wir wissen von unseren Quellen, daß der Verfassungsschutz versucht, unsere Mitarbeiter schon beim Grenzübertritt nach Westberlin, während des dortigen Aufenthaltes und bei der Weiterreise zu erkennen. Bei wenigen gelingt das, bei der Mehrzahl nicht.

1996 wird Alexander Dahms zu sechseinhalb Jahren Haft verurteilt.

Auch Alexander Dahms und Werner P. sind noch miteinander befreundet.

Zu Oberst Bernhard Schorm, dem Vize-Chef der Abteilung I, besteht ein herzliches Verhältnis bis zu dessen Tod 1999.

Das Bundesinnenministerium, bis dahin für uns eine gläserne Institution, wird durch die Verhaftung unserer Kundschafter »Zange« und »Minister« 1961 zur Blackbox. In den 50er und Anfang der 60er Jahre lieferten beide Spitzenquellen jeden Monat etwa 800 bis 1.000 Seiten Dokumente. Der zuständige HVA-Referatsleiter Achim Kahlmeyer, der beide geworben hatte, bekam NATO-Dokumente und alle im Zusammenhang mit der Vorbereitung der Notstandsgesetze erarbeiteten Unterlagen in die Hand. Ganz nebenbei erhält die HVA auch Einsichten in das Innenleben des Bundesgrenzschutzes und des Bundesamtes für Verfassungsschutz.

Am 29. Juni 1967 erfolgt im Bundestag die erste Lesung der Notstandsgesetze. Wir haben bereits die sogenannten Schubladengesetze gelesen, kennen die Planungen für den Ernstfall, einschließlich der Absicht, die als gefährlich eingestuften Bundesbürger zu internieren. Als am 30. Mai 1968 der Bundestag die Notstandsverfassung in dritter Lesung verabschiedet, bestätigen sich die von uns Jahre zuvor gewonnenen Erkenntnisse.

Doch diese Erfolge sind inzwischen Geschichte. Das Innenministerium ist unbestellt, wir müssen die Lücken im Quellennetz schließen, es insgesamt ausbauen und vor allem junge, qualifizierte Leute werben, um sie als Perspektiv-IM aufzubauen. 1968 sind in der Bundesrepublik und Westberlin die Studenten auf der Straße. Sie attackieren die Strukturen des bürgerlich-konservativen Staates und dessen fortdauernde unkritische Haltung zum Nazireich und dessen Protagonisten, die unbeschadet in Politik, Wirtschaft, Wissenschaft und Kultur ihre Karriere fortgesetzt haben. Viele Studenten lesen Marx, Engels, Lenin und Mao. Einige verstehen sie auch. Che Guevara, Gefährte von Fidel Castro in der kubanischen Revolution und 1967 tragisch gescheiterter Rebell in den bolivianischen Anden, ist ebenso Leitfigur wie Ho Chi Minh, der in Vietnam den Kampf gegen den US-Aggressor führt. »Ho-Ho-Ho Chi Minh« skandieren die Studenten in Sprechchören, und Ches »Bolivianisches Tagebuch« liegt fast in jeder Studentenbude auf dem Tisch. Linkes Bewußtsein, revolutionäre Romantik und der Ausbruch aus bürgerlich-konservativen Konventionen prägen Lebensweise und Denken vieler Studenten und beeinflussen ihr weiteres Leben. Für manche ist es nur Spaß, andere werden ihre Haltung später als Jugendtorheit betrachten, einige sich beim Marsch durch die Institutionen bis zur Kenntlichkeit wandeln, wieder andere sehen in dem real existierenden Sozialismus eine Alternative.

Wir sehen eine Chance, unter diesen jungen Menschen Partner zu finden. Das gelingt uns, nicht wenige sind später erfolgreich als unsere Kundschafter tätig.

Romeos und Julias

Glaubt man heutigen Berichten in den Medien über die schlagzeilenträchtigen »Romeos«, muß die HVA eine Versammlung toller Hechte gewesen sein. Doch die meisten Geschichten, die sich damit verbinden, lassen sich nicht auf einen solchen Nenner bringen. Das Leben, auch das von Geheimdienstlern, ist das eine – seine zweckdienliche Darstellung in den meisten Medien das andere.

Als ich die Abteilung I übernehme, sind wir uns alle einig, daß unsere Kräfte stärker zu bündeln sind. Ich vermute, daß es in anderen Diensteinheiten der HVA einige IM oder sogar Quellen gibt, die in meinen Zuständigkeitsbereich gehören. Das bestätigt sich. In zwei Fällen stimmt Markus Wolf zu, diese Personen in meine Verantwortung zu übergeben.

Die beiden Quellen sind zufällig Frauen.

Helga Rödiger, Pseudonym »Hannelore«, wohnt in Bonn und arbeitet im Bundeskanzleramt. Sie ist Sekretärin bei Staatssekretär Manfred Lahnstein. Der Leiter der Abteilung XV in der BV Karl-Marx-Stadt, Egon Lorenz, und sein Mitstreiter Gotthard Schramm, zwei äußerst aktive und erfolgreiche Mitarbeiter unseres Dienstes, hatten sie gewonnen. [Der – inzwischen verstorbene – Gotthard Sch. ist übrigens nicht identisch mit Oberst Gotthold Schramm, der seit 1986 die Abteilung XVIII der HVA in Berlin leitet.]

Lorenz und Schramm warben auch die Quellen Dr. Gabriele Gast, die seit 1973 beim BND tätig war, und Wolf-Heinrich Prellwitz im Bundesverteidigungsministerium.

Helga Rödiger ist keine Frau, die ein Leben lang auf einen Romeo gewartet hat. Sie ist auch kein Opfer, das in eine seelische oder gar sexuelle Abhängigkeit geriet, wie man später über die Entstehungsgeschichten solcher Romeo-und-Julia-Beziehungen schwadronieren wird. Sie entschied sich aus politischen Gründen für eine Zusammenarbeit mit uns.

Unser Mann ist schon vor einiger Zeit in die Bundesrepublik eingeschleust worden, fungiert dort als Führungs-IM und lebt unter einem fremden Namen legal in Castrop-Rauxel. Helga Rödiger verliebt sich in Gerd Schwenke und der sich in sie. Beide heiraten.

Helgas Chef Manfred Lahnstein wechselt 1974 ins Finanzministerium und nimmt seine Sekretärin dorthin mit.

Als Gerd Schwenke und Helga in Gefahr geraten, enttarnt zu werden, kommen beide in die DDR. Nun heiraten sie »richtig«, denn auf ihrem Trauschein des BRD-Standesamtes steht nicht Gerd Schwenke, sondern sein Deckname.

Das gemeinsame Leben ohne nervliche Belastung der illegalen Arbeit dauert nicht lange. Gerd stirbt an Leberkrebs.

Das herzliche Verhältnis, daß meine Frau und mich mit Helga verbindet, besteht fort.

Der zweite Vorgang, den meine Abteilung übernimmt, lag bis dato in den Händen von Gerhard Franke, dem stellvertretenden Leiter des Sektors Wissenschaft und Technik. Er hatte in der Bundesrepublik Herbert Schröter als IM geworben. Der Ingenieur in mittleren Jahren läßt, wie man so sagt, nichts anbrennen. Kein Romeo, sondern eher ein Weiberheld.

Schröter meldet sich in Paris bei der Alliance Française an. Dort erlernen oder verbessern viele Westdeutsche ihre französischen Sprachkenntnisse. Auch die 19jährige Gerda Ostenrieder, eine attraktive, lebenslustige Frau. Es funkt zwischen den beiden.

Der lebenserfahrene Mann und die junge Frau finden auch politisch eine gemeinsame Sprache. Er lädt sie nach Berlin ein, dort treffen sie mit Gerhard Franke zusammen. Gerda weiß, daß ihr ein Mann der HVA gegenübersitzt. Als sie sich zur Zusammenarbeit entschließt, geschieht das also ohne Täuschung oder gar Zwang. Sie ist überzeugt, das Richtige zu tun, und stimmt dem Vorschlag zu, sich im Auswärtigen Amt zu bewerben.

In Gerhard Franke findet sie einen einfühlsamen Gesprächspartner. (Sie wird ihn später im Dokumentarfilm von Elisabeth Pfister »Unternehmen Romeo« als väterlichen Freund bezeichnen.)

Als meine Abteilung den Vorgang übernimmt, scheidet Gerhard Franke aus der Zusammenarbeit aus. Ich übernehme nun die persönliche Verantwortung und treffe mich mit ihr und Herbert in Jugoslawien, Finnland und Polen. Inzwischen haben die beiden geheiratet. Während ich mit Herbert bestens zurechtkomme, bleibt zwischen ihr und mir eine gewisse Distanz. Vielleicht nimmt Gerda an, ich sei dafür verantwortlich, daß Gerhard Franke sie nicht mehr führt.

Den für ein sehr gutes Verhältnis nötigen persönlichen Kontakt halten meine Mitarbeiter Klaus Wengler und Bernhard Schorm.

Gerda Ostenrieder arbeitet 1966 in der Abteilung Telco des Auswärtigen Amtes. Dort gehen alle chiffrierten Nachrichten und Berichte aus den Botschaften ein. Sie sind auf Bändern gespeichert. Wenn die Tonträger aufgearbeitet sind, kümmert sich niemand mehr darum. Gerda packt sie in Taschen und schleppt sie nach Haus. Die Hauptabteilung III – Elektronische Aufklärung des MfS – knackt den Code und liefert uns den Klartext. Der Wust von Informationen bietet uns umfassende Einsichten in die außenpolitischen Aktivitäten der Bundesrepublik.

Anfang der 70er Jahre geht Gerda Ostenrieder in die bundesdeutsche Vertretung in Warschau. Herbert Schröter bleibt in Bonn. Wie bei anderen Paaren auch hat die räumliche Trennung Folgen. Die beiden leben sich auseinander. Selbst die Klammer der geheimdienstlichen Arbeit bindet nicht mehr. Gerda lernt einen Journalisten kennen. Eine neue Liebe beginnt.

Der neue ist Agent des Bundesnachrichtendienstes.

Gerda offenbart sich erst ihm und dann dem BND.

Aber sie verhält sich wie immer konsequent und selbstbewußt. Als Herbert Schröters Ehefrau handelt Gerda menschlich anständig und als unsere Mitarbeiterin professionell. Bevor sie sich als HVA-Quelle zu erkennen gibt, warnt sie ihren Mann. Herbert kann sich rechtzeitig in die DDR absetzen.

Der Schaden für uns hält sich darum in Grenzen. Natürlich ist der Verlust einer über Jahre so erfolgreich tätigen Quelle sehr schmerzlich. Wir überlegen, was wir falsch gemacht haben. Schließlich kommen wir auf die einfache Wahrheit, daß es eben im Leben oft Dinge geben kann, die alles auf den Kopf stellen. Sie sind weder vorhersehbar noch beeinflußbar. Wie oft trennen sich Paare, weil einer oder beide bei anderen die »große Liebe« finden?

Gerda Ostenrieder ist in keiner Phase ein Opfer. Sie trifft immer selbst ihre Entscheidungen: als sie von Herbert geworben wird, als sie uns Informationen liefert und als sie sich schließlich von ihm und uns trennt. Wir akzeptieren ihren persönlichen Entschluß.

Niemand von uns belästigt sie jemals mit neuen Forderungen.

Seit 1960 führt die HVA die Quelle »Komteß«. Sie ist Sekretärin im Auswärtigen Amt. Unser aus der DDR in die BRD eingeschleuster IM »Lindner« lernt sie 1960 gezielt kennen, beide werden ein Paar. »Lindner« erkennt schnell, daß die junge Frau niemals für ein sozialistisches Land arbeiten würde. Er wirbt sie deshalb unter fremder Flagge. Weil sie eine anglophile Ader hat, tritt unser Mann als Agent des britischen Auslandsnachrichtendienstes MI 6 auf. Er kann ihr das Interesse Englands an einer friedlichen Entwicklung in Deutschland sowie zwischen Ost- und Westeuropa glaubhaft vermitteln. Diese Intentionen will sie unterstützen.

16 Jahre arbeitet die AA-Sekretärin Helge Berger für den britischen Nachrichtendienst.

Diese Konstellation ist in der Tat die klassische Romeo-Methode. Die HVA kann sich vieler Dinge rühmen – allerdings nicht, deren Erfinder zu sein. Insofern ist entweder Heuchelei oder Dummheit im Spiel, wenn behauptet wird, nur die Auslandsaufklärung der DDR habe Liebesbeziehungen instrumentalisiert, um an Informationen zu gelangen.

IM »Lindner« arbeitet von 1960 bis 1976 mit Helge Berger zusammen. Nur in den ersten Jahren gehen sie auch miteinander ins Bett. Zwar wird Helge Berger vorsätzlich getäuscht über den tatsächlichen Empfänger ihrer Informationen, aber sie wird von niemandem erpreßt oder gar bedroht, es zu tun.

1967 wird sie an die BRD-Handelsvertretung in Polen versetzt. In Warschau beginnen im Dezember 1969 Gespräche, die nach Jahresfrist zur Unterzeichnung eines Vertrages führen werden, mit welchem die BRD ihre Beziehungen zu Polen normalisiert, einen Gewaltverzicht erklärt und die Oder-Neiße-Grenze als polnische Westgrenze anerkennt. Mit den Informationen, die wir über Helge Berger bekommen, sind wir in der Lage, Einfluß auf die Vertragsgestaltung zu nehmen.

Wir setzen nicht nur die Partei- und Staatsführung der DDR in Kenntnis, sondern auch die polnische Aufklärung. Sie weiß von unseren Aktivitäten in Warschau. Um voll arbeitsfähig zu sein, müssen wir sie ins Bild setzen. Denn wir benötigen vor allem logistische Hilfe. Obwohl wir die polnische Seite umfassend informieren, schwingt Argwohn ein. Daß wir ihnen keine Originaldokumente übergeben, sondern aufbereitete Informationen, entspricht zwar den Regeln der Konspiration. Aber genau das erregt ihr Mißtrauen. Sie verlangen die Originale zu sehen. Dieses Ansinnen lehnen wir natürlich ab.

Es finden in einer konspirativen Wohnung in Warschau Gespräche zwischen den Polen, »Lindner« und »Komteß« statt, an denen ich teilnehme. Obwohl wir sicher sind, abgehört zu werden, reden wir Klartext. Wir haben nicht die Absicht, die polnische Seite zu desinformieren. Zumal wir von »Komteß« wissen, *wie* die polnischen Diplomaten verhandeln. Wir sehen nichts, was der DDR oder dem sozialistischen Lager schaden könnte.

Die DDR-Führung sieht das offensichtlich anders. Sie befürchtet, daß sich Polen über die Interessen der DDR und der anderen sozialistischen Länder hinwegsetzen und die Annäherung an die BRD suchen könnte. Ich höre, daß Berlin bei Wladislaw Gomulka, dem Ersten Sekretär des ZK der PVAP, zu intervenieren versucht. Erfolglos. Am 7. Dezember 1970 wird er unterzeichnet, Bundeskanzler Willy Brandt bittet Polen mit einem Kniefall am Mahnmal des Unbekannten Soldaten wegen der deutschen Verbrechen um Vergebung. Die berührende Geste hat unerhörte Symbolkraft.

In den Kulissen sorgen wir uns um die Sicherheit unserer Quellen.

Denn: Die polnischen Unterhändler sind von uns detailliert informiert worden – und das lassen sie bei den Verhandlungen auch durchblicken. Das ist unprofessionell und für uns gefährlich. BRD-Staatssekretär Duckwitz, das erfahren wir auch, vermutet internes Wissen auf polnischer Seite.

Dieser – durchaus zutreffende – Verdacht führt á la longue dazu, daß »Komteß« 1976 enttarnt und verurteilt werden wird.

Das ist in mehrfacher Hinsicht bitter. Unsere Quelle in der Bonner Vertretung hat nicht nur politisch Relevantes erkundet. Sie gab auch wertvolle Hinweise, die zur Absicherung der geheimdienstlichen Arbeit der Polen beitragen. So hatten die polnischen Abwehrdiensteinheiten das Gebäude der BRD-Vertretung mit zahlreichen Abhöranlagen bestückt. »Komteß« informierte uns, daß Experten des Bundesnachrichtendienstes die Botschaft nach Wanzen absuchen würden. Wir gaben unseren polnischen Kollegen einen Wink, sie konnten rechtzeitig aufräumen. Die BND-Elektroniker waren verblüfft, weil sie nicht ein Mikrofon fanden.

Sie wären allerdings erstaunt gewesen, wenn sie eine Woche später ihre Kontrolle wiederholt hätten ...

Insofern schmerzt uns die Nachlässigkeit der polnischen Genossen doppelt.

Wir sind nun besonders wachsam, zumal uns »Komteß« vom Eingang eines anonymen Schreibens berichtet. Ein Unbekannter bietet der BRD-Botschaft seine Dienste an, und die Interna, die er andeutet, lassen vermuten, daß es sich beim Absender um einen Mitarbeiter der polnischen Sicherheitsorgane handeln muß.

Wir sprechen mit unseren polnischen Partnern und vereinbaren, den Fall gemeinsam zu bearbeiten. Nach kurzer Zeit liefern wir ihnen Hinweise, mit denen man den Verräter hätte identifizieren müssen. Doch die polnische Abwehr bearbeitet die Sache schleppend. Angeblich finden sie keine konkreten Anhaltspunkte.

Markus Wolf interveniert beim Chef der polnischen Aufklärung. Ich erhalte den Befehl, der Sache nachzugehen. Einer der beiden Mitarbeiter, die ich dafür zugewiesen bekomme, ist in Polen geboren, er spricht die Sprache ohne Akzent und kann sich völlig unauffällig im Land bewegen.

Wir kommen dem Verräter immer näher. Doch plötzlich müssen wir die Arbeit abbrechen – der Chef der polnischen Spionageabwehr droht mit der Festnahme meiner Mitarbeiter.

Ist es generelles Desinteresse an dem Fall? Haben sie den Verräter schon selbst gefaßt? Oder stören wir gar eine aktive Maßnahme der polnischen Aufklärer in bezug auf die BRD-Botschaft?

Sie lassen uns im unklaren. Wir sind unzufrieden.

Aber wäre es nicht möglich, uns zumindest soweit zu vertrauen? Schließlich geht es auch um die Sicherheit einer sehr erfolgreichen Quelle.

Ich spreche in Moskau den Fall an. Meine Partner zeigen sich sehr interessiert. Konsequenzen aber bleiben aus.

Als Helge Berger Mitte der 70er Jahre wieder im Auswärtigen Amt in Bonn arbeitet, wird sie verhaftet. Für sie bricht eine Welt zusammen, als sie erfährt, daß sie nicht für die Briten, sondern fürs MfS berichtet hat.

Einge Medien in der Bundesrepublik stellen in diesem Zusammenhang – wie auch in anderen Romeo-Fällen – die These von der sexuellen Abhängigkeit auf.

Das ist Quatsch. Kein halbwegs intelligenter und mit normalen Empfindungen ausgestatteter Mensch glaubt ernsthaft, daß eine Verbindung zwischen zwei erwachsenen Menschen über Jahre ausschließlich auf sexueller Basis funktionieren und halten kann. Umso weniger, wenn es sich – wie auch im Falle von Helge Berger – um kluge und kompetente Frauen handelt, die sich selbstbewußt und selbstbestimmt für eine nachrichtendienstliche Tätigkeit entschieden haben.

Der seelische Zusammenbruch nach Bekanntwerden und/oder Verhaftung des Partners bzw. beider rührt weniger vom Ende der »Sexualpartnerschaft«, sondern aus Enttäuschung. Der Enttäuschung nämlich, über die tatsächliche Anbindung des Partners im unklaren gehalten worden zu sein. Sie fühlen sich hintergangen, getäuscht, benutzt. Hinzu kommt noch die ungewisse Zukunft, die nun nicht mehr gemeinsam stattfinden wird.

Solche menschlichen Leiden, denen Frauen wie Helge Berger ausgesetzt sind, lassen mich nicht kalt. Auch nicht die juristischen Folgen. Die HVA behandelt im Gegensatz zu den meisten Nachrichtendiensten in Ost und West auch solche Quellen nicht als seelenlose Karteikarten, die nach Enttarnung und Verhaftung einfach beiseitegelegt werden. Wir versuchen zu helfen, soweit dies überhaupt möglich ist. Doch aus verständlichem Ärger und erklärbarer Enttäuschung lehnt Helge Berger – wie auch andere, die wir unter fremder Flagge warben und die für uns arbeiteten – jegliche Unterstützung ab.

Wir müssen das akzeptieren.

Mich bedrückt dennoch, daß Helge Berger auch während ihrer bittersten Jahre im Gefängnis sich nicht helfen lassen möchte.

Nicht unproblematisch sind solche Vorgänge auch für die männlichen Partner, die wir meist unter Pseudonym als Werber in den Einsatz schicken. Ihre Aufgabe besteht nicht in erster Linie darin, eine Frau zu erobern. Im Vordergrund steht das Zielobjekt – das Ministerium, die Partei, die Institution –, in welchem wir Quellen plazieren wollen. Das geschieht, indem entweder eine im Objekt tätige Person kontaktiert und geworben wird. Oder ein geeigneter Perspektiv-IM bewirbt sich um eine Stelle dort.

Kommt nun eine Verbindung zu einer Frau zustande und gelingt es, sie für eine Zusammenarbeit zu gewinnen, so ist es relativ unkompliziert, wenn der Werber ledig ist und die Werbung für die DDR erfolgt. Daraus entstehen nicht wenige Ehen, die halten.

Komplizierter und moralisch zumindest bedenklich wird es, wenn der Werber bereits verheiratet ist, seine Kandidatin im Operationsgebiet dies naturgemäß aber nicht weiß und sich darum eben diese Hoffnungen macht: nämlich den Mann fürs Leben gefunden zu haben, ihn also auch heiraten möchte.

So wie bei »Lindner« und »Komteß«.

Es ist überdies Ausnahme und nicht Regel, daß die nachrichtendienstliche Arbeit weitergeht, wenn die intime Beziehung beendet wird und die Paare auseinanderlaufen.

Manchmal verdrängen wir solche moralisch-ethischen Überlegungen um des Erfolgs willen. Hauptsächlich betrifft das Vorgänge unter fremder Flagge. Nicht jeder Werber kann oder will das. Und wir zwingen keinen dazu.

Unter fremder Flagge

Am 20. August 1968 marschieren Truppen des Warschauer Paktes in die ČSSR ein. Einheiten der NVA sind bekanntlich nicht dabei, doch Mitarbeiter des MfS und IM von uns sind im Einsatz. Der »Prager Frühling« passiert für uns Aufklärer, die sich hauptsächlich im Westen umtun, eher nebenher. Konterrevolutionäre Aktivitäten im eigenen Hinterland stehen nicht im Fokus der Aufklärung, das ist primär Aufgabe der Abwehr. So können unsere Mitarbeiter, die vor Ort sind, weder für die tschechoslowakische Seite noch für uns besonders wichtige Informationen gewinnen.

Wir nutzen aber die Gelegenheit, unser Quellennetz im Bonner Auswärtigen Amt zu erweitern. Günter Amelung, der die Gruppe der HVA-Mitarbeiter in Prag leitet, kontaktiert Angehörige der dortigen Handelsvertretung der BRD. Er trifft sich unter anderem mit Amtsinspektor Herbert Kemper.

In den Gesprächen mit Kemper wird klar, daß dieser nicht bereit sein würde, für den Geheimdienst der DDR zu arbeiten. Günter Amelung segelt darum unter fremder Flagge und gibt sich als Vertreter des international tätigen US-Konzerns ITT aus. Amelung hat sich intensiv mit dem Telekommunikations-Unternehmen beschäftigt und kann als kompetenter Repräsentant agieren. Bis 1989 spielt er diese Rolle überzeugend. Kemper hat keinen Zweifel an seiner Identität und liefert im festen Glauben Informationen an den *Global Player.*

Wir bekommen so aus vier Botschaften der BRD in Europa und Afrika, zuletzt aus der Ständigen Vertretung der BRD bei der NATO, wertvolle Informationen geliefert.

Moralisch gesehen ist ein solches Vorgehen – egal, ob es sich um einen Mann oder um eine Frau handelt – streit- und anfechtbar. Mitarbeiter eines Geheimdienstes müssen mit solchen Überlegungen leben. Informationen, die im Interesse des eigenen Landes gebraucht werden, gibt es nicht zum Nulltarif.

Trotzdem dürfen moralische Erwägungen nicht hintanstellt werden. Auch für jene Informanten, die unter fremder Flagge geworben wurden, gelten die gleichen Regeln wie für alle unsere Mitarbeiter: Es sind Menschen, für deren Schutz und Sicherheit das MfS verantwortlich ist.

Und was ist mit Druck und Erpressung? Jenen »Folterinstrumenten«, mit denen ebenfalls Menschen von Nachrichtendiensten zur Zusammenarbeit genötigt werden?

Ja, auch das gehört zum Repertoir aller Dienste.

Aber es ist keine Basis für eine vertrauensvolle, solide Zusammenarbeit über Jahre. Und deshalb kenne ich in der HVA keinen einzigen Vorgang, der *allein* auf der Grundlage von Kompromaten zustandekam. Und überdies: Mit Mördern, Totschlägern, Terroristen, Drogen- oder Waffenhändlern machen wir uns nicht gemein.

In Fällen, in denen unsere Mitarbeiter unter fremder Flagge mit ihren Quellen zusammenkommen, versuchen sie nach gewisser Zeit ihre wahre Identität zu offenbaren. Wenn wir vermuten, daß der IM aus politischer Überzeugung dann die Zusammenarbeit abbricht, unterlassen wir das.

Ständige Vertretung in Bonn

Noch während der Verhandlungen über den Warschauer Vertrag beginnen Gespräche zwischen dem Staatssekretär im Bundeskanzleramt, Egon Bahr, und dem Staatssekretär beim Ministerrat der DDR, Michael Kohl. Der Chefunterhändler der DDR steht in jener Zeit auf der Liste derer, die unsere Ausgangsinformationen über die Beziehungen DDR-BRD erhalten. Zu Kohl wie zu vielen anderen Mitarbeitern im DDR-Staatsapparat habe ich ein gutes persönliches Verhältnis. Auch wenn Funktionsträger im Partei- und Staatsapparat für uns tabu sind und nicht als IM gewonnen werden dürfen, suchen wir mit vielen den freundschaftlich-offenen Gedankenaustausch. Michael Kohl interessiert sich für unsere Aussichten und hofft auf verwertbare Hinweise. Und er selbst macht aus seinem Herzen auch keine Mördergrube.

Im Laufe der Zeit wird aus dieser Verbindung eine Männerfreundschaft. Kohl wird 1973 Leiter der Ständigen Vertretung in Bonn und stellvertretender Außenminister der DDR.

Unsere enge Verbindung bleibt in den oberen politischen Etagen nicht unbemerkt. Eines Tages rüffelt mich Minister Mielke am Telefon. »Merke dir: Die Linie unserer Außenpolitik bestimmen nicht Michael Kohl und Werner Großmann, sondern andere!«

Unmittelbarer Anlaß ist eine beiläufige Bemerkung Michael Kohls gegenüber Oskar Fischer, der 1975 Außenminister geworden war, er habe *das* bereits mit Großmann besprochen. Das wiederum hatte Fischer Mielke wissen lassen. Vermutlich nicht im Sinne einer Beschwerde oder Dienstinformation, sondern wohl eher als Hinweis, daß bereits alles geklärt und mithin in trockenen Tüchern sei. Dieser Nebensatz kollidierte ganz offensichtlich mit dem hierarchischen Verständnis unseres Ministers ...

Als die Ständige Vertretung der DDR in Bonn ihre Tätigkeit aufnimmt, erhalten wir Order, dort hauptamtliche Mitarbeiter einzusetzen. Nun können wir aus einer legalen Position heraus operativ tätig werden. Unser erster Resident wird Gerhard Behnke. Der Diplomhistoriker stammt aus Halle und arbeitet in der Abteilung I. Im Schnelldurchgang bereitet er sich auf seinen diplomatischen Einsatz vor. Offiziell wird er 1. Sekretär der Ständigen Vertretung und wissenschaftlicher Mitarbeiter des Leiters. Diese Funktionen soll er neben seiner konspirativen Arbeit ausüben.

Michael Kohl kennt die Doppelfunktion seines Mitarbeiters.

Für die Arbeit in der Bonner Botschaft wie auch in der Handelsvertretung in Düsseldorf gibt es klare Anweisungen. Von dort dürfen keine BRD-Bürger geworben sowie keine IM und Kundschafter geführt werden. Anders als etwa die sowjetischen Aufklärer dürfen unsere in dipolmatischen Vertretungen eingebundene Mitarbeiter auch nur defensiv agieren.

Das ist, wenn man so will, Folge der Hallstein-Doktrin. Bekanntlich verhinderte Bonn mit seinem politisch und wirtschaftlich weltweit praktizierten Alleinvertretungsanspruch bis Ende der 60er Jahre die diplomatische Anerkennung der DDR durch Drittstaaten. Ohne Botschaften und andere diplomatische Dependancen in den für die Aufklärung interessanten Ländern waren wir genötigt, illegal zu agieren. Das heißt: Als zu Beginn der 70er Jahre die Anerkennungswelle rollt und die DDR in über hundert Staaten Botschaften einrichtet, sind wir schon da.

Außerdem ist daß ein Verzug gegenüber der legalen Anbindung: So entgeht man der Gefahr, ausgewiesen zu werden. Nicht selten werden die »legalen« sowjetischen Aufklärer im Kalten Krieg zu diplomatischen Bauernopfern. Sie werden zu »nicht willkommenen Personen« erklärt, wenn die Gegenseite Spione enttarnt. Moskau und Washington achten dabei auf Parität: Muß der Kulturattaché und zwei Mitarbeiter gehen, gibt es auf der anderen Seite ebenfalls drei rote Karten – für die bekannten, also legalen Nachrichtendienstler ...

Auch westliche Nachrichtendienste nutzen ihre diplomatischen Vertretungen zur offensiven Spionage in den sozialistischen Ländern. Unsere Mitarbeiter erkennen oft recht schnell CIA-Mitarbeiter und überwerben viele Agenten.

Trotz der Einschränkungen in der Ständigen Vertretung nutzen unsere Genossen alle legalen Möglichkeiten. Sie informieren sich umfassend, nehmen politisch Einfluß, lernen viele Menschen kennen und prüfen, wer von denen geworben werden könnte. Nicht zuletzt müssen sie geheimdienstliche Angriffe aufs Botschaftspersonal sowie Lauschangriffe abwehren.

Nach einiger Zeit bauen wir ein Abhörsystem auf. Wir empfangen den Observationsfunk gegnerischer Dienste, werten ihn aus und zeichnen gezielt Telefongespräche auf. Das alles geschieht punktuell, keineswegs flächendeckend. Dazu sind wir weder personell noch technisch in der Lage. Als Pragmatiker konzentrieren wir uns auf Schwerpunkte.

Der direkte Einsatz in der Ständigen Vertretung in Bonn hat einen weiteren Vorteil: Wir können etliche Leute von uns im Konsularbereich unterbringen. Auf diese Weise können wir inhaftierte Kundschafter direkt und ganz offiziell betreuen. Inoffiziell haben wir das schon immer getan. Es gehört zum Prinzip der HVA, daß wir keinen von uns allein und seinem Schicksal überlassen. Wenn jemand enttarnt und verhaftet wird, organisieren wir Anwälte, sprechen mit den zuständigen Behörden der Bundesrepublik und besuchen ihn.

Als Günter Guillaume und seine Frau Christel 1974 verhaftet werden, versucht die Leitung der HVA, die beiden so schnell wie möglich im Rahmen eines internationalen Austausches von Spionen freizubekommen. Ich werde mit ersten Sondierungen beauftragt.

Bis dahin hatte ich kaum etwas mit diesem Vorgang zu tun, und ich hatte auch vergleichsweise spät von der Existenz unserer beiden Kundschafter erfahren.

Das geschieht Ende 1969, nachdem Willy Brandt Kanzler geworden ist.

Markus Wolf ruft mich in sein Zimmer. Offensichtlich will er mir etwas sehr Wichtiges mitteilen – er verpflichtet mich zu größten Geheimhaltung.

Ich erfahre, daß die HVA völlig unerwartet über eine Spitzenquelle im Bundeskanzleramt verfüge. Der SPD-Vorsitzende habe seinen Persönlichen Referenten aus der SPD-Parteizentrale mit in sein neues Amt genommen. Dieser Günter Guillaume sei unser Mann! Kurt Gailat, Leiter des Referats SPD in der Abteilung II, führe ihn seit Jahren.

Ich blicke erstaunt. Auch Wolf scheint von der Entwicklung überrascht. Diese exponierte Stelle im Bundeskanzleramt hatten wir nie angestrebt. Doch nun haben wir sie, und wir müssen sie in besonderer Weise sichern und schützen. Je weniger von diesem Vorgang Kenntnis haben, desto sicherer ist unser Mann im Zentrum der Macht.

Mich aber muß Wolf informieren. Ich leite die Abteilung I, die das Bundeskanzleramt als Hauptobjekt bearbeitet. Wir dürfen durch unsere Arbeit Günter Guillaume nicht gefährden.

Mit dem Vorgang selbst habe ich nichts zu tun. Das ist nicht meine Spielwiese.

Erst nach der Verhaftung des Kundschafterehepaares werde ich Details und Hintergründe erfahren. Die muß ich nun kennen, weil ich die Haltung von Brandts Nachfolger, Helmut Schmidt, zu einem geplanten Austausch sondieren soll. Auf der Suche nach einer geeigneten Persönlichkeit, die das Thema bei Schmidt ansprechen könnte, stoßen wir auf Berthold Beitz. Das ist der einflußreiche Aufsichtsratsvorsitzenden der Fried. Krupp GmbH. Beitz, Jahrgang 1913 und ein Jahr älter als Honecker, stammt aus Vorpommern, hat Abitur in Greifswald gemacht und in Stralsund studiert. Allein das nimmt ihn für die DDR ein.

Heinz Behrend, unser stellvertretender Außenhandelsminister, hat einen guten Draht zu Berthold Beitz. Und ich kenne Behrend sehr gut. Also bitte ich ihn, mich mit Beitz bekanntzumachen. Wir speisen zu dritt im Prinzessinnenpalais Unter den Linden in Berlin.

Der Industriekapitän Beitz hört sich meine Bitte an und verspricht, den Bundeskanzler bei passender Gelegenheit zu fragen, ob dieser einen Austausch in Erwägung ziehen könne. Schmidts Antwort werde er mir mitteilen, wenn er in einigen Wochen während eines Ostseetörns mit seinem Segelboot in Stralsund festmachen werde.

Vier Wochen später begrüße ich Berthold Beitz im Hafen der Hansestadt am Strelasund. Wir fahren mit meinem Lada landeinwärts. In einem einsam gelegenen Landgasthof kehren wir ein und plaudern bei Bockwurst und Kartoffelsalat.

Schmidts Antwort ist kurz und knapp. Er ist *gegen* einen Austausch. Die Guillaumes sollen ihre Strafe absitzen.

Berthold Beitz segelt weiter.

Ich habe unsere beiden Begegnungen schon fast vergessen, als sich Beitz plötzlich wieder bei mir meldet. Er habe einen ganz privaten Wunsch, erklärt er: Er möchte seinen Geburtsort Zemmin, einem Ortsteil der Gemeinde Bentzin im Landkreis Demmin, besuchen. Er wollte das Haus von Erdmann und Erna Beitz, geborene Stuth – sein Elternhaus – sehen und auf ihre Gräber einen Blumenstrauß legen. Sein Vater war während des Ersten Weltkriegs Ulanen-Wachtmeister und nach dem Militärdienst in Greifswald als Bankbeamter tätig ... Ob ich ihn begleiten könne?

Wir fahren nach Zemmin, einem kleinen Dorf im Bezirk Neubrandenburg. Im Garten seines Vaterhauses entdeckt Beitz eine alte Handwasserpumpe. Er möchte das verrostete Ding als eine Erinnerung an seine Kindheit haben. Auch das erledigen wir. So kommt die Pumpe mit Hilfe des MfS aus dem kleinen Garten in den großen Park der Villa Hügel in Essen.

Eine Quelle wie Günter Guillaume ist natürlich kaum zu ersetzen. Trotzdem arbeiten wir daran, wieder Informationen aus dem Zentrum zu bekommen. 1973 verpflichtet sich die 26jährige Hamburgerin Dagmar Kahlig-Scheffler, mit der HVA zusammenzuarbeiten. Sie geht nach Bonn und bewirbt sich als Sekretärin im Auswärtigen Amt. Ohne unser Wissen reagiert sie 1975 auch auf eine Stellenausschreibung des Bundeskanzleramtes und wird – eingestellt.

Am 1. November 1975 nimmt »Inge« ihre Tätigkeit als Sekretärin in der Abteilung II – Auswärtige und innerdeutsche Angelegenheiten und äußere Sicherheit – auf. Fortan liefert sie eine Vielzahl interessanter Informationen. Dagmar wird einem Residentenehepaar in der BRD angeschlossen.

Doch die BRD-Abwehr ist nach der sogenannten Guillaume-Affäre hochgradig aktiv. In der Überprüfungsaktion »Anmeldung« fallen das Residentenpaar auf. Und auch »Inge«. Sie wird zunächst zu drei Jahren, nach Revision der Staatsanwaltschaft in einem neuen Verfahren zu vier Jahren und drei Monaten Haft verurteilt.

Wir brauchen dauerhafte Lösungen, die auch einen Regierungs- und politischen Kurswechsel überstehen. Die sozialliberale Koalition wird nicht ewig halten. Wir bereiten langfristig Kandidaten vor, die auch in einem konservativen Umfeld Karriere-Chancen haben.

Einer von ihnen ist der Jurist Dr. Reinhard Ott (»Richard«). Er kommt aus bürgerlichem Haus, steht aber links, sehr weit links. Wir brauchen ihn nicht zu überreden. Völlig entgeistert reagiert er allerdings, als Harald Fischer und ich ihm in Berlin empfehlen, in die CDU einzutreten. In der Union solle er sich eine nachrichtendienstlich interessante Position erarbeiten.

Nachdem er sich von diesem Tiefschlag gegen sein linkes Bewußtsein erholt hat, stimmt er zu. Herkunft und Beruf scheinen für einen bürgerlichen Aufstieg bestens geeignet. Und er selbst beginnt langsam, wie ich glaube, dieser Vorstellung etwas Positives abzutrotzen. »Richard« wird Referent der CDU-Fraktion im Düsseldorfer Landtag und Mitarbeiter von Kurt Biedenkopf und Bernhard Worms. Doch das ist es dann auch schon.

Leider bezahlt er sein Engagement mit einigen Jahren Haft.

Wer junge Quellen gewinnen will, braucht auch entsprechend junge, wendige und kreative IM als Werber im Operationsgebiet. Die haben wir zunehmend. In der DDR aufgewachsen, gut ausgebildet und kontaktfreudig, kommen sie schnell mit Altersgenossen ins Gespräch. Manche von ihnen – wie der 32jährige Wolfgang Hartmann – übernehmen die selbst gewonnenen Quellen als Führungs-IM. Hartmann ist leitender Mitarbeiter im Staatsapparat, den Gewerkschaften und an der Universität in Halle. Er kennt sich bestens aus in Politik, Geschichte, Literatur, Kunst und Kultur und ist ein guter Psychologe. Knut Gröndahl (»Töpfer«, »Hanson«) gewinnt er auf politisch-ideologischer Grundlage und Horst Müllers (»Weber«) unter fremder Flagge.

Knut Gröndahl, Jahrgang 1941, arbeitet nach seinem Jurastudium im Bonner Ministerium für innerdeutsche Beziehungen, der vier Jahre ältere Horst Müllers im Ministerium für wirtschaftliche Zusammenarbeit. Zwischen Wolfgang Hartmann und seinen Partnern Knut und Horst entwickeln sich freundschaftliche Beziehungen. Diese überstehen auch die Offenbarung, daß Horst Müllers nicht für die IG Ostarbeit, eine fiktive Interessengemeinschaft großer Konzerne, Informationen geliefert hat, sondern für den Geheimdienst der DDR.

Knut Gröndahls politischen Intentionen stimmen mit unserer nachrichtendienstlichen Absicht nahezu überein. Er will die Politik der Entspannung und Kooperation zwischen West und Ost fördern. Als Leiter eines Referats im Bundesministerium für innerdeutsche Beziehungen engagiert er sich für die Deutschland- und Ostpolitik der Bundesregierung.

Unsere Treffen werden immer mehr zu Beratungen. Wir nehmen nicht nur Informationen von ihm entgegen, sondern übergeben auch aktuelle Materialien der DDR-Politik bis hin zu Politbüro-Vorlagen.

1986 wird Knut Gröndahl an die Ständige Vertretung der BRD in Berlin versetzt. Wir beenden die operative Zusammenarbeit, wenn auch mit großem Bedauern. Politische Erwägungen lassen uns jedoch keinen Spielraum. Erich Honecker will endlich zum Staatsbesuch nach Bonn. Eine mögliche Enttarnung eines DDR-Kundschafters in der Ständigen Vertretung der BRD könnte dieses Vorhaben nachhaltig beeinflussen oder sogar verhindern. Dieses Risiko ist uns zu groß.

Der abgeschöpfte Wienand

In die Zeit meiner Leitungsverantwortung in der Abteilung I fällt auch der Vorgang Karl Wienand (»Streit«). Auf den SPD-Politiker werden wir aufmerksam durch den im Ost-West-Geschäft tätigen Horst Bosse. Dieser ist mit Wienand schon länger im Gespräch und schöpft interessante Informationen ab.

Nach dem Tod Bosses wollen wir auf die Quelle Wienand nicht verzichten und suchen 1970 zu ihm direkten Kontakt. Unserem Mitarbeiter Alfred Völkel (»Krüger«), einem Offizier im besonderen Einsatz, gelingt das ziemlich schnell. Diplomökonom Völkel tritt als Mitarbeiter des Ministerrats der DDR auf. Diese Legende hält bis zum Ende des Dienstes bei.

Eine Werbung Wienands aber unterbleibt. Wir brauchen einen Gesprächs- und Informationskanal zwischen der DDR und der BRD auf hoher politischer Ebene. Egon Bahr nennt einen solchen Kommunikationskanal *back channel*. Wienand verfügt über beste Beziehungen zu den Spitzen in den Parteien und im Staat – selbst dann noch, als er Ende 1974 sein Bundestagsmandat niederlegt.

Bald erfahren wir, daß Wienand den Fraktionsvorsitzenden der SPD, Herbert Wehner, von seinen Gesprächen informiert und sich von ihm den Segen dazu geholt hat. Uns ist klar, daß wir hier nicht nur abschöpfen können, sondern auch Informationen anbieten müssen. Es ist ein Nehmen und Geben. Wienand bekommt von uns interne Informationen über die DDR-Politik, wie wir auch von ihm wichtige Dinge erfahren. Solch ein *back channel* funktioniert nicht als Einbahnstraße, wenn er politisch effektiv sein soll.

Allerdings sind solche Verbindungen auch voller Unwägbarkeiten und nicht so einfach zu steuern wie ein IM-Vorgang. Wir erfassen bei weitem nie alle Aktivitäten von Karl Wienand. Im Falle des sogenannten Züricher Modells nehmen wir zur Kenntnis, daß er noch durch andere *back channels* mit der DDR verbunden ist. Das Züricher Modell ist Überlegung von Wirtschaftsleuten und Politikern aus dem Westen sowie Honeckers und weniger Vertrauter, um die Valutafrage in den Griff zu bekommen. Es soll eine Bank in der Schweiz gegründet werden, über die die DDR Zugang zum internationalen Kapitalmarkt erhalten soll.

Dieses Idee findet in den Bundeskanzlern Schmidt und Kohl Befürworter. Doch sie kommt nicht zur Ausführung, weil über die sogenannte Münchner Schiene ein Drei-Milliarden-Kredit in Aussicht gestellt wird. Alexander Schalck-Golodkowski, ein Mann Erich Mielkes, hat mit Bayerns Ministerpräsidenten Franz-Josef Strauß die Sache auf den Weg gebracht. Offensichtlich findet Erich Honecker die ausgehandelten Konditionen gut. Im vertrauten Kreis sagt er: »Wir sind zum Kredit gekommen wie die Jungfrau zum Kind.«

Wir erfahren vom Züricher Modell nicht nur durch die Gespräche zwischen Wienand und Völkel, sondern vor allem durch unseren Kontakt zu Prof. Jürgen Nitz vom Institut für Politik und Wirtschaft (IPW) der DDR.

In Unkenntnis der Gespräche Alexander Schalcks schlagen wir Minister Mielke vor, sich für das Züricher Modell zu engagieren. Doch der reagiert abweisend. Mehr noch: Er erklärt, wir hätten uns nicht mehr um diese Angelegenheit zu kümmern. Das ist eine Weisung. In Mielkes Augen ist diese Überlegung unseriös, die Protagonisten im Westen wollten damit die DDR schädigen. Insbesondere treffe das auf Herrn Bahl zu, durch den auch westliche Dienste mit im Geschäft seien. Wir kennen Holger Bahl: Er ist Direktor der Bank für Kredit- und Außenhandel Zürich und pflegt beste Beziehungen zum CDU-Vorsitzenden Helmut Kohl.

Die Mielke-Schalck-Strauß-Verbindung setzt sich durch. Baß erstaunt nehmen wir zur Kenntnis, daß Mielke in Strauß plötzlich nicht mehr den Feind Nr. 1 sieht, sondern einen potentiellen Verbündeten. Mehr noch: Als die Führung der Sowjetunion an ihrer Weigerung festhält, den Scharfmacher Strauß in Moskau zu empfangen, versucht Mielke die sowjetische Seite umzustimmen. Strauß fliegt schließlich nach Moskau. Im Juni 1983 ist der von Alexander Schalck-Golodkowski und Franz-Josef Strauß ausgehandelte Milliardenkredit unter Dach und Fach. Im Juli treffen sich Honecker und Strauß bei Gelegenheit einer »Privatreise« am Werbellinsee ...

In den Beziehungen zwischen der DDR und der BRD gibt es eine Vielzahl *back channel*, und das auf der Ebene der Parteien, des Staates und der gesellschaftlichen Organisationen.

Nicht einer der Beteiligten auf Westseite wird nach 1990 strafrechtlich verfolgt nur Karl Wienand.

Die BRD in einer Hand

In einer Dienstversammlung der HVA mit leitenden Mitarbeitern und dem 1. Sekretär der SED-Parteiorganisation verliest Markus Wolf am 15. November 1975 einen Befehl von Minister Mielke. Ich werde zum stellvertretenden Leiter der HVA ernannt. Wolf schüttelt mir die Hand.

Ein Berg Arbeit liegt vor mir. Der Bereich, den ich übernehme, wird neu strukturiert. Dazu gehören nun neben der Abteilung I auch die Abteilung II – Politische Parteien und Organisationen in der BRD –, die Abteilung IV (Bundesverteidigungsministerium), die Abteilung VI (Übersiedlung, Dokumentation) und die Abteilung Rückwärtige Dienste. Da Generalmajor Hans Fruck, Wolfs 1. Stellvertreter, mit 66 im Jahre 1977 aus dem Dienst ausscheiden wird, bekomme ich auch die Gesamtverantwortung für die Kontakte zu Alexander Schalck-Golodkowski übertragen. Wir nutzen einige Privatfirmen der Kommerziellen Koordinierung für unsere operative Arbeit.

Mit diesem neu formierten Stellvertreterbereich liegt die nachrichtendienstliche Bearbeitung der politischen Entscheidungszentren der Bundesrepublik und Westberlins erstmals in der Geschichte der HVA in einer Hand: nämlich in meiner.

Ich bin auch befugt, die Abteilung XV der Bezirksverwaltung Berlin anzuleiten. Die Abteilungen XV – Aufklärung in den Bezirken –, unterliegen ohnehin schon einer doppelten Unterstellung. Sie sind dem jeweiligen Chef der Bezirksverwaltung direkt und in fachlichen Fragen der HVA-Leitung zugeordnet.

Wichtig für mich ist, daß mein unmittelbares Arbeitsumfeld erhalten bleibt. Margot Schultz, meine Sekretärin, und mein Kraftfahrer Eckehard Zühl begleiten mich in die Chefetage. Wir sind ein gut eingespieltes Team, verstehen uns bestens. Ich schätze beide wegen ihrer menschlichen Qualitäten und fachlichen Kompetenz.

Werner Groth hole ich mir als Referenten aus der Abteilung I. Unter den jüngeren Mitarbeitern gefällt er mir wegen seiner Intelligenz und seiner zupackenden Art. Werner ist Jahrgang 1943 und besuchte bis zur ihrer Auflösung 1960 die Kadettenanstalt der NVA in Naumburg. Nach dem Studium an der Hochschule für Ökonomie in Berlin-Karlshorst kam er als Diplomökonom zu uns. Er ist klug, kontaktfreudig, offen, ehrlich, schnell denkend und handelnd, aber immer auch abwägend – der richtige Mann für diese Position. Er hält, was ich mir von ihm versprochen habe. (Nach zehnjähriger Zusammenarbeit muß er ein Referat in der Abteilung II übernehmen. Ich lasse ihn ungern gehen, doch mir liegt seine weitere Entwicklung ebenso am Herzen.)

Außer den wenigen Vorgängen, die Markus Wolf weiter selbst bearbeitet – etwa die Verbindung zum FDP-Politiker William Borm, den SPD-Politiker Gerhard Flämig und dem bayerischen SPD-Landtagsabgeordneten Dr. Friedrich Cremer – lerne ich nun alle anderen operativen Vorgänge kennen.

Die Abteilungsleiter Rudi Genschow, mein Nachfolger in der Abteilung I, Günter Neefe und später Kurt Gailat in der Abteilung II, Gerhard Schmutzler in der Abteilung IV, Günter Irmscher und später Helmut Reinhold in der Abteilung VI, Tilo Kretzschmar in der Abteilung RD und Wolfgang Lange in der Abteilung XV unterstützen mich in jeder Hinsicht.

Die erste Bestandsaufnahme zeigt: In allen mir unterstellten operativen Diensteinheiten gewährleisten Anzahl und Qualität der Quellen und IM, die Politik der Bundesregierung gegenüber der DDR und dem Ostblock insgesamt aufzuklären. Vorhandene Lücken müssen wir schließen. In der Abteilung II erkenne ich sie vor allem bei der Aufklärung der CSU. Der Abteilung IV fehlt eine Spitzenquelle im Bundesverteidigungsministerium, und die Abteilung I, der es schon zu meiner Zeit als Leiter nicht gelungen war, entscheidend in das Bundeskanzleramt einzudringen, arbeitet weiter an diesem Problem.

Bald aber spüre ich: Die größere Verantwortung hat ihren Preis. Mir bleibt nur noch wenig Zeit, mich direkt an operativen Vorgängen zu beteiligen. Das bedauere ich sehr.

Panne bei der Übersiedlung

Die Abteilung VI – sie entsendet Ehepaare oder einzelne IM mit fremder Identität in das Operationsgebiet – hat soeben einen empfindlichen Rückschlag erlitten. Die Gegenseite ist uns auf die Schliche gekommen.

In den 50er, 60er Jahren schickten wir unsere Leute direkt über die offene Grenze in die BRD, später nur noch in Ausnahmefällen. Jeder geflüchtete DDR-Bürger landete in einem Auffanglager und wurde automatisch von bundesdeutschen und alliierten Geheimdiensten registriert und verhört. Das schränkte von vornherein eine spätere nachrichtendienstliche Tätigkeit ein. Der »Ostzonenflüchtling« trug ein Kainsmal.

Unsere Experten empfehlen den Umweg übers Ausland. Die Personen, die wir in die Bundesrepublik einschleusen wollen, sollten die Identität von Deutschen übernehmen, die im westlichen Ausland leben. Das erfordert einen weitaus größeren Aufwand. Zunächst müssen wir geeignete Deutsche in Drittländern ausfindig machen, Werdegang und Umfeld aufklären. Dann brauchen wir die dazu passenden Übersiedlungskandidaten: Sie müssen nicht nur das entsprechende Alter haben, sondern sich auch biographisch, beruflich, sprachlich, orts- und landeskundlich präzise auf diese neue Rolle vorbereiten. Bis zum Einsatz vergehen meist mehrere Jahre.

Wenn aber alles richtig recherchiert ist, funktioniert die Methode ziemlich reibungslos. Ein vor Jahren ausgewanderter Bundesbürger kehrt eben in die Heimat zurück.

Als einige unserer IM auffliegen, überprüfen BfV-Abwehrspezialisten auch Einreisen aus dem Ausland. Sie starten Anfang der 70er Jahre die »Aktion Anmeldung« und kommen mit dieser Rasterfahndung im Laufe des Jahrzehnts tatsächlich einigen Kundschaftern gefährlich nahe. Wir müssen sie zurückziehen, was ein Erfolg für die Gegenseite ist. Wir haben einen Fehler gemacht: Wir übersiedelten unser Kundschafter nach einem festen Muster. Und eben das sollte man tunlichst unterlassen.

Hans-Joachim Tiedge, bis 1985 im Bundesamt für Verfassungsschutz für die Abwehr von DDR-Spionage verantwortlich, beschreibt diesen Vorgang ausführlich in seinem 1998 erschienenen Buch »Der Überläufer«.

Besonders betroffen von dieser »Aktion Anmeldung« ist unsere Abteilung II und hier wiederum das Referat CDU/CSU. Verhaftet werden Ursula Höfs, Sekretärin in der CDU-Führung, und ihr Ehemann. Sie kommen später in die DDR. Aus Sicherheitsgründen holen wir Christel Broszey, Sekretärin des CDU-Generalsekretärs Kurt Biedenkopf, und Inge Goliath, Sekretärin des CDU-Bundestagsabgeordneten Dr. Werner Marx, in die DDR. Sie kommen mit ihren Ehemännern, die einst in die BRD eingeschleust worden waren.

Alle drei Ehepaare gelten später in den Medien und auch in den Unterlagen der Gauck-Behörde als »Romeo«-Fälle. Niemand nimmt zur Kenntnis, daß sie alle noch heute glücklich verheiratet und ihrer politischen Grundhaltung treu geblieben sind.

Das Bundesamt für Verfassungsschutz kann sich wahrlich nicht vieler Erfolge im Kampf gegen uns rühmen – die »Aktion Anmeldung« aber gleicht jenem berühmten Korn, das auch blinde Hühner bisweilen finden.

Natürlich lernen wir aus dieser Niederlage. Übersiedlungen erfolgen weiter, wenn auch in geringerer Zahl. Wir vermeiden jedoch möglichst jede Analogie. Eine weitere Rasterfahndung des Bundesamtes – die operative Reisewegüberwachung – erkennen wir rechtzeitig. Sie läuft ins Leere.

Nach meiner Amtsübernahme nutze ich jede sich bietende Gelegenheit, Kundschafter persönlich kennenzulernen. Ich treffe zum Beispiel Johanna Olbrich. Die DDR-Lehrerin hatte sich 1963 verpflichtet. Obwohl schon 38jährig, verließ sie ihre Stelle im Ministerium für Volksbildung und ging als »Sonja Lüneburg« in die Bundesrepublik.

Sie ist 19 Jahre alt, als der Krieg nach Lauban, heute Luban, kommt. Aus Oberschlesien flüchtet sie vor der heranrollenden Front. In der Nähe von Kattowitz sieht sie Leichen in Häftlingskleidung, Menschen, die vor Schwäche gestorben sind oder erschossen wurden, weil sie nicht weiterlaufen konnten. Kinder betrachten neugierig die im Straßengraben liegenden Skelette. Diese Bilder lassen sie nie wieder los. 1945 strandet sie in Sachsen. Sie wird Lehrerin. Die ihr anvertrauten Kinder will sie vor Erfahrungen bewahren, die sie selbst machen mußte. 1960 beruft man sie ins Ministerium für Volksbildung der DDR. Dort arbeitet sie als Hauptreferentin für deutsche Sprache und Literatur. Als eine Genossin, die sich bewußt für die Mitgliedschaft in der SED entschieden hat, stellt sie persönliche und berufliche Ambitionen hintan, als sie gebeten wird, nachrichtendienstlich in der Bundesrepublik zu arbeiten. Die Argumente ihrer Gesprächspartner aus der

HVA sind ihr geläufig. Auch sie möchte eine friedliche Zukunft. Auch sie sieht diese gefährdet angesichts des eskalierenden Kalten Krieges zwischen den gesellschaftlichen Systemen und hochgerüsteten Militärblöcken in Ost und West.

Johanna Olbrich bereitet sich drei Jahre auf die Übersiedlung vor. Sie schlüpft in die Identität einer Westberlinerin, die, von ihrem Umfeld nicht bemerkt, in der DDR lebt. Nachbarn und Behörden wähnen Sonja Lüneburg in Frankreich.

Aus der qualifizierten Pädagogin Olbrich wird 1967 die Bürohilfskraft Lüneburg bei einer Rechtsschutzversicherung in Frankfurt am Main. Ihre Vorgesetzten erkennen schnell, daß ihre neue Mitarbeiterin mehr kann. Sie avanciert zur Schreibkraft, später zur Sekretärin, dann zur Bürovorsteherin. Schließlich empfehlen wir ihr, sich 1969 als Sekretärin beim FDP-Abgeordneten William Borm zu bewerben. Sie ahnt natürlich nicht, daß dieser auch im Dienst der HVA steht. Für die Öffentlichkeit ist sie jedenfalls Sekretärin im Bundestag. Ihre Legende ist nun perfekt.

1973 wechselt sie in die Bundesgeschäftsstelle der FDP und arbeitet als 2. Sekretärin für den Generalsekretär Karl-Hermann Flach. Als Dr. Martin Bangemann 1974 Generalsekretär der FDP wird, übernimmt er sie als Chefsekretärin. 1975 tritt Bangemann zurück, behält aber sein Abgeordnetenmandat. Sie begleitet ihn als Sekretärin in das Abgeordnetenbüro.

Johanna entwickelt sich zu einer der qualifiziertesten Sekretärinnen im Regierungsapparat. Sie ist intelligent, klug, selbstbewußt, anpassungsfähig, ruhig, sachlich, fleißig, umgänglich und immer lernbegierig.

Bei der ersten Direktwahl zum Europäischen Parlament im Herbst 1979 erringt Bangemann ein Mandat. Er wird sogar Vorsitzender in der Fraktion der Liberalen. Johanna wird in Brüssel Fraktionsmitarbeiterin und hält im Auftrag ihres Chefs die Verbindung zu den FDP-Bundestagsabgeordneten, die sich mit europäischer Politik befassen. Mit der gleichen Präzision, wie sie ihren beruflichen Pflichten nachkommt, erfüllt sie auch ihre nachrichtendienstlichen Aufgaben.

Als die FDP 1984 die Europawahl und damit Bangemann sein Mandat verliert, tritt er die Nachfolge des zurückgetretenen Otto Graf Lambsdorff als Wirtschaftsminister an. Johanna Olbrich ist nun Chefsekretärin im Bonner Wirtschaftsministerium.

Natürlich entwickelt sich während der langen Zusammenarbeit zwischen Johanna Olbrich und Martin Bangemann und dessen Familie eine freundschaftliche Beziehung. Die verrät Hanna niemals. Und sie beschädigt auch nicht die Person Bangemann. Im Gegenteil. Das Psychogramm, das wir auf Grund ihrer Berichte anfertigen, trägt mit zu seinem Ansehen bei, das er in der DDR-Führung, besonders bei Erich Honecker, genießt. Und dieses ist entschieden höher als das vieler anderer BRD-Spitzenpolitiker.

Die sonst so Zuverlässige läßt im Juli 1985 bei der Rückreise über Italien ihre Handtasche mit den falschen Papieren in einem Taxi in Rom liegen.

Wir informieren Honecker. Wir schlagen vor, sie zurückzurufen, weil wir nicht abschätzen können, ob sie durch den Fehler enttarnt werden kann. Honecker akzeptiert unseren Vorschlag, weist aber die konspirative Unterbringung in der DDR an. Der Bundesregierung sollen die wahre Identität von Sonja Lüneburg und ihr Aufenthalt in der DDR verborgen bleiben.

Für Hanna ist das eine Zumutung. Wieder zu Hause, muß sie weiter konspirieren und sich verstecken. Nach wenigen Wochen muten wir ihr das nicht mehr zu. Als Johanna Olbrich bezieht sie in Bernau eine kleine Zweiraum-Wohnung unweit des Marktes, an dem einst Konrad Wolf – der Bruder von Markus – als Stadtkommandant der Roten Armee 1945 residierte ...

Johanna Olbrich verstarb 2004 und wurde unter großer Anteilnahme in Bernau beigesetzt.

Stillers Flucht und die Folgen

Die Hauptabteilung II – die Spionageabwehr im MfS – beobachtet im Jahr 1978 Helga Michnowski im thüringischen Oberhof. Die Kellnerin im Hotel Panorama wird verdächtigt, für den BND zu spionieren und Kontakt zu einem HVA-Mitarbeiter zu haben – offensichtlich setzt der BND nicht auf Romeos, sondern auf Julias.

Ohne uns ins Bild zu setzen, bearbeitet die Hauptabteilung II den Fall allein. Kurz bevor entschieden werden soll, die Frau zu verhaften, gerät Oberleutnant Werner Stiller, diplomierter Physiker und Mitarbeiter im Sektor Wissenschaft und Technik der HVA, in Panik.

Helga Michnowski ist seine Geliebte. Über sie hat er Kontakt zum Bundesnachrichtendienst bekommen. Das war nicht so einfach. Denn als seine Freundin ihren Kontaktleuten vom BND Stillers Bereitschaft zur Flucht meldet, glauben die nicht so recht daran. Die Mißerfolge bei der Gewinnung von Überläufern haben den BND mißtrauisch werden lassen. Pullach verlangt Beweise, daß der Mann wirklich ein Mitarbeiter der Hauptverwaltung Aufklärung ist.

Die übermittelten Nachrichten überzeugen Pullach. Beide sollen über Warschau ausgeschleust werden. Doch der erste Versuch gerät so dilettantisch, daß sie wieder nach Haus fahren müssen. Stiller ergreift die Initiative.

Am 18. Januar 1978 bricht er nach Dienstschluß im Vorzimmer seines Abteilungsleiters den Blechschrank auf. Darin liegt der Sonderausweis, den er braucht, um im Bahnhof Friedrichstraße die Grenzkontrolle zu passieren. Er packt Unterlagen in einen Handkoffer und marschiert unbehelligt durch die Schleuse.

Der BND verbreitet anschließend die Mär, Stiller sei schon längere Zeit ihr aktiver Agent gewesen. Das tut Pullach nicht, um den Verräter aufzuwerten, sondern um sich damit zu schmücken, in der MfS-Zentrale eine Quelle besessen zu haben. Denn das war ihnen bislang noch nie geglückt.

Es ist blankes Wunschdenken und eine gezielte Desinformation. Die Aktivitäten des Bundesnachrichtendienstes laufen überdies so langsam an, daß wir fast alle von Stiller verratenen Kundschafter rechtzeitig warnen können.

Ein Universitätsprofessor in der Bundesrepublik und ein Atomphysiker in Frankreich werden verhaftet. 14 unserer Leute flüchten in die DDR, darunter der Diplomphysiker Dr. Hans Koppe aus den Elektro-Werken Hamburg und der Diplomchemiker Dr. Hans Petras, Prokurist in einem Zweigwerk der Farbwerke Hoechst in den Niederlanden.

Trotzdem ist Stillers Verrat für die HVA ein schwerer Schlag.

Unsere operativen Verbindungen auf den Gebieten der Atomphysik und der Chemie sind gerissen. Vor allem aber: Ein einziger Überläufer verunsichert immer den ganzen Dienst, die offiziellen und die inoffiziellen Mitarbeiter. Wann geht wieder einer stiften? Kann ich verraten werden? Was passiert dann? Mißtrauen und Argwohn nehmen automatisch zu, die Verunsicherung wächst. Es zeigt, wie dünn das Eis ist, auf dem sich alle bewegen.

Die Reaktion von Minister Mielke und leitender Mitarbeiter der Abwehr verstärken diese diffusen Ängste und treiben den Keil ins Ministerium. Besonders der 1. Stellvertreter des Ministers, Bruno Beater, schürt Unmut gegen die Aufklärung. Er sieht seine verfestigten Zweifel in bezug auf die politische Zuverlässigkeit der reichlich viertausend HVA-Mitarbeiter und ihre Professionalität in Abwehrfragen bestätigt. Für ihn ist alles klar.

Unsere Hinweise gelten als Ausreden. Es gibt nur sehr wenige Panzerschränke in den Abteilungen, sagen wir. Überall, auch in den Vorzimmern der Leiter, stehen ganz einfache Blechschränke. Die kann jeder, wenn er will, mit einem Schraubenzieher öffnen. Wir verfügen weder über ausreichende Sicherungs-Technik noch über notwendiges Geld, um Zimmer und Inventar vor Zugriffen á la Stiller zu schützen. Natürlich gehören klassifiziertes Material und Sonderausweise nicht in den Blechschrank der Sekretärin. Das ist eine grobe Nachlässigkeit der dafür Verantwortlichen, aber kein Beweis für die Unzuverlässigkeit der gesamten HVA.

Die Konsequenzen der Leitung? Sie sind so realitätsfern wie die Analysen. Verstärkung der politischer-ideologischen Erziehung der Mitarbeiter, Verbesserung der dienstlichen Anleitung, stärkere gegenseitige Kontrolle der persönlichen Kontakte ... Damit soll Verrat für immer ausgeschlossen werden.

Mit solchen Maßnahmen läßt sich das Risiko vielleicht reduzieren, aber nicht ausschließen. Das wissen wir Aufklärer besser. Menschen sind keine Roboter – sie lieben, sie leiden, sie haben Träume und Ängste, sie meistern ihr Leben oder auch nicht, sie lösen ihre Konflikte oder auch nicht, sie bewältigen Krisen oder gehen daran zugrunde. Sie ändern ihre Ansichten und sich selbst. In die Seele des einzelnen läßt sich schwer blicken.

Natürlich ziehen wir nach einer solchen Niederlage Schlußfolgerungen, um den Schaden so gering wie möglich zu halten und gegnerische Aktivitäten, die zweifellos folgen, abwehren zu können. Doch Minister Mielke und sein 1. Stellvertreter Beater sind keine Männer des differenzierten Herangehens. Beide reagieren neurotisch und hysterisch zugleich.

Sie stufen kurzerhand die gesamte HVA als Sicherheitsrisiko ein. Und so werden wir auch bearbeitet.

Die Hauptabteilung II, verantwortlich für die Spionageabwehr, verstärkt die Abteilung, die für die innere Sicherheit im MfS mit verantwortlich zeichnet, und die Hauptabteilung Kader und Schulung rüstet ihren Bereich Disziplinar auf. Der Leiter der Hauptabteilung Kader und Schulung, Günter Möller, war zuvor leitender Abwehroffizier in der Hauptabteilung II. Dort ist jetzt Edgar Braun für die innere Sicherheit zuständig.

Der bestätigt später durch sein eigenes Verhalten meine These, daß Menschen in Konfliktsituationen ihre Ansichten und sich selbst schnell ändern können. Braun entwickelt sich während der Auflösung des Ministeriums für Staatssicherheit/Amt für Nationale Sicherheit zu einem der eifrigsten Zuträger des Bundesamtes für Verfassungsschutz, zum ständig auskunftsbereiten Gesprächspartner von Eckart Werthebach. Generalmajor Braun, vormals Leiter der HA XIX, geht beim Präsidenten des Bundesamtes für Verfassungsschutz, Gerhard Boeden, ein und aus. Bei einer solchen Visite in Köln sichtet ihn unser noch aktiver Kundschafter Klaus Kuron. Braun scheitert aber offenbar bei seinem Versuch, nahtlos zum Bundesverfassungsschutz zu wechseln. Doch er genießt dessen Wohlwollen.

Verhängnisvoll wirken die Reaktionen der Abwehr auf die Kundschafter, die wir zurückgezogen haben. Dem Zugriff des Gegners entzogen, werden sie daheim plötzlich mit Mißtrauen überzogen. Sie werden zu operativen Vorgängen des MfS. Besonders betroffen sind jene Mitarbeiter, die wir als Bürger der Bundesrepublik geworben hatten und die ohnehin Schwierigkeiten haben, sich an die Verhältnisse in der DDR zu gewöhnen.

Rainer Fülle, der jahrelang für uns im Kernforschungszentrum Karlsruhe gearbeitet hat, nimmt sogar vier Jahre Haft im Westen in Kauf und geht in die Bundesrepublik zurück.

Direkte Auswirkungen merke ich in der Arbeit meines Bereiches nicht, er bleibt politisch und nachrichtendienstlich stabil, die offiziellen und inoffiziellen Mitarbeiter lassen sich scheinbar nicht beeindrucken. Es wirken die engen zwischenmenschlichen Beziehungen, das dabei entstandene Vertrauen zwischen uns und die gegenseitige Achtung.

Natürlich wollen wir wissen, welchen Weg Stiller geht, wo er sich aufhält, was er plant, wie der BND die gewonnenen Erkenntnisse nutzen will. Sich daraus möglicherweise ergebende Angriffe müssen wir abwehren, geplante Aktivitäten ins Leere laufen lassen. Wir registrieren etliche Versuche des Bundesnachrichtendienstes, HVA-Mitarbeiter zu kontaktieren, zu werben oder zum Verrat zu bewegen. Sie bleiben alle ohne Erfolg.

Christian Streubel, Stellvertretender Leiter der Abteilung XIII im Sektor Wissenschaft und Technik, vormals einer der Vorgesetzten von Stiller, Führungsoffizier von Rainer Fülle und dessen Betreuer in der DDR, erhält einen Anruf auf seinem Dienstapparat von einem »Herrn Holm«. Wir kennen den Anrufer. Es ist Horst Freimark vom Landesamt für Verfassungsschutz in Westberlin. Er will sich mit Streubel in einem Drittland treffen.

Wir geben unserem Mitarbeiter grünes Licht. Vielleicht will sich ja Freimark uns andienen. Doch für uns ist das nicht zu erkennen. Christian Streubel, der unser volles Vertrauen genießt, vereinbart mit Holm einen Termin in Wien. Unsere Mitarbeiter in der dortigen Botschaft sollen das Treffen vorbereiten und absichern. Schließlich entscheiden wir uns in letzter Minute, den Termin doch platzen zu lassen. Niemand kann eine Entführung ausschließen.

Zur vereinbarten Zeit sind Beobachter von uns und vom Verfassungsschutz vor Ort. Sie nehmen sich gegenseitig wahr. Nichts geschieht.

Von Tiedge erfahren wir später, daß die andere Seite auch mit einer Entführung rechnete. Freimark fürchtete sogar, aus einem vorbeifahrenden Auto erschossen zu werden.

Mit Genugtuung nehmen wir zur Kenntnis: Österreich protestiert entschieden beim Verfassungsschutz und verbittet sich solche Aktionen auf seinem Territorium.

Auch der BND wird aktiv. Er legt etliche falsche Fährten, die von Stiller wegführen. Manche uns zugespielte Adresse können wir gleich vergessen. So große Stümper sind der BND und die CIA nun wirklich nicht, daß sie einen solchen Schatz durch Unachtsamkeit oder andere professionelle Fehler gefährden.

Trotz aller Bemühungen gelingt es uns bis zum Schluß nicht, Stillers Aufenthaltsort zu erkunden.

Nach der Wende wird der Verräter Karl-Christoph Großmann behaupten, Minister Mielke habe angewiesen, ein Killerkommando zu bilden und eine Zielprämie von einer Million Mark ausgesetzt, um den Verräter tot oder lebendig in die DDR zu holen.

Das ist nicht nur Quatsch, sondern eine absichtsvoll lancierte Lüge.

Nebenbei: Mein Namensvetter, der – um Verwechslungen mit mir auszuschließen – intern nur »der kleine Großmann« oder »Charly Großmann« genannt wurde, war 1986 innerhalb der HVA strafversetzt worden, weil er u. a. Dienstgelder unterschlagen hatte. Im Prozeß gegen Markus Wolf in Düsseldorf räumte er ein, für 20.000 Mark Klaus Kuron ans Messer geliefert zu haben, der 1992 zu zwölf Jahren verurteilt wurde.

Bunte Quellen

Nach der Bundestagswahl im März 1983 zieht die Grüne Partei mit 27 Abgeordneten in den Bundestag ein. Unkonventionell in ihren politischen Ansichten, im Auftreten und in der Kleidung schockieren die grünen Volksvertreter die anderen Parlamentarier und stoßen auf eine geschlossene Front der Ablehnung. In der Turnschuhfraktion sitzt auch Dirk Schneider von der Alternativen Liste Westberlin.

Der radikale 68er hält seit längerer Zeit Kontakt mit der Abteilung XV der Bezirksverwaltung Berlin. Schneider ist ein durch und durch politischer Mensch. Seit langem ist er engagiert in der außerparlamentarischen Opposition und – seit dem Vietnamkrieg der Amerikaner – in der Friedensbewegung. Wir sammeln Informationen über diese wachsende große gesellschaftliche Kraft.

Unser Interesse nimmt zu, als Ende der 70er Jahre außerparlamentarische Gruppierungen und Persönlichkeiten – Grüne, Bunte und Alternative, Pazifisten, Sozialisten und Kommunisten – sich zu einer Partei formieren. Im Januar 1980 beschließt der Bundeskongreß der Grünen in Karlsruhe, eine neue Bundespartei aufzubauen.

Drei Jahre später also sitzen ihre Vertreter im Bundestag. Der Abgeordnete Schneider tritt konsequent für die unter Brandt begonnene und von der sozialliberalen Koalition weiter betriebene Ostpolitik ein. Er fordert von der neuen Koalitionsregierung aus CDU/CSU und FDP unter Kanzler Kohl die Fortsetzung dieser Linie. Diese Haltung verbindet uns. Auch Schneiders Bestreben, das friedliche Miteinander der beiden deutschen Staaten zu entwickeln.

Ein ständiges Problem unserer Zusammenarbeit besteht aber darin, daß wir von ihm auch alles über die Beziehungen der Grünen zu Oppositionellen in der DDR wissen wollen. Dazu ist Dirk Schneider jedoch nicht bereit, an dieser Stelle hält er sich bedeckt.

Wir akzeptieren das – und werden dafür kritisiert. Wir werden von verschiedener Seite attackiert, weil wir trotz vorhandener Quellen nicht über alle Aktivitäten informiert sind. Und kein Verständnis hat man dafür, wenn wir erklären, daß wir unsere Quellen nicht nur abschöpfen können, sondern sie auch in ihrer politischen Arbeit unterstützen müssen.

In dieser Haltung werden wir aber auch bestärkt. Etwa von Herbert Häber, dem Leiter der Westabteilung des ZK der SED, 1984/85 kurzeitig Mitglied des Politbüros, sowie von Gunter Rettner, seinem Nachfolger in der Westabteilung.

Einen Rüffel von Minister Mielke trägt uns eine Aktion von Petra Kelly, Gerd Bastian und drei weiteren Bundestagsabgeordneten der Grünen ein. Am 12. Mai 1983 ketten sie sich auf dem Alexanderplatz an und entrollen Transparente mit der Aufschrift »Schwerter zu Pflugscharen« und »Abrüstung in Ost und West«.

Mielke fragt uns vorwurfsvoll: »Warum habt ihr das nicht verhindert? Oder habt ihr es vielleicht sogar mit inszeniert?«

Unsere Antwort, daß wir von dieser Aktion weder gewußt hätten noch daran beteiligt gewesen waren, quittiert er mit sichtlicher Skepsis.

Als später eine Abordnung der Grünen Erich Honecker besuchen will, setzt uns Dirk Schneider rechtzeitig ins Bild. Wir nehmen in Abstimmung mit Herbert Häber darauf Einfluß, daß dieses Treffen überhaupt stattfindet, und auch darauf, wie es abläuft.

Gerd Bastian, ehemaliger General der Bundeswehr und Lebensgefährte von Petra Kelly, hält uns auch auf Trab. Der prominente Grüne ist als ehemaliger Militär Mitglied der Bewegung »Generale für den Frieden«. Dieser lose Zusammenschluß von ehemals führenden NATO-Militärs aus der BRD, den USA, Großbritannien, den Niederlanden, Italien und Portugal wird von uns gesteuert. Während wir dort, ohne daß Bastian es merkt und wohl auch nicht ahnt, oftmals seine Äußerungen beeinflussen können, gelingt uns das über die Grünen nur in geringem Maße.

So erwarten wir stets spontane Aktionen, die meist Petra Kelly inspiriert und organisiert.

Das Jahr 1983 ist noch ziemlich jung. Die DDR-Botschaft in Paris ist noch nicht wieder voll besetzt. Einige Mitarbeiter genießen noch ihren Jahresendurlaub. Viel passiert nicht. Die Einladungskarten zum Neujahrsempfang sind längst verschickt, die Vorbereitungen abgeschlossen. Da kommen zwei Besucher in das Haus in der Rue Marbeau 24. Ein junges Ehepaar will sich beraten lassen. Sie spricht deutsch, er englisch. Der diensthabende Konsularbeamte in der DDR-Botschaft glaubt nicht so recht, was er da hört. Ein solches Anliegen vernimmt er nicht oft hier, mitten in Paris. Doris und George Pumphrey möchten nicht etwa als Touristen in die DDR reisen – sie wollen Bürger des Landes werden. Nachdem klar wird, daß es beiden Ernst ist, werden die Personalien notiert.

Doris bekommt einige Wochen später eine Einladung des Amtes für Paß- und Meldewesen Berlin, Hauptstadt der DDR. George, damals noch amerikanischer Staatsbürger, besitzt keine gültigen Reisedokumente. Mit der französischen Aufenthaltsgenehmigung kann und darf er nicht ins Ausland reisen. Doris sondiert also allein das Terrain. In Berlin glaubt sie, zwei Angestellten des Amtes für Paß- und Meldewesen gegenüberzusitzen. In Wirklichkeit spricht sie aber mit Mitarbeitern der HVA aus der Abteilung XI – USA. Sie kommen mit der jungen Frau schnell ins Plaudern. Sie erzählt über sich und ihren Mann und beschreibt die Motive, warum sie in der DDR leben möchten.

Doris, Jahrgang 1949, wächst in einem evangelischen Pfarrhaus auf und studiert nach dem Abitur Politologie und Soziologie. In den Zeiten der Studentenrevolte ist sie mehr auf den Straßen als im Hörsaal. Während einer Demonstration gegen den Vietnamkrieg lernt sie 1969 George kennen.

George wird 1946 im USA-Staat Washington geboren. Sein Vater ist Landarbeiter, seine Mutter Lehrerin. Er besucht die High School, studiert anschließend Dramaturgie und Sport. 1968 kommt er als GI in die BRD und leistet seinen Wehrdienst. Er wendet sich öffentlich gegen den Krieg in Vietnam, gegen Rassismus und versucht, gleichgesinnte Soldaten zu organisieren. 1970 schließt ihn die Army als »unerwünscht« aus und schickt ihn in die USA zurück. Doris folgt ihm. Noch im selben Jahr heiraten sie. Sie lernen Mitglieder der Black Panther Party kennen, die sich für die Rechte der schwarzen Bevölkerung einsetzen und arbeiten mit ihnen zusammen. George wird mehrere Male verhaftet, angeklagt und von der Polizei bedroht.

Politisch und rassistisch verfolgt, gehen sie nach Frankreich. Die Französische Republik erkennt George als politischen Exilanten an, später wird er ihr Staatsbürger. Doris und ihr Mann engagieren sich weiter gegen den Rassismus in den USA, gegen den Vietnamkrieg und bekommen dabei Kontakt zu afrikanischen und lateinamerikanischen Befreiungsbewegungen. Anfang der 80er Jahre wenden sie sich gegen die atomare Aufrüstung. Die außenpolitischen Bemühungen der DDR für Abrüstung und Entspannung entsprechen ihren Intentionen. In diesem sozialistischen Land wollen sie leben.

Als wir das Gespräch in der Normannenstraße auswerten, wird schnell klar: Ein Einsatz in den USA kommt nicht in Frage. Die Abteilung II – Parteien und Organisationen in der BRD – übernimmt den Vorgang. Doris und George eignen sich perfekt für die geheimdienstliche Arbeit in der Bundesrepublik. Sie sind aktiv und kontaktfreudig, kennen viele Menschen, und ihre politischen Ansichten stimmen mit den unseren nahezu überein. Wir überzeugen sie, nicht in die DDR zu kommen, sondern sich in der Bundesrepublik anzusiedeln und dort für uns zu arbeiten.

Rolf Kessler, einer der beiden Partner im ersten Kontaktgespräch, betreut sie bis zum Schluß. Er ist gleichaltrig und paßt charakterlich hervorragend zu ihnen. Mit ihm planen Doris und George ihren Einsatz. Sie werden sich schnell einig. Eine Legendierung kommt nicht in Frage, weil Doris und George in der internationalen Friedens- und Antirassismusbewegung ziemlich bekannt sind. Außerdem wollen sie sich auch weiterhin öffentlich für ihre politischen Ziele einsetzen. Finanzielle oder materielle Aspekte spielen in den Gesprächen keine Rolle.

Zunächst helfen sie uns, die westeuropäische Friedensbewegung besser beurteilen zu können. Schließlich gelingt es ihnen, in Bonn Mitarbeiter von Bundestagsabgeordneten der Grünen zu werden. Sie arbeiten engagiert. In der Partei sehen sie eine progressive Kraft und ein notwendiges Korrektiv zur Politik der Bundesregierung. Deshalb ist es auch ihr und unser Bestreben, der DDR-Führung ein klares Bild über die Grünen zu vermitteln.

Einige DDR-Obere reagieren auf die neue politische Kraft wie die etablierten Parteien in der Bundesrepublik. Die Konservativen in Ost (und West) halten die bunte Truppe für einen chaotischen, politisch unberechenbaren Haufen, der selbsternannte DDR-Bürgerrechtler zur Opposition anstiftet. Doris und George wollen helfen, das Verhältnis der DDR zu den Grünen so zu normalisieren, daß gemeinsame politische Interessen auch zusammen wahrgenommen und vertreten werden können.

Rüstungsbetriebe im Visier

Hans und Brigitte Schrepfer leben im fränkischen Bayern. Besonders aus dem Lebenslauf von Hans und aus seinem familiären Hintergrund reift die Absicht, mit uns zusammenzugehen. Hans wird 1922 als Sohn eines selbständigen Schuhmachers geboren. Dieser ist Mitglied der Kommunistischen Partei. 1930 zerstört ein Feuer das Geschäft – Brandstiftung. Kaum sind die Nazis an der Macht, verhaftet die Geheime Staatspolizei den Vater. Erst kommt er in Untersuchungshaft nach Würzburg, dann ins KZ Dachau. Schließlich verurteilt ihn das Bayerische Oberlandesgericht wegen »Vorbereitung zum Hochverrat« zu drei Jahren Zuchthaus. Weil der Vater auch nach seiner Haft die Freundschaft mit einer jüdischen Familie nicht aufgibt, bekommt er 1937 erneut sechs Monate. Hans wird 1940 zur Wehrmacht einberufen und zum Fallschirmspringer ausgebildet. Schließlich landet er bei der »Division Brandenburg« von Admiral Canaris. Bis zu seiner schweren Verwundung 1943 nimmt er an zahlreichen Kommandoeinsätzen in der Sowjetunion und zuletzt in Afrika teil. Nach der Entlassung aus amerikanischer Gefangenschaft stößt er zur CIC, aus der 1947 die CIA wird.

Durch einen Freund seines Vaters lernt Hans Mitarbeiter unseres Dienstes kennen und erklärt sich schnell zur Zusammenarbeit bereit. Gemeinsam mit seiner Frau Brigitte wirbt er die Diplommathematiker Peter und Heidrun K. für uns. Sie bekommen die Decknamen »Siegfried« und »Kriemhild«.

Heidrun arbeitet im Rüstungsunternehmen MBB, Peter in der Betriebsgesellschaft mbH in Ottobrunn.

Nun übernimmt den Vorgang die Abteilung IV. Dort lerne ich sie kennen. Hans führt als Resident die beiden Wissenschaftler. Seine Frau Brigitte, mit der er das väterliche Geschäft weiterführt und die ihm Zwillinge geboren hat, erledigt logistische und technische Aufgaben: Sie sichert vor allem die Übermittlung der Informationen.

Beide liefern über zwanzig Jahre geheime Dokumente über Rüstungsprojekte der BRD und der NATO, die »Siegfried« und »Kriemhild« besorgten. Hans Schrepfer selbst gewinnt überdies durch die Bekanntschaft mit einflußreichen CSU-Politikern vielfältige und wichtige Einsichten in die politische Praxis der bayerischen Regierungspartei.

Fast genau 59 Jahre nach der Verhaftung seines Vaters wird auch Hans Schrepfer verhaftet, ins gleiche Gefängnis gesperrt und vor dem selben Gericht mit der gleichen Begründung verurteilt – Landesverrat.

Das Bayerische Oberlandesgericht verurteilt im Januar 1993 Peter K. zu neun, Heidrun K. zu sieben, Hans Schrepfer zu fünf Jahren Haft. Brigitte bekommt 21 Monate Gefängnis auf Bewährung. Hans stirbt bald an den Folge eines Krebsleidens.

»Britta« ist Sekretärin, »Klaus« studiert Politologie, als Angehörige der Abteilung IV sie für die Mitarbeit gewinnen. Obwohl »Klaus« sein Studium erfolgreich beendet hat, bekommt er keinen Job, er meldet sich arbeitslos. Unser Perspektiv-IM hat erst einmal keine berufliche Perspektive. Trotzdem erklären sich beide bereit, weiter für die HVA zu arbeiten.

Entsprechend der Aufgabenstellung der Abteilung IV gilt das Bundesverteidigungsministerium als Zielobjekt. Doch es kommt völlig anders. Nicht »Klaus«, sondern »Britta« erhält plötzlich eine Chance. Ohne uns zu informieren, bewirbt sie sich 1981 im Bundeskanzleramt als Sekretärin – und wird eingestellt.

Endlich, so frohlocken wir, erhalten wir wieder Informationen direkt aus dem Zentrum der staatlichen Macht.

Ich übergebe den Vorgang an die Abteilung I.

Nicht so erfolgreich verlaufen die Bemühungen von »Klaus«. Zeitweise arbeitet er für die Europa-Abgeordnete der SPD, Katharina Focke, später in der Kölner Stadtratsfraktion der SPD.

Doch auch der Einsatz von »Britta« steht unter keinem guten Stern. Erich Honecker will schon 1984 mit Macht den Staatsbesuch in Bonn. »Britta« sitzt noch im Referat Wirtschaftspolitik und kann wenig Substantielles zur Aufklärung der BRD-Position beitragen.

Macht nichts, der Staatsbesuch findet sowieso nicht statt. Moskau verbietet die Reise.

Drei Jahre später ist die Konstellation ein wenig anders. Allerdings ist auch der neue Generalsekretär in Moskau, Michail Gorbatschow, strikt gegen eine Honecker-Visite in Bonn. Bevor er nicht dort war.

Die Versuchung ist groß, »Britta« zu aktivieren. Von uns werden umfassende Informationen erwartet. Doch wir halten es für politisch geboten, sie nicht in die Informationsbeschaffung einzubeziehen. Das »Guillaume-Syndrom« wirkt unverändert.

Auch ohne sie verfügen wir über ausreichend interne Kenntnisse der Gegenseite, um zur inhaltlichen Vorbereitung des Staatsbesuches wirksam beitragen zu können.

Nach dem Anschluß der DDR werden »Britta« und »Klaus« der nachrichtendienstlichen Agententätigkeit angeklagt und im November 1996 zu einer Bewährungsstrafe verurteilt. Während die Bundesanwaltschaft steif und fest behauptet, »Britta« habe bis 1989 kontinuierlich Dokumente aus dem Kanzleramt geliefert, sieht das Gericht dafür keine Beweise.

Zunächst betrachten die Richter ziemlich ungläubig die Faktenlage. Was, sie hat nichts, aber auch wirklich nichts über den Kanzler und die Vorbereitung des Honecker-Besuches geliefert? Sie können und wollen sich einfach nicht vorstellen, daß Mitarbeiter der HVA in erster Linie politisch denkende und handelnde Menschen waren, die ihre Verantwortung für die ihnen anvertrauten Menschen und für ihr Land sehr ernst nahmen.

Noch vor meiner Ernennung zum Leiter der HVA überträgt mir Markus Wolf die Verantwortung für operative Bereiche, in die ich bisher wenig Einblick habe. Dazu gehört der Sektor Wissenschaft und Technik. Selbstverständlich bereiten mir die operative Zielstellung und die operative Methodik keine Probleme, das ist mein Handwerk. Doch der wissenschaftliche Gegenstand ist neu für mich. Ich arbeite mich also in das neue Gebiet ein und beschäftige mich unter anderem mit der Mikroelektronik.

Das ist schon deshalb erforderlich, weil die Beschaffung bestimmter Unterlagen und Muster viel Geld kostet, die Valutamittel der HVA aber ziemlich begrenzt sind. Ich wende mich also bei bestimmten Vorhaben an Minister Mielke und überzeuge ihn, uns zusätzliche Mittel zu bewilligen.

Obwohl mich der Leiter des Sektors Wissenschaft und Technik, Horst Vogel, in solchen Fällen zum Vortrag beim Minister begleitet, will ich natürlich nicht als Statist dabeisitzen. Also beschäftige ich mich unter anderem mit dem Ein-Megabit-Chip und mit so einem komplizierten Ding wie dem Ionenimplanter und dessen Funktionsweise.

Im übrigen vertraue ich natürlich Horst Vogel und seinen Mitarbeitern – operativ und fachlich qualifizierte Spezialisten. Sie arbeiten beispielsweise hervorragend mit dem Ingenieur Dieter W. Feuerstein zusammen. Dieter wächst zunächst in Ulm auf, dann ziehen seine Eltern nach Frankfurt am Main. Als Gymnasiast beschäftigt er sich zunehmend mit linken Theorien und steht inhaltlich der Politik der DKP und der mit ihr befreundeten Organisationen sehr nahe. Seine Eltern beobachten mit zwiespältigen Gefühlen, wie sich ihr Sohn entwickelt. Sie finden seine Aktivitäten einerseits gut, andererseits sorgen sie sich. Dieter versteht das überhaupt nicht, denn unpolitische Spießer sind Vater und Mutter gewiß nicht. Eines Tages erzählen sie ihm ihre Geschichte.

In den 50er Jahren kamen sie im Auftrag der Hauptverwaltung Aufklärung des Ministeriums für Staatssicherheit der DDR in die Bundesrepublik. Seitdem arbeiten sie illegal. Sie befürchten nun, daß ihr Sohn durch seine politischen Aktivitäten ihre operativen Erfolge gefährdet. Dieter findet das alles sehr spannend, was er da erfährt, und daß er eigentlich DDR-Bürger sei, nicht übel. Für den Sozialismus will auch er kämpfen.

Die Eltern informieren ihre Partner im Sektor Wissenschaft und Technik, daß sie den Sohn eingeweiht haben. Die Berliner sprechen mit ihm. Nach dem Tod seines Vaters entschließt sich Dieter, für uns zu arbeiten. Er weiß natürlich nicht, was auf ihn zukommt. Den Mitarbeitern im Sektor Wissenschaft und Technik sitzt das Hemd näher als der Rock. Wenn sie schon eine neue Quelle aufbauen, dann wollen sie die auch in einem ihrer Zielobjekte unterbringen. Sie brauchen einen Techniker. Dieses Berufsbild paßt aber gar nicht zu Dieters Ambitionen. In der Schule glänzt er in den geisteswissenschaftlichen und sprachlichen Fächern. Für Mathe und Naturwissenschaften interessiert er sich nur am Rande, seine Zensuren sind entsprechend.

Das ändert sich nun. Der intelligente junge Mann studiert in Westberlin Luft- und Raumfahrttechnik und schließt seine Ausbildung mit sehr gutem Ergebnis ab. Inzwischen ist er, wenn auch widerstrebend, Mitglied der Jungen Union geworden. Nach zwölf Jahren beruflicher Vorbereitung gelangt »Petermann«, so sein Pseudonym, in die entscheidende Position bei MBB.

Sechs Jahre arbeitet er dort erfolgreich und ergiebig als Quelle der HVA in einem hochsensiblen Forschungsbereich des bedeutenden Rüstungskonzerns. Er liefert äußerst geheime Informationen über die Entwicklung des Tornado-Systems und des Eurofighters, über intelligente Raketen und andere Waffentechnik.

Wie in der HVA üblich, beziehen die Verantwortlichen im Sektor Wissenschaft und Technik einen jungen Mitarbeiter in diesen Vorgang mit ein. Er soll die kontinuierliche Betreuung über Jahre sichern. Niemand kann ahnen, daß dieser Frank Weigelt 1990 zum Bundesamt für Verfassungsschutz überlaufen wird. Er verrät dem BfV auch, daß Dieter Ende 1989 uns gegenüber signalisiert hat, künftig für das KGB tätig sein zu wollen.

Das Bundesamt für Verfassungsschutz nutzt die Gunst der Stunde. Es sucht Beweise, daß die HVA operative Vorgänge an das KGB übergibt. Da sie diese nicht findet, will das Amt selbst mit aller Macht Tatsachen schaffen. Weigelt läßt sich bereitwillig darauf ein, den Vorgang an das KGB zu überführen.

Der Versuch scheitert im Mai 1990. Einerseits von der Unprofessionalität dieser Übergabe schockiert und andererseits sich unserer Warnung vor diesem Schritt erinnernd, lehnte Dieter im letzten Moment das Ansinnen ab.

Im Oktober 1990 – unser Kundschafter im BfV, Klaus Kuron, konnte es bis zu seiner eigenen Festnahme verhindern – werden Feuerstein und seine Frau verhaftet. Er wird zu acht Jahren Freiheitsentzug verurteilt, seine Ehefrau erhält ein Jahr und neun Monate auf Bewährung.

Der Verfassungsschutz gesteht seine Niederlage nicht ein und behauptet noch Jahre später, daß die HVA eine Übergabe an das das KGB betrieben habe.

Duell der Geheimdienste

Die Zentren gegnerischer Geheimdienste sind für jeden Aufklärer Objekte der Begierde. Wer dort Quellen unterbringt, kann mit den gewonnenen Informationen das eigene Netz schützen und gegnerische Angriffe effektiv abwehren. Unser Hauptaugenmerk liegt auf dem Bundesamt für Verfassungsschutz, dem Bundesnachrichtendienst, dem Militärischen Abschirmdienst und der auch in Deutschland sehr aktiven *Central Intelligence Agency.*

Eine der erfolgreichsten Vorgänge beginnt 1968. Als Instrukteur für die Abteilung XV der Bezirksverwaltung Karl-Marx-Stadt begleite ich Kontaktierung, Werbung und schließlich die Einschleusung von »Gisela« als Quelle in die Zentrale des BND in Pullach. Es entspricht den konspirativen Prinzipien unseres Dienstes, daß nicht unmittelbar an einem Vorgang beteiligte Mitarbeiter Klarnamen nicht erfahren oder die Eingeweihten im Gespräch mit anderen oder im Schriftverkehr diese verwenden.

Bis 1984, da werde ich in diesen Vorgang persönlich einbezogen, bleibt der Fall für mich tabu. Markus Wolf hat die persönliche Verantwortung.

Als ich Chef der HVA werde, will ich Dr. Gabriele Gast – sie ist »Gisela« – persönlich kennenlernen. Sie lehnt aber ab. Ohne ihre Beweggründe konkret zu kennen, vollziehe ich ihre Entscheidung nach. Viele Jahre arbeitete sie vertrauensvoll mit Wolf und noch enger mit ihren Führungsoffizieren zusammen. Jeder Neue stört das enge Beziehungsgeflecht. So bleibt es bei Grüßen und der Versicherung enger Verbundenheit. Der erfolgreichen Arbeit schadet das zu keiner Zeit.

Ich lerne sie erst kennen, als Gabriele Gast aus der Strafvollzugsanstalt entlassen wird. Nach ihrer Verhaftung hatte mich ihr Bruder in Berlin besucht. Jetzt ruft sie mich an. Wir treffen uns in meiner Wohnung. Zwischen ihr, meiner Frau und mir beginnt eine Freundschaft, die bis heute anhält. Wir bedauern, uns nicht schon früher kennengelernt zu haben.

Ihre Zeit als Kundschafterin für die HVA und auch den Verrat durch Karl-Christoph Großmann beschreibt sie fesselnd in ihrem Buch »Kundschafterin des Friedens«.

Andere Spitzenquellen von uns sitzen mit Klaus Kuron (»Berger«, später »Stern«) in der Spionageabwehr des Bundesamtes für Verfassungsschutzes, mit Alfred Spuhler und Ludwig Spuhler (»Peter« und »Florian«) im Bundesnachrichtendienst, in den Landesämtern für Verfassungsschutz und im Militärischen Abschirmdienst.

Wir planen ein Buch über den MAD. »Siegbert«, unser Kundschafter Herbert Kloss, will dazu Material liefern. Diese Informationen gewinnt er hauptsächlich durch das Abschöpfen leitender MAD-Beamte. Mit der Veröffentlichung wollen wir die Aktionsfähigkeit des MAD-Apparates weitgehend einschränken.

An diesem Projekt arbeiten die Abteilungen IX mit den Experten der aktiven Maßnahmen aus der Abteilung X eng zusammen. Engagiert und geschickt treibt Herbert Kloss das Vorhaben voran, es nimmt klare Konturen an ...

Leider können wir dieses Kabinettstück nicht mehr realisieren, was ich sehr bedauere.

Brisante militärische Informationen bekommen wir von Hüseyin Yildirim (»Blitz«). Er arbeitet als Kfz-Meister in einem US-Militärstützpunkt in Westberlin und hält engen Kontakt mit Unteroffizier James Hall (»Ronny«). In diesem Fall fällt es der HVA besonders leicht, unter fremder Flagge die Zusammenarbeit anzubahnen. »Blitz« ist türkischer Staatsbürger, und der amerikanische Soldat glaubt, daß dieser für den türkischen Geheimdienst tätig ist. Ronny liefert über Jahre aus dem Abhörkomplex auf dem Westberliner Teufelsberg Dokumente, die nicht nur für die DDR, sondern auch für den Warschauer Pakt insgesamt von strategischer Bedeutung sind. In dieser Konstellation spielen politische Motive keine Rolle, wir bezahlen für jede Information in harter Währung.

Plötzlich versiegt diese wichtige Quelle, »Ronny« wird in die USA versetzt. Doch bald bemüht er sich erfolgreich, erneut in Deutschland eingesetzt zu werden. Er kommt nach Frankfurt am Main in eine zentrale Auswertungseinheit für Fernmeldeaufklärung und elektronische Spionage. »Ronny« liefert zwar viele geheime Dokumente, doch sie sind für uns nicht sonderlich interessant. Das liegt daran, daß er unverändert glaubt, für Ankara zu arbeiten. Er wählt nur für die Türkei relavante Dokumente aus.

Wir entschließen uns, ihn über seinen wirklichen Auftraggeber ins Bild zu setzen und »Ronny« für die Aufklärung der DDR zu gewinnen.

Mitarbeiter der HVA schleusen ihn über die Grüne Grenze und treffen sich mit ihm in Berlin. Sie werden sich mit ihm einig. »Ronny« bekommt nun den Decknamen »Paul«.

»Blitz« hält weiter den Kontakt zu ihm und liefert die umfangreichen Informationen an uns.

Als James Hall wieder in die USA versetzt wird, frieren wir die nachrichtendienstliche Verbindung zu ihm ein. »Paul« arbeitet nun in der Zentrale der *National Security Agency* (NSA). Wir hoffen, daß »Paul« eines nicht fernen Tages wieder in Deutschland uns zur Verfügung steht. Um aber notwendige Kontakte in den USA zu ermöglichen, wählen wir einen Instrukteur aus. Manfred Severin ist Hochschullehrer für Anglistik an der Humboldt-Universität und ein von uns geworbener IM. Er scheint geeignet zu sein. Einmal trifft er sich mit »Paul«

Wir wissen nicht, daß Severin bereits für die CIA arbeitet. Der Anlaß der Überwerbung ist grotesk. Während eines Aufenthaltes in Westberlin klaut der gut bezahlte Wissenschaftler einen Pfennigartikel in einem Warenhaus und wird dabei ertappt. Das Landesamt für Verfassungsschutz schaltet sich ein, quetscht ihn aus und reicht ihn an Vertreter der CIA weiter.

Nun dauert es nicht lange, »Paul« der Spionage für eine fremde Macht zu überführen.

Dem Zufallstreffer der amerikanischen Spionageabwehr folgt für unseren Kundschafter James Hall ein furchtbares Urteil: 40 Jahre Gefängnis.

1987 beenden wir die Zusammenarbeit mit »Blitz« und verabschieden ihn offiziell. Er hat eine Amerikanerin kennengelernt, mit der er in den USA leben will. Bald gerät er ins Visier der US-Strafverfolgungsbehörden. 1989 wird er zu lebenslanger Haft verurteilt.

Die US-Behörden behaupten entgegen aller erarbeiteten Beweise, daß Yildirim unser entscheidender Mann im Kampf gegen die USA gewesen sei. Er habe weitere Quellen geworben und geführt. Das entspricht nicht den Tatsachen.

Bitten von Persönlichkeiten aus den USA und anderer Länder, das Urteil zu überprüfen und gegebenenfalls zu korrigieren, bleiben ungehört. Als ich mich im Juli 1997 in dieser Sache an den Gnadenanwalt der Vereinigten Staaten von Amerika wende, bekomme ich nicht einmal eine Eingangsbestätigung.

2003 wird der inzwischen 71jährige und krebskranke Hüseyin Yildirim von den USA in das NATO-Land Türkei zur weiteren Haftverbüßung überstellt – und demonstrativ von Ankara entlassen. Nicht nur ich empfinde das als eine späte Genugtuung.

1985 meldet sich in der DDR-Botschaft in Mexiko der Air-Force-Sergeant Jeffrey Carney. Der Experte für elektronische Spionage war zuletzt in Texas stationiert. Er bittet um Überführung in die DDR.

Carney war Anfang der 80er Jahre als Angehöriger der *National Security Agency* (NSA) auf dem Teufelsberg in Westberlin stationiert gewesen. Unsere Abteilung XI – USA – hatte den Spezialisten für elektronische Spionage geworben. Bis 1984 liefert er brisante Informationen. Die USA hatte viele Erkenntnisse über militärische Einrichtungen des Warschauer Vertrages, die im Kriegsfall zerstört werden sollten. 1984 wurde Carney in die USA versetzt. Nun fühlt er sich bedroht, und wir wollen ihm helfen.

Gemeinsam mit dem Abteilungsleiter USA, Jürgen Rogalla, organisiere ich die Ausschleusung von »Kid«. Wir wählen den Weg, den wir auch in anderen Fällen nutzen, um von Festnahme bedrohte Kundschafter in die DDR zu holen. In fast allen Ländern, in denen DDR-Frachtschiffe einen Hafen anlaufen, können wir relativ unauffällig Personen an Bord bringen. So kehrten schon einige vom Bundesamt für Verfassungsschutz observierte und verfolgte HVA-Instrukteure unbehelligt in die Heimat zurück. Mitarbeiter verschiedener DDR-Institutionen halfen unbürokratisch und uneigennützig, wenn es um die Sicherheit eines DDR-Bürgers ging.

Auch im Fall von »Kid«.

Seine Ausschleusung ist gut vorbereitet. Er verläßt mit seinen Begleitern pünktlich die Botschaft in Mexiko-Stadt. Sie fahren zu einem Frachthafen im Golf von Mexiko. Ein Schiff der Deutschen Seereederei übernimmt dort die letzten Container. Doch die Fahrt mit dem Auto über Hunderte Kilometer dauert länger als geplant. Der Frachter verläßt bereits den Hafen, als der PKW am Kai hält. Die Zeit für Ent- und Beladung des Schiffes war befristet, eine Verzögerung der Hafenbehörde nicht vermittelbar. Der Kapitän hätte zusätzliche Liegekosten sofort bezahlen müssen und überdies Fragen für die Verzögerung provoziert.

Die Nerven aller Beteiligten liegen blank. Vor allem »Kid« wird zunehmend nervöser. Nun bitten wir unsere kubanischen Freunde um Hilfe. Sie reagieren umgehend und höchst professionell. »Kid« fliegt über Havanna in die DDR.

Wir bringen ihn mit Mitarbeitern des zuständigen Bereichs der

Hauptabteilung III der Abwehr zusammen Er hilft ihnen, den englischsprachigen militärischen Funkverkehr zu entschlüsseln.

Mitarbeiter der Funkaufklärung verraten »Kid«. Der war inzwischen DDR-Bürger geworden und arbeitet längst in einem zivilen Beruf. Er war in Berlin U-Bahnfahrer. Der US-Geheimdienst reagiert umgehend und kidnappt ihn in Berlin am 21. April 1991. Ohne Kenntnis der Bundesrepublik Deutschland wird der Bundesbürger Jens Karney in die USA entführt, vor Gericht gestellt und zu 38 Jahren Haft verurteilt. Diplomatische Proteste seitens der BRD wegen der widerrechtlichen Entführung eines deutschen Staatsbürgers wirken halbherzig, sie sind nur Pflichtübung, um das Gesicht zu wahren.

Nach zwölf Jahren Haft in Ohio kommt Karney frei und 2003 nach Berlin zurück. Er gibt an die Presse, was wir schon wissen: Verraten hat ihn Hauptmann Christian B., genannt »Schnabel«, laut »Kid« der Kronzeuge für die CIA. Und Hauptmann Hans-Joachim L. von der HA III. Als Überläufer habe er als Quelle »Häuserkampf« in Köln in der Verfassungsschutz-Zentrale angeblich nur so gesprudelt. Heute soll der Mann vom Jahrgang 1955 ein erfolgreicher Immobilienhändler in Norddeutschland sein.

Das Vabanquespiel

Am Nachmittag des 19. Augusts 1985 teilt der Leiter der Bezirksverwaltung Magdeburg des Ministeriums für Staatssicherheit dem Chef der HVA, Markus Wolf, mit, daß sich ein »Herr Tappert« am Grenzübergang Marienborn gemeldet habe. Der Bundesbürger kenne sich offensichtlich gut in der HVA aus, denn er wolle mit einem leitenden Herrn der Abteilung IX sprechen.

»Tappert« ist Wolf nicht unbekannt. Von Klaus Kuron (»Stern«) und von Joachim Moitzheim (»Wieland«) weiß er: Es ist Regierungsdirektor Hans-Joachim Tiedge, im Bundesamt für Verfassungsschutz leitet er die Referatsgruppe IVB. Sie bearbeitet die DDR-Nachrichtendienste.

Doch Markus Wolf sitzt auf gepackten Koffern. Er will zur Kur nach Ungarn. Als Tiedge bereits in einem Objekt der Abteilung IX in Prenden, einem beliebten Ausflugsort der Berliner, sitzt, benachrichtigt er Mielke. Als amtierender Leiter der HVA bin ich bereits informiert. Wir kennen längst Tiedges persönliche Malaise, die ihn nun in die DDR getrieben hat. Das Privatleben des versierten Fachmanns für Gegenspionage ist für jeden Geheimdienst ein Albtraum.

Der Alkoholiker steht mit einem Sack voller Schulden vor dem beruflichen und gesellschaftlichen Absturz. Nur sein Duzfreund, der BfV-Präsident Heribert Hellenbroich, schützt ihn noch. Zudem: Einen Mann mit Kenntnissen über die geheimdienstlichen Innereien kann man nicht einfach in die Wüste schicken. So einer bleibt innerhalb und noch mehr außerhalb des Dienstes ein Risiko. Für solche Fälle gibt es in den Diensten die sogenannten Elefantenfriedhöfe.

Hellenbroich pokerte und verlor. Tiedge ging stiften.

Nun sitzt er in Prenden und packt aus. Vieles ist nicht neu für uns, doch wir erfahren Details, die uns noch unbekannt sind. Damit können wir schnell und wirkungsvoller die Sicherheit unserer Kundschafter organisieren. Der Überläufer teilt uns unter anderem mit, daß der HVA-Mann Horst Garau seit langem auch für den Bundesverfassungsschutz arbeitet.

Tiedge ahnt nicht, daß wir über Garau schon lange mit dem Verfassungsschutz spielen.

Horst Garau, Kreisschulrat in Cottbus, reist seit 1976 als unser Instrukteur öfter in die Bundesrepublik und hält die Verbindung zu einem angesiedelten IM in England. Garaus Frau weiß davon und unterstützt ihn. 1977 dient sich der ehrgeizige Garau dem Verfassungsschutz an. Er glaubt, die Zusammenarbeit mit uns verhindere seinen Aufstieg zum Bezirksschulrat oder ins Ministerium für Volksbildung. Im Westen sucht er einen neuen beruflichen Anfang. Den Leuten im Verfassungsschutz ist das egal, sie überwerben ihn als Doppelagenten. Damit gerät der Mann in den Bereich Klaus Kurons, des Counterman-Spezialisten des Bundesamtes für Verfassungsschutz. Als dieser 1982 sich uns anbietet, erfahren wir vom Doppelspiel Garaus.

Wir können aber den Verräter nicht einfach aus dem Verkehr ziehen, ohne damit unsere Top-Quelle »Stern« zu gefährden. Also führen wir Garau an der langen Leine.

Als der von ihm geführte IM sich von uns lossagt, ist Garau ohne Aufgabe. Das aber könnte die Gegenseite mißtrauisch machen. Wir spielen vabanque und übergeben ihm 1985 die Quelle »Ursula Richter«. Sie berichtet für uns seit Jahren aus dem Bund der Vertriebenen. Brisanteres Material liefert »Lorenz«, ihr Freund und Lebensgefährte. Er arbeitet als Zivilangestellter in der Datenverarbeitung des Bundeswehrverwaltungsamtes und vernichtet dort nicht mehr benötigtes VS-Material. Doch wichtige Dokumente schickt er nicht in den Reißwolf, sondern er wirft sie säckeweise an vereinbarter Stelle über den Grenzzaun in die DDR. Die interessanten Informationen türmen sich geradezu bei uns.

Die Idee, »Ursula Richter« ins Spiel zu bringen, bietet sich an. Sie ist während der »Aktion Anmeldung« ins Visier des Bundesverfassungsschutzes geraten und merkt, daß sie observiert wird. Unsere Quellen aus der BfV-Zentrale bestätigen ihren Verdacht. Sie ist also »verbrannt«, und wir hätten sie sofort in die DDR holen müssen. Indem wir sie jetzt aber an Garau übergeben, schützen wir sie und ihren Freund. Denn: Verhaftetet der Bundesverfassungsschutz jetzt beide, würden sie ihren Doppelagenten Garau gefährden, der dann seinerseits bei uns »verbrannt« wäre.

Unsere Rechnung geht auf. Garau genießt das Vertrauen von Hellenbroich und Tiedge, Kuron führt einen Doppelagenten mehr und ist selbst außer Verdacht.

»Ursula« und »Lorenz« liefern weiter Informationen.

Tiedges Seitenwechsel schafft aber eine völlig neue Konstellation. Einerseits können wir nun alle Informationen von Kuron unverhohlen nutzen (weil die Gegenseite annimmt, wir hätten alles von Tiedge). Andererseits müssen wir selbst handeln. Der Gegenseite ist bewußt, daß wir von Tiedge über Garau informiert worden sein müssen. Unterließen wir es, ihn als Mann des Verfassungsschutzes zu inhaftieren, provozierten wir Fragen in Köln. Und außerdem hat uns »Stern« signalisiert, daß Garau sich mit seiner Frau in die Bundesrepublik absetzen will.

Wir geben »Ursula« und »Lorenz« das vereinbarte Stichwort, sich abzusetzen, nähren das im Westen aufgekommene Gerücht, Tiedge sei schon lange unser Mann gewesen, und lassen Garau und seine Frau verhaften.

Kompletter kann der Schutz für Klaus Kuron nicht sein.

»Ursula Richter« reist mit ihrem Wagen über die Transitautobahn in die DDR, »Lorenz« folgt seinen Säcken und kommt an der vereinbarten Stelle über die grüne Grenze.

Horst Garau wird angeklagt und zu lebenslänglicher Haft verurteilt, seine Frau bald entlassen. Bei sich bietender Gelegenheit setzen wir den Namen Garau auf eine Liste der Spione, die zum Austausch vorgesehen sind.

Die Bundesrepublik reagiert nicht, den entscheidenden Leuten ist das Schicksal ihres Agenten offensichtlich völlig egal.

Horst Garau, nun ohne Hoffnung, bald in den Westen zu kommen, erhängt sich 1988 an einem zusammengedrehten Hemd in seiner Zelle in der Haftanstalt Bautzen.

Die Nachricht berührt mich durchaus. Der ehrgeizige, aber auch schwache und sensible Mensch Horst Garau ist nicht nur Täter, sondern auch Opfer der Geheimdienste geworden.

Frau Garau, Bundesbehörden und die Medien verdächtigen uns, ihren Mann umgebracht zu haben. Das ist völliger Irrsinn. Einmal davon abgesehen, daß ich Mord und Totschlag grundsätzlich als politisches und geheimdienstliches Mittel ablehne und verabscheue, gab es dafür auch kein Motiv. Der Mann war mit lebenslänglicher Haft mehr als gestraft, andere operative Aktionen konnte er nicht gefährden, auch wenn der von uns angebotene Austausch noch zustandegekommen wäre.

Bliebe als Motiv primitive Rache – höchst unprofessionell und uns wesensfremd.

Aber noch im Oktober 2005 insinuiert der einschlägig bekannte Karl Wilhelm Fricke öffentlich: »... Oder der Cottbusser Kreisschulrat Horst Garau, der als Instrukteur der HV A im Westeinsatz vom Verfassungsschutz ›überworben‹ wurde. Durch eine von Wolfs ›Spitzenquellen‹ enttarnt, büßte er seinen Seitenwechsel mit einer lebenslangen Freiheitsstrafe in der Sonderhaftanstalt Bautzen II. Am 12. Juli 1988 wurde er in seiner Zelle tot aufgefunden. ›Selbsttötung durch Erhängen‹ lautete die offizielle Version.

Zahlreiche Fälle dieser Art blieben bis heute unaufgeklärt.«

Wohl wahr.

Wie auch die Frage unbeantwortet ist, warum die Bundesrepublik Garau nicht haben wollte.

Fricke stellt sie noch nicht einmal.

Wolfs langer Abschied

In der Sauna höre ich zum ersten Mal von Markus Wolf, daß er aus der HVA ausscheiden wolle. Endgültig. Die kleine Schwitzrunde kennt sein Räsonieren. Eigentlich hätte er diesen Posten in der HVA nie gewollt, der Beruf passe auch gar nicht so recht zu ihm. Viel lieber hätte er etwas anderes getan, schon damals, als er mit knapp 29 Jahren Chef des Institutes für Wirtschaftswissenschaftliche Forschungen geworden sei ... Ich kenne das und wertete es bislang als Koketterie. Doch diesmal scheint es ihm ernst. Er spricht von seinem Vater, dem Schriftsteller Friedrich Wolf, und von seinem Bruder Konrad, den Filmregisseur und Präsidenten der Akademie der Künste. Beide sind bekannte und anerkannte Künstler, während er lange Jahre ein »Mann ohne Gesicht« war. Als Auslandsaufklärer hat er zwar seine Meriten, aber sie wurden eben im Unter- und Hintergrund erworben und nicht öffentlich vorzeigbar.

Er weiß natürlich, daß er uns vertrauen kann, Gespräche und Gedanken bleiben in dieser kleinen Runde. Das beruht selbstverständlich auf Gegenseitigkeit. Wir kennen uns ein Berufsleben lang. Seit 1979 wohnen wir gemeinsam in einem Zweifamilienhaus in der Berliner Oberseestraße. In der Normannenstraß, sitzt er unter mir im 9. Stock, ich über ihm, was die tatsächliche Hierarchie ein wenig auf den Kopf stellt. Im Haus wird sie wieder hergestellt: Familie Wolf wohnt in der oberen Etage, Familie Großmann unten. Wir feiern zusammen Geburtstage und andere Feste, wie sie fallen.

Jeder weiß, wie der andere in bestimmten Situationen reagiert.

Zu seinem 60. Geburtstag wolle er also den Dienst quittieren. Als anerkanntes Opfer des Faschismus kann er entsprechend den Gesetzen der DDR fünf Jahre früher in Rente gehen.

Wie ernst er diesem Ziel zustrebt, merke ich bald. Zunehmend überträgt er mir administrative und operative Aufgaben, die sonst in sein Ressort fallen. Die Jahresauswertung der operativen Arbeit überläßt er nahezu mir. Diese Bilanz ist nicht nur ein wichtiges Arbeitsinstrument für die HVA, sondern auch der Leistungsnachweis des Dienstes gegenüber dem Minister und der Partei- und Staatsführung. Die Analysen der laufenden operativen Vorgänge verschaffen mir einen detaillierten Einblick in die Arbeit aller Abteilungen und Referate und eine Panoramasicht auf den gesamten Dienst. Mit diesem Wissen kann ich stärker als bisher auf die Tätigkeit der HVA Einfluß nehmen. 1982 trifft Wolf ein harter Schlag. Sein Bruder Konrad, zwei Jahre jünger als er, stirbt am 7. März. Der Ältere hat den Jüngeren immer bewundert und gestützt, wenn es notwendig war. Ich kannte Konrad gut und verstehe den großen Schmerz. Der Tod des Bruders gibt nun Markus Wolf den endgültigen Impuls. Er betreibt mit aller Macht und Konsequenz sein Ausscheiden aus der HVA. Bis zu seinem 60. Geburtstag am 19. Januar 1983 will er es geschafft haben. Sein erster Versuch, beim Minister für seine Lebensplanung Verständnis zu wecken, schlägt fehl. Mielke läßt ihn abblitzen. Er verstehe überhaupt nicht, wie jemand seine Position freiwillig verlassen könne.

Wolf gibt nicht nach. Er weiß, wenn er die Lücke nicht selbst schließen hilft, die sein Weggang öffnete, wird er sich nie aus dem Dienst verabschieden können. Darum müht er sich zunehmend, meine Stellung in der HVA und im MfS zu festigen. 1983 werde ich zu seinem 1. Stellvertreter ernannt. Meine Freunde unterstützen mich. Dazu zählen alle Stellvertreter – Horst Jänicke, Heinz Geyer, Werner Prosetzky und Horst Vogel – sowie der Sekretär der Parteiorganisation, Otto Ledermann. Die Mehrzahl der Abteilungsleiter und viele Mitarbeitern in unterschiedlichen Stellungen, die ich seit Jahren persönlich kenne, stehen ebenfalls hinter mir. Markus Wolf kennt meinen Rückhalt im Dienst. Schritt für Schritt übergibt er mir mehr Verantwortung für die operative Arbeit.

Er selbst hat für sich schon eine neue Aufgabe gefunden. Konrad hinterließ ihm ein Vermächtnis. Er arbeitete in seinen letzten Lebensjahren an dem Dokumentarfilm »Die Troika«. Darin wollte er die Geschichte von drei Männern erzählen, die als Kinder von deutschen Emigranten in der Sowjetunion Freunde wurden und deren Wege sich nach dem Krieg trennten. Konrad Wolf lebte als Regisseur in der DDR, Viktor Fischer als Professor in den USA und Lothar Wloch als Bauunternehmer in Westberlin. Eine brisante Geschichte, verweben sich doch die Biografien der drei über die Blockgrenzen hinweg, spiegelt doch ihr Leben unsere Epoche, in der sich die zwei unterschiedlichen gesellschaftlichen Systeme unversöhnlich gegenüberstehen.

Markus Wolf schreibt nun gleichsam im Auftrag seines verstorbenen Bruders die Geschichte des nicht gedrehten Films. Das ist mehr als eine Herausforderung an den einstigen Journalisten, der im Exil am »Deutschen Volkssender« in Moskau und nach dem Krieg beim Berliner Rundfunk gearbeitet hat. Oder des Korrespondenten von den Nazi- und Kriegsverbrecherprozessen in Nürnberg. Es ist eine Verpflichtung gegenüber seinem Bruder, die er einlösen muß. Und nebenbei: Dieses Buchprojekt bietet ihm auch die Chance, die Anonymität des Geheimdienstmannes hinter sich zu lassen und aus dem Schatten des Bruders und des Vaters zu treten.

Für die Arbeit an dem unfangreichen Projekt braucht er Zeit, die er im Dienst nicht hat. Doch noch immer bietet sich keine realistische Chance, mit allen Ehren den Dienst zu verlassen. Mielke akzeptiert den offiziellen Antrag nicht.

Zwei Gründe sehe ich, warum es für Wolf nicht so einfach ist, den Dienst im Ministerium zu quittieren. Erst einmal kämpft er nun gegen seine eigenen Ruf, den er in seiner langjährigen und erfolgreichen Tätigkeit als Chef des Auslandsnachrichtendienstes erworben hat. Er ist »eine lebende Legende«, wozu ihn vornehmlich westliche Medien gemacht haben. Alles, aber auch alles, was sie über die HVA erfahren und verbreiten, trägt seinen Namen. Das wirkt auch bei Mischa. Er ist von Natur aus ein wenig egozentrisch.

Minister Mielke, man mag es nicht glauben, stimmt darin mit den Westmedien völlig überein: Die Arbeit der HVA kann er sich ohne Markus Wolf nicht denken. Und er glaubt schon jetzt, was die Journalisten später schreiben werden: Mit Wolfs Ausscheiden wird die Aufklärung enthauptet. Der zweite Grund, warum Erich Mielke seinen Stellvertreter nicht einfach gehen lassen will oder kann, ist er selbst. Wenn nämlich ein 60jähriger freiwillig in den Ruhestand geht, stellt sich zwangsläufig die Frage, wieso er mit fast 80 Jahren noch immer nicht ans Aufhören denkt?

So gesehen braucht Mielke seinen Stellvertreter als Schutzschild. Der nur um sieben Jahre jüngere Erich Honecker ist empört, als er von Wolfs Rücktrittsabsichten hört. Zu Egon Krenz sagt der Generalsekretär: »Ein General verläßt seine Truppe nicht.«

Einmal in Rage, lehnt er auch gleich noch ab, Markus Wolf zum Jubläum mit dem Karl-Marx-Orden auszuzeichnen. Nach der ersten Aufregung ändert er dann seine Meinung. Seinen 60. Geburtstag feiert Markus Wolf immer noch als Chef der HVA.

1983 werde ich in das Kollegium des Ministeriums für Staatssicherheit berufen. Zum zweiten Mal in der Geschichte des MfS sitzt neben Markus Wolf ein zweiter HVA-Mann in diesem erlauchten Gremium. Insider wissen, diese Zugehörigkeit bedeutet lediglich eine repräsentative Pflicht mehr. Das Kollegium nutzt Erich Mielke weder als beratendes Organ noch bezieht er es in wesentliche Entscheidungen mit ein. Es ist lediglich ein Feigenblatt, um die autoritäre Führung des Ministers zu verdecken. Natürlich bringt der Titel »Kollegiumsmitglied« höheres Ansehen inner- und außerhalb des Ministeriums. Für mich wächst mit zwei HVA-Vertretern im Kollegium vor allem das Ansehen unseres Dienstes

So nimmt alles seinen Lauf oder wie es salopp bei uns heißt: »Es geht seinen sozialistischen Gang.« Immer mehr beschäftige ich mich nun auch mit den operativen Linien, für die ich vorher keine Verantwortung trug. Markus Wolf zieht sich auch dort immer mehr zurück. Die gleichgestellten oder nachgeordneten Leiter gewöhnen sich ungewöhnlich schnell daran. Auch Minister Erich Mielke. Dessen chaotischer Führungsstil trifft mich nun mit voller Wucht. Statt wie bisher Markus Wolf bei kleineren und größeren Problemen anzurufen, glüht nun meine Direktleitung. Der gewisse Respekt, den Mielke Wolf entgegenbringt und der ihn manchmal seinen Ton mäßigen ließ, existiert bei mir nicht.

Das nervt. Mancher fordert, beim Minister auch mal gegenzuhalten, und da es unterbleibt, traut man es mir nicht zu. Womit man nicht unrecht hat. Ich bin nun mal kein Haudrauf. Ganz abgesehen davon, daß diejenigen, die das fordern, es auch nicht tun.

Ich verfolge das jeweils dienstlich relevante Ziel und setze so unaufgeregt und stetig meine Position durch. Das merkt bald auch Mielke. Es entspannt sich sichtlich die Arbeitsatmosphäre.

Markus Wolf berührt das nur noch wenig. Er bereitet sich auf die Zeit »danach« vor. Er delegiert immer mehr Führungsaufgaben. Als 1. Stellvertreter bin ich längst der eigentliche Leiter der täglichen operativen und administrativen Arbeit. Wolf nimmt nur noch die wichtigsten Planungs- und Kontrollfunktionen wahr. Doch er absolviert unverändert penibel alle Termine, bei denen er die HVA repräsentiert. In seinen Erinnerungen wird er später schreiben, daß sein letzter Arbeitstag der 30. Mai 1986 gewesen sei. Dieser Termin lag faktisch ein halbes Jahr vor seiner offiziellen Entlassung. Nach meiner Erinnerung läßt Mischa schon lange vorher die Zügel schleifen, mental und real. Ab Mitte des Jahres 1984 interessiert er sich nur noch sporadisch für die tägliche Arbeit des Dienstes.

Ich nehme es nicht länger hin, die Funktion des Zweiten zu besetzen, aber die Arbeit des Ersten zu tun und dafür die Verantwortung zu tragen. So stelle ich Wolf und Mielke vor die Entscheidung. »Entweder – oder.« Der Vorstoß ist mit Mischa nicht abgesprochen, auch wenn er, was ich hoffe, ihm nützen wird. Der Minister hält sich bedeckt und bleibt zunächst die Entscheidung schuldig.

Den Anstoß, Markus Wolf in den Ruhestand zu entlassen, gibt pikanterweise der Bundesnachrichtendienst.

Einer seiner Agenten lernt in Bulgarien die geschiedene Frau des HVA-Chefs kennen und will sie zum Übertritt in die Bundesrepublik überreden. Für Christel Wolf ist das völlig absurd.

Doch Mielke bekommt einen Tobsuchtsanfall, als er davon hört, und unterschreibt umgehend Wolfs Entlassungsurkunde.

Am 15. November 1986 wird Generaloberst Markus Wolf, Leiter der Hauptverwaltung Aufklärung und Stellvertreter des Ministers für Staatssicherheit, von seinem Minister aus dem aktiven Dienst in Ehren verabschiedet.

Bei einer Dienstversammlung, an der alle leitenden Mitarbeiter der HVA und Vertreter des ZK der SED teilnehmen, bekommt er im Namen Honeckers den Karl-Marx-Orden verliehen. Wir, seine Mitarbeiter, empfinden das nicht nur als eine protokollarische Selbstverständlichkeit. Mischa hat diese Anerkennung und Ehre nach einer erfolgreichen Tätigkeit als Chef der Hauptverwaltung Aufklärung verdient. Die älteren HVA-Angehörigen standen fast ihr ganzes Arbeitsleben unter seinem Befehl. Ich kenne seine Motive, das Ministerium zu verlassen, ich verstehe und akzeptiere sie ...

Zehn Jahre später, die DDR und die HVA gibt es nicht mehr, nehme ich seine soeben erschienenen Erinnerungen »Spionagechef im geheimen Krieg« in die Hand. Einmal davon abgesehen, daß wir uns immer als Aufklärer und unsere Mitarbeiter als Kundschafter gesehen haben und nicht als Spione, lerne ich nun meinen Vorgänger im Amt völlig neu kennen. In Jahrzehnten sei ihm zunehmend bewußt geworden, daß ein Niedergang der DDR nicht aufzuhalten gewesen wäre und er in seiner Position keinen Beitrag zum Stopp dieser Entwicklung hätte leisten können. Deshalb habe er auf ein Ausscheiden aus dem Dienst hingearbeitet. Er schreibt, was er uns während seiner internen Verabschiedung gesagt haben will: »... wonach ein guter Kommunist viele Beulen am Helm hat, manche auch vom Gegner. An meiner Seite standen mein Nachfolger und die Stellvertreter. Würden auch sie solchen Beulen nicht ausweichen? Würde jeder einzelne die Stärke besitzen, dem Sog des Systems und der militärischen Hierarchie zu widerstehen und bei den Umwälzungen, die unausweichlich bevorstanden, einen eigenen Standpunkt zu behaupten?« – Welche Beulen am Helm meint er, frage ich mich 1999 erstaunt, und welchen Widerstand?

Selbst in der Sauna sah ich an ihm keine »Wunde« und hörte von ihm keine widerständigen Gedanken. Auch in anderen Gesprächen unter vier und unter mehreren Augen nicht.

Wann will er laut über die bevorstehenden unausweichlichen Umwälzungen nachgedacht haben? Wann stemmte er sich gegen das System, wann versuchte er, uns zu einer rebellischen Haltung zu bewegen? Meinte er etwa die unverbindlichen Gespräche, in denen wir uns über die desolate Innen- und Wirtschaftspolitik der Partei- und Staatsführung aufregten oder über ihre zwiespältige Haltung zur Sowjetunion?

Wir diskutierten damals unter Gleichgesinnten, hofften darauf, daß sich die Politik mit anderen, jüngeren Personen in der politischen Führung ändern werde. Wir nannten das damals ziemlich hilflos die »biologische Lösung«. Den Kopf steckte aber niemand von uns aus dem Fenster, auch nicht Markus Wolf. Dabei hätte es dann vielleicht wirklich Beulen und Blessuren gegeben. Nein, wir beließen es wie alle Genossen dabei, die Faust nur in der Tasche zu ballen und mutige Reden zu halten, wenn diese keiner hörte.

Darum empfange auch ich tatsächliche Verletzungen erst nach 1989, als unsere Kundschafter reihenweise von einigen Gesinnungslumpen aus dem Ministerium verraten werden. Es schmerzt mich tief mitzuerleben, wie unsere Partner und Kampfgefährten verurteilt, ins Gefängnis geschickt und mit finanziellen Forderungen überzogen werden. Nichts berührt mich so sehr wie diese Schmach.

Knapp zwei Dutzend Verräter unter rund vier mal tausend HVA-Mitarbeitern, das heißt: weit über 99 Prozent hielten zur Fahne und behaupteten – das als Antwort auf Mischas rhetorische Frage – ihren eigenen Standpunkt. Darauf könnten wir eigentlich stolz sein. Doch ich bin es nicht. Denn alles wird überlagert vom Gefühl der Ohnmacht und der Scham, den Verratenen nicht geholfen und sie allein gelassen zu haben in jenem Moment, in welchem sie unserer Zuwendung und Aufmerksamkeit am dringendsten bedurft hätten.

Das ist die einzige Schuld, die wir uns vorwerfen müssen.

Am 9. November 2006, wenige Wochen vor seinem 84. Geburtstag, stirbt überraschend Markus Wolf. Auf den Tag genau vor siebzehn Jahren war nach einer konfusen Pressekonferenz die Grenze geöffnet worden, was das Ende der DDR bedeutete. An einem 9. November hatte allerdings auch Karl Liebknecht die freie sozialistische Republik Deutschland ausgerufen. Das war 1918, während der Revolution. Die Bemerkung von Marx, daß sich Geschichte immer zweimal zutrüge: einmal als Tragödie und einmal als Farce, fand also auch hier ihre sinnfällige Entsprechung. – Auf dem Zentralfriedhof Berlin-Friedrichsfelde kommen am 25. November viele Menschen zusammen, um Mischa das letzte Geleit zu geben. Nicht nur ehemalige Freunde, Kampfgefährten und Kollegen sind erschienen. Auch einige alte Feinde sind da. Als wollten sie sich gleichsam davon überzeugen, daß er auch wirklich und wahrhaftig tot ist und sie fortan ruhig schlafen könnten. Die Urne mit seiner Asche wird versenkt im Grab seines Bruders Konrad im Pergolenweg unweit des Rondells, das noch immer die Bezeichnung »Gedenkstätte der Sozialisten« trägt. Auf der anschließenden Gedenkveranstaltung in der Kongreßhalle am Alexanderplatz ergreife ich das Wort. Die Kuppelhalle ist gefüllt mit langjährigen Kampf- und Weggefährten.

»Wer war Markus Wolf für mich?«, frage ich eingangs. »Er war ein Leiter mit einem Übermaß an Intelligenz, analytischer Fähigkeit und strategischem Denken. Ein Glück für uns alle. Setzte er doch diese hervorragenden Eigenschaften zum Nutzen aller in der täglichen Praxis um. Mit Denkanstößen allein gab er sich nie zufrieden. Er selbst beteiligte sich aktiv an der Erarbeitung von Grundsatzfragen und nahm Einfluß bis ins Detail der Ausführung. Dabei war er aber ein Vorgesetzter, der seine Erkenntnisse und Absichten stets im Kollektiv beriet und mit dessen Hilfe umsetzte. Er suchte und förderte einen solchen Arbeitsstil. Er konnte und er wollte zuhören und in Übereinstimmung entscheiden. So waren ihm zum Beispiel Genossen wie Hans Fruck und Horst Jänicke – beide leider auch schon von uns geschieden –, die mehr der pragmatischen Seite zuneigten, echte Partner. Und weil dies so war, entwickelten sich die politische und die berufsspezifische Zusammenarbeit oft auch zu persönlichen Freundschaften. Jeder konnte sich auf den anderen verlassen. Dies prägte den Dienst insgesamt – vom Leiter bis zu den Mitarbeitern und Kundschaftern. Gerade mit ihnen pflegte er vielfach eine enge persönliche Zusammenarbeit. Auch wenn Mischa eine stärkere Ichbezogenheit als manch anderem eigen war, war er dennoch – wie man heute sagt – ein Teamworker. Ein weiteres Glück für uns alle. All dies führte nicht nur im eigenen Kollektiv, im Ministerium, in Partei- und staatlichen Organen zu allgemeiner Anerkennung und Achtung. Auch international war dies so. Galt er doch bald, wie man bei Diplomaten zu sagen pflegt, im Kreis der Aufklärungschefs der sozialistischen Länder als deren Doyen. Und dies eben nicht nur wegen seiner längeren Dienstzeit.

Ich hatte mehrere Male Gelegenheit, in seiner Begleitung an internationalen Zusammenkünften teilzunehmen, und beobachtete nicht ohne Stolz seine Wertschätzung von Moskau bis Havanna.

Zugegeben, auch ich profitierte davon.

Mischa liebte das Leben, und er liebte die Menschen. Im Dienst hatte dies entscheidenden Einfluß auf Ziel- und Aufgabenstellung unserer Tätigkeit. Auch auf die Art und Weise unseres Vorgehens!

Der uns erteilte Auftrag, beizutragen, politische und militärische Überraschungen zu verhindern und den Frieden zu erhalten, war nur möglich durch die Einheit von Arbeit mit und für den Menschen. Die Gewinnung von Menschen aus politischer Überzeugung und die Arbeit mit ihnen in Übereinstimmung mit der Ziel- und Aufgabenstellung unter unbedingter Vermeidung schwerkrimineller Handlungen wurde für unseren Dienst prägend.

Mischa ergänzte die rein politische und fachspezifische Anleitung durch Wissensvermittlung aus anderen gesellschaftlichen Bereichen. Besuche in Industrie- und Landwirtschaftsbetrieben der DDR wurden organisiert. Wissenschaft, Kultur und Kunst waren Themen vieler Veranstaltungen. Oft kamen wir dadurch auch mit seinem Bruder Konrad in persönlichen Kontakt. Im Mittelpunkt solcher Begegnungen standen stets die Menschen, mit denen wir zusammenkamen. Deren Leben, deren Arbeit, deren Hoffnungen und Wünsche motivierten uns für unsere spezifische Tätigkeit.

Markus Wolf 1993 in einem Strafprozeß wegen Freiheitsberaubung, Nötigung und Körperverletzung zu verurteilen war widersinnig. Es widersprach gänzlich seinem Naturell. Verfahren und Urteil waren aber nicht eine Fehlhandlung bundesdeutscher Staatsanwälte und Richter. Es war Folge der von der Politik verordneten Siegerjustiz über Hoheitsträger der DDR.

Seine Worte im ersten Prozeß, in welchem ihm, Mitarbeitern der HVA und Kundschaftern Landesverrat vorgeworfen wurde, sind unvergessen: ›Sie können uns dem Druck Ihrer Macht, Berufsverbot und extremer sozialer Ausgrenzung aussetzen – uns den Anstand und die Ehre zu nehmen steht nicht in Ihrer Macht!‹ Und Karl Liebknecht zitierend fügte er an: ›Ihre Ehre ist nicht meine Ehre!‹

Wie er war eine Vielzahl ehemaliger Mitarbeiter und Kundschafter der Strafverfolgung durch die Siegerjustiz ausgesetzt. Mischa hat immer zu ihnen gehalten und stand immer an ihrer Seite. Er hat sie immer, wenn möglich, unterstützt und keinen verraten. Die übergroße Mehrheit von ihnen dankte es ihm durch Beistand. Welch großartige Beispiele von Menschenwürde.

Mischa war ein ehrlicher und aufrichtiger Mensch. Das bezeugt auch sein Verhalten nach seinem Ausscheiden aus dem aktiven Dienst 1986. Am 9. März 1989 erschien sein Buch ›Die Troika‹. Er schrieb mir als Widmung hinein: ›Mit der Übernahme der Stafette gabst Du mir Ruhe und Sicherheit für die Arbeit an diesem Buch, einem neuen Lebensabschnitt.‹ Dieser neue Lebensabschnitt währte 20 Jahre, ein Viertel davon noch in der DDR. Was hat man damals in Ost und in West nicht alles in diese seine Entscheidung hineininterpretiert. Richtig war und bleibt, daß es zunächst das Versprechen an seinen Bruder Konrad am Sterbebett gab, dessen Werk mit der ›Troika‹ zu vollenden. Zutreffend ist aber auch, daß Mischa diese Aufgabe bewußt nutzte, sich stärker als es ihm bis dahin möglich war, öffentlich in die gesellschaftliche Entwicklung zum Nutzen des Landes und seiner Bürger einzubringen.

Das tat er als überzeugter Marxist und Kommunist, der er bis an sein Lebensende blieb.

Seine Vorstellungen über notwendige Reformen in der DDR vertrat er mit der ihm eigenen Zivilcourage, auch gegen Widerstände in der eigenen Partei, und – ich gestehe – auch in unserem Ministerium.

Umso mehr der allseitige Zuspruch unsererseits, als er am 4. November 1989 vor Hunderttausenden auf dem Berliner Alexanderplatz sich zu seiner Verantwortung als General im Dienst des Ministeriums für Staatssicherheit bekannte und sich vor dessen Mitarbeiter stellte.

Verlockenden, unmoralischen Angeboten, die ihm nach dem 3. Oktober 1990 von westlichen Diensten gemacht wurden, erteilte er die gebührende Abfuhr. Wiederholt enttäuschte er Medienvertreter ob seiner klaren, eindeutigen politischen Haltung. Aufrecht, ehrlich und moralisch sauber durchstand er auch die strafrechtliche Verfolgung.

Dieser letzte Lebensabschnitt war für Mischa wohl der schwierigste. Er ist aber auch Beweis dafür, daß man alles bewältigen kann, wenn man sich und seiner Überzeugung, wenn man den wahren menschlichen Werten treu bleibt. Mischa selbst gab nie auf, er kämpfte. In Wort und Schrift, auf unzähligen Veranstaltungen und in persönlichen Gesprächen bezog er Stellung zur Vergangenheit und zu seiner Verantwortung. Er setzte sich mit der Gegenwart auseinander und zeichnete Zukunftsvisionen.«

Ich konnte es allerdings auch nicht unterlassen, abschließend auf die öffentlichen Verunglimpfungen einzugehen, denen Markus Wolf und das MfS insbesondere seit 1990 ausgesetzt waren und sind. »Voller Abscheu nehme ich anläßlich des Ablebens von Mischa öffentliche Äußerungen von politischen Kleingeistern und gewissenlosen Schreiberlingen zur Kenntnis. Ihnen sei gesagt: Daß sie heute noch leben, ist auch der Tatsache zu danken, daß der 40 Jahre lang geführte Kalte Krieg zwischen West und Ost nicht zum heißen und der Frieden in Europa erhalten wurde. Daran hat auch Markus Wolf einen entscheidenden Anteil. Das sollten auch sie zur Kenntnis nehmen.

Inzwischen wird diese Tatsache auch von offiziellen Vertretern einst gegnerischer Dienste und Staaten anerkannt und öffentlich bekundet. Nur nicht von solchen der Bundesrepublik Deutschland. Wenn wundert's angesichts eines von Antikommunismus geprägten Herrschaftssystems.

Umso mehr ist es Verpflichtung für uns, der Wahrheit zum Durchbruch zu verhelfen.

Mischa, ich verneige mich vor Dir und verspreche, Dein Ansehen und Deine Lebensleistung in Ehren zu halten und gegen jedweden Angriff zu verteidigen.

Hab' Dank für alles.«

Als Nachfolger Pragmatiker

Vom Wechsel an der Spitze der HVA am 15. November 1986 erfährt die Öffentlichkeit nichts. Das ist so üblich in der DDR. Aber auch die westlichen Geheimdienste und Medien bekommen nicht mit, daß es einen neuen Leiter der Hauptverwaltung Aufklärung gibt und Mielke einen neuen Stellvertreter hat. Erst als das *Neue Deutschland* Wolfs Ausscheiden und die Auszeichnung mit dem Karl-Marx-Orden meldet, beginnt man im Westen über die Ursachen und über den Nachfolger zu rätseln. Selbst als der Name bekannt wird, weiß man wenig mit diesem anzufangen.

Die Welt teilt am 23. Juni 1987 lapidar mit: »Der neue Chef der DDR-›Spionage‹, Werner Großmann, hat noch kein ›Gesicht‹. Von dem Nachfolger Markus Wolfs ... existiert im Westen nur die Büroanschrift: Ministerium für Staatssicherheit, Normannenstr. 22, (Ost) Berlin-Lichtenberg.«

Nun gibt es also wieder einen »Mann ohne Gesicht« an der Spitze der HVA und eine verstümmelte Biographie dazu. Als die Dienste dem Bundeskanzleramt ein Dossier des Neuen vorlegen, strotzt auch dieses von Fehlern. Falscher Geburtstag und -ort, die Angaben zu den Eltern, bis auf den Beruf des Vaters, stimmen nicht. Bis zum Eintritt in den Dienst ist mein Leben für die Gegenseite fast ein weißer Fleck. Lückenhaft sind die Angaben auch zu meinem beruflichen Werdegang in der HVA und dem MfS. Daß ich mich mittlerweile besser in ihren Chefetagen und in ihren Ablagen und Archiven auskenne als die meisten ihrer Mitarbeiter, scheinen sie nicht einmal zu ahnen.

Meine Biographie ist ein Offenbarungseid der gegnerischen Dienste. Die ungenauen und falschen Angaben amüsieren und beruhigen mich zugleich. Offensichtlich existiert nicht das kleinste Leck in unserem offiziellen und inoffiziellen Apparat. Und über eine Innenquelle im MfS oder im ZK der SED kann sich der Bundesnachrichtendienst offensichtlich auch nicht informieren. Die gibt es nicht. Leider existiert das blamable Dossier nicht mehr. Wir vernichteten es 1989 mit anderen Dokumenten.

Schon Hans-Joachim Tiedge hatte mir nach seinem Übertritt glaubhaft versichert, daß man im Bundesamt für Verfassungsschutz nur über geringe und sich widersprechende Angaben über Personen aus unserem Dienst verfüge. Meist stammten sie von dubiosen Quellen. Mit Sicherheit, so Tiedge, gäbe es kein Foto von mir.

Mangels Fakten wird in den West-Medien spekuliert. Die Zeit der erfolgreichen Arbeit der DDR-Spionage sei nun vorbei, die HVA sei nunmehr enthauptet und entscheidend geschwächt.

Wieder erlebe ich ein mir seit langem bekanntes Phänomen. Die Westmedien, scheint es, rezipieren Mielke und andere Politbüromitglieder wesentlich unkritischer als Informationen und Erkenntnisse der eigenen Leute. Wenn wir der Partei- und Staatsführung unsere Ergebnisse vorlegen, die im Westen vermeldete Sachverhalte bestätigen, gibt man uns zu verstehen: Das wissen wir schon längst! Was unterschwellig bedeutet: Eigentlich brauchen wir euch nicht. Melden wir hingegen Kritisches, bekommen wir zu hören, wir hätten die kluge Politik der Parteiführung nicht verstanden und wären der Westpropaganda erlegen. So äußert sich auch Honecker nach seinem Sturz und dem Untergang der DDR.

Uns glaubt man immer zuletzt. Wenn überhaupt.

Mein erster Arbeitstag als offizieller Leiter der HVA und Stellvertreter des Ministers beginnt. Ich bin abgestiegen. Ich sitze nun eine Etage tiefer, die engsten Mitarbeiter haben mich begleitet. Meine langjährige Sekretärin Margot Schultz regiert wieder im Vorzimmer. Günter Irmscher steht als persönlicher Mitarbeiter an meiner Seite. Den 54jährigen Oberst kenne ich seit langem aus gemeinsamer Arbeit. Zuletzt sammelte er als Leiter der Abteilung VI und zeitweilig als unser Vertreter in der DDR-Botschaft in Mocambique wichtige administrative und operative Erfahrungen. Mit Horst Jänicke, dem stellvertretenden Leiter der HVA, steht ein versierter und erfahrener General an meiner Seite. Ich hatte ihn gebeten, ein Jahr später in den Ruhestand zu gehen, um mit mir die Anfangsprobleme in den Griff zu bekommen.

Die Vorspiele sind nun offensichtlich vorbei.

Den ersten Zugriff von Minister Mielke auf die HVA wehre ich vor allem mit Hilfe der mir sehr gut bekannten sowjetischen Partner ab. Sie bedauern zwar das Ausscheiden von Markus Wolf, stimmen aber vorbehaltlos meiner Ernennung zu. Und wie ich später höre, sollen sie ziemlich deutlich ihr Unbehagen geäußert haben, daß der neue HVA-Chef ursprünglich nicht auch stellvertretender Minister werden soll. Sie interpretierten es als Mielkes Absicht, die HVA auf diese Weise stärker in das MfS zu integrieren will. Er und einige leitende Leute von der Abwehr wollen beispielsweise operative HVA-Daten in das im Aufbau befindliche EDV-System für das gesamte MfS einspeichern. Diese Versuche werde ich auch in Zukunft abwehren, um die Sicherheit der Quellen sowie die Geheimhaltung aller operativen Vorgänge unter allen Umständen zu gewährleisten.

Ein anderes Problem hatte ich schon im Vorfeld weitgehend gelöst. Wolf, von Anfang an Leiter des Dienstes, genoß wegen seiner Herkunft, souveränen Auftretens, intellektuellen Ausstrahlung und nicht zuletzt wegen seiner Unnahbarkeit ungeteilten Respekt. Ich war als junger Mitarbeiter in den Apparat gekommen, absolvierte mit vielen anderen gemeinsam die Lehrjahre. Uns verbindet ein kameradschaftliches Du-Verhältnis, wir kennen unsere Stärken und Schwächen. Nun muß ich die Balance zwischen »Kumpel« und militärischem Vorgesetzten halten. Bis auf wenige Ausnahmen gelang das bereits, als ich den Dienst de facto leitete. Vor allem in den operativen Abteilungen. Zugegeben, da bin ich zu Hause, da liegen meine Stärken. Respekt muß ich mir in jenen Diensteinheiten erarbeiten, die Wolf über Jahrzehnte direkt anleitete. Für die Mitarbeiter in der Informationsauswertung, theoretisch-wissenschaftlich perfekt, war Wolf mit seinen analytischen und strategischen Fähigkeiten unbestritten der geistige Kopf. Nun müssen sie mit dem Pragmatiker Großmann klarkommen. Der Vergleich zwischen dem alten und dem neuen Chef steht noch bevor. Die wichtigsten Quellen im Operationsgebiet, im voraus über den anstehenden Wechsel informiert, signalisierten ihre Bereitschaft, auch mit dem Neuen zusammenzuarbeiten. Trotz einiger Unkenrufe ist die Ausgangslage für mich und meine Freunde also nicht schlecht, um die Arbeit des Dienstes stabil und erfolgreich fortzusetzen. Wir wissen aber, daß die politische und ökonomische Lage der DDR uns Aufklärern große Probleme in der operativen Arbeit bereiten wird.

Aufgeklärte Politik

Als Probe der Leistungsfähigkeit des Dienstes unter dem neuen Leiter gilt die Vorbereitung des Honecker-Besuchs im September 1987 in Bonn. Für die DDR ist diese Staatsvisite *das* herausragende politische Ereignis. Wir sollen im Vorfeld die Verhandlungsstrategie der BRD bis ins Detail erkunden.

Ginge es nur um die vorhandenen Quellen und deren Bereitschaft, Material zu liefern, wäre das nicht kompliziert. Aber über uns schwebt seit 1974 das Guillaume-Schwert, auf das besonders Mielke und Honecker immer wieder verweisen. Sie wollen zwar alles wissen, aber kein Risiko eingehen. Sie möchten alle Dokumente aus dem Bundeskanzleramt und aus anderen bundesdeutschen Entscheidungsgremien lesen, doch niemand darf sie dort besorgen. Nicht auszudenken, was geschieht, wenn im Umfeld des Bundeskanzlers oder eines unmittelbar beteiligten Ministers ein Kundschafter aufflöge. Alles soll also nach der Methode erfolgen: Wascht ihnen den Pelz, aber macht sie dabei um Himmelswillen nicht naß!

Mit dieser Vorgabe lebt vermutlich jeder Nachrichtendienst. Kein politischer Auftraggeber will, sofern es schiefgeht, mit den Konsequenzen leben.

Das gilt besonders für das für Honecker persönlich und für die DDR so wichtige Ereignis dieser ersten Staatsvisite. Kurz vor ihrem 38. Geburtstag wird die DDR von der Bundesrepublik de facto anerkannt. Das darf nicht gefährdet werden.

Wir tanzen ohne Netz auf dem Hochseil der Politik. Die DDR-Delegation kann gelassen in die Gespräche gehen, Überraschungen brauchen sie nicht zu befürchten. Wir haben wirklich gute Arbeit geleistet. Einige bedanken sich später dafür.

Während des Besuches sind wir in der HVA-Zentrale relativ entspannt. Die Arbeit ist getan – denken wir. Doch unaufhörlich klingelt der Direktapparat. Der nicht zu stillende Wissensdrang unseres Ministers hält mich in Trab. Da wir die Verhandlungsposition der BRD im Detail kennen, setzt er nun voraus, daß wir auch genau wissen, ob ein Gespräch schon beendet ist oder wo sich der Generalsekretär gerade aufhält.

Das wissen seine Leute vom Personenschutz, die nah an der Delegation sind. Die ruft er ebenfalls ständig an. Doch von uns will er es auch wissen. – Wir unterlassen es, ihm zu erklären, daß wir unsere Quellen für solchen Schnickschnack nicht gefährden, sondern sehen einfach fern. Mit Live-Übertragung und Video-Text informieren wir uns in Echt-Zeit. So können wir alle Fragen Mielkes zu voller Zufriedenheit beantworten. Woher wir unsere Informationen nehmen, interessiert ihn ohnehin nie. Nur wissen will er es.

Uns erstaunt einmal mehr sein unbeirrbarer Glaube, wir wüßten tatsächlich alles schneller, besser und präziser als alle anderen. Nun, auch diesmal tun wir ihm den Gefallen. Der knapp 80jährige Erich Mielke ist begeistert.

Bonn ist erledigt, nun folgt Paris. Es sollen sich Visiten in Großbritannien und in den USA anschließen. Wir ahnen Schreckliches, wenn wir an unsern detailversessenen Minister denken.

Im Januar 1988 steht der Staatsbesuch in Frankreich auf dem Programm. Wir verfügen nicht einmal annähernd über die Informationen, welche wir vorm BRD-Besuch hatten. Das Fehlen illegal arbeitender Quellen in den zentralen französischen Institutionen macht sich bemerkbar. Die Zahl der in bundesdeutschen und internationalen Gremien in Frankreich tätigen Kundschafter ist überschaubar, überdies informieren sie aus zweiter Hand. Auch die qualifizierten Offiziere der legalen Residentur in der Botschaft der DDR können nicht zaubern. Wir haben sie strikt angewiesen, jeden politischen Schaden zu vermeiden. – Trotz der mit großer Vorsicht ermittelten wenigen Informationen sind wir aussagefähig. Die Nachfragen halten sich in Grenzen, Kritik »von oben« bleibt aus.

Und die Reisen auf die Insel und nach Übersee bleiben aus. Mit Honecker, so verlautet aus dem Weißen Haus, fängt man nichts mehr an. Man wartet auf die neue Mannschaft in Berlin.

Sorge um den Nachwuchs

Zwei russische Worte bestimmen die Diskussion im Land: Perestroika und Glasnost. Viele DDR-Bürger, besonders auch SED-Mitglieder, personifizieren ihre Wünsche nach Aufschwung in der Wirtschaft und Offenheit in der Gesellschaft. Ihr Hoffnungsträger heißt Gorbatschow. Doch die DDR-Führung geht auf Distanz zum KPdSU-Generalsekretär. Sie spürt instinktiv eine Gefahr, die aus dem »Neuen Denken« des Großen Bruders erwächst. Ihre Zweifel sind, wie sich schon in wenigen Jahren zeigen wird, durchaus berechtigt, denn die »Umgestaltung« erschöpft sich im Abriß des Bestehenden, was auf dem Bauplatz hingegen neu entstehen soll, ist nicht erkennbar.

Die Partei- und Staatsführung in der DDR antwortet mit der Parole »Kontinuität und Erneuerung«. Doch das ist kein Konzept, sondern Phrase. Die Menschen spüren das. Die Kluft wächst zwischen Volk und Führung. Das MfS und seine Mitarbeiter sind Teil dieses Volkes. Und wir sind zugleich Exekutivorgan der Führung.

Die Genossen von der Abwehr sollen politische Probleme, die eigentlich nur auf politischem Wege gelöst werden können und müssen, mit repressiven Methoden lösen.

Und wir von der Aufklärung stoßen auf Abwehr, wenn wir im Operationsgebiet Kundschafter werben wollen. In den 50er, 60er und auch noch in den 70er Jahren gewannen wir Aufklärer mehrheitlich auf der Basis politischer oder gar ideologischer Überzeugungen. Das gelingt kaum noch. Selbst jene Bundesbürger, die die gesellschaftlichen Verhältnisse in ihrem Land vehement kritisieren, sehen im real existierenden Sozialismus keine sie überzeugende Alternative mehr.

Auch unsere Quellen im Operationsgebiet, mit denen wir unverändert die politische Haltung teilen, stellen kritische Fragen.

Mitunter argumentieren wir gegen unsere eigene Überzeugung, wenn wir auf die Verzerrungen und tendenziösen Berichte des Klassenfeindes verweisen. Wir glauben ja auch fest daran, daß die ökonomischen und politischen Schwierigkeiten in der DDR nur zeitweilig sind und überwunden werden, sobald die biologische Lösung ... Und außerdem gäbe es noch die große Sowjetunion. Wir sind felsenfest davon überzeugt, daß sich noch alles zum Guten wenden werde. Die Lage ist kritisch, Genossen, aber nicht aussichtslos. Haltet durch! – Die Entwicklung verlangt, neue Schwerpunkte in der geheimdienstlichen Arbeit zu setzen, um langfristig Informationen gewinnen zu können. Seit Beginn unserer Tätigkeit versuchen wir neben der direkten Beschaffung von Dokumenten auch interessante Personen abzuschöpfen. Was bisher nebenher lief, betreiben wir in den 80er Jahren gezielt und langfristig. Die Rahmenbedingungen dafür sind gut. Die Zahl der Treffen auf staatlicher und auf Parteien-Ebene, zwischen regionalen und kommunalen, wissenschaftlichen, wirtschaftlichen, künstlerischen und anderen Institutionen beider deutscher Staaten nimmt stetig zu.

Wir bauen das operative Netz im Inland aus und gewinnen Menschen, die an solchen Begegnungen und Gesprächen teilnehmen oder interessante Gesprächspartner kennenlernen, die für uns relevant sind. Schnell zeigen sich Erfolge. Die Abschöpfung erweist sich als ein probates Mittel. – Westdeutsche Persönlichkeiten aus Politik, Wirtschaft, Kultur und Sport etc. suchen Kontakte. Politiker stehen regelrecht Schlange, die Medien reagieren und berichten über jedes Treffen. Auch bei offiziellen Begegnungen auf Partei- und Staatsebene klinken wir in die jeweilige Delegation qualifizierte Mitarbeiter ein. Wenn Egon Bahr mit Hermann Axen, Erhard Eppler mit Otto Reinhold und Rolf Reißig, wenn X mit Y spricht: Wir sitzen immer mit am Tisch. Natürlich interessieren uns die Gespräche, wichtiger aber sind die Kontakte, die sich dabei ergeben.

Uns erstaunt ein ums andere Mal, wie leichtfertig hohe Funktionsträger der BRD Interna ausplaudern, sich spreizen und dabei geheime Informationen weitergeben, politische Gegner im eigenen Lager niedermachen, um sich selbst zu erhöhen. Ihre menschlichen Schwächen erzeugen eine Informationsflut. Neben verwertbaren Fakten aus dem jeweiligen Fachgebiet des Gesprächspartners mehren sich zwangsläufig auch intime Kenntnisse. Die aber nutzen wir nur in sehr seltenen Fällen. Das Privatleben ist für uns tabu. Auch darin unterscheiden wir uns von den Diensten der anderen Seite.

Natürlich sind aber auch wir nicht nur gut und edel. Unschuldig und rein ist kein Geheimdienst. Gelegentlich nutzen auch wir persönliche Dinge als Druckmittel. Mit Kompromaten lassen sich aber allenfalls kurzfristig Erfolge erzielen, keine Zusammenarbeit auf Dauer. Wir aber setzen auf Langfristigkeit.

Die Abteilung XV Neubrandenburg arbeitet seit längerer Zeit mit einer jungen Frau zusammen, die zunächst an der Hochschule für Staat und Recht in Potsdam-Babelsberg und dann an der außenpolitischen Zeitschrift *Horizont* tätig war. Die Journalistin Brigitta Richter lernt den Außenpolitischen Sprecher der SPD, Karsten Voigt, kennen. Daraus entwickelt sich eine sehr persönliche Verbindung. Wir übernehmen in der Zentrale den IM. Brigitta Richter zeigt jedoch wenig Bereitschaft, über ihren Freund gewonnene politische Informationen an uns weiterzugeben. Wohl aber nutzt sie den Kontakt zu uns, um – beruflich legitimiert – in die Bundesrepublik und nach Westberlin zu reisen. Wir erwägen, die Verbindung zu ihr zu beenden. Doch als die Beziehung zwischen Richter und Voigt immer enger wird, reagieren wir. Wir wollen verhindern, daß durch eventuelle Indiskretionen Karsten Voigt, den wir als Mann des Ausgleichs und der Entspannung durchaus schätzen, ins Fadenkreuz der Medien gerät.

Uns ist bekannt, daß der Leiter der Westabteilung im Zentralkomitee der SED den außenpolitischen Sprecher der SPD persönlich kennt. Wir bitten Gunter Rettner, mit Karsten Voigt zu sprechen und ihn auf das Problem und mögliche Konsequenzen hinzuweisen. Der zeigt sich erst einmal erschreckt, kommentiert die Mitteilung aber nicht. Bei einem weiteren Gespräch erwähnt Voigt am Rande, daß er beabsichtige, seine DDR-Freundin zu heiraten.

Wir respektieren seine Entscheidung und beenden die Zusammenarbeit mit Brigitta Richter. Wir denken dabei auch an den einstigen SPD-Spitzenpolitiker Horst Ehmke, der eine Tschechin geheiratet hatte, ohne sich davon beeindrucken zu lassen, daß sie mit dem Geheimdienst ihres Landes verbandelt gewesen war. Und nichts ist geschehen.

Bekanntlich haben der ehemalige Juso-Vorsitzende Karsten Voigt und Brigitta Richter geheiratet. Voigt, der von 1976 bis 1998 dem Deutschen Bundestag angehörte, koordiniert seit 1999 im Auftrag der Bundesregierung die deutsch-amerikanischen Beziehungen.

Nicht nur wenn es um Liebe und Leidenschaft geht, entscheiden wir politisch und lassen unsere vordergründigen geheimdienstlichen Interessen beiseite. Wir halten auch bisweilen die Tür auf und räumen Steine aus dem Weg, wenn einer private deutsch-deutsche Ambitionen hegt und meint, sein Scherflein – natürlich völlig uneigennützig – zum Entspannungsprozeß leisten zu müssen. Von dieser Sorte gibt es einige in der Bundesrepublik.

Der ehemalige CDU-Generalsekretär Kurt Biedenkopf, inzwischen von Kohl beiseitegeräumt und nach seinem Ausscheiden aus dem Landtag von NRW bar eines politischen Amtes, will eine Gastprofessur an der Leipziger Karl-Marx-Universität. Dank unseres entschiedenen Wirkens im Hintergrund kriegt er sie auch. Er tritt die Stelle im Frühjahr 1990 an und verläßt schon nach wenigen Wochen das Katheder, weil er wieder in die Politik geht. Bekanntlich war Biedenkopf von Oktober 1990 bis Januar 2002 Sachsens Ministerpräsident und hieß dort »König Kurt«. Das sagt schon alles.

Oder wenn MdB/Grüne Antje Vollmer komplikationslos in die DDR einreisen möchte, öffnen wir die Türen ...

Die PID und die PUT

Anfang der 70er Jahre beauftragt mich Markus Wolf, die operative Arbeit der gesamten HVA gegen PID und PUT zu koordinieren. PID ist das Kürzel für »Politisch-ideologische Diversion«, und PUT steht für »Politische Untergrundtätigkeit« des Gegners. Geführt wird dieser Teil unserer Arbeit von der Zentralen Auswertungs- und Informationsgruppe, kurz ZAIG.

Die Argumentation ist einleuchtend: Der Gegner kämpft im Kalten Krieg mit ideologischen und psychologischen Waffen. Funk und Fernsehen des Westens, und die persönlichen Kontakte zu Besuchern aus der Bundesrepublik beeinflussen die DDR-Bürger. Wir sollen Institutionen aufklären, die die politische Strategie, die Richtung und den Inhalt des Einflusses auf den Osten bestimmen. Welche Aktivitäten verbergen sich beispielsweise ganz praktisch hinter dem durch Egon Bahr verkündeten Wandel durch Annäherung? Für Wolf und mich gehört die Erfüllung dieses Auftrags nun zur unmittelbaren Arbeit.

Wir konzentrieren uns auf ausgewählte Ministerien, die wir ohnehin operativ bearbeiten – im Kontext der PID nennen wir sie »Führungsorgane«. Nachgeordnete Institutionen bezeichnen wir als »Forschungsorgane« und einige ausgewählte Zentren im Medienbereich als »ausführende Organe«. Der BND gehört natürlich zu den Forschungsorganen, denn dessen Erkenntnisse über den Zustand der DDR-Gesellschaft beeinflussen nicht unerheblich die politisch-ideologische Diversion.

Anfang der 70er Jahre beginnen die Dienste der sozialistischen Länder auch auf diesem Gebiet enger zusammenzuarbeiten. Federführend sind jeweils die zuständigen Abwehrdiensteinheiten. Sie organisieren die die turnusmäßigen PID-Konferenzen.

Im Januar 1974 fliege ich nach Havanna. Vier Jahre später nach Budapest und 1982 nach Moskau. 1986 tagen wir in Berlin. Es zeigt sich, daß das MfS auch dieses Thema am gründlichsten bearbeitet. Das betrifft Qualität und Quantität der zu bearbeitenden gegnerischen Objekte. – Die sowjetischen, polnischen, tschechoslowakischen, ungarischen und bulgarischen Genossen loben zwar die DDR-Aktivitäten, beschränken sich aber selbst auf die Bearbeitung von *Radio Free Europe* und *Radio Liberty*, auf Landsmannschaften, Emigrantenorganisationen und Geheimdienste.

Kuba kommt den DDR-Auffassungen am nächsten.

Rumänien wird gar nicht erst eingeladen.

Mitte der 80er Jahre fordert Minister Mielke in bezug auf PID und PUT immer mehr Informationen aus immer mehr Institutionen. Anfang 1985 erhalten wir von ihm die von der ZAIG erarbeitete Weisung »Bekämpfung feindlicher Stellen und Kräfte im Operationsgebiet, die subversiv gegen die DDR und andere sozialistische Staaten tätig sind (außer imperialistische Geheimdienste und kriminelle Menschenhändlerbanden)«.

225 Personen und Institutionen stehen in diesem Pamphlet.

Die Forderungen sind so uferlos, daß wir sie nicht besonders ernst nehmen. Unsere operative Kraft reicht ohnehin nicht aus, ihnen nachzukommen. Überdies widerspricht der Ausgangspunkt der Weisung unseren Erkenntnissen. Nicht jede oppositionelle Haltung, nicht jede Kritik, nicht jede Unmutsbekundung, nicht jede Verweigerung ist von außen gesteuert und vom Klassenfeind organisiert. Vieles, was insbesondere in den 80er Jahren bei uns aufbricht, ist Folge unsere eigenen Politik. Mithin: Die Probleme sind hausgemacht, nicht vom Klassengegner inszeniert. Gewiß nutzt er sie, um sie gegen uns einzusetzen – das liegt in der Natur der Sache. Wir bedienen uns in der Propaganda ja auch der Schwächen des kapitalistischen Systems, um den Imperialismus zu attackieren.

Aber ich widerspreche nicht und stelle den Unfug keineswegs in Frage. Es geht mal wieder seinen sozialistischen Gang: Wir lassen beobachten und reagieren nur, wenn sich etwas tut.

Wie bei vielen anderen Vorlagen entfaltet sich auch hier die Gesetzmäßigkeit der Bürokratie. Papiere entstehen ausschließlich deshalb, weil ihre Verfasser meinen, die Notwendigkeit ihrer Funktion dokumentieren zu müssen. Die ZAIG produziert unentwegt. Kein Leiter kann das alles lesen, kaum einer nimmt es nach dem Abzeichnen je wieder in die Hand. Es wird auch nicht nachgefragt.

Auch dieses PID-Dokument wandert bald in meine VS-Ablage, die alljährlich auf Vollständigkeit kontrolliert wird. Als tägliches Arbeitsinstrument ist es ohnehin nicht geeignet.

Definitions- und Formulierungswahn schaffen zudem die wachsende Unzufriedenheit der DDR-Bevölkerung nicht aus der Welt. Immer mehr Menschen beklagen Defizite in der Demokratie, Reisebeschränkungen, Versorgungs- und Angebotsmängel bei Waren des täglichen Bedarfs. Die veröffentlichten Produktionsergebnisse und Zuwachsraten wirken wie Hohn angesichts leerer Regale in den Kaufhallen und Wartezeiten von 15 Jahre und länger für einen PKW. Die Realität und ihre Abbildung in den Medien klaffen immer mehr auseinander. Die Informationspolitik nimmt Formen von Volksverdummung an.

Wenn man den Menschen offen und ehrlich sagte, daß wir immer mehr exportieren müssen, um unsere Kredite zurückzuzahlen, daß die Rohstoffpreise weltweit ansteigen, was ein rohstoffarmes Land wie die DDR besonders zu spüren bekommt, daß unsere sozialistischen Brüder säumig sind beim Ausgleich ihrer Verbindlichkeiten, daß wir nicht mehr über unsere Verhältnisse leben können und darum auch über unsere Subventionspolitik nachdenken müssen ... Ich bin mir sicher: Die Ehrlichkeit würde goutiert werden. Doch die fortgesetzte Veralberung verspielt auch das letzte Vertrauen. Die Glaubwürdigkeit der Führung ist dahin.

In Moskau übernimmt ein neuer Generalsekretär das Ruder und baut sich eine Mannschaft, die das Gegenteil der eigenen Führung verköpert: Sie ist jung, dynamisch, offen und offensiv. Es scheint auf den ersten Blick, als würde die Idee des Sozialismus reanimiert, die Lethargie entschwindet, Hoffnung kehrt zurück.

Die Sympathie für »Gorbi, Gorbi« wächst in dem Maße, wie die DDR-Führung zu ihm auf Distanz geht.

Die PID kommt aus dem Osten.

Der politischen Vorgabe folgend, wird die repressive Tätigkeit des MfS verstärkt. Die Sicherheitsorgane müssen kompensieren, was die Politik seit Jahren versäumt hat. Politische Probleme lassen sich aber nur politisch lösen und nicht mit der Polizei. Deren Einsatz verschärft nur noch die gesellschaftlichen Konflikte, weil er offenbart, daß die Partei- und Staatsführung weder willens noch fähig ist, ihre Hausaufgaben zu leisten. – Mielke gefällt sich in seiner Rolle, er ist stolz darauf, daß die Partei jemanden hat, »der die Drecksarbeit erledigt und zur Verantwortung gezogen werden kann«.

Wir sollen nachweisen, daß auswärtige Regierungen, Parteien, politische Institutionen und Organisationen und besonders die Geheimdienste der NATO-Staaten hinter allem stecken.

Dieser Auftrag ist unerfüllbar – die Kritik an uns harsch.

Natürlich registrieren wir, daß das Widerspruchs- und Unmutspotenzial in den Westmedien einen Resonanzboden hat. Das Lamento kommt verstärkt zurück. Und Oppositionelle und Bürgerbewegte – Bezeichnungen, die erst nach dem Ende der DDR in Mode kommen sollen, um nachträglich den Eindruck organisierten Widerstandes zu vermitteln –, Menschen also, die mit dem Zustand der DDR unzufrieden sind, erfahren Unterstützung aus dem Westen. Die ist meist weder selbstlos noch von den gleichen

Intentionen getragen, die die Empfänger von Kopiergeräten, Papier, Literatur über Umweltschutz, Schallplatten etc. beseelt. Die wollten mehrheitlich eine andere, eine bessere DDR. Die, die ihnen zur Seite treten, wollen mehrheitlich keine bessere, sondern keine DDR.

Das ist unser Dilemma: Obgleich die meist jungen Leute im Prinzip das gleiche wollen wie wir, erklären wir sie zu Feinden. Was sie aber objektiv nicht sind.

Leute wie Rainer Eppelmann sind Ausnahmen. Wie unsere Spionageabwehr (HA II) weisen auch wir nach, daß sich der redselige Pfarrer seit 1980 regelmäßig konspirativ mit CIA-Mitarbeitern aus der US-Botschaft trifft.

Ein konterrevolutionäres Zentrum in der DDR läßt sich jedoch nicht finden. Kein Wunder: Es gibt dieses nicht. So muß die Partei- und Staatsführung wohl oder übel unliebsamen Zeitgenossen wie Bärbel Bohley, Vera Wollenberger und Werner Fischer die Rückkehr in die DDR gestatten.

Wir werden gefragt, ob Erkenntnisse über eine geheimdienstliche Anbindung dieser Leute vorliegen. – Wir verneinen.

Offen gestanden: Die HVA interessiert sich nicht für ehemalige DDR-Bürger im Westen, egal, ob sie nun Manfred Krug oder Hilmar Thate, Wolf Biermann oder Jürgen Fuchs, Angelica Domröse oder Vera Wollenberger heißen. Sie können dort treiben, was sie wollen. Nur wenn sie aktiv gegen die DDR arbeiten, fassen wir sie und ihre Hintermänner ins Auge.

Aus dem BND und dem BfV wissen wir, wie intensiv sich beide Dienste für ehemalige KPD- oder DKP-Funktionäre interessieren, die in die DDR übergesiedelt sind. Aus der Sicht der BRD-Dienste ein normaler Vorgang. Wir sind da entspannter.

Die HVA gehört zum MfS und unterliegt allen Befehlen und Weisungen, auch denen zur Bekämpfung der inneren Opposition. Unser Part besteht eindeutig darin, den Einfluß und die Einwirkung von Personen außerhalb des Landes auf die DDR aufzuklären. Dabei arbeiten wir mit den Diensteinheiten der Abwehr zusammen, gewähren Diensthilfe entsprechend der jeweiligen Aufgabe. Wenn wir etwas über Fluchthilfeunternehmen erfahren, geben wir das weiter. Wir informieren die Spionageabwehr, um die Volkswirtschaft vor Schaden zu bewahren, um Terroristen abzuwehren und wenn wir konkrete Verbindungen von Geheimdiensten zu sogenannten Dissidenten feststellen. Unsere DDR-IM sind ebenfalls angehalten, Informationen für die Abwehr zu erarbeiten. – Aber wir werben nicht einen einzigen DDR-Bürger mit dem Ziel, im Inland zu arbeiten. Alle unsere DDR-IM binden wir in operative Vorgänge nach außen ein.

Auch wenn es eine unterschiedliche Rollenverteilung und auch ein unterschiedliches Rollenverständnis von Aufklärung und Abwehr gibt, sind wir eine Institution. Quantitative wie qualitative Unterschiede ändern daran so wenig wie mögliche Differenzen bei der Beurteilung dieser oder jener Entscheidung des Ministers oder des Politbüros. Ich beobachte zuweilen bei Genossen der HVA einen gewissen Anflug von Hochmut und bei denen der Abwehr Zeichen von Ablehnung und Distanz. Ich lehne jede Art von Spaltung und Entsolidarisierung ab. Wir sind *ein* Schutz- und Sicherheitsorgan.

Aktive Maßnahmen

Anfang der 80er Jahre kommen immer mehr Abteilungen in meine Zuständigkeit. So auch die Abteilung X – Aktive Maßnahmen. Später wird sie mir direkt unterstellt.

Ich wiederhole, was Markus Wolf in seinem Buch »Spionagechef im geheimen Krieg« feststellte: Die Abteilung X ist keine Abteilung der Lügen und bewußten Irreführung im Sinne der Desinformation. – Wir wollen Einfluß auf einzelne Personen, Institutionen und politische Prozesse gewinnen und nutzen dabei in der Regel Fakten, die wir offiziell oder inoffiziell erlangten. Die Fakten beschaffen operative Abteilungen der HVA, sie kommen aus dem Staatsapparat, aus den politischen Parteien und Organisationen, aus Geheimdiensten und Medien der BRD und Westberlins. Auch Erkenntnisse der Funkaufklärung des MfS, der HA III, fließen ein.

Je nach Bedarf und Ziel mischen wir Fakten mit desinformierenden oder desorientierenden Formulierungen. Das ist beileibe keine HVA-Spezialität. Von Beginn ihrer Existenz ist die DDR Ziel der »Psychologischen Kampfführung«. Durch Ballon- und Flugblattaktionen, über Radiosendungen von bundesdeutscher und alliierter Seite kommen Halbwahrheiten und Lügen über die Grenze.

Aktive Maßnahmen richten sich gegen ehemalige Nazigrößen, die in der BRD ungehindert weitermachen.

Wir denken uns aber auch etwas aus gegen Kalte Krieger vom

Schlage eines Gerhard Löwenthal (ZDF-Magazin, »Hilferuf von drüben«), auch gegen Franz-Josef Strauß, Alfred Dregger, Werner Marx und Axel Springer. Und wir haben die gegnerischen Geheimdienste, den BND, das BfV und den MAD und die dort führenden Leute im Visier.

Einfluß nehmen wir auf die Entwicklung progressiver Kräfte in Parteien und Organisationen.

Der Neonazi-Szene in der BRD widmen wir uns vorrangig. Von Mitte der 70er Jahre bis 1987 haben wir über den Schriftsteller Bernt Engelmann Zugang zum »Presseausschuß Demokratische Initiative« und die Zeitschrift »Blick nach rechts«. Beide gibt der Publizist Kurt Hirsch heraus, ein Verfolgter des Naziregimes. Die Blätter machen Front gegen rechtsradikale und ultrakonservative Entwicklungen in der BRD. Wie in anderen von uns initiierten und beeinflußten Pressediensten agieren wir auch hier nicht allein. SPD-Kreise unterstützen Hirsch ideell und materiell.

Nur in ganz wenigen Fällen produziert unsere X Totalfälschungen. Für eine trage ich die Verantwortung.

Im Zusammenhang mit dem mysteriösen Tod Uwe Barschels im Jahre 1987 formulieren wir im April 1988 einen Brief, der die Unterschrift Barschels trägt. Dieser ist an den CDU-Vorsitzenden Schleswig-Holsteins und Bundesfinanzminister, Gerhard Stoltenberg, gerichtet. »Barschel« unterstellt darin, daß Stoltenberg von den Intrigen gegen Björn Engholm gewußt habe.

Unser Schreiben ist ein Entlassungsangriff. Bekanntlich war am 11. Oktober 1987 der CDU-Politiker Barschel im Hotel Beau-Rivage in Genf tot aufgefunden worden. Obgleich die Umstände seines Todes bis heute nicht aufgeklärt worden sind, wurde von Anfang der Verdacht Richtung MfS gelenkt (statt beim BND, dem israelischen Mossad und der CIA zu recherchieren).

Obwohl ausgedacht, liegen wir mit dem Vorwurf Barschels an die Adresse Stoltenbergs keinesweg daneben. Barschels Witwe bestätigt öffentlich, daß ihr Mann zur selben Zeit tatsächlich einen Brief an Gerhard Stoltenberg auf den Weg gebracht habe.

Wir senden unseren Brief unter anderem an den Norddeutschen Rundfunk. Die Redaktion läßt von Experten die Echtheit prüfen. Das Ergebnis lautet: alles in Ordnung. Und, wie gesagt, Barschels Witwe stützt die These.

Als nach 1990 Beteiligte von unserer Seite das Geheimnis lüften, herrscht Entsetzen beim NDR. Es ist nicht ganz frei von Heuchelei. Denn grundsätzlich veröffentlichen die meisten Redaktionen mit Vorliebe Positionen, die ihren eigenen Intentionen und Überzeugungen entspricht.

Mitte der 70er bis Mitte der 80er Jahre häuft sich bei uns Stoff über CDU-Funktionäre Eberhard Diepgen, Klaus-Rüdiger Landowsky und Peter Kittelmann. Sie waren mal gemeinsam in einer Rechtsanwaltssozietät in Westberlin tätig. Die drei arbeiten mit kriminellen Fluchthelferorganisationen zusammen, stellen Pässe und Passierscheine zur Verfügung. IM »Luft«, Diplom-Politologe, lebt als freier Journalist in Westberlin. Er kennt die drei und viele andere Persönlichkeiten in Westberlin und der BRD gut. 1978/79 recherchiert er im Auftrage der Illustrierten *Quick* über Fluchthilfeunternehmen und beteiligte staatliche oder gesellschaftliche Einrichtungen und Privatpersonen. Er stößt dabei auf die drei Anwälte und CDU-Jungpolitiker. Geplant sind mehrere Beiträge.

Als bei der *Quick* die Brisanz erkannt wird, stoppt die Chefredaktion das Vorhaben. »Luft« erhält ein angemessenes Ausfallhonorar.

1985/86 greift ein Politmagazin des öffentlich-rechtlichen Fernsehens erneut das Thema auf. »Luft« soll seine Recherchen beisteuern. Diepgen und Landowsky erfahren davon. Sie fordern den inzwischen in die CDU eingetretenen »Luft« auf, ihnen schriftlich zu bestätigen, daß er über keinerlei Erkenntnisse zu ihrer Person im Zusammenhang mit Fluchthilfeunternehmen verfügt. Nach Rücksprache mit seinem Führungsoffizier schreibt »Luft« den geforderten Persilschein. Warum? »Luft«, der noch weitere, uns sehr interessierende Kontakte unterhält, könnten wir abschreiben, wenn er sein Wissen öffentlich macht. So verpflichtet er sich drei einflußreiche Politiker und liefert für uns weiter wichtige Informationen.

Eigentlich sollte »Luft« vor allem Kontakt zum Staatssekretär im Bundeskanzleramt, Prof. Dr. Waldemar Schreckenberger, herstellen. Schreckenberger, ein Schulfreund und Vertrauter von Bundeskanzler Kohl, war 1982 Staatssekretär und Chef des Bundeskanzleramtes geworden. 1984 überwirft sich Kohl mit Schreckenberger, löst ihn als Chef des Kanzleramtes ab und beschäftigt ihn fortan lediglich für Sonderaufgaben bis 1989.

Schreckenberger wird angeblich abgesetzt wegen fachlicher Probleme im Dienstablauf. In Wahrheit hängt die Düpierung des einstigen Kanzlerintimus mit der U-Boot-Affäre zusammen. Bundeskanzler Kohl, Außenminister Genscher, Verteidigungsminister Gerhard Stoltenberg und Ministerialdirektor Horst Teltschik sind darin verstrickt. – Südafrika verhandelt 1983 mit der Bundesrepublik. Das Apartheid-Regime braucht Unterlagen und Personal für den U-Boot-Bau und für eine dazugehörige Werft. Das widerspricht aber einem Beschluß des Sicherheitsrats der UNO von 1977, in welchem ein Waffen- und Rüstungsembargo über die Republik Südafrika verhängt wurde. Offiziell lehnt die Bundesregierung 1983 das Begehren Südafrikas ab. Inoffiziell sucht man jedoch nach einem Weg, doch noch das Waffengeschäft realisieren zu können.

Bundeskanzler Kohl weist Teltschik und Schreckenberger an, die Angelegenheit zu prüfen, einschließlich der Möglichkeit, komplette U-Boote zu liefern. Im Juni 1984 kommt es zu einem Vertragsabschluß zwischen den deutschen Firmen Howaldts Werke – Deutsche Werft AG (HDW) und Ingenieurkontor Lübeck (IKL) mit Südafrika. Franz-Josef Strauß ist mit der ganzen Angelegenheit vertraut und zieht Fäden in Politik und Wirtschaft. Immerhin geht es um über 100 Millionen DM. Ohne Zustimmung des Bundessicherheitsrats liefern HDW und IKL Unterlagen nach Südafrika.

Im November 1986 tauchen plötzlich Pressemeldungen über dieses illegale Rüstungsgeschäft auf. In den *Kieler Nachrichten* heißt es: »U-Boot-Pläne der HDW an Pretoria«.

Nun beschäftigt sich der Bundestag damit. Die Fraktionen von SPD und Grünen erreichen die Einsetzung eines Untersuchungsausschusses. Der kommt aber zu keinem Ergebnis. Die Regierungsvertreter halten sich bedeckt, schweigen oder wissen nichts. Teltschik und Schreckenberger schicken Unterlagen in den Reißwolf. Anzeigen gegen Regierungsvertreter wegen uneidlicher Falschaussage, so auch gegen Bundeskanzler Kohl, bearbeitet die Staatsanwaltschaft nicht.

Alles verläuft im Sand. Endgültig geklärt ist nichts.

Wir können unsere Informationen über diesen Skandal und die darin verwickelten Persönlichkeiten der Bundesregierung nicht mehr in die Öffentlichkeit bringen. Auch wir schickten unsere Akte 1989/90 durch den Reißwolf, wenn auch aus ganz andern Gründen als Teltschik und Schreckenberger.

Leider. Sie würden einiges Licht in die Affäre um Parteispenden und Schwarzgeldkonten bringen.

Journalisten lassen sich besonders gut für Aktive Maßnahmen einsetzen. Die Abteilung X pflegt mit Hilfe sogenannter Legaler Dächer in DDR-Institutionen viele Kontakte zu westlichen Journalisten und erschließt sich damit Kanäle, um gezielte Nachrichten in die Westpresse zu lancieren.

Offiziere im besonderen Einsatz (OibE) in Schlüsselpositionen, etwa im Presseamt der Regierung der DDR, machen es möglich, faktisch jeden einreisenden Journalisten mit der HVA in Kontakt zu bringen. Auch wenn dies bekannt ist, lassen sich die meisten darauf ein, weil sie auch interessante Dinge erfahren wollen.

Wir konzentrieren uns auf Reisejournalisten. In der DDR akkreditierte Journalisten werden von der Spionageabwehr (HA II) bearbeitet. Da für die Leitung jeder West-Journalist ein Agent ist, wird dieser auch so observiert – beruflich und privat. Wird der HA II nur der Versuch der HVA bekannt, sich einem akkreditierten Westkorrespondenten zu nähern, gibt es innerbetrieblich Zoff. Ich erlebe das eines Tages selbst. – Als Pleitgen 1977 seinen Korrespondentenposten in Moskau verläßt, um Leiter des ARD-Studios in der DDR zu werden, sagt mir unser KGB-Verbindungsoffizier hinter vorgehaltener Hand: »Mit Pleitgen kann man reden, es lohnt sich.«

Da ich die Möglichkeiten der sowjetischen Aufklärung kenne, mit ausländischen Journalisten in Moskau und in anderen Orten zusammenzukommen, nehme ich den Tip ernst.

Obwohl ich die Animositäten der HA II uns gegenüber kenne, recherchiere ich in der Registratur des MfS und erfahre, die HA II hat Pleitgen bereits erfaßt.

Allein meine Nachfrage läßt die Alarmglocken schrillen. Mich ruft der 1. Stellvertreter des Ministers, Bruno Beater, an. Ich nehme seinen Befehl zur Kenntnis, jede weitere Aktivität in bezug auf Pleitgen zu unterlassen.

»Begreif doch, daß alle westlichen Journalisten potentielle Spione sind und deshalb in den Aufgabenbereich der HA II fallen«, tönt es aus dem Hörer. So muß die HVA auf einen interessanten und klugen Gesprächspartner verzichten.

Das Gleichgewicht der Panik

Mitte 1982 fliege ich nach Moskau. Mit im Flugzeug sitzen Leiter mir unterstellter Diensteinheiten. Von Zeit zu Zeit treffen sich die Chefs der operativen Linien abwechselnd in der UdSSR und in der DDR zum Erfahrungs- und Gedankenaustausch. Während des Aufenthaltes empfängt mich der Stellvertreter des Vorsitzenden des KGB und Leiter der I. Hauptverwaltung (Aufklärung) W. A. Krjutschkow.

Wir sitzen in seinem Dienstzimmer in der zweiten Etage im Gebäude der I. Hauptverwaltung in Jasenowo, unmittelbar am südöstlichen Außenring Moskaus. Außer uns beiden ist nur ein mir seit langem bekannter russischer Dolmetscher im Raum. Ich kenne Wladimir Krjutschkow nun schon seit geraumer Zeit, doch heute reden wir zum ersten Mal unter vier Augen.

Der fünf Jahre ältere Chef des Auslandsnachrichtendienstes der Großmacht Sowjetunion weiß seine Rolle zu spielen. Er schätzt aber auch die Arbeitsergebnisse des kleineren Partners und weiß, wie der sowjetische Dienst daran partizipiert. Das bestimmt nicht unwesentlich die lockere, freundliche Atmosphäre. Auch charakterlich passen wir ganz gut zusammen. Offen, direkt, ohne geheuchelte Höflichkeitsfloskeln begegnen wir uns. Wir können einander vertrauen und halten Versprechen ein.

Krjutschkow überrascht mich. Entgegen seiner sonstigen Gewohnheit, das Gespräch mit einer tour d'horizon zu beginnen, widmet er sich mit Nachdruck einem Thema: der Raketenstationierung in Westeuropa. – Natürlich hatte ich mich auch darauf vorbereitet.

Doch er sagt etwas, was mich völlig überrascht. Er spricht von einem unmittelbar bevorstehenden Raketen-Kernwaffen-Angriff der NATO-Staaten und beruft sich auf seriöse Aufklärungsergebnisse seines Dienstes.

Ich bin perplex. Von Rainer Rupp (»Topas«), der seit 1979 aus dem Brüsseler Hauptquartier der NATO für die HVA berichtet, liegen solche Erkenntnisse nicht vor.

Natürlich befindet sich Europa gerade im Raketen-Nachrüstungsfieber. Am 12. Dezember 1979 hatte die NATO beschlossen, 108 Mittelstreckenraketen »Pershing II« in der Bundesrepublik und 464 Marschflugkörper, Cruise Missiles, in Westeuropa zu stationieren. Seit dem 20. Januar 1981, jenem Tag, als Ronald Reagan seinen Eid als US-Präsident schwor, forcierte er die Militärpolitik gegen die Sowjetunion. Nach einer Fernsehansprache, als er glaubte, die Mikrofone seien ausgeschaltet, scherzte er: »Wir beginnen mit der Bombardierung in fünf Minuten.«

Das alles sind Indizien für einen politischen Kurswechsel im Umgang der beiden Großmächte miteinander. Seit Unterzeichnung der Schlußakte der Konferenz für Sicherheit und Zusammenarbeit 1975 in Helsinki, die den vorläufigen Höhepunkt der Entspannungspolitik markierte, drängen in beiden Lagern die Falken wieder in den Vordergrund. In keineswegs zufälliger zeitlicher Nähe zum NATO-Beschluß marschiert die Sowjetarmee Ende 1979 in Afghanistan ein. Daraufhin boykottieren 64 Staaten die Olympischen Sommerspiele in Moskau 1980 (was vier Jahre später alle Mannschaften der Warschauer Pakt-Staaten veranlaßt, den Spielen in Los Angeles fernzubleiben).

In diese aggressive Gereiztheit erklärt der US-Präsident im März 1983, die USA plane ein satellitengestütztes Raketenabwehrprogramm (SDI), das als »Krieg der Sterne« (»Star Wars«) in den politischen Wortschatz Einzug hält. Sollte das funktionieren, wäre die wechselseitige Vernichtung – die ja die Basis für den aktuellen Friedenszustand darstellt – erledigt. Wenn die USA dadurch unverwundbar würden, könnten sie jederzeit andere Staaten angreifen und vernichten, ohne mit militärischen Konsequenzen rechnen zu müssen. Auch wenn sich diese Pläne schon bald als illusionär erweisen, sorgen sie doch weltweit für Verunsicherung.

Am 1. September 1983 schießt die sowjetische Luftabwehr eine zivile Maschine der Korean Airlines in Fernost ab. Drei Tage lang bestreitet Moskau, etwas mit dem Verschwinden des Flugzeuges zu tun zu haben. Weltweit gibt es Demonstrationen vor sowjetischen Botschaften, Fahnen brennen. Nicht die Tatsache des bedauerlichen Abschusses ist das Ärgernis – das hätte man erklären und wegen der verworrenen Umstände durchaus Verständnis wecken können –, sondern daß Moskau nachweislich log. Es zeigt sich, daß der gesundheitlich schwer angeschlagene Generalsekretär im Kreml, Juri Andropow, nicht mehr das Heft des Handelns in der Hand hält. (Er stirbt im Februar 1984, seit Sommer '83 ist er kaum mehr regierungsfähig.)

Wenige Wochen später, am 25. Oktober 1983, überfällt die USA die Karibikinsel Grenada. Washington fürchtet ein neues Kuba und begründet die Intervention damit, man müsse die Sicherheit amerikanischer Staatsbürger garantieren.

Im folgenden Monat führt die NATO ein zehntägiges Manöver (»Able Archer 83«) in Europa durch, bei dem ein Atomkrieg simuliert wird ... Die Grünen stellen Strafanzeige gegen die Bundesregierung, weil die neuen USA-Waffen, die ab 1983 in der Bundesrepublik stationiert werden sollen, »ausschließlich und eindeutig die Eigenschaften von Erstschlagswaffen besitzen«.

Die NATO-Nach- oder Vorrüstung führt zu einem ungeahnten Aufschwung der Friedensbewegung in Europa.

Obgleich die neue Runde des Wettrüstens die Gefahr eines Atomkrieges erhöht, steht dieser jedoch nicht unmittelbar bevor, wie mir Genosse Krjutschkow im Sommer 1982 einreden möchte.

Der Chef der sowjetischen Aufklärung sieht die Welt kurz vor dem Ausbruch des Dritten Weltkrieges. Das sagt er mir auch so.

Und deshalb habe Generalsekretär Leonid Breshnew die Geheimdienstaktion »Rjan« (*raketno jadernoje napadenie* – atomarer Raketenangriff) befohlen. (Der schwerkranke Breshnew ist seit Monaten öffentlich nicht mehr aufgetreten, wenige Wochen nach meinem Treffen mit Krjutschkow wird er sterben; es ist also zu anzunehmen, daß Breshnew so wenig hinter dieser Entscheidung steht wie hinter der zum Einmarsch in Afghanistan. Es ist schon eine schreckliche Situation: Die Welt taumelt am Rande des Infernos, und die Führung der Weltmacht Sowjetunion taumelt auch.)

Die sowjetischen Residenten in den NATO-Staaten berichteten im 14-Tage-Rhythmus über die zunehmende Kriegsgefahr, sagt Krjutschkow, und fordert von der HVA wie auch von allen anderen Diensten der Warschauer Vertragstaaten, sich aktiv und intensiv am Aufklärungsschwerpunkt »Rjan« zu beteiligen.

Das ist für mich ein Befehl.

Wir ordnen diesen Schwerpunkt in unsere Tätigkeit ein. Das fällt uns nicht schwer, denn wir beschäftigen uns schon immer damit, jede militärische Überraschung auszuschließen. Aus den von unseren Kundschaftern beschafften Dokumenten höchster Geheimhaltungsstufe wissen wir: Die NATO plant im Falle eines konventionellen Angriffs des Warschauer Paktes nicht nur den Ersteinsatz von Atomwaffen auf gegnerischem Boden, sondern im Rahmen ihrer Strategie der Flexiblen Reaktion sogar auf eigenem Territorium.

Entgegen der öffentlichen Propaganda geht die NATO jedoch davon aus, daß die Sowjetunion und damit der Warschauer Vertrag nicht beabsichtigen, Westeuropa anzugreifen. Westliche Stabsoffiziere rechnen weder mit einem massiven noch mit einem begrenzten konventionellen Angriff. Die »Raketenlücke«, die Kanzler Helmut Schmidt Ende der 70er Jahre entdeckt hat und mit dem sogenannten NATO-Doppelbeschluß schließen will, ist darum nur politische Rhetorik.

In den Dokumenten der NATO-Kommandostabsübungen geht man davon aus, daß der Warschauer Pakt keinen atomaren Erstschlag plane – wohl aber, daß er auf einen gegnerischen nuklearen Angriff analog reagieren würde.

Trotzdem: Für uns steht »Rjan« auf der Tagesordnung.

Der Minister für Staatssicherheit erläßt umgehend einen Befehl, der alle operativen Diensteinheiten und die funkelektronische Aufklärung auffordert, entsprechend ihren Möglichkeiten in dieser Richtung zu handeln.

Für die zentrale Erfassung wird die HVA verantwortlich gemacht. Der Leiter der HVA befiehlt seinerseits eine Erweiterung der Aufgaben des Stabes der HVA. Es wird ein Lagezentrum eingerichtet, welches die eingehenden Informationen zu analysieren hat.

Die Mitarbeiter des Stabes erstellen einen Indikatorenkatalog, der die besonderen Merkmale einer Kriegsgefahr ausweist. Die sowjetische Aufklärung findet den Katalog gut – er wird allen Aufklärungsorganen im Warschauer Pakt zugestellt.

Wir tauschen uns mit der Aufklärung der NVA aus.

Im Lagezentrum werden auf speziellen Karten die Dislozierung der NATO-Kräfte verzeichnet. Jede Veränderung wird penibel registriert und vermerkt.

Zum analogen Lagezentrum der sowjetischen Aufklärung in Moskau besteht eine Sondernachrichtenverbindung ...

Bereits nach kurzer Zeit bestätigen sich unsere Erkenntnisse. Vieles von dem, was unsere Kundschafter liefern, bestätigt zwar die wachsende Aggressivität, aber eine unmittelbare Kriegsgefahr deutet sich nicht an. Bestünde sie, hätte es »Topas« aus Brüssel schon gemeldet.

Ergebnis: Unsere monatlichen »Rjan«-Berichte geraten immer dürftiger, die von sowjetischer Seite bleiben bald ganz aus.

Als Krjutschkow 1987 in die DDR kommt, rede ich mit ihm darüber. Ich hoffe, er bestätigt unsere Erkenntnisse und stimmt zu, die breitgefächerte Aufklärung auf diesem Gebiet einzustellen. Mit meiner Intervention erreiche ich aber genau das Gegenteil. Er beschwört uns, in unseren Anstrengungen nicht nachzulassen und veranlaßt, daß wir wieder monatlich Berichte aus Moskau bekommen.

Trotz Gorbatschow, Glasnost und Perestroika scheinen die Moskauer Genossen ihr Überraschungs-Trauma weiter zu pflegen.

Ich sehe zwei Probleme.

Trotz Entspannungspolitik und friedlicher Koexistenz ist der Kalte Krieg keineswegs vorüber und die Gefahr einer militärischen Auseinandersetzung nicht gebannt.

Wir müssen darum unverändert wachsam bleiben, aber dabei einen größeren Realitätssinn beweisen.

Zweitens ist nicht erkennbar, wer in Moskau tatsächlich das Sagen hat: die Politiker oder die Militärs? Und: Ist die Neigung zur Konfrontation – immerhin verließ die Sowjetunion 1983 alle laufenden Abrüstungsgespräche, worauf Erich Honecker sich mutig für eine »Koalition der Vernunft« engagierte – Ausdruck von Hilflosigkeit oder eine Flucht nach vorn? Beides wäre gefährlich.

Wir lassen nichts unversucht, dem sowjetischen Partner die NATO transparent zu machen, um Fehleinschätzungen und Fehlentscheidungen zu verhindern. Quellen wie »Topas« in der NATO-Zentrale, »Siegfried« und »Kriemhild« in westlichen Rüstungskonzernen, »Petermann« bei MBB und andere liefern kontinuierlich geheime Dokumente. Wir wissen von allen militärpolitischen und -strategischen Planungen des Westens, wir kennen seine Militärtechnik und -vorhaben.

Unsere Politiker können das Maß der militärischen Bedrohung realistisch einschätzen, um das militärstrategische Patt zwischen Ost und West zu bewahren und die Beziehungen zwischen den Blöcken zu stabilisieren.

Stattdessen werden Ressourcen unwiederbringlich verbraucht, der Rüstungswettlauf selbst ist der Krieg: Wir sollen zu Tode gerüstet werden. Was in der Tat funktioniert, am Ende der 80er Jahre hat die UdSSR rund 45.000 Atomsprengköpfe, die USA vielleicht 20.000 weniger.

Damit läßt sich die Menschheit mehrmals ausrotten, man spricht von Overkill. Das läßt die Theologin Uta Ranke-Heinemann schon im Oktober 1981 in einer Rede die ironische Frage aufwerfen, woher man denn die 100 Milliarden Menschen nähme, die durch die vorhandene Sprengkraft vernichtet werden sollten. Es bestünde ja kein Mangel an Waffen mehr, vielmehr reichten die Menschen, die durch Atomwaffen vernichtet werden könnten, nicht mehr aus.

Die Geheimdienste der Bundesrepublik werden aktiv. Die Angriffe auf uns nehmen in den 80er Jahren zu. Das ist die Folge des Auftrags, den Klaus Kinkel erteilte, als er am 1. Januar 1979 Präsident des Bundesnachrichtendienstes wurde. Mit Hilfe menschlicher Quellen und dem Ausbau der elektronischen Aufklärung will er stärker in die DDR und den gesamten Ostblock eindringen. Die Nachfolger Kinkels – 1983 Eberhard Blum und 1985 Hans-Georg Wieck – setzen die Linie fort und verstärken die Werbung menschlicher Quellen in der DDR.

Wir erkennen das schnell. Seit eh und je bearbeiten wir den Gegner nicht allgemein, sondern konzentrieren uns auf die Bereiche, von denen Aktivitäten gegen die DDR und die anderen Länder des Warschauer Pakts ausgehen.

Je besser wir also den Bundesnachrichtendienst, das Bundesamt für Verfassungsschutz und einige ihrer Landesämter sowie den Militärischen Abschirmdienst kontinuierlich ausforschen, desto besser sind wir in der Lage, wirkungsvoll zu parieren. Wir erweitern das Informationsspektrum durch vorhandene Quellen und erschließen neue Möglichkeiten, unser Wissen zu erweitern. Wir kennen genau die politische Lageeinschätzung des Bundesnachrichtendienstes, verfügen über konkretes Wissen, wie die BRD-Dienste ihre Agenturarbeit organisieren. Deshalb gelingt es uns leicht, nachrichtendienstliche Operationen zu paralysieren.

Der BND versucht verstärkt, Angehörige des Ministeriums für Staatssicherheit, hauptsächlich der Hauptverwaltung Aufklärung und leitende Mitarbeiter der NVA, der Volkspolizei, aus dem Staatsapparat und aus der Wirtschaft zu werben.

Dem Schwiegersohn von Markus Wolf werden 500.000 DM geboten. Er lehnt ab.

Von einem Mitarbeiter des Sektors Wissenschaft und Technik der Hauptverwaltung Aufklärung weiß man, daß er mit seinen familiären Problemen nicht zurechtkommt. Der Kontaktmann will vollendete Tatsachen schaffen, legt einen Toten Briefkasten an, übergibt Chiffriermaterial und verspricht hohe finanzielle Zuwendungen. Der Umworbene lehnt trotzdem ab.

In Wien arbeitet der Sohn des ehemaligen DDR-Verteidigungsministers Heinz Hoffmann als Militärattaché an unserer Botschaft.

Ihm bietet ein Agent eine Million DM. Hoffmann verweigert die Fahnenflucht.

Ebenfalls in Wien führt ein Agent des BND den Fahrer des Militärattaché-Stabes der DDR. Dieser war Jahre vorher während seiner Tätigkeit in der Schweiz von dortigen Diensten geworben worden, und nach der Versetzung nach Österreich nutzt ihn der BND mit. Er wird in der DDR verhaftet und verurteilt.

In Australien versuchen BND-Mitarbeiter einen DDR-Diplomaten zu werben. Sie hantieren mit einem MfS-Ausweis, mit einem MfS-Dienstauftrag, der die gefälschte Unterschrift Mielkes trägt, und weiteren Falsifikaten. Der DDR-Bürger riecht den Braten und entzieht sich der geheimdienstlichen Umarmung.

In Norwegen wird die Ehefrau des DDR-Botschafters unter Druck zur Mitarbeit aufgefordert. Sie lehnt ab ...

Jährlich registrieren wir etwa 40 solcher Versuche. Mindestens jeder zweite geht vom Bundesnachrichtendienst aus. Die Methode ist schlicht. Viel Geld ist im Spiel, politischer Druck und Erpressung. Natürlich interessiert uns brennend, ob es dem BND gelingt, eine sogenannte Innenquelle im Ministerium für Staatssicherheit zu installieren. Er schafft es nicht.

Über Jahre versucht Pullach seine Unfähigkeit zu kaschieren, indem man sich einredet, Oberleutnant Stiller sei lange der Mann des BND in der Zentrale gewesen.

Erst nach der Wende gelingt es dem Bundesnachrichtendienst und dem Bundesamt für Verfassungsschutz, aus dem Nachlaß der HVA einige Verräter zu rekrutieren. Ein billiger Triumph, der aber unseren Kundschaftern und Quellen teuer zu stehen kommt.

So wie gegen die HVA schießt sich der Bundesnachrichtendienst auch auf die Sicherheitsdienste und staatlichen Institutionen der anderen Länder des Warschauer Pakts ein. Über unsere Quellen erfahren wir die Namen von Agenten in der UdSSR, in Polen, in Ungarn und Bulgarien. In der DDR enttarnen wir einige. Entweder überwerben wir sie als Doppelagenten, oder wir kontrollieren sie einfach. So erfahren wir die Schwerpunkte der Gegner und kennen die Informationen, die sie erhalten.

In etlichen Fällen laufen aber auch wir ins Leere. Wir erkennen zwar den Verrat und dessen Ausmaß, uns gelingt es aber nicht, den Agenten beweiskräftig zu enttarnen. Bei all diesen Aktionen arbeiten wir eng mit der Spionageabwehr (HA II) zusammen.

Natürlich versuchen wir, weitere Quellen im BND zu installieren. Wir gewinnen dabei eine Menge Erkenntnisse über eine Vielzahl hauptamtlicher Mitarbeiter in der BRD und im Ausland. Eine direkte Werbung von BND-Mitarbeiter gelingt uns in den letzten Jahren auch nicht.

Wir versuchen es indirekt. Von uns und in starkem Maße auch von der Spionageabwehr des MfS geworbene DDR-IM bringen wir gezielt in das Blickfeld des Gegners. Fünf DDR-Bürger, allesamt Inoffizielle Mitarbeiter mit Feindberührung (IMB), werden, ohne voneinander zu wissen, vom BND geworben. Sie sind absolut zuverlässig. Wir können also mit einem sogenannten Nachrichtenspiel beginnen.

Vier von den fünf BND-Werbern, mit denen wir es zu tun haben, arbeiten im Referat 12 B (DDR-Politik) in der Pullacher Zentrale, einer in der Außenstelle BB 10 in Bremen. Wir wissen, BND-Mitarbeiter führen nicht nur einen Agenten, sondern mehrere, in einem Fall sind es fünf.

Und alle fünf sind unsere IMB.

Über Jahre hinweg beliefern wir, entsprechend der Auftragslage, den BND mit Informationen. Unsere IMB berichten natürlich präzise über die Zusammenkünfte und Treffen mit ihren Agentenführern. Wir können so beobachten, wie sie arbeiten, erfahren etwas über ihre politische Haltung, ihre fachliche Qualifikation. Ihr gesamtes Seelenleben und ihre private Sphäre sind für uns bald keine Geheimnisse mehr.

Auch der Vergleich der jeweiligen Arbeitsweisen bringt interessante Erkenntnisse. Der BND trifft sich mit seinen DDR-Agenten (also unseren IMB) in der Regel in Drittländern.

Schließlich entscheiden wir uns, den Agentenführern ein Angebot zu unterbreiten. Wir haben drei Trümpfe in der Hand. Die Tatsache, daß sie über Jahre mit der HVA zu tun hatten, getäuscht und desinformiert wurden – wie sollen sie das ihrem Dienst erklären? Hinzu kommt unser Wissen über ihre Verfehlungen im dienstlichen und privaten Bereich. Und drittens unterbreiten wir auch finanzielle Angebote.

Wir beginnen mit unseren Werbeoperationen in Österreich, Schweden und Ägypten. Beachten müssen wir, daß der BND die Treffs seiner hauptamtlichen Mitarbeiter und deren Agenten durch Observationsgruppen überwacht. Diese Gruppen bzw. einzelne Observanten stehen untereinander in Funkverbindung. Hier klinken wir uns ein und hören ihren Funkverkehr ab, in einigen Fällen helfen uns Spezialisten der Funkaufklärung des MfS (HA III).

Auch wir sind mit hauptamtlichen Mitarbeitern unterwegs. Sie führen die Werbegespräche, und sie müssen, ebenso wie unsere IMB, geschützt werden.

In einem Fall erhalten wir durch unsere Funkaufklärung Kenntnis von dem bis dahin unbekannten Namen und der Privatanschrift eines BND-Mitarbeiters. Er begeht einen kapitalen Fehler, indem er offen mit seiner Ehefrau zu Hause telefoniert. Beim Werbegespräch den Klarnamen zu kennen ist immer ein Vorteil.

Es überrascht uns, daß keiner der fünf angesprochenen Personen auf unser Angebot eingeht. Alle offenbaren sich ihren Vorgesetzten. Trotz der Panne trösten wir uns. Immerhin zog der BND keinen nennenswerten Nutzen aus der Zusammenarbeit.

Und: Er muß seine Leute aus ihrer Tätigkeit herauslösen.

Für uns ein weiterer Beweis, daß Kompromate und Geld nicht unbedingt zum Erfolg führen. Ein Nachrichtendienst wird jedoch immer wieder den Versuch wagen, wenn es sich anbietet.

Am 30. November 1988 erreicht uns eine Hiobsbotschaft aus der Zentrale des Bundesnachrichtendienstes. In Pullach tauchte eine in der HVA gefertigte Fotokopie eines streng geheimen, internen Dokuments des BND auf.

Was sollen wir tun?

Wir müssen schnell drei Fragen beantworten, um unsere Quellen zu warnen. Wenn wir wissen, um welches Dokument es sich handelt, können wir auch sagen, welcher unserer Kundschafter im BND es uns geschickt hat. Dann wird auch klar, wer es in der HVA bearbeitet und wer es nach Pullach geschickt hat. Die Kopie der Kopie muß also her. Als wir sie in den Händen halten, sind wir gewiß, dieses Dokument lieferte unser Kundschafter »Peter« aus Pullach. Er ist unmittelbar gefährdet, denn im BND ist der Verteilerkreis für dieses Dokument sehr klein. Wir warnen ihn und seinen Bruder »Florian« umgehend. Sie melden uns, daß der BND sie bereits observiert. Für mich sind nicht nur schlechthin zwei Quellen in Gefahr, sondern zwei Männer, die ich sehr schätze.

Gleich nach meinem Amtsantritt als Leiter der HVA traf ich »Peter« und »Florian« in Budapest. Harry Schütt, der Leiter der Abteilung IX, sein Mitarbeiter Siegfried Schlegel und der Instrukteur Günter Böttger begleiteten mich. Wir redeten über die persönliche und operative Situation, über die Politik Gorbatschows und über notwendige Reformen in der DDR. Die Atmosphäre war gelöst und harmonisch. Hier saßen Freunde zusammen, die den gleichen Idealen verpflichtet waren und an einem gemeinsamen Projekt arbeiteten. – Ich schätze die beiden Brüder sehr.

Mit »Peter« (Alfred Spuhler) und »Florian« (Ludwig Spuhler) sind wir seit 1971 in Kontakt. »Peter« verpflichtet sich 1958 für zwölf Jahre zur Bundeswehr. Er avanciert zum Hauptmann, bewirbt sich dann beim BND. 1968 wird der 28jährige eingestellt. Als Mitarbeiter in der Abteilung II besucht er Lehrgänge an der Nachrichtenschule der Bundeswehr in Bad Ems und der Heeresoffiziersschule der Bundeswehr in Hannover und entwickelt sich zum Spezialisten für die Elektronische und Fernmeldeaufklärung.

Alfred Spuhler ist ein Grübler, der über den Sinn seiner Arbeit und den Zustand der Welt nachdenkt. Mit wachsender Einsicht in die dienstlichen Belange stellt er eine militärische Überlegenheit des Westens über den Osten fest. Die Balance zwischen den beiden Blöcken scheint ihm die einzige Möglichkeit zu sein, den Frieden zu erhalten. Dabei will er helfen. Für einen Geheimdienstoffizier ziemlich ungewöhnlich, sucht er Kontakt zu linken Organisationen. Er findet Gesprächspartner, mit denen er über grundsätzliche Probleme der beiden Gesellschaftsordnungen diskutieren kann. Bald landet er bei Marx und Engels. Wie viele der jungen Leute in den 60er Jahre sucht er bei ihnen Antworten auf Fragen, die er sich angesichts des Zustands dieser Welt stellt.

Als er sich entschließt, direkten Kontakt mit der HVA zu suchen, weiht er seinen älteren Bruder Ludwig in seine Pläne ein. Der will ihn unterstützen. Um die Jahreswende 1971/72 trifft sich Alfred mit dem Leiter der Abteilung IV, Harry Schütt, und dem Referatsleiter, Werner Reckling. Nicht nur die politischen Ansichten der drei Männer stimmen überein, auch die Chemie stimmt. Alfred und Ludwig verpflichten sich, mit der HVA zusammenzuarbeiten. Als Harry Schütt 1977 Leiter der Abteilung IX wird, führt er den Vorgang dort weiter. Werner Reckling stirbt bei einer Herzoperation.

Als wir das Dokument kennen, ist es für uns nicht schwer, den Verräter zu überführen. Die strengen Sicherheitsvorschriften in der HVA ermöglichen einen schnellen Zugriff. Treffen Filme von einer bestimmten wichtigen Quelle ein, entwickelt sie in der Fotostelle immer der selbe Laborant. Dabei ist der zuständige operative Mitarbeiter zugegen. Der für Alfred Spuhler zuständige Fotograf war aber inzwischen wegen undurchsichtiger privater Verhältnissen entlassen worden. Wie sich herausstellte, hatte er mehrere Filme kopiert und mit nach Hause genommen, aber bis zu seiner Verhaftung nur dieses eine Dokument dem BND zugespielt.

Er wird angeklagt und verurteilt.

»Peter« und »Florian« bieten wir an, sofort in die DDR zu kommen. Beide wollen dies erst, wenn sich wirklich kein anderer Ausweg mehr bietet. Ohnehin haben sie nach unserer Warnung sofort alle operativen Handlungen eingestellt. Wenn sie sich richtig verhielten, so glauben sie, könnten sie der Verhaftung entgehen. Und wenn sie doch inhaftiert werden würden, wäre der Bundesnachrichtendienst nicht in der Lage, ihnen etwas zu beweisen.

Zunächst behalten sie recht. Lediglich auf Grund von Vermutungen werden die beiden Brüder am 29. November 1989 verhaftet. Sie verweigern die Aussage und merken bei den Vernehmungen, daß der BND im Nebel stochert.

Die Beweise liefert dann der bereits erwähnte Verräter Karl-Christoph Großmann.

Vor dem 3. Strafsenat des Bayerischen Oberlandgerichts schildert Alfred Spuhler in einer ausführlichen Erklärung seine Motive. »Es war mein freier Entschluß, mit der HVA des MfS zusammenzuarbeiten. Unser gemeinsames Ziel war es, den Frieden zu sichern und für den weiteren Aufbau der sozialistischen Gesellschaftsordnung und damit für ein gerechteres Gesellschaftssystem einzutreten. Es gab keine niederen Beweggründe, die mich zu dieser Zusammenarbeit veranlaßten. Es erfolgte keine Bezahlung für gelieferte Informationen, ein derartiges Angebot hätte ich abgelehnt. Die von der HVA zur Verfügung gestellten Geldbeträge dienten zur Begleichung der Kosten. Einzige versorgungsmäßige Bedingung meinerseits war, daß im Falle meiner Enttarnung meine Familie in jeder Hinsicht unterstützt wird.«

Und er bekennt sich ohne Umschweife zu seinem mit ihm angeklagten Instrukteur, dem Offizier im besonderen Einsatz Günter Böttger: »Wie sich sehr bald herausstellte, war die Wahl von Böttger zum Instrukteur ein ausgesprochener Glückstreffer für meinen Bruder und mich. Die Zusammenarbeit mit ihm gestaltete sich nicht nur fachlich sehr gut, sie basierte auf gegenseitigem Vertrauen, woraus sich schon nach kurzer Zeit eine tiefe und ehrliche Freundschaft entwickelte.«

Die leitenden Herren des Bundesamtes für Verfassungsschutz bringen wir schier zur Verzweiflung. Fast alle ihre geplanten Aktivitäten gegen HVA-Kundschafter werden uns rechtzeitig von unseren Quellen im Bundesamt oder in den Landesämtern gemeldet. Wir reagieren schnell und lassen die Abwehr ins Leere laufen.

In der Kölner Merianstraße 100 ist man fassungslos über die lange Latte der Mißerfolge. Selbst die »Reisewegüberwachung«, mit der früher das BfV öfter einen DDR-IM auf dem Weg zur Quelle entdecken konnte, erweist sich in den letzten Jahren als Flop. An welchem Grenzübergang die Beamten des Staatsschutzes auch verstärkt kontrollieren und observieren, niemand geht mehr in ihre Falle.

Wenn sie versuchen, mit Mitarbeitern der Ständigen Vertretung der DDR in Bonn und der DDR-Handelsvertretung in Düsseldorf in Kontakt zu kommen, kennen wir bereits die Zielpersonen, wissen wir, welche Dienst- und Wohnräumen sie abhören wollen. Und wir lesen auch ihre mühsam zusammengestellten Personendossiers, mit denen sie DDR-Bürger zur Mitarbeit erpressen wollen. Den Verfassungsschützern gelingt keine Werbung mehr. Und wenn sie glauben, es geschafft zu haben, sind wir mit im Geschäft.

Der Kriminaldirektor im BKA, O. M. Engberding, wird 1993 in seinem Buch »Spionageziel Wirtschaft« feststellen: »Die Nachrichtendienste der DDR hatten derart schwere Einbrüche in unsere Spionageabwehr erzielt, daß wir eigentlich nur noch solche Enttarnungen verbuchen konnten, die uns der Zufall oder eine Panne beim Gegner beschert oder die uns der gegnerische Nachrichtendienst wohlüberlegt zugestanden hat.«

Nicht viel anders ergeht es den Kollegen vom Militärischen Abschirmdienst. Wir verfügen zwar dort über viel weniger Direktquellen als in den anderen Diensten, dafür aber über sehr gute Abschöpfkontakte. Und die sind nicht weniger effektiv.

Der stellvertretende Chef des MAD und Leiter der Spionageabwehr, Oberst Joachim Krase, erzählt unserem Kundschafter Herbert Kloss (»Siegbert«), einem freien Journalisten, so viele Interna, daß der MAD wie ein offenes Buch vor uns liegt. Bedingt durch die strengen konspirativen Regeln innerhalb des Ministeriums für Staatssicherheit wissen weder wir noch die Spionageabwehr, daß wir beide Krase als Quelle nutzen. So können wir nicht einmal die einzeln gewonnenen Erkenntnisse gemeinsam auswerten.

Doch viele Mitarbeiter des Militärischen Abschirmdienstes sind wahre Plaudertaschen. Wohl um ausbleibende Erfolge zu kompensieren, überschreiten sie laufend ihre Abwehrkompetenz und dabei die Grenze zur DDR. Besonders in der Hauptstadt versuchen sie zu observieren.

In seiner Anklageschrift gegen mich und weitere leitende Mitarbeiter der Hauptverwaltung Aufklärung vom 10. Juni 1991 bezieht sich der Generalbundesanwalt auf ein Gutachten des MAD-Mitarbeiters Petersen vom 18. Februar 1991: »Der Gutachter gelangt zu dem Schluß, daß die Diensteinheiten der HVA bei Ausnutzung ihres durch Ausspähungsmaßnahmen erlangten Wissens in der Lage gewesen seien, Abwehrmaßnahmen und vorbeugende Maßnahmen des MAD zu unterlaufen und in nachrichtendienstliche Operationen des MAD einzudringen. Dementsprechend sei davon auszugehen, daß in den Jahren ab etwa 1983 der MAD, bezogen auf die Nachrichtendienste der DDR und der UdSSR, seinen Abwehrauftrag nicht mehr ausreichend habe erfüllen können.«

Nicht nur das! Die Dienste der Bundesrepublik haben im Gegensatz zu uns ihren Verfassungsauftrag *nicht* erfüllt.

Zugegeben, so erfolgreich wie wir die bundesrepublikanischen Dienste aufklären, sind wir bei denen anderer NATO-Staaten längst nicht. Im Gegenteil. Zu Agenten britischer, französischer und italienischer Dienste gibt es nur wenig ertragreiche Kontakte. Das liegt offensichtlich an zu geringem Aufwand, an eigenem Unvermögen, aber auch daran, daß deren Aktivitäten gegen uns entschieden geringer sind als die der Bundesrepublik.

Gegenüber der CIA sind wir aktiver. Eine direkte Werbung von hauptamtlich in den USA tätigen Mitarbeitern verlangt eine sehr langfristige Vorarbeit. Deshalb konzentrieren wir uns zunächst auf getarnte CIA-Angehörige, die in der DDR und in Drittländern als Diplomaten tätig sind. Das entspricht im wesentlichen auch der strategischen Anlage der CIA selbst. Wir verfügen so über Abschöpfkontakte und arbeiten erfolgreich mit Doppelagenten. Gemeinsam mit der HA II kontrollieren wir im wesentlichen die Agenturarbeit der CIA in der DDR.

Ein herausragendes Ergebnis erzielen wir im Jahr 1986. Wir beschaffen das Dokument »Canopy Wing«, überlebenswichtig für die Verteidigungsfähigkeit der Warschauer Vertragsstaaten. Wir wissen nun, daß es eine Arbeitsgruppe für Elektronische Kampfführung gibt, die unter der Leitung von NSA, Pentagon und Spezialisten verschiedener militärischer Geheimdienste steht. Sie soll die Fähigkeit des Warschauer Paktes lahmlegen, einen nuklearen Schlag abzuwehren. Schaffen sie es, wird der nukleare Erstschlag der NATO möglich, der sogenannte Enthauptungsschlag.

Die Ein-Megabit-Lüge

Es trifft mich wie ein Schlag mit der Keule, als ich im August 1988 von dem Beschluß des Politbüros höre, mit großer publizistischer Begleitung den Ein-Megabit-Chip vorzustellen. Die »wissenschaftlich-technische Höchstleistung der DDR« soll nicht etwa der dafür zuständige Kombinatsdirektor präsentieren, sondern Generalsekretär Erich Honecker will in Moskau Generalsekretär Michail Gorbatschow im September auf einer RGW-Leistungsschau die Sensation überreichen.

Die Absicht ist klar, sie geht über die übliche Propaganda hinaus: Die kleine DDR will dem Großen Bruder ihre Überlegenheit zeigen. Das ist, bei allem Respekt, mehr als anmaßend.

Die eingeweihten HVA-Mitarbeiter wissen, woher diese Höchstleistung kommt, die das Weltniveau der DDR-Wissenschaft belegen soll. Seit Jahren ist die wissenschaftlich-technische und Wirtschaftsaufklärung ein Schwerpunkt unserer Arbeit. Die Partei- und Staatsführung schraubt ihre Forderungen besonders auf dem Gebiet der Mikroelektronik immer höher. Wir verstehen das, denn in der DDR wird die Kluft zwischen verbrauchtem und produziertem Nationaleinkommen ständig größer. Der Durchbruch zum internationalen Höchststand auf diesem Gebiet soll Entlastung schaffen. Schon 1981 hatte der Rektor der Akademie für Gesellschaftswissenschaften beim ZK der SED, Otto Reinhold, auf einer Tagung der Gemeinsamen Kommission der Ökonomen der UdSSR und der DDR den Zusammenhang formuliert: »Wer mit diesem hohen Tempo [...] nicht Schritt halten kann, wer auf einigen Gebieten die Spitzenpositionen nicht zumindest mitbestimmen kann, wird seine internationale ökonomische Position und als Folge davon auch politischen Einfluß verlieren.« – Wir von der HVA erfüllen unseren Auftrag und unterlaufen CoCom-Liste und Embargobestimmungen des Westens. Die Kundschafter liefern Forschungsergebnisse und technologische Lösungen aus westlichen Forschungslabors und Konstruktionsabteilungen, die dem jeweils aktuellen wissenschaftlich-technischen Weltstand zehn Jahre voraus sind.

Doch der allgemeine Trend sinkender Wirtschaftskraft der DDR wird damit nicht aufgehalten. Die DDR ist wegen des Kalten Krieges vom internationalen wissenschaftlich-technischen Entwicklungsprozeß weitgehend ausgeschlossen, das zeitigt Folgen. Wir sind zu klein, um auf allen Feldern der Grundlagen- und der angewandten Forschung eigenständig zu existieren. Hinzu kommt die falsche Wirtschafts- und Sozialpolitik, die Günter Mittag verantwortet.

Das entsprechende Umfeld in der DDR-Wirtschaft fehlt, auch wenn auf dem Gebiet der Mikroelektronik ab 1986 Milliarden investiert werden.

Mich empört vor allem, daß Mittag seine Megabit-Lüge in Moskau inszenieren will, zumal das KGB und die sowjetische Führung wissen, wie der DDR-Superchip zustandekam.

Ich muß etwas tun, aber was?

Ich gehe zu Minister Mielke und weise ihn auf die mögliche internationale Blamage hin. Wider Erwarten reagiert der prompt. Er greift in meinem Beisein zum Telefon und ruft Günter Mittag an. Er bittet diesen, die geplante Demonstration wissenschaftlicher Stärke zu unterlassen.

Doch schon nach wenigen Worten unterbricht ihn Mittag rüde: »Misch dich nicht in meine Angelegenheiten, kümmere dich um deinen eigenen Kram.« Mielke läuft rot an, so etwas passiert ihm selten, und ich bin auch noch Zeuge dieses Moments.

In solchen Augenblicken denke ich über den Sinn meiner Arbeit nach. Was passiert mit den Ergebnissen? Denn es ist ja nicht nur dieser Chip. Auch für andere volkswirtschaftliche und wissenschaftliche Bereiche liefern wir wichtige Unterlagen. Besonders konzentrieren wir uns auf die Militärtechnik und beschaffen sogar komplette Muster.

Letztlich verzetteln wir uns aber genauso wie die gesamte DDR-Wirtschaft.

Die Bundesdruckerei in der Berliner Oranienstraße 91 produziert im November 1987 den ersten Personalausweis einer neuen Generation. In den nächsten Jahren soll jeder Bundesbürger ein solches Dokument erhalten. Die Angaben zur Person werden in den Einwohnermeldeämtern nicht mehr mit Dokumententinte eingetragen, sondern zentral eingedruckt. Untrennbar mit einer Hülle verschweißt, gelten sie als absolut fälschungssicher.

Als die Pressekampagne anläuft und Erika Mustermann zur bekanntesten Bundesbürgerin wird, haben wir die Herausforderung schon angenommen. Galten bisher unsere nachgefertigten Dokumente als meisterlich, stehen wir nun vor einer fast unlösbaren Aufgabe. Durch präzise Koordinierung vieler IM und hauptamtlicher Mitarbeiter wird sie doch gelöst. Die Spezialisten des Operativ-Technischen Sektors (OTS) des MfS analysieren und bearbeiten das von uns beschaffte Knowhow und das Spezialpapier.

Nun brauchen wir nur noch eine neue Druckmaschine. Das Finanzministerium stellt die Mittel zur Verfügung. Die Staatsdruckerei der DDR in Leipzig soll eine Maschine besorgen und nutzt die Chance – sie kauft in der BRD zwei Maschinen, eine für uns und eine für sich.

Schon 1989, die alten Ausweise sind noch gültig, reisen HVA-Instrukteure komplikationslos mit fälschungssicheren Ausweisen aus eigener Produktion ins Operationsgebiet.

Die Personaldokumente der Bundesrepublik Deutschland tragen unsichtbar den Qualitätsnachweis: Made in GDR.

Die Investitionen für diese Glanztat sind beträchtlich. Doch ein bißchen marktwirtschaftlich denken wir auch. Sollten in der DDR und eventuell in anderen sozialistischen Ländern neue Personaldokumente eingeführt werden, amortisieren sich die finanziellen Aufwendungen.

Ich bekomme Jahre später ein Original umsonst in meiner Einwohnermeldestelle. Doch ich bin einer der wenigen, die wissen: So sicher wie behauptet ist der Ausweis keineswegs.

Diese Druckmaschine beschäftigt am 7. März 1996 den 2. Untersuchungsausschuß des Bundestages in Bonn. Während meiner Vernehmung glaubt mir niemand, daß wir ein solches Gerät hatten und demzufolge die fälschungssicheren Dokumente selbst herstellen konnten. Der MdB/SPD Julius Beucher beruft sich bei meiner Vernehmung auf eine entsprechende Auskunft der Bundesregierung. Die verweist wieder auf die Vernehmung von Schalck-Golodkowski. Und der hatte zu Protokoll gegeben, zwar einen entsprechenden Auftrag erhalten, aber nicht mehr realisiert zu haben.

Wer, so frage ich, beauftragte Schalck? Die HVA war es nicht.

Beucher ist nun baß erstaunt über meine Variante und will sie kaum glauben. Wörtlich: »Ja, ja. Deshalb nehme ich das ja mit Empörung zur Kenntnis.«

Empört ist er vor allem darüber, daß die Bundesregierung dem Ausschuß verschweigt, *wo* die Druckmaschine geblieben ist.

Auch da kann ich helfen.

Ende Juni 1990 besichtigten die Regierungsbeauftragten zur Auflösung des MfS/AfNS, Oberkonsistorialrat Dr. Ulrich Schröter, Dr. Georg Böhm und General Fritz Peter, die von uns besenrein verlassenen Räume in der Roedernstraße. Gleichzeitig sahen sie sich die Arbeitsräume des OTS an. Dort stand unter anderem jene Druckmaschine. Die Beauftragten beschlossen an Ort und Stelle, alle Druckanlagen des OTS in das Innenministerium der DDR unter Minister Dr. Peter-Michael Diestel zu überführen.

Ein paar Tage vorher hatten Beamte des BND die Druckmaschine interessiert betrachtet ...

Auch auf anderen Gebieten im operativ-technischen Bereich sind wir technisch auf der Höhe der Zeit. Das zahlt sich beim Schutz unserer Botschaften und Handelsvertretungen aus. Eine Gruppe hochspezialisierter Mitarbeiter, ausgerüstet mit entsprechender Kontertechnik, spürt gegnerische Abhöranlagen auf. In den Botschaften in London und in Harare (Simbabwe) erkennen sie die Handschrift britischer Geheimdienste. Für die valutaschwache HVA ergibt sich noch ein Nebeneffekt: Wir bekommen hoch-empfindliche Technik. Außerdem fertigen unsere Ingenieure eine ausführliche Dokumentation.

Wir empfehlen einen geharnischten Protest beim Foreign Office. Als Minister Mielke darüber mit Erich Honecker spricht, lehnt der ab. Er denkt wohl an seinen Staatsbesuch in Großbritannien.

Abgesehen davon, daß wir genau über die Abhörtechnik in unserer Vertretung in Bonn und in der Handelsvertretung in Düsseldorf Bescheid wissen, stoßen unsere Spezialisten in keiner anderen

DDR-Botschaft auf elektronische Wanzen. Ob die Elektroniker der jeweilig anderen Seite findiger sind als unsere Leute, bleibt offen.

Eine wichtige und technisch anspruchsvolle Aufgabe erfüllen die Mitarbeiter, die mit Hilfe der HA III den gegnerischen Observationsfunk überwachen. Natürlich kontrollieren wir nicht das gesamte Territorium der BRD, aber eben jene Gebiete, in denen wir häufig vertreten sind. Mit den gewonnenen Informationen sichern wir unser illegales Netz im Operationsgebiet. Sie ergänzen oder bestätigen die Signale unserer Quellen in den Geheimdiensten, wenn einzelne IM gefährdet sind.

Die Brüder vom KGB

Wladimir Krjutschkow, der Leiter der I. Hauptverwaltung Aufklärung des KGB, sitzt neben mir in meinem Dienstwagen. Wir fahren an einem schönen Sommertag des Jahres 1987 über die holprige Autobahn nach Dresden. Der dienstliche Teil des Arbeitsbesuches liegt hinter uns, jetzt beginnt der touristische. Krjutschkow kennt die DDR gut, war jedoch noch nie in Dresden und möchte Elbflorenz unbedingt sehen.

Es überrascht mich, daß sich Krjutschkow auch für die private Wirtschaft in der DDR interessiert. Er will etwas über selbständige Handwerker, Einzelhändler und Dorfgastwirte wissen. Laut denkt er darüber nach, wie man so etwas auch in der Sowjetunion organisieren könne.

In Dresden angekommen, fahren wir auf den Weißen Hirsch. Dort besuchen wir nicht den privaten Fleischermeister, sondern ein privat geführtes Forschungsinstitut. Krjutschkow will unbedingt Manfred von Ardenne kennenlernen. Ich habe uns über die Bezirksverwaltung des MfS angemeldet.

Ardenne begrüßt uns wie gute Freunde. Er erzählt von seinem Zwangsaufenthalt als Wissenschaftler in der Sowjetunion gleich nach dem Krieg. Dankbar erinnert er sich daran, wie er von den sowjetischen Behörden während der Zeit in der Sowjetunion und nach seiner Rückkehr in die DDR behandelt wurde.

Krjutschkow ist beeindruckt.

Ardenne offeriert zunächst seine Sauerstoff-Mehrschritt-Therapie. Und der 80jährige, der sich damit selbst behandelt, beweist mit seiner Vitalität deren Wirkung. Konzentriert trägt er dann vor, wie er sich die notwendige wirtschaftliche Erneuerung der DDR vorstelle. Vor allem, so sagt er, müsse sich das mittelständische Gewerbe entwickeln. Darüber habe er auch schon mit Egon Krenz gesprochen. Mit Honecker oder Mittag zu reden halte er für überflüssig.

Daß der oberste Wirtschaftslenker mit dem »roten Baron« nicht kann, ist in der DDR ein offenes Geheimnis. Aber das erkläre ich Krjutschkow später.

Manfred von Ardenne und einige seiner Mitarbeiter stellen uns praktisch und theoretisch die neuesten Forschungsergebnisse der einzelnen Institutsbereiche vor. Der KGB-General, von Perestroika und Glasnost angefeuert, ist ganz Ohr und Auge. Begeistert verabschiedet er sich von dem Physiker, der sein eigenes Forschungsinstitut leitet, wenn auch mit staatlicher Beteiligung.

Wir sind noch nicht richtig im Gästehaus des MfS angekommen, da klingelt schon das Telefon. Mielke ist am Apparat. Ihn hatte ich vom Besuch bei Manfred von Ardenne nicht unterrichtet. Mittag hatte das nun getan und sich laut bei ihm darüber beschwert, nicht um Erlaubnis gebeten worden zu sein, wenn sich jemand in seinem Fachbereich bewegen möchte.

Einmal in Fahrt, untersagt er künftig jeden Besuch von sowjetischen Funktionären bei Ardenne.

Wie harsch auch Mittags Ton gewesen sein mochte – der von Mielke mir gegenüber ist bestimmt um einiges schärfer. Eine Stellungnahme ist fällig.

Wieder im Dienst, schreibe ich den geforderten Bericht. Mielke will genau wissen, wie der Besuch verlaufen ist und worüber geredet wurde.

Ein Jahr später begleite ich Mielke nach Moskau. Er soll einen weiteren Leninorden bekommen. Andrej Gromyko, von 1957 bis 1985 sowjetischer Außenminister und jetzt Vorsitzender des Präsidiums des Obersten Sowjets, verleiht am 24. April 1987 im Kreml dem ergriffenen Erich Mielke den Ehrentitel »Held der Sowjetunion«.

Zum vierten Mal erhält er den Leninorden mit der Medaille »Goldener Stern«.

Atmosphärisch anders verlaufen die Gespräche mit dem Vorsitzenden des KGB, Viktor Tschebrikow. Minister Erich Mielke, acht Jahre älter und 25 Jahre länger im Amt als sein Gegenüber, tritt entschieden selbstbewußter auf. Er kritisiert, wie lasch die sowjetische Partei- und Staatsführung in letzter Zeit mit den Bürgerrechtsbewegungen in der UdSSR umgehe und was im Zeichen von Glasnost in den Medien veröffentlicht und diskutiert werde.

Tschebrikow weist die Kritik zurück. Er versichert, man habe alles unter Kontrolle, und er sehe keine Gefahr für die politische und staatliche Existenz der Sowjetunion.

Dann empfängt Michail Gorbatschow beide Minister. Er gratuliert Mielke zur Auszeichnung mit dem Leninorden. Dessen Leistung als Minister für Staatssicherheit der DDR schätze er sehr hoch.

Mielke nimmt das Lob erfreut zur Kenntnis und hört Gorbatschow aufmerksam zu, der eloquent für seine Politik und für das Neue Denken wirbt.

Für Perestroika läßt sich Mielke noch erwärmen, Glasnost hält er für suspekt und gefährlich. Diese Transparenz könne man ja in der UdSSR praktizieren, nicht aber in der DDR.

Er nutzt die Gelegenheit und regt Gorbatschow an, die Kooperation der UdSSR und der DDR auf dem Gebiet der Mikroelektronik zu fördern. Der Generalsekretär zeigt sich angetan und verspricht, Maßnahmen einzuleiten.

Mielke ist danach euphorisch gestimmt wie selten. Zurück in der DDR, stellt er ernüchtert fest, daß Gorbatschow nicht daran denke, seine Zusage ernstzunehmen.

In der DDR-Öffentlichkeit findet die Reise nicht statt. Die Zeitungen, der Rundfunk und das Fernsehen melden weder die Auszeichnung Mielkes noch das offizielle Gespräch des Ministers für Staatssicherheit mit dem sowjetischen Generalsekretär. Die Partei- und Staatsführung und besonders Honecker unterbinden jede Nachricht.

Unser Bemühen, eine engere Kooperation mit der Sowjetunion in Sachen Mikroelektronik anzukurbeln, bleibt folgenlos.

1989 kommt der gerade ernannte Leiter der I. Hauptverwaltung des KGB, Leonid Schebarchin, mit einer Delegation in die DDR. Im Gästehaus des MfS in Damsmühle trifft sich die sowjetische Delegation mit Aufklärern der HVA. Schebarchin und Mielke sprechen mehrere Stunden miteinander. Eine Unterhaltung ist es eigentlich nicht, es redet fast nur Mielke. Und zwar ziemlich rüde.

Er gibt sich ganz als der im Klassenkampf erfahrenere und klügere Funktionär. Das ist nicht nur Eitelkeit, sondern auch Taktik. Mielke will seinen Worten Nachdruck verleihen. Er beanstandet, wie nachsichtig die Bruderparteien in allen sozialistischen Ländern und in der Sowjetunion mit den Reformbewegungen umgehen, er sehe eine existentielle Gefahr für den real existierenden Sozialismus.

Seine nachdrückliche Kritik an der Politik Moskaus, so glaubt er, würde Gorbatschow erreichen und nachdenklich stimmen.

Politisch differenziert mit Oppositionellen umzugehen ist Mielkes Sache nicht. Er sieht nur die eine Möglichkeit, sie konsequent zu bekämpfen. Für ihn steht fest, daß sie alle von außen beeinflußt und gesteuert werden.

Seine Logik, geprägt von der Kommunistischen Internationale als revolutionärem Weltzentrum, das im Klassenkampf jedes Detail in jedem Land im Griff haben müsse, überträgt er auf den Gegner. Dessen politische, militärische, wirtschaftliche, ideologische und vor allem auch geheimdienstliche Aktivitäten sind für ihn Bestandteil eines in sich geschlossenen, präzisen Plans. Er fordert deshalb: »All die erfolgreiche Arbeit der Aufklärung genügt nicht mehr. Wir müssen eindringen in die Konspiration der Bourgeoisie. Wir müssen wissen, was in den Zentren der Bourgeoisie, in den höchsten Führungszentren ausgehandelt wird.«

Schebarchin reagiert erschreckt und betroffen. »Ich sitze hier wie ein Beschuldigter. Wir machen nicht die Politik, sondern führen sie durch.«

Schebarchin ist nach dieser Veranstaltung ziemlich erregt und verärgert. Wir trinken erst einmal einen Wodka. Diesen anklagenden Wortschwall müssen wir beide verdauen. Ich kenne Leonid seit Jahren. Aber auch ich überfordere ihn in unserem Gespräch, wenn auch ganz anders als Mielke.

Ich bin felsenfest davon überzeugt, daß die Sowjetunion helfen wird, personelle und damit politische Veränderungen in der DDR herbeizuführen.

Doch Schebarchin ist genau so hilflos wie ich. Einen Ausweg sehen wir beide nicht. Desillusioniert sitzen wir da. Kein guter Anfang für den Urlaub, den Leonid in der DDR verbringen will.

Wir sprechen zwar noch viel in den nächsten vierzehn Tagen über die Gegenwart und die Zukunft unserer Länder, doch optimistischer werden wir dabei nicht.

Neben den engen Kontakten zu den sowjetischen Aufklärern pflegen wir auch freundschaftliche Beziehungen zu den Diensten der anderen sozialistischen Länder. Offiziell treffen wir uns alle vier Jahre zu einer gemeinsamen Tagung. Dort besprechen wir die politische und operative Lage, beraten gemeinsame strategische Richtlinien. Nach Warschau, Prag, Sofia, Budapest und Moskau sind wir 1988 an der Reihe. Delegationen der Aufklärungsorgane aus der UdSSR, ČSSR, aus Polen, Ungarn, Bulgarien, Kuba, Vietnam, aus der Mongolei und der DDR kommen nach Berlin. Rumänien ist wie immer nicht eingeladen.

Vor und besonders während der Tagung machen sich die politischen Widersprüche bemerkbar, die sich zwischen den einzelnen Ländern seit der letzten Konferenz in Moskau im Jahr 1983 entwickelten. Sehr unterschiedlich bewerten die einzelnen Sprecher die politisch-ideologische Diversion (PID) und die Reformbewegungen in ihren Ländern. Von den Ungarn sind wir eine moderate Haltung dazu schon seit längerer Zeit gewöhnt, doch nun hören wir ähnliches von den Genossen aus Polen und der ČSSR. Natürlich spiegelt sich hier die Politik ihrer Partei- und Staatsführungen wider.

Als Gastgeber hält Erich Mielke ein Grundsatzreferat.

Schon nach den ersten zehn Minuten merke ich: Er geht hart zur Sache gegen alles, was auch nur nach Opposition aussieht. Er appelliert an alle, genau so konsequent wie die DDR dagegen vorzugehen. Trotz unterschiedlicher Auffassungen über die Ursachen der jeweiligen inneren Opposition, über deren Behandlung, über notwendige politische und ökonomische Reformen, sieht niemand den realen Sozialismus gefährdet.

Zur nächsten Konferenz wollen wir uns in vier Jahren, also 1992, in Kuba treffen.

Die Ungarn erwarten im Oktober 1989 die Leiter der äußeren Abwehr der Aufklärungsorgane in Budapest. Dort reden wir über die zunehmende Aktivität gegnerischer Geheimdienste, über deren Zielobjekte, die Zielpersonen und über die Methodik. Wir vereinbaren eine bessere Kooperation zwischen den Abteilungen der äußeren Abwehr unserer Aufklärungsdienste.

Keiner ahnt, daß wir nur noch gegen Schatten boxen.

Die HVA in der Dritten Welt

1987 fliege ich zum dritten Mal nach Kuba. Die Reise ist teils dienstlich, teils privat. Für die erste Woche stehen viele Termine in meinem Kalender, in den folgenden vierzehn Tagen will ich mit meiner Frau die Insel touristisch erkunden. Ich mag die Kubaner, bin immer noch begeistert, wie sie den Diktator Batista zum Teufel jagten und die Befreiungskämpfer in anderen Ländern unterstützen. Zwar bereiten mir ihr aufschäumendes Temperament und ihre Leichtigkeit in allen Lebenslagen ein paar Probleme, doch als Mann der preußischen Disziplin beneide ich sie auch deswegen.

Auf dem Flugplatz Jose Marti begrüßt uns der Leiter der kubanischen Aufklärung, General Luis Barreiro. Ihn schätze ich besonders, denn seine Truppe ist außergewöhnlich erfolgreich. Bei Bedarf unterstützt er uns uneigennützig und effektiv.

Ich wohne mit meiner Frau in einem Gästehaus. Eines Tages höre ich, daß Raul Castro vorbeikommen will.

Der Minister der Revolutionären Streitkräfte ist mir sofort sympathisch. Wir sind fast gleichaltrig und verstehen uns auf Anhieb. Das mehrstündige Gespräch bestätigt, was ich über ihn gehört habe. Der Mann hat einen starken Willen, ist klug, seine Einschätzungen sind realistisch und analytisch. Für einen Kubaner wirkt er geradezu sachlich und nüchtern abwägend. Die Politik Gorbatschows beobachtet er besorgt. Würde die Sowjetunion geschwächt, berge das natürlich Gefahren für die Existenz des sozialistischen Kuba hier in der Karibik, an der Schwelle zur USA. Doch er ist zuversichtlich, allen Entwicklungen zum Trotz, das vom Kapitalismus befreite Kuba erfolgreich zu verteidigen.

Raul spricht, so versichert er, im Namen seines Bruders Fidel.

Spontan schlagen die Kubaner vor, unsere Freunde in Nikaragua zu besuchen. Ich denke an meinen Minister zu Hause, doch der ist weit, und ich stimme zu.

Die kubanischen Partner und unser Resident in Nikaragua organisieren schnell Gespräche mit leitenden Mitarbeitern des kleinen Aufklärungsdienstes und mit Innenminister Tomás Borge.

Mit einer kubanischen Maschine fliegen wir zu einem dreitägigen Aufenthalt dorthin.

Meine Frau und ich sind erschüttert von der Verwüstung, der Armut und dem Elend, das der Diktator Somoza hinterlassen hat. Ganz zu schweigen von den Folgen eines verheerenden Erdbebens und des Bürgerkrieges. Die Hauptstadt Managua ist fast völlig zerstört. Die Sandinisten stehen vor der kaum zu bewältigenden Aufgabe, das Leben im Lande wieder zu normalisieren. Meine Frau besucht eine Schule, einen Kindergarten und das Krankenhaus »Karl Marx«, das die DDR eingerichtet hat. Sie ist erschüttert und begeistert zugleich. Für die Kinder, in armseligen Verhältnissen aufgewachsen, wird alles unternommen, um das Leid und die Not zu mildern. Um jedem Kind jeden Tag einen Becher Frischmilch zu geben, bewegen die Sandinisten Himmel und Hölle.

Ich bin mit dem Chef der Aufklärung, Commandante de Brigada Renan, verabredet. Er kämpfte mit Che Guevara und ist einer der wenigen Überlebenden der Gruppe, die die Bauern und Landarbeiter in Bolivien zur Revolution führen wollte und scheiterte. Seine jungen Mitarbeiter, darunter Frauen, sind hoch motiviert und mit Hilfe der Kubaner nachrichtendienstlich gut ausgebildet. Mit wenig Geld ausgestattet, fehlt ihnen fast jede Technik. Eine schwierige Lage, um Quellen im Einflußbereich der USA zu plazieren.

Mit Interesse bemerke ich: Die Sandinisten suchen wie die Kubaner gute Kontakte zu den spanischen Diensten.

Und: Zu ihren Zielobjekten gehören auch bundesdeutsche Einrichtungen.

Das ist für mich eine wichtige Mitteilung. Nach der weltweiten Anerkennung der DDR Anfang der 70er Jahre ist die DDR in 75 Staaten der Dritten Welt mit diplomatischen Einrichtungen präsent. Die Tätigkeit der HVA aus diesen Vertretungen heraus richtet sich in keinem Fall gegen Bürger und Institutionen des jeweiligen Gastlandes, sondern gegen die NATO, insbesondere gegen die BRD und die USA und deren Geheimdienste. Die Generale Werner Prosetzky und Horst Jänicke, die den entsprechenden Bereich in der HVA leiten, leisten dabei eine hervorragende Arbeit.

In erster Linie gewährleisten sie mit ihren Mitarbeitern vor Ort die Sicherheit der DDR-Bürger und der Einrichtungen. Dazu gehört, terroristische Anschläge abzuwehren, eingebaute Abhörtechnik fremder Dienste aufzuspüren und Werbeoperationen fremder Dienste gegen DDR-Bürger zu verhindern. Immerhin sind 13.000 DDR-Bürger längerfristig in diesen Ländern tätig, viele reisen kurzfristig in diese Staaten. Ihr Einsatz auf dem Gebiet der wirtschaftlichen und humanitären Hilfe ist oftmals mit einem erheblichen Sicherheitsrisiko verbunden. Das betrifft besonders jene Länder wie Äthiopien, Mocambique, Angola und Nikaragua, in denen ein Bürgerkrieg tobt.

Ein schier unlösbares Problem ergibt sich für uns daraus, daß wir einerseits die Hilfsbedürftigkeit der Dienste in solchen Ländern kennen, aber nicht helfen können, weil die Ressourcen der HVA das nicht erlauben. Das beschäftigt mich bis Ende der 80er Jahre. Der Innenminister Mocambiques bittet mich beispielsweise dringend um Hilfe beim Bau neuer Unterkünfte für Angehörige seines Ministeriums. Ich kann ihm nichts versprechen.

Bleiben solche Begehren auf der Ebene der Ministerien, weisen wir sie schweren Herzens zurück. Kommen solche Gesuche bis zum Generalsekretär, wird ihnen ohne Rücksprache sofort entsprochen. Honecker gibt sich gern gönnerhaft.

1989 möchte Äthiopien Panzer. Egon Krenz, der gerade Erich Honecker vertritt, erbittet auch unsere Meinung. Wir halten es für politisch falsch, den Krieg Äthiopiens gegen Eritrea militärisch zu unterstützen. Auch die Internationale Abteilung des ZK der SED vertritt diesen Standpunkt. Egon Krenz trägt das Anliegen und unseren Standpunkt Erich Honecker vor.

Honecker weist an: Die Panzer sind zu liefern.

Ähnlich verläuft es, wenn Dienste aus der Dritten Welt um logistische Hilfe bitten. Das MfS wird dann angewiesen, meist unter Federführung der HVA, dieser zu entsprechen. Dazu gehören Informationsaustausch, sicherheitspolitische Konsultationen und Ausbildung ebenso wie materielle Hilfe, technische Ausrüstungen, Waffen und Munition für polizeiliche Maßnahmen.

Aber niemals bilden oder rüsten wir Terroristen aus. Wir beteiligen uns auch nicht an militärischen Auseinandersetzungen oder inneren Machtkämpfen, an Vernehmungen, Folterungen oder anderen Gesetzesverletzungen.

Mit den Geheimdiensten Syriens, Iraks und Libyens gibt es keinerlei Zusammenarbeit.

Die Agonie

Die Unzufriedenheit in der DDR-Bevölkerung wächst Woche für Woche spürbar an. Die Ausreiseanträge stapeln sich. Bis zum 30. Juni 1989 haben 38.917 Antragsteller legal das Land verlassen. Keine Frage: Der Sog wird von draußen verstärkt.

Die Ungarn halten sich nicht mehr an die Vereinbarungen, die innerhalb des Bündnissystems bezüglich der Grenzen getroffen worden sind. Am 5. Oktober 1987 hatte der Chef der dortigen Grenztruppen, Janos Szekely, intern erklärt, der Grenzzaun sei nicht nur »moralisch veraltet«, sondern auch physisch. Der Stacheldraht wäre verrostet, es käme häufig zu Fehlalarm. Die Sowjetunion werde keinen neuen Stacheldraht mehr liefern, so daß man diesen aus dem Westen importieren und in Devisen bezahlen müsse, die man aber nicht habe ... Am 18. April 1989 beginnen die Ungarn, den Zaun an der Grenze zu Österreich abzubauen. Am 2. Mai geben sie dies offiziell bekannt. Danach kündigt die UdSSR den Truppenabzug aus Ungarn an, und am 27. Juni durchtrennen Ungarns Außenminister Horn und sein österreichischer Kollege Alois Mock symbolisch den Grenzzaun zwischen den Nachbarländern.

Die Westmedien, insbesondere die elektronischen, informieren ausführlich darüber. Hunderte, gar Tausende DDR-Bürger setzen sich zu einem »Ungarn-Urlaub« in Bewegung.

Am 19. August kommt es bei Sopron zu einem massenhaften Grenz-Durchbruch beim sogenannten Paneuropäischen Picknick. Diese Veranstaltung, bei der sich eigentlich nur Ungarn und Österreicher treffen sollen, haben die ungarische Oppositionsbewegung Demokratisches Forum (MDF) und der Europa-Abgeordnete Otto von Habsburg organisiert. Vereinbart ist, daß dazu die österreichisch-ungarische Grenze für drei Stunden geöffnet wird. Nachdem man umfangreich dieses »Picknick« medial beworben hat, nutzen etwa 800 »Urlauber« aus der DDR die Gunst der Stunde und strömen nach Österreich, ohne von den ungarischen Grenzbeamten daran gehindert zu werden.

Die Bilder zeigen die im Westen erhoffte Wirkung. Tausende

DDR-Bürger folgen dem Beispiel und suchen die bundesdeutsche Vertretung in Budapest, dann bald auch in Prag, Warschau und in Berlin auf. Vor allem in Ungarn sammeln sich zur Ausreise Entschlossene und wollen sie auf diese Weise erzwingen. Das Rote Kreuz und der Malteser Hilfsdienst stellen Zelte auf, die Medien trommeln täglich, als gelte es, die gesamte ostdeutsche Bevölkerung zu bewegen, die »Titanic DDR« kurz vor deren Untergang schnell noch zu verlassen.

Ungarn setzt den entsprechenden Vertrag mit der DDR von 1969 »vorläufig« außer Kraft und öffnet am 11. September 1989, 0.00 Uhr, für DDR-Bürger die Grenze: Etwa 12.000 Ostdeutsche fahren oder laufen in den Westen. Dem sind geheime Beratungen zwischen Gyula Horn und Ministerpräsident Miklos Nemeth sowie Hans-Dietrich Genscher und Helmut Kohl in Gymnich (BRD) vorausgegangen. Es heißt, daß Geld geflossen sei.

Unsere kollektive Partei- und Staatsführung ist hilf- und konzeptionslos. Honecker ist schwer krank, die Tagung des Politisch Beratendenden Ausschusses Anfang Juni in Bukarest hat er liegend verlassen müssen. Er wird in Berlin operiert, doch obgleich er formell wieder amtiert, ist er außerstande, politisch wirksam zu agieren. Nun rächt sich, daß das Land wie die Partei hierarchisch-zentralistisch geführt wird. Ist der Generalsekretär und Staatsratsvorsitzende nicht da oder nicht im Vollbesitz seiner Kräfte, dreht sich kein Rad. Alles wartet. – Das Staatsschiff treibt kieloben.

Das Ministerium für Staatssicherheit und das Innenministerium handeln in der »bewährten Weise«. Das verschärft die innenpolitische Lage. Der Zug der Demonstranten, der den Leipziger Innenstadtring umrundet, schwillt von Montag zu Montag immer mehr an und findet Nachahmung in anderen Städten der DDR. »Wir sind das Volk!« skandieren die Massen. Die Sicherheitsorgane reißen vor laufender Kamera mit verkniffenen Gesichtern Transparente herunter, die Reisefreiheit und die Zulassung des Neuen Forums fordern. Diese Bilder laufen wieder und wieder im Westfernsehen. Sie sollen bezeugen, wie brutal die DDR-Fürhung gegen ihre Bürger vorgeht.

Von uns erwartet man wie eh und je wichtige Dokumente und Einschätzungen aus den gegnerischen Zentren. Die liefern wir natürlich. Allerdings verlangt nicht nur der Minister nach Beweisen, daß »die Konterrevolution« von außen gesteuert wird. Das können wir nicht. Es existiert kein Gremium im Westen, in dem die Fäden gezogen werden. Sicher, jede politische Institution, nicht zuletzt die Medien, trägt ihren Teil dazu bei, daß die Bewegung in der DDR am Laufen gehalten wird. Insbesondere die täglichen Fernsehbilder aus Notaufnahmelagern und besetzten Botschaften, von glücklichen Ankömmlingen im Westen, polizeilichen Übergriffen im Osten usw. heizen spürbar die Stimmung an.

Doch machen wir uns nichts vor: Der Beginn erfolgte in der DDR. Hier lief das Faß über. Hier brach der Unmut auf. Der Westen verstärkt nur, was hier geschieht ...

Minister Mielke ist mit den inneren Problemen der DDR beschäftigt, seine täglichen Anrufe bleiben aus. Zu Besprechungen auf höchster Leitungsebene, die er in der letzten Phase häufiger einberuft, werde ich immer seltener eingeladen. Geschieht es doch einmal, kriege ich von Mielke zu hören: »Das ist zwar nicht dein Aufgabengebiet, es schadet aber nicht, wenn du zumindest die Probleme kennst.«

Mielke hält die HVA, das macht er in jeder Geste, in jeder Bemerkung deutlich, in Fragen der inneren Sicherheit für inkompetent und unvermögend.

Er hat insofern nicht unrecht, als die »innere Sicherheit der DDR« tatsächlich nicht unsere Metier ist. Ich weiß, wie der BND, Parteien und Regierungsorgane der BRD die Situation bei uns einschätzen. Doch daraus kann ich keine politischen Schlußfolgerungen für die Innenpolitik der DDR ableiten. Irgendwann haben wir als HVA uns aus diesem Vorgang selbst ausgeschlossen. Wir liefern unsere Ergebnisse und nehmen die Einschätzungen der Fachabteilungen über die sich entwickelnde »innere Opposition« zur Kenntnis. Schließlich wissen wir, daß die meisten »Oppositionellen« nicht ferngesteuert sind.

Wir sind mit unserer Rolle, die wir im Ministerium spielen, ganz zufrieden. Innenpolitik ist nicht unser Spielfeld. Sollen die mal machen. Dennoch hoffen auch wir auf Reformen, setzten auf die biologische Lösung und auf Aktivitäten jüngerer Kräfte, wie etwa auf den 52jährigen Egon Krenz. Und wir glauben unerschütterlich an den Einfluß und die Kraft der UdSSR. Sie wird die DDR niemals aufgeben.

Zweifel und Kritik äußern wir nur im kleinen Kreis. Leitende Mitarbeiter der Abwehr gehören nicht dazu.

Zwar spüre ich auch dort manchen Zweifel und viel Frust und Unzufriedenheit, doch zu Gesprächen kommt es nicht. Nicht einmal zu einem vorsichtigen Abtasten. Da sprechen wir selbst mit Funktionären in anderen Ministerien und im Zentralkomitee weitaus offener. Dort denkt so mancher über Maßnahmen und Reformen nach, aber eben immer nur in Zweier-, höchstens in Dreiergesprächen.

Und wie immer bleibt das ohne Konsequenzen.

Wenn sie mit uns reden, hoffen sie, daß wenigstens wir etwas bewegen oder auslösen könnten. Sie überschätzen uns da ebenso wie es der Rest des Volkes tut. Wir sind weder allmächtig noch Manns genug, etwas zu bewerkstelligen.

Besonders anregend ist der Gedankenaustausch mit Günther Sieber, Abteilungsleiter für Internationale Verbindungen im ZK der SED, und mit seinem Stellvertreter, Bruno Mahlow. Beide versuchen, ihre Beziehungen zu sowjetischen Partnern zu nutzen.

Auch im Ministerium für Auswärtige Angelegenheiten, hauptsächlich in den Abteilungen BRD und Westberlin, im Ministerium für Außenhandel und auch in der Wirtschaft suchen Verantwortliche das Gespräch mit uns. Minister Gerhard Beil verfolgt seit langem Günter Mittags Aktivitäten und beobachtet besorgt, wie der selbsternannte sozialistische Manager während des jährlichen Besuchs der Messe in Hannover das Gespräch mit Bundeskanzler Kohl sucht und mit ihm des öfteren unter vier Augen im Kanzleramt spricht.

Gespräche mit Schalck

Beim Gespräch mit Alexander Schalck-Golodkowski ist Vorsicht angebracht. Seit Anfang der 80er Jahre gilt eine Vereinbarung zwischen ihm und Minister Mielke: Die HVA erhält jährlich 1 bis 1,5 Millionen DM aus Schalcks Bereich Kommerzielle Koordinierung. Anfang jeden Jahres setzen wir uns zusammen und besprechen die Modalitäten. Diese Zusammenkunft gerät dann meist zu einer tour d'horizon. Wir reden über internationale und weniger über nationale Themen.

Schalck ist OibE und seit 1967 Leiter des Bereichs Kommerzielle Koordinierung (KoKo) und einer von acht Stellvertretern des Außenhandelsministers. 1970 hat er an unserer Juristischen

Hochschule in Potsdam-Eiche promoviert. Seit 1975 ist er Staatssekretär, seit 1986 ZK-Mitglied, und hinter vorgehaltener Hand wird er als Nachfolger Mittags gehandelt. Mancher sieht in dem Mittfünfziger auch den künftigen DDR-Ministerpräsidenten.

Ich lerne ihn als Sekretär der Arbeitsgruppe Bundesrepublik/Westberlin im Politbüro kennen. Der Arbeitsgruppe steht Mittag vor.

Schalck geht merklich auf Distanz zu uns. Jede kritische Bemerkung über die DDR-Wirtschaftspolitik ist gefährlich und auch sinnlos. Und wenn er selbst einmal die Subventionierung von Nahrungs- und Gebrauchsgütern als irrsinnig bewertet, ruft er sich selbst mit der apodiktischen Feststellung zur Räson: »Es gibt nur einen Generalsekretär, der die Politik bestimmt, und wenn der nicht will, dann bleibt es eben so.«

Später redet Schalck nur noch mit Mielke und betrachtet die HVA mehr und mehr als störende Konkurrenz. Keiner seiner Unterstellten darf für uns arbeiten, wir erhalten nie Unterlagen aus seinem Bereich. Ich bekomme lediglich die Protokolle der Arbeitsgruppe BRD/WB.

Schalcks Berichte über seine Gespräche mit bundesdeutschen Politikern und Wirtschaftsbossen überreicht mir Minister Mielke meist nur auszugsweise und bearbeitet. Offenbar sollen wir Schalcks jeweilige Partner nicht feststellen, er läßt sich nicht in die Karten schauen.

Das ist kindisch. Natürlich fällt es uns nicht schwer, die Quellen zu identifizieren – auf Mielkes Informationsliste, die dieser ständig modifiziert, steht Schalck an prominenter Stelle.

Nach der »Wende« wird Schalck zum Buhmann, er ist die Haßfigur Nr. 1. Alle vermeintlich unsauberen Geschäfte, die jemals in der DDR gelaufen sind, werden ihm angehängt: Handel mit Antiquitäten bis zum Export von Waffen.

Dem Selbstbewußten fehlt offensichtlich die Kraft, sich dieser Woge zu stellen. Er flüchtet am 3. Dezember 1989 nach Westberlin, wird umgehend aus dem ZK ausgeschlossen und stellt sich am 6. Dezember in der Bundesrepublik »den Behörden«. Er habe um sein Leben gefürchtet, begründet er seine Flucht. Er fühle sich, so hören wir, von der HVA observiert. Nur mit seinem Schritt über die Grenze habe er seinen Verfolgern entkommen können.

Ich stelle mir die Frage: Wer hat Alexander diesen Unfug eingeredet? Die HVA hat nie leitende DDR-Staats- und Parteifunktionäre bearbeitet, das ist uns verboten.

In der Zeit des Umbruchs sind wir zudem so mit unseren IM in der DDR und im Operationsgebiet beschäftigt, daß wir zu solchen Unternehmungen nicht in der Lage sind.

Herrscht sonst offiziell Schweigen über die sich häufenden Probleme in der DDR, erlebe ich im Mai 1989 in einer Kollegiumssitzung eine Überraschung. Die Zentrale Auswertungs- und Informationsgruppe (ZAIG) legt ein Papier über die Lage vor. Die Autoren haben die vielen Berichte aus den Kreis- und Bezirksdienststellen zusammengefaßt und verdichtet, sie liefern ein ungeschöntes Bild der Stimmungen und der ökonomischen Situation im Lande. Die Kollegiumsmitglieder sollen dazu Stellung nehmen.

General Alfred Kleine, Leiter der HA XVIII (Sicherheit in der Volkswirtschaft) bestätigt klar und deutlich die äußerst kritische Wirtschaftslage. Ich kenne aus den von uns beschafften Informationen ähnliche Bewertungen. Sie stammen aber aus der Ständigen Vertretung der BRD, aus Bundesministerien, aus Parteigremien und gesellschaftlichen Einrichtungen.

Die Teilnehmer der Kollegiumssitzung empfehlen, den Bericht unverzüglich und unverändert an die Parteiführung zu geben.

Minister Mielke sträubt sich. Er will dem jeweils zuständigen Politbüromitglied den ihn betreffenden Teil übergeben.

Nicht einmal Erich Honecker erhält die Gesamtinformation, wie Egon Krenz später in seinem Buch »Herbst '89« verrät. Er habe, ist dort zu lesen, Mielke geraten, »diese Information, die auch die Meinung vieler Parteimitglieder ausdrückt, sofort Erich Honecker zu übergeben. Sie muß schnell auf die Tagesordnung des Politbüros. Ihr Wissen darf nicht das Wissen einiger Bevorrechteter im Politbüro bleiben. [...] Mielke unternimmt nichts. Er fürchtet, Honecker könne ihm vorwerfen, das MfS fühle sich ›klüger als die Partei‹. Vor mehr als 30 Jahren waren seine Amtsvorgänger Zaisser und Wollweber unter anderem auch daran gescheitert, daß sie angeblich das Ministerium für Staatssicherheit über die Partei stellen wollten. Das hat Mielke nicht vergessen. Es ist in der Geschichte nicht einmalig, daß der Überbringer schlechter Nachrichten für die Nachricht selbst verantwortlich gemacht wird. So erreicht die Information nur Mittag.«

Warum handelt Egon Krenz damals nicht selbst? Warum bleiben die Kollegiumsmitglieder Rudi Mittig und Horst Felber, zwei Generäle, die dem ZK der SED angehören, passiv?

Und warum tue ich nichts?

Es ist nicht das erste Mal, daß existentiell wichtige Informationen zurückgehalten werden.

Es gibt nur eine Antwort: Uns fehlt der Mut.

Wir nennen es Parteidisziplin. Doch eigentlich ist es Angst vor persönlichen Nachteilen.

Die Analytiker auf der anderen Seiten schätzen zwar die Lage in der DDR realistisch ein, aber auch sie sind unfähig, die Konsequenzen zu sehen. Die von uns aus Bonner- und Westberliner Regierungs- und Parteizentren beschafften Lageeinschätzungen beschreiben zwar eine Zunahme regimekritischer Aktivitäten, stellen jedoch die Existenz der DDR nie in Frage.

Auch die Ständige Vertretung der Bundesrepublik nicht.

Und wir schon gar nicht.

Nachdem Honecker vom Gipfel Anfang Juli 1989 mit akuter Gallenerkrankung aus Bukarest ausgeflogen wird, er am 9. Juli seinen Genesungsurlaub in Drewitz antritt, machen auch die meisten anderen Politbüromitglieder erst einmal Urlaub. Üblicherweise amtiert bei Honeckers Abwesenheit Krenz, doch auch der wird vom Generalsekretär in die Ferien geschickt. Faktisch halten nun Günter Mittag und Erich Mielke das Ruder in der Hand.

Die Staatskrise trifft die Staatssicherheit mit voller Wucht. Sie soll mit repressiven Maßnahmen den Niedergang aufhalten und wird so vor aller Augen zum Prügelknaben der Nation. Das Bild bleibt bis heute. Dafür trägt aber nicht die bürgerliche Propaganda mit ihren absichtsvollen Verzerrungen ursächlich Schuld, sondern die Führung der Partei selbst.

Zu keiner Zeit hat sie selbstkritisch erklärt: Wir haben uns für alles in der DDR verantwortlich gefühlt und diesen Führungsanspruch 1968 in der DDR-Verfassung fixiert. Alles, was in der DDR geschah, erfolgte auf unsere Weisung. Gutes wie Schlechtes. Alle Einrichtungen des Staates waren ausführende Organe der SED. Sie handelten auf unsere Weisung. Auch das Ministerium für Staatssicherheit: Es war Schild und Schwert der Partei.

Das heißt, das MfS führte aus, was die SED-Führung verlangte.

Es handelte nicht eigenständig und schon gar nicht eigenmächtig. Selbst dann verhielt es sich gegenüber dem Generalsekretär loyal, als es hätte handeln müssen. Doch auch in dieser kritischen Situation verharrte das MfS – getreu dem Grundsatz: »Wir sind nicht klüger als die Partei.«

Das kann man uns getrost vorhalten.

Nicht aber, daß wir ein »Staat im Staate« gewesen seien. Daß wir Angst und Schrecken verbreitet und alle in der Hand gehabt hätten – vom Säugling bis zum letzten Greis, den Generalsekretär eingeschlossen.

Zur historischen Wahrheit und zum wahrhaftigen Umgang mit der Geschichte gehört, daß man Koch und Kellner klar bezeichnet.

In bezug auf das Verhältnis von SED-Führung und MfS steht das noch immer aus.

Mit den Feiern zum 40. Jahrestag der Gründung der DDR will die Parteiführung Stabilität und Stärke demonstrieren. Sie fürchtet aber Gegendemonstrationen. Das Gerücht kursiert, ein Marsch zum Brandenburger Tor stehe bevor, ein Grenzdurchbruch sei geplant.

Wir in der HVA erfahren von unseren IM aus Westberlin: Der Senat und die Alliierten ordnen in ihren Dienststellen Alarmbereitschaft an. Wir können leider nicht ermitteln, wer die Parole vom Grenzdurchbruch gestreut hat. Ich bin überzeugt, politische und geheimdienstliche Kreise – nicht nur deutsche – ziehen hier ihre Fäden und verwirren sie zu einem gordischen Knoten.

Sie warten, daß er durchschlagen wird.

Niemand in der Regierung und im Ministerium für Staatssicherheit denkt an den Einsatz von Schußwaffen, um Demonstrationen zu verhindern, wohl aber bei einem massenhaften Grenzdurchbruch. Deshalb soll am Tag des Festaktes im Palast der Republik jede »Zusammenrottung« verhindert werden, das Brandenburger Tor ist nahe.

Mich erfaßt zunehmend Resignation. Als Gast der Festsitzung lasse ich die Rede Honeckers im Großen Saal über mich ergehen. Bald verlasse ich mit meiner Frau den abendlichen Empfang. Zum FDJ-Fackelzug Unter den Linden gehe ich nicht. Das ist beileibe kein Protest, es ist blanke Rat- und Hilflosigkeit.

In der Nacht wird zwar nicht geschossen, aber geprügelt und verhaftet.

Am nächsten Morgen, einem Sonntag, gerät eine turnusmäßige Sitzung bei Mielke zu einer konspirativen Zusammenkunft. In seinem Arbeitszimmer sitzen Generale aus dem Ministerium für Nationale Verteidigung und dem Innenministerium. Aus dem MfS ist die Abwehr vertreten, ich als Stellvertreter des Ministers und Chef der Aufklärung bin nicht geladen. Zwischen mir und Mielke herrscht Funkstille, ich bin von den Entscheidungsprozessen im Ministerium abgeschnitten.

Ungewöhnlich an jenem Morgen: An der Zusammenkunft nehmen Egon Krenz und der Leiter der Sicherheitsabteilung des ZK, Wolfgang Herger, teil. Krenz verliest am Ende eine sechsseitige Erklärung zur politischen Lage, die er auf der nächsten Politbürositzung am Dienstag Honecker abgeben lassen möchte.

Im Beisein Mielkes, so berichtet Krenz in seinen Memoiren, habe er von dessen Dienstapparat Honecker in Wandlitz angerufen und auf dessen Wunsch ihm die Beschlußvorlage vorgestellt. Unmittelbar nach Eingang habe Honecker ihn angerufen und erklärt: »Deine Erklärung ist Unsinn. Sie ist eine Korrektur unserer bewährten Politik [...] Was du vorlegst, ist eine Kapitulationserklärung. Die kommt auf keinen Fall auf die Tagesordnung.«

An jenem Dienstag, dem 10. Oktober, kann sich Honecker auf der Politbürositzung noch behaupten. Auf der nächsten nicht mehr. Am 17. Oktober schlägt Willi Stoph zu Beginn der Sitzung vor: »Erster Punkt der Tagesordnung ›Entbindung des Genossen Erich Honecker von seiner Funktion als Generalsekretär und Wahl von Egon Krenz zum Generalsekretär.« Und Krenz in seinen Erinnerungen weiter: »Mielke hält einen stark emotionalen Beitrag. Die Lage der DDR ist außerordentlich ernst. Er bedauert, daß er zu lange geschwiegen habe.«

Am Ende der Sitzung wird einstimmig, auch mit Honeckers Stimme, beschlossen, dem ZK anderentags die Entbindung Honeckers, Mittags und Herrmanns von ihren Funktionen vorzuschlagen. So geschieht es. Allerdings soll Honecker mit seiner Warnung recht behalten, die er am Schluß der Pb-Sitzung aussprach: Mit seiner Absetzung würden die inneren Probleme keineswegs gelöst werden.

Am 4. November fordern auf dem Alexanderplatz in Berlin viele der etwa eine Million Menschen: Beseitigung des Machtmonopols der SED, freie Wahlen, Abschaffung der Staatssicherheit.

Markus Wolf stellt sich vor die Mitarbeiter des MfS und wendet sich gegen ihre pauschale Verurteilung. Trotz Pfeifkonzert und Buhrufen steht er zu seiner Vergangenheit. Er bekennt sich zur Verantwortung und auch zur Mitschuld. Zugleich signalisiert er Bereitschaft, an der gesellschaftlichen Erneuerung mitzuwirken. Eine mutige, ehrenwerte Haltung, die ihm nicht nur von Angehörigen des MfS Achtung und Anerkennung einträgt.

Am 9. November 1989 tagt das Zentralkomitee. Das Politbüro stellt einen Beschluß des Ministerrats zur Diskussion. Es ist eine Durchführungsbestimmung zum neuen Reisegesetz der DDR. Am Abend verkündet der wurstige Günter Schabowski bei einer Pressekonferenz auf Nachfrage, daß alle DDR-Bürger »sofort« und »unverzüglich« die Grenze passieren könnten.

Tausende machen sich auf den Weg. Die uninformierten Grenzer reagieren vernünftig: Sie öffnen die Schranken.

Ich verbringe den Abend zu Hause, Minister Mielke fällt nicht einmal auf, daß ich nicht im Dienst bin. – Unmittelbar nach der 10. Tagung des Zentralkomitees findet eine Aktivtagung der Parteiorganisation des MfS statt. Daran nimmt Wolfgang Herger teil, seit dem 8. November Mitglied des Politbüros. Der Stellvertreter des Ministers, Rudi Mittig, informiert über die ZK-Tagung und versucht, die Tätigkeit des MfS zu entschuldigen. Seine pauschale Rechtfertigung provoziert Unmut. Die Kritik macht sich auch an seiner Person fest. Einige machen ihrer Stimmung Luft und äußern ihre Meinung über die alte Parteiführung. Das ist völlig ungewöhnlich in dieser Runde. Ich melde mich auch und erinnere daran, daß viele Informationen, die an die Politbüromitglieder gegangen sind, unbeachtet in irgendwelchen Ablagen verschwanden oder als unglaubwürdig abgewiesen wurden. Als wir beispielsweise auf den schwindenden Einfluß der Friedensbewegung in den westlichen Länder aufmerksam machten, schickte das für dieses Thema zuständige Politbüromitglied Hermann Axen das Papier mit seinem Kommentar zurück: »Was soll der Quatsch?« Weil ihm die Nachricht nicht gefiel, nahm er sie nicht zur Kenntnis. Der Realitätsverlust der Partei- und Staatsführung habe sich auch darin gezeigt, daß sie jede Opposition in der DDR als von außen gesteuert betrachtete. Viel zu lange gaben wir ausschließlich Informationen weiter, die diese These stützten. Wir haben deshalb in der HVA beschlossen, dies nicht mehr zu tun. – Beifall erhalte ich für meinen Beitrag nicht.

Am 13. November 1989 sitze ich wie viele DDR-Bürger vor dem Bildschirm. Das Fernsehen der DDR überträgt die 11. Tagung der Volkskammer der DDR. In einer Aktuellen Fragestunde klären die Abgeordneten Wichtiges und Skurriles, Lebenswichtiges und Nebensächliches, Ernstes und Lächerliches.

Der neue Volkskammerpräsident Dr. Günther Maleuda (DBD) dankt dem Abgeordneten Dr. Gerhard Schürer (SED) für die Antwort auf eine Anfrage zu den Eierpreisen. Dann stellt er fest, daß noch 20 Wortmeldungen vorlägen, und erteilt Minister Mielke das Wort. Plötzlich bin ich hellwach. Was wird er sagen?

Seit über dreißig Jahren ist Erich Mielke Mitglied des Parlaments. Heute redet er zum ersten Mal vor diesem Gremium. Als Minister amtiert er nur noch, obgleich die Regierung am 7. November zurücktrat. Und eine Parteifunktion hat er auch nicht mehr: Am 8. November demissionierte das alte Politbüro des ZK der SED, danach wählte das Zentralkomitee ein neues. Es ist wohl der letzte Auftritt des 82jährigen in der Öffentlichkeit. Ich erwarte, daß er sich vor seine Mitarbeiter stellt und im Interesse des Ministeriums rettet, was zu retten ist.

Dann höre ich die ersten Sätze. Es bahnt sich eine Katastrophe an. In dieser angespannten Situation, in der auf den Straßen gefordert wird »Stasi in die Produktion!«, sagt er: »Und wir haben hervorragende Informationen geliefert, die die Entwicklung so weit brachten, wie wir sie heute haben, nicht nur für die DDR, sondern für das sozialistische Lager.« Mir wird siedend heiß.

Nach seinem Satz: »Ich liebe doch alle Menschen« bricht das Parlament in Gelächter aus.

Ich schalte den Fernsehapparat aus.

Am nächsten Tag gibt es im MfS und in der HVA nur ein Thema. Viele Mitarbeiter sahen zumindest in der *Aktuellen Kamera* die Kurzfassung des blamablen Auftritts ihres Chefs, die anderen haben davon gehört. Die Reaktionen reichen von betroffen bis sarkastisch und zynisch. Wir setzen uns in der HVA-Leitung mit dem Sekretär unserer Parteigrundorganisation, Otto Ledermann, zusammen und entwerfen eine Resolution. Das ist ein außergewöhnlicher Vorgang. Wir, Generale und Mitarbeiter der HVA, wenden uns schriftlich gegen unseren, wenn auch nur noch amtierenden Minister. Zorn, aber auch eine gewisse Portion Hilflosigkeit treiben uns an. Wir entschuldigen uns in einem Schreiben an den Volkskammerpräsidenten für das unwürdige Auftreten unseres Ministers.

Am gleichen Tag werde ich über Rundruf zu einer Beratung ins Kollegiumszimmer gebeten. Erich Mielke wünscht die leitenden Mitarbeiter des Ministeriums für Staatssicherheit über die Sondersitzung der Volkskammer informieren.

Was will er uns mitteilen?

Die Resolution nehme ich mit, fest entschlossen, Mielke zu sagen, daß die HVA nicht hinter seinen Worten und seinem Auftritt steht. Unterwegs treffe ich den 1. Sekretär der SED-Kreisleitung, Horst Felber. Er hat ebenfalls eine Stellungnahme dabei.

Wir lesen gegenseitig die jeweiligen Schreiben.

Schnell einigen wir uns, den Text der HVA vorzutragen. Wir betreten gemeinsam das Sekretariat, melden uns an und gehen in Mielkes Arbeitszimmer mit dem großen Konferenztisch und den zwei Sitzgruppen. Der Minister sitzt hinter seinem Schreibtisch. Stehend tragen wir unser Anliegen vor und mißbilligen sein Auftreten in der Volkskammer.

Ich rechne mit einem Wutausbruch.

Doch Mielke bleibt ruhig. Er hört sich alles an, unterbricht uns nicht. Dann spricht er. Er verstehe uns nicht, es wäre doch alles richtig gewesen, was er da gesagt habe und wie er aufgetreten sei. Den einzigen Fehler, den er sähe: Er habe den vorbereiteten Zettel nicht aus der Tasche gezogen, um an Hand der Stichworte eine richtige Reden zu halten. Insofern habe er vielleicht etwas vergessen zu sagen, aber im großen und ganzen hätte er doch die richtigen Worte gewählt und alles Wichtige gesagt. Uns klingt noch sein Satz in den Ohren, den er den Abgeordneten zugerufen hatte: »Ich fürchte mich nicht, hier ohne Rededisposition Antwort zu stehen. Ich habe vorher kein Referat fertiggemacht.«

Ich sage ihm noch einmal, daß er in dieser angespannten Situation dem Ministerium und allen Mitarbeitern einen schlechten Dienst erwiesen habe. Er nimmt auch das ruhig zur Kenntnis.

Wir schweigen.

Dann gehen Felber und ich ins Kollegiumszimmer. Dort sitzen schon die anderen stellvertretenden Minister und die Leiter der wichtigsten Abteilungen.

Nach kurzer Zeit kommt auch Mielke. Er erklärt noch einmal

sein Auftreten und versucht es zu rechtfertigen. Er verstehe unsere Aufregung nicht, lasse aber die Meinung der anderen gelten.

Das ist sehr ungewöhnlich.

Nun wird uns allen bewußt: Da vorn sitzt ein alter, gebrochener Mann, der die Tragweite seines Tuns intellektuell nicht mehr begreift. Er hat resigniert. Der Greis an der Stirnseite des Tisches ist nicht mehr jene Persönlichkeit, die die meisten Mitarbeiter des Ministeriums für Staatssicherheit vor Augen haben, wenn sie Erich Mielke hören oder sehen.

Meine Gedanken schweifen ab. Ich denke an den Minister, den ich bisher kannte, und sehe diesen Mann da. Mielke leitete das Ministerium totalitär. Sein Wort galt, ein anderes kaum. Manche Leute nahm er einfach nicht zur Kenntnis. Obwohl er alle duzte und lediglich mit dem Familiennamen anredete, kam niemand auf den Gedanken, ihn mit dem in der Partei üblichen »Du« anzusprechen. Nur Markus Wolf, Hans Fruck und einige wenige Ältere aus der Abwehr gebrauchen die vertrauliche Anrede. Der Choleriker Mielke schreit, wenn ihm etwas nicht paßt, kanzelt den Gesprächspartner ab, ob nun am Telefon oder im persönlichen Gespräch. 1983, als ich ins Kollegium aufrücke, warnen mich einige: Da kannst du dich ja auf einiges gefaßt machen. 1979, nach der Flucht Stillers, tobte er am Telefon. Er beschimpfte uns von der HVA, wie seien dumm und würden die Zusammenhänge nicht erkennen. Zudem seien wir unfähig, die nötige Sicherheit zu gewährleisten.

Jeden Morgen – er kam immer ziemlich früh ins Ministerium – rief er alle verantwortlichen Leiter an und erkundigte sich: »Was gibt's Neues?« – Sehr oft antworte ich: »Genosse Minister, von uns gibt es nichts Berichtenswertes.«

Außer einem Knurren hörte ich nichts. Dann legte er auf.

Sein »Sicherheitsbedürfnis« wuchs mit den Jahren stetig.

Natürlich hat die DDR Feinde. Niemand in unserem Hause war so naiv zu glauben, daß der DDR und dem Sozialismus nicht nach dem Leben getrachtet werde. Die Feststellung, daß eine Revolution nichts wert sei, die sich nicht zu verteidigen wisse, haben wir so verinnerlicht wie die Erkenntnis, daß auf eine halbe Revolution immer eine ganze Konterrevolution folge.

Doch es ist ganz offensichtlich, daß Menschen wie Mielke mit dieser realen Bedrohung anders umgehen als unsereiner. Mielke will immer genau wissen: Wer ist wer? Dahinter steht die Überzeugung:

Wenn man jeden kennt und über ihn Bescheid weiß, kann man jene entlarven, die im Auftrag des Imperialismus die Stabilität der DDR im Inneren untergraben.

Dieses Sicherheitsdenken ist Staats- und Parteidoktrin ...

Die Diskussion im Kollegium geht weiter. Einige halten sich noch immer zurück, andere sagen ungeschminkt ihre Meinung. Für uns ist klar: Wir schicken die Resolution an den Volkskammerpräsidenten ab. Das kurze Schreiben endet mit dem Satz: »Wir versichern erneut, daß die Staatssicherheitsorgane sich mit Entschiedenheit zur Erneuerung der sozialistischen Gesellschaft in der DDR bekennen, sie engagiert unterstützen und die dazu notwendigen Veränderungen bei sich selbst durchsetzen werden.«

Die Lage im und um das MfS spitzt sich immer mehr zu. Ich löse mich von meiner Resignation und aus dem Zustand des Wartens. Abgesehen davon, daß sich die Haltung auch auf die nachgeordneten Leiter auswirkt, zwingt mich die Verantwortung für Tausende treuer Mitarbeiter einfach zum Handeln. Die nachrichtendienstliche Arbeit geht ohnehin weiter.

Im Ministerium entwickelt sich zunehmend ein kritischer Geist. Vor allem die jungen Mitarbeiter mucken auf. Sie sehen beispielsweise keinen Sinn darin, irgendwelche Veranstaltungen »abzusichern«, sie wollen lieber selbst demonstrieren. Und sie wenden sich gegen altgediente Parteifunktionäre und Vorgesetzte. Unmut macht sich auch breit gegen die bis dahin gültige konservative Kleiderordnung, gegen das Verbot, Bart zu tragen und, nach der Maueröffnung, gegen das Verbot, Westberlin zu betreten.

Die auf Ordnung, Disziplin und Aufrechterhaltung der Arbeit bedachten Mitarbeiter bleiben in der Mehrzahl, und so gelingt es dennoch, die Stabilität des Apparates zu erhalten.

Aber der Geist ist aus der Flasche ... Nichts wird wieder so sein, wie es war.

Ob das gut ist?

Das Ende des Dienstes

Ende Oktober beginnen wir in den einzelnen Abteilungen, die ersten Akten zu reduzieren. Niemand weiß, wohin die Reise gehen wird. Wir müssen unsere Quellen schützen.

Am 13. November 1989 wählt die Volkskammer auf Vorschlag der SED den Dresdner Bezirksparteichef mit einer Gegenstimme zum neuen Ministerpräsidenten und beauftragt Modrow mit der Regierungsbildung. In den 28köpfigen Ministerrat beruft er elf Mitglieder aus anderen Parteien. Trotz aller Unkenrufe scheint die Perspektive unseres Dienstes sicher. An die Stelle des Ministeriums für Staatssicherheit tritt ein Amt für Nationale Sicherheit (AfNS). Wolfgang Schwanitz, bislang Stellvertreter des Ministers für Staatssicherheit, übernimmt die Führung des Amtes.

Als Mielke im Oktober seinen Rücktritt ankündigte, nannte er zunächst Rudi Mittig, später Wolfgang Schwanitz als möglichen Nachfolger. Mir erklärte er, warum ich nicht in Frage käme: »Der Chef eines solchen Apparates braucht Erfahrungen in der Abwehr.«

Das war kein Problem für mich: Ich bin und will Aufklärer bleiben. Das alles ist im Moment Schnee von gestern. Ich schätze Wolfgang Schwanitz, kenne ihn persönlich und dienstlich sehr gut. Er ist der richtige Mann in dieser Funktion. Ich werde ihn mit allen Kräften unterstützen.

Jetzt bin ich damit beschäftigt, den Apparat des Aufklärungsdienstes zu reformieren. Wir beginnen, den Kaderbestand zu reduzieren, Ziele und Aufgaben zum Teil neu zu definieren und den Bestand der Akten und Karteien zu minimieren.

Im Klartext: Ich weise an, Akten zielstrebig zu vernichten.

Mitarbeiter fragen nach den Gründen, wenn doch der Dienst weiter existieren soll.

Soll ich ihnen sagen, daß ich fürchte, eines Tages von aufgebrachten Bürgern überrannt zu werden? Die Stimmungsmache gegen das MfS, auch in den eigenen Medien, zeitigt doch merklich Wirkung.

Für weitaus gefährlicher halte ich jedoch die Agenten westlicher

Dienste, die angesichts der chaotischen Verhältnisse durchaus ihre Chance nutzen können, in die Zentrale einzudringen. Seit Jahrzehnten warten sie darauf, nun wittern sie Morgenluft. Wir täten es doch auch, wenn in der Bundesrepublik vergleichbare Konfusion herrschte und Millionen auf den Straßen unterwegs wären und skandierten: »Wir sind das Volk!« und »Verfassungsschützer in die Produktion!«

Bisher finden wir noch Verständnis bei den Verantwortlichen, daß kein Personen- und Sachwissen anderen Geheimdiensten in die Hände fallen darf. Garantieren kann das aber für die Zukunft niemand, denn keiner weiß, ob es die DDR noch lange geben wird.

Im Apparat nehmen Unzufriedenheit, Hektik und spontane Aktionen zu. Es herrschen gleichermaßen gespannte Erwartung und Unsicherheit. Die Mitteilungstafel im Erdgeschoß wird zum Forum. Einzelne Mitarbeiter und Gruppen heften Zettel mit ihrer Meinung an, andere entfernen diese und plazieren ihre Ansichten. Für mich alten Militär ist das völlig ungewohnt und darum gewöhnungsbedürftig.

Die jungen Leute kritisieren vor allem die alten Kader und fordern Erneuerung. Ihr erster Unmut richtet sich gegen die Parteileitung, die als Erfüllungsgehilfin der dienstlichen Leitung gesehen wird. Jüngere Parteifunktionäre krempeln die Partei im Aufklärungsdienst um. Sie organisieren Ende November ein Meeting im Innenhof des Ministeriums. Damit leiten sie den Rücktritt der SED-Kreisleitung des MfS ein. Die jungen Genossen der HVA formulieren klare Ziele und helfen uns, den Nachrichtendienst zu reformieren.

Ende November finden Zusammenkünfte der Abteilungsparteiorganisationen in der HVA statt. Wir wählen unsere Vertreter, die wiederum auf der Delegiertenkonferenz der HVA die Delegierten zum Sonder-Parteitag wählen. In den Grundorganisationen der HVA verändert sich das Kräfteverhältnis zwischen jung und alt oder, wie es jetzt heißt, zwischen Konservativen und Erneuerungswilligen. Doch »die Jungen« wissen auch nicht so recht, wohin sie wollen. Konzeptionell denkt niemand. Nur eines ist klar: Es muß anders werden.

Erst einmal geht es um die »Machtübernahme«.

Während der Delegiertenkonferenzen in der HVA herrscht ein völlig neuer Ton. Die Kandidaten wählen wir nach ausführlicher

Debatte. Das kennen wir Alten noch aus den 50er Jahren. In der Grundorganisation bekomme ich noch problemlos ein Mandat für die HVA-Konferenz, doch dort werden Stimmen laut, die mich nicht wählen wollen.

Markus Wolf, der nach seinem Ausscheiden aus dem Dienst Mitglied der Parteiorganisation geblieben war, steht außerhalb jeder Diskussion. Er bekommt die meisten Stimmen. Einige seiner Befürworter lehnen mich ab. Viele kämpfen in offener Diskussion um ein Mandat für mich.

Mit knapper Mehrheit schaffe ich es dann doch. Ich empfinde das Votum als Sieg. Nicht meine dienstliche Stellung, nicht die Parteifunktion, nicht mein militärischer Rang wurden gewählt, sondern ich als Person. Den Meinungsstreit um mich verstehe ich sowohl als Warnung wie auch als Auftrag, eingefahrene Gleise zu verlassen und mich Neuem nicht zu verschließen.

Niemand von uns stellt aber die DDR in Frage, keiner fordert die Auflösung der SED. Die Mehrheit der Genossen fordert, den Staat und die Partei demokratisch und sozialistisch zu erneuern, frei von Stalinismus und Dogmatismus. Dazu gehört ein selbständiger, unabhängiger Aufklärungsdienst unter demokratischer Kontrolle, der nicht nur einer Partei verpflichtet ist.

Die sich überschlagenden Ereignisse lassen kaum Zeit und Kraft, diese Forderungen systematisch umzusetzen. Als Pragmatiker stelle ich mir vorrangig die Aufgabe, den inoffiziellen Apparat zu schützen, unsere Kundschafter und Quellen vor Schaden zu bewahren. Ich will verhindern, daß Personen und unsere Tätigkeit dekonspiriert werden und unser Wissen in fremde Hände gerät.

Anfang Dezember bilden sich in allen Bezirken Bürgerkomitees. Sie wollen die MfS-Bezirksverwaltungen auflösen, nachdem fast alle Kreisdienststellen bereits besetzt worden sind. Auch im AfNS verstärkt sich der Druck, die alte Führung zu entfernen. Das Kollegium tritt zurück, erste leitende Kader werden entlassen.

Am 7. Dezember 1989 konstituiert sich in Berlin der Zentrale Runde Tisch. Seine Mitglieder fordern die Regierung als erstes auf, alle Dienststellen des AfNS durch Kräfte des Innenministeriums zu kontrollieren und die Vernichtung von Material und Dokumenten zu verhindern.

Schließlich soll auch das AfNS unter ziviler Kontrolle aufgelöst werden. Die Soldaten des Wachregimentes »Felix Dzierzynski« werden aus der Zentrale in Lichtenberg abgezogen, an den Pforten stehen nun Volkspolizisten.

Am 14. Dezember 1989 beschließt die Modrow-Regierung, das AfNS aufzulösen. Ein Auslandsnachrichtendienst und ein Verfassungsschutzorgan sollten entstehen. Wie soll der neue Nachrichtendienst aussehen, fragen wir uns.

Eine Arbeitsgruppe soll so schnell wie möglich eine Konzeption vorlegen. Das erweist sich als äußerst kompliziert. Das Beharrungsvermögen der Mitarbeiter ist stärker als erwartet. Sie stellen Fragen. In welcher Richtung sollen sich Ziele und Aufgaben verändern? Besteht die sozialistische DDR weiter? Bleiben die BRD und andere NATO-Staaten Gegner? Wieso soll der Dienst verkleinert werden? Wem wird der Dienst unterstellt, wo soll er seinen Sitz haben?

Fragen über Fragen. Ehe wir sie richtig beantworten können, wächst der Druck der Bevölkerung und des Zentralen Runden Tisches spricht sich gegen den Aufbau eines neuen Dienstes aus.

Wir sitzen zwischen allen Stühlen. Die Regierung hält sich weitgehend heraus. An Ministerpräsident Modrow komme ich kaum heran. Er beauftragt Staatssekretär Walter Halbritter, der Mitglied der Volkskammer und Beauftragter der Regierung für den Runden Tisch ist. Halbritter versucht, die Atmosphäre etwas zu entspannen. Einige Zeit befaßt er sich mit dem Problem, wem der neue Dienst unterstellt und wo dieser eingegliedert werden soll. Die absurde Idee, uns ins Innenministerium einzugliedern, wischt er vom Tisch. Er bemüht sich um ein Gespräch zwischen mir und den Moderatoren des Zentralen Runden Tisches. Ich schreibe den Herren, sie antworten nicht. Später tauchen mehrere Referenten auf, die mit uns zusammenarbeiten sollen. Insgesamt sind das inkompetente Leute, die unser Metier nicht kennen. Sie wissen nichts und übernehmen keine Verantwortung.

Für Dezember 1989 kündigt die Modrow-Regierung eine Amnestie an. Wir bitten, rechtskräftig verurteilte Spione des Bundesnachrichtendienstes und anderer westlicher Spionagedienste davon auszunehmen und stoßen mit diesem Wunsch auf Unverständnis.

Kann oder will man uns nicht verstehen? Ohne Gegenleistung opfert man keine Faustpfänder. Bereits kurze Zeit später, als unsere ersten Kundschafter verhaftet werden, sieht auch der Letzte, was gemeint war. Doch das ist nun erledigt.

Viele Mitarbeiter reagieren empört, sie glauben, die Leitung hätte sich nicht genügend bemüht. Nach meinem Eindruck hat unsere Regierung uns faktisch abgeschrieben.

Mitte Dezember 1989 ernennt sie ihren Beauftragten für die Auflösung des AfNS. Peter Koch läuft gegen eine Wand. Wir wollen, gemäß unserem Auftrag, den Dienst erhalten und neu aufbauen, er muß ihn, entsprechend seinem Auftrag, auflösen. Er widersetzt sich energisch, uns zu unterstützen. Die Regierung und der Zentrale Runde Tisch rügen ihn heftig und entbinden ihn schließlich von seiner Aufgabe. Das ist zumindest ungerecht. Er ist kein Versager. Jeder andere, gleich welchen Formats, wäre in dieser Zeit an der Sache gescheitert.

Die Regierung zieht jetzt einen Joker aus der Tasche und ernennt im Januar 1990, gleich nach der Entlassung Kochs, den ehemaligen Leiter der DDR-Zivilverteidigung, Generaloberst Fritz Peter, zum neuen Beauftragten. Er soll eng mit der vom Zentralen Runden Tisch beauftragten Dreiergruppe, bestehend aus Dr. Georg Böhm, Werner Fischer und Bischof Gottfried Forck zusammenarbeiten.

Bereits im Dezember war die Entlassungswelle angelaufen. Bis Ende Januar haben in der HVA fast alle Abteilungsleiter und zahlreiche Mitarbeiter die Entlassungsurkunde erhalten. Einige suchen sich neue Arbeitsstellen, die meisten werden arbeitslos.

Parallel wird abgerüstet. Wir übergeben auf Befehl der Regierung alle Waffen dem Innenministerium beziehungsweise der NVA. Konspirative Wohnungen und Objekte werden aufgelöst, die Kraftfahrzeuge abgegeben. Für den weiteren Ausverkauf inventarisieren wir die Einrichtung und Ausstattung der Dienstzimmer sowie die technischen Geräte.

Alle noch beschäftigten HVA-Angehörigen arbeiten, physisch und psychisch bis an die Grenze belastet, an ihrer eigenen Entlassung. Diszipliniert führen sie alle Befehle und Weisungen aus, ohne vieles davon zu verstehen oder gar zu billigen.

Ohne Zwischenfälle übergeben sie die Waffen. Jeder einzelne handelt dabei höchst verantwortungsbewußt. Jeder vermeidet Handlungen, die unabsehbare Folgen provozieren können und bewahrt damit seine Familie, seine Freunde und Genossen, ja die gesamte Gesellschaft vor Schaden! Niemand nimmt das als eine außergewöhnliche Leistung zur Kenntnis.

In den Medien wird die »friedliche Wende« hervorgehoben, niemand würdigt in diesem Zusammenhang die Angehörigen des Ministeriums für Staatssicherheit, der Nationalen Volksarmee und des Ministeriums des Innern. Alle handeln so verantwortungsbewußt, daß kein Schuß fällt. Das ist eine einzigartige Leistung und Ausdruck demokratischer Reife.

Die verlorene Ehre

Auf der Tagesordnung des Zentralen Runden Tisches steht am 14. Januar 1990, wie schon so oft, das Thema Stasi. Jeweils ein Vertreter der Aufklärung und der Abwehr soll im Schloß Niederschönhausen Fragen beantworten.

Dr. Heinz Busch, stellvertretender Leiter der Abteilung VII (Auswertung) ist von der Leitung der HVA ermächtigt, dort Rede und Antwort zu stehen.

Ihn hatten wir schon im Herbst 1989 beauftragt, offiziell mit Vertretern der Bürgerbewegung zu sprechen. Nach der politischen Wende wollen auch wir uns mehr in der Öffentlichkeit präsentieren. Busch soll erst einmal mit den Bürgerbewegten ins Gespräch kommen, ihnen deutlich machen, daß die HVA als legitimer Auslandsnachrichtendienst der Verfassung und den Gesetzen der DDR verpflichtet ist, weder verbrecherisch handelt noch die Menschenrechte verletzt. Er soll um Verständnis werben, daß wir unsere Mitarbeiter gefährden, wenn wir internes Wissen über Personen und Sachverhalte offenlegen. Und er soll die Bürgerrechtler von der Notwendigkeit eines Nachrichtendienstes, also von unserer Existenzberechtigung, überzeugen.

Busch scheint für diese Aufgabe geeignet. Er ist kontaktfreudig und wirkt sympathisch. Sein unaufhörlicher, aber nicht aufdringlicher Redefluß, gepaart mit Geschick, Kenntnissen und Wissen, beeindruckt Gesprächspartner. Als wir uns für Busch entscheiden, bedenken wir auch seine bisherige Tätigkeit. Er bearbeitet zwar die Originaldokumente, die unsere Kundschafter auf militärpolitischem und militärstrategischem Gebiet in die Zentrale schickten, aber er kennt keine Quelle persönlich und keinen Klarnamen. Wenn er sein Wissen auf diesem Gebiet unbewußt im Gespräch verwendet, kann er niemand gefährden.

Es scheint zu klappen. Busch ist stolz auf seinen Auftrag und berichtet uns ausführlich, wie überzeugend er in Gesprächen auf die Bürgerrechtler wirkt.

Von seinem Auftreten vor dem Zentralen Runden Tisch versprechen wir uns eine ähnliche Wirkung. Wir besprechen in Grundzügen, was vor diesem Gremium zu sagen ist.

Die selbstbewußte Haltung Buschs änderte sich am Vorabend des Termins vor dem Runden Tisch abrupt. Unsicher geworden, bittet er um weitere Hinweise. Der stellvertretende Leiter der HVA, Oberst Ralf-Peter Devaux, spricht mit ihm.

Er beauftragt Busch, sich ausschließlich auf die humanitären Aspekte der Sicherung der Quellen der HVA zu konzentrieren. Unbedingt müsse er die Motivation der wichtigsten West-Quellen der HVA nennen, nämlich die Erhaltung des Friedens, den Abbau der Systemkonfrontation und die wirtschaftliche Stärkung der DDR. Deshalb erwarten und benötigen die Kundschafter den Schutz und die Unterstützung der DDR. Eine öffentliche Diskussion über Einzelheiten zu Quellen und Methoden der HVA solle Busch unbedingt vermeiden.

Devaux beruhigt ihn: Als Auswerter werde Busch nicht unter strafrechtlichen Druck geraten.

Beide proben in einem Rollenspiel, wie Busch heikle Fragen von Teilnehmern am Runden Tisch, die dem MfS sehr kritisch gegenüberstehen, beantworten kann. Selbst verbale Angriffe, falsche Darstellungen und fehlendes Faktenwissen spielen sie durch. Als sich beide voneinander verabschieden, sagt Busch, er fühle sich nun besser vorbereitet. Er werde selbstbewußt und locker in die Befragung gehen. Es kann also nichts schiefgehen.

Ich komme am 13. Januar 1990 erst spät nach Hause. Beiläufig erzählt mir meine Frau, daß Heinz Busch angerufen habe. Besonders dringend sei es wohl nicht gewesen. Er habe nicht gesagt, daß er sich noch einmal melden wolle oder daß ich zurückrufen solle. Der Anruf beunruhigt mich überhaupt nicht, denn es ist alles für den morgigen Tag geregelt.

Am nächsten Tag, am 14. Januar, erscheint Busch nicht zur Sitzung des Zentralen Runden Tischs. Wir sind besorgt. Am Telefon sagt seine Frau, ihr Mann sei wie gewöhnlich am Morgen mit dem Auto zur Arbeit gefahren. Mehr wisse sie nicht.

Auch am nächsten Tag meldet sich Busch nicht.

Als er auch auch in der Folgezeit nicht zum Dienst erscheint, befürchten ihm nahestehende Mitarbeiter, daß er Selbstmord begangen haben könnte. An Verrat denkt vorerst niemand.

Schließlich wird es zur Gewißheit: Heinz Busch ist übergelaufen. Später erzählt er dem *Spiegel*, niemand aus der HVA hätte mit ihm darüber gesprochen, was er denn am Zentralen Runden Tisch hätte sagen sollen. Generaloberst Werner Großmann wäre nicht zu sprechen gewesen, und dessen Stellvertreter, Oberst Ralf-Peter Devaux, habe zu ihm nur gesagt: »Du gehst dorthin und sagst, was du weißt – das ist ja so gut wie nichts.«

Oberst Busch habe sich, so behauptet er jedenfalls, in seiner Ehre als MfS-Offizier gekränkt gefühlt und angeblich Devaux gesagt: »So werde ich mich am Runden Tisch nicht verhalten.«

Devaux habe ihn darauf so bedroht, daß Busch um sein Leben fürchten mußte. Noch in der Nacht zum 15. Januar sei er darum in die Bundesrepublik zum Bundesnachrichtendienst gegangen.

Das, so scheint es, ist mit seiner Ehre als MfS-Offizier vereinbar gewesen.

Für uns ist das ein Schock. An seiner politischen Haltung, seiner Treue zur Partei und zum Staat zweifelte bisher niemand. Busch galt jederzeit als zuverlässiger und einsatzbereiter Genosse. Nun versuchen wir sein wirkliches Motiv zu ergründen. So schwer ist das nicht. Die persönlichen Eigenschaften, die ihn für eine solche Aufgabe prädestinierten, entfalteten sich offensichtlich in eine von uns nicht vorhergesehene Richtung. Geistig wendig und eloquent, verfügte er über ein übersteigertes Selbstwertgefühl, er kämpfte ständig um seine Beförderung, fühlte sich in seiner Dienststellung unter Wert behandelt und zu wenig gefördert. Als wir ihm diesen Auftrag übertrugen, versprachen wir uns, daß er sich im Interesse der HVA und in seinem eigenen voll engagiert.

Doch in diesen unsicheren Zeiten der »Wende«, in denen die Zukunft eines MfS-Offiziers in den Sternen stand, sah er offensichtlich eine Chance, sich ganz andere Sporen zu verdienen. Er ließ alles andere hinter sich und sah nur noch seinen persönlichen Vorteil.

Buschs Verschwinden beschäftigt uns in den folgenden Tagen. Wir müssen wissen, wo er sich aufhält. Und wir müssen prüfen, welche konkreten Informationen und Namen er preisgeben kann. Er kennt zwar keine Quelle mit Klarnamen, aber er weiß, aus welch hochsensiblen gegnerischen Objekten das Material stammt.

Einige Kundschafter können wir noch warnen.

Mehr können wir nicht tun.

Busch reüssiert im Westen als »Chefauswerter der Hauptverwaltung Aufklärung« und brüstet sich bis heute, »den Top-Spion ›Topas‹« enttarnt zu haben. Ja, er hat Rainer Rupp für sieben Jahre hinter Gitter gebracht. Allerdings hat Busch nie verraten, wie viel er dafür vom BND kassiert hat.

Und nicht nur »Topas« hat er auf dem Gewissen. Busch belastet in verschiedenen Prozessen mehrere Mitarbeiter und Kundschafter schwer. Der BND hat ihn fest im Griff. Die Gerichte wissen, wenn sie ihn als Zeugen brauchen, müssen sie sich an den BND wenden. Als Busch ausgequetscht ist wie eine Zitrone, wird er auch so behandelt. Der Bundesnachrichtendienst verliert das Interesse und läßt ihn fallen.

Als das Oberlandesgericht Düsseldorf ihn wieder einmal über den BND zu einer Zeugenaussage vorlädt, kommt aus Pullach überraschend der Bescheid, einen Herrn Busch kenne man nicht.

Der Sturm rauscht vorbei

Das Neue Forum ruft zu einer Demonstration am 15. Januar 1990 vor dem Hauptgebäude des MfS/AfNS auf. Die Teilnehmer sollen Steine und Mörtel mitbringen, sie sollen die Eingänge zumauern. Wenn das gelingt, ist die MfS/AfNS-Zentrale und damit der Aufklärungsdienst arbeitsunfähig.

Als die Plakate des Neuen Forums im Stadtgebiet auftauchen, nutze ich eine Besprechung bei Ministerpräsident Modrow und weise ihn darauf hin. Ich erwarte, daß er und andere Anwesende, etwa der Innenminister, General Lothar Arendt, oder der Generalstaatsanwalt, etwas unternehmen.

Schlimm genug, daß niemand in dieser Runde den Aufruf kennt – es reagiert auch keiner. Ohne Diskussion geht Modrow zur Tagesordnung über. In seinem Buch »Ich wollte ein neues Deutschland« behauptet er aber, vorher nichts gewußt zu haben. Es trifft mich, wenn ich dort weiter lese, was er den Bürgerrechtlern in der Normannenstraße kurz vor der Erstürmung der Gebäude gesagt haben will: »Um den bevorstehenden Sturm auf das Gebäude zu verhindern, bemühte ich ein Bild: Was können die Sessel denn für die Ärsche, die einst darauf gesessen haben?«

Wir erkennen in vielen Handlungen des Ministerpräsidenten gegenüber dem AfNS/MfS diese Haltung, ohne dieses Urteil schon gelesen zu haben. Er schreibt uns ab, obwohl er das Gegenteil behauptet. Wir können uns das nicht erklären. Ist es die Stimmung in der Bevölkerung gegenüber dem Ministerium für Staatssicherheit? Will er nicht in den Strudel geraten, der uns erfaßt hat? Wahrscheinlich hält er der von der Bürgerbewegung entfachten Stasi-Hysterie nicht stand.

Immerhin: Nach 1990 bemüht sich Hans Modrow, uns und unseren Kundschaftern zu helfen.

Wir müssen die nächsten Tage ohne jede Hilfe der Regierung überleben. Ein bißchen sind wir vorbereitet. Wir rechnen seit langem mit einer solchen Aktion der Bürgerrechtler. Eine kleine Gruppe motivierter Mitarbeiter will verhindern, daß Fremde unser Haus betreten. Am Haupteingang befestigen wir ein Schild. Darauf steht »Aufklärungsdienst«.

Bisher tolerierte die Bürgerbewegung unsere Institution.

Die Akten liegen in den Schränken. Jeden fremden Zugriff wollen wir abwehren. Der Befehl an die Einsatzgruppe im Hause lautet: Das Eindringen Fremder in die Gebäude ist unter Einsatz körperlicher Gewalt zu verhindern. Die Leitungen der einzelnen Diensteinheiten ziehen sich in noch existierende konspirative Wohnungen zurück und beobachten von dort das Geschehen. Sie verständigen sich über Telefon. Wir müssen improvisieren, die bei früheren Übungen hervorragend funktionierenden Mobsysteme gibt es nicht mehr. Einige Gebäude und auch technische Mittel stehen uns nicht mehr zur Verfügung, bestimmte Personen sind nicht mehr erreichbar.

Den Demonstranten gelingt es, die Haupttore zum MfS-Komplex zu öffnen und einige Gebäude zu stürmen. Ministerpräsident Hans Modrow will in letzter Minute retten, was zu retten ist. Er erscheint vor der MfS-Zentrale und versucht in dem Chaos mit den Leuten zu sprechen. Zu spät.

Bestimmte Bereiche, beispielsweise die Zimmer der Spionageabwehr (HA II), werden bereits von Spezialkräften gegnerischer Dienste durchforstet. Gezielt brechen sie die dortigen Stahlschränke auf. Ein Überläufer der Spionageabwehr hat den BND instruiert.

Das Haus der HVA rechts vom Eingang Ruschestraße bleibt verschont. In der Nacht versuchen ein paar »Demonstranten« über den Keller eines Nebengebäudes durch eine unverschlossene Brandschutztür ins Haus einzudringen. Der OvD entdeckt sie aber auf dem Überwachungsmonitor und ruft die VP, die die Personen festnimmt.

Der Sturm am 15. Januar auf die Zentrale bleibt aber auch für uns nicht ohne Folgen. Den Eingang kontrollieren nun Mitglieder der Bürgerbewegung. Wir können nicht mehr ungehindert unser Dienstgebäude betreten. Wir handeln aber mit ihnen aus, daß im 24-Stunden-Rhythmus jeweils 20 bis 30 namentlich genannte Mitarbeiter die Gebäude betreten dürfen. Auch mir als Leiter ist nur so der Zutritt möglich. Mit Nachdruck fordere ich deshalb ein vom Ministerpräsidenten unterschriebenes Dokument, das mich legitimiert. Staatssekretär Walter Halbritter verhilft mir zu einem Ausweis mit der Aufschrift »Amtierender Leiter des Nachrichtendienstes der DDR«. Damit komme ich nun ohne besondere Kontrolle und jederzeit in mein Dienstzimmer. Gesichert ist auch, daß immer zwei verantwortliche Mitarbeiter der HVA-Leitung die laufenden Arbeiten organisieren und beaufsichtigen. Generalmajor Horst Vogel, Generalmajor Heinrich Tauchert, Oberst Bernd Fischer, Oberst Ralf-Peter Devaux, Oberst Gotthold Schramm und Oberst Manfred Süß teilen sich den Dienst ein.

Die Leitung kann sich nun wieder zu Besprechungen im größeren Kreis treffen. Ich schreibe die Namen der Abteilungsleiter einfach auf die aktuelle Liste. Natürlich nutzen wir auch noch einige intakte konspirative Objekte und treffen uns dort zu notwendigen Absprachen.

Der Ministerrat hatte am am 13. Januar 1990 die Auflösung des Amtes für Nationale Sicherheit verfügt und erklärt, bis zu den Volkskammerwahlen weder einen Verfassungsschutz noch einen Nachrichtendienst zu gründen. Das sei Entscheidung des neuen Parlaments. Die Wahlen sollen am 6. Mai 1990 stattfinden.

Mein Papier darf es also gar nicht geben. Die Bezeichnungen »Nachrichtendienst« und »amtierender Leiter« sind also rein fiktiv. Egal, es hilft.

Wir dürfen unsere inoffiziellen Mitarbeiter und vor allem die Kundschafter im Operationsgebiet nicht sich selbst überlassen. Wir treffen uns mit vielen in und außerhalb der DDR und beenden ordentlich die operative Tätigkeit. Gabriele Gast beschreibt das in ihrem Buch »Kundschafterin des Friedens« berührend.

So weit wir überhaupt noch über Mittel verfügen, zahlen wir bei diesen Gesprächen auch ausstehende Gelder. Das hält sich aber in

Grenzen. Stand uns 1989 noch der gesamte Jahresetat zur Verfügung, so erhalten wir 1990 nur gerade die Mittel auf Antrag, um den Dienst arbeitsfähig zu halten. Verglichen mit dem, was wir benötigen, ist das viel zu wenig. Es reicht nicht, alle unseren Verpflichtungen zu erfüllen.

Die unsichere Zukunft des Nachrichtendienstes lastet wie ein Alb auf unseren Köpfen. Die Auflösung des Amtes für Nationale Sicherheit ist zwar längst beschlossen, uns läßt man aber, als Teil des ehemaligen Amtes, unberücksichtigt.

Immer wieder taucht der Gedanke auf, bis zur Gründung eines eigenständigen Dienstes Teile des Apparates in das Verteidigungsministerium zu überführen. So empfiehlt es jedenfalls Ministerpräsident Modrow dem neuernannten Regierungsbeauftragten Fritz Peter und den Beauftragten des Zentralen Runden Tisches Georg Böhm, Werner Fischer und Bischof Gottfried Forck.

Uns ist bewußt: Wenn wir uns nicht so schnell wie möglich aus dem MfS/AfNS lösen, können wir uns nicht länger der von der Regierung dem Runden Tisch zugestandenen zivilen Kontrolle des Auflösungsprozesses entziehen. Über kurz oder lang wird man dann auch in unserem Haus stehen und Einblick in Akten verlangen. Gerade das müssen wir unter allen Umständen verhindern.

Weil wir nicht wissen, ob uns das gelingt, nutzen wir jede Stunde und vernichten weiter operative Materialien, besonders jene Akten, die Aufschluß über unsere Kundschafter geben.

Natürlich bemühen wir uns weiter, uns selbständig zu machen. Für dieses Ansinnen wollen wir kompetente Vertreter der Bürgerbewegung gewinnen. Hans Modrow vermittelt Ende Januar 1990 ein Gespräch mit Wolfgang Ullmann, Konrad Weiß, Georg Böhm und Ibrahim Böhme. Gotthold Schramm, Leiter der Abteilung XVIII (Zivilverteidigung BRD) und ich fahren zu später Stunde zum Hotel Johannishof hinterm Friedrichstradtplast, wo Hans Modrow logiert. Wir müssen warten. Unsere Gesprächspartner sitzen noch mit dem Ministerpräsidenten zusammen.

Erst nach Mitternacht werden wir zugelassen.

Ich bekomme gleich das Wort, beschreibe unsere Situation, schlage vor, die Aufklärung als selbständigen Dienst weiterzuführen und weise auf unsere Pflicht hin, unsere Quellen zu schützen. Die Herren sind interessiert und äußern sofort ihre Gedanken.

Der Kirchenhistoriker Wolfgang Ullmann, Minister in der Regierung Modrow, denkt laut darüber nach, den Nachrichtendienst von der allgemein beschlossenen Auflösung auszunehmen. Die Existenz oder Nichtexistenz solcher Dienste sei eine internationale Angelegenheit und sollte innerhalb der Abrüstungsverhandlungen geregelt werden.

Der Dokumentarfilmregisseur Konrad Weiß zeigt sich überrascht, daß operative Mitarbeiter von uns nicht nur in der BRD, sondern auch in anderen Ländern tätig seien. Er sähe Schwierigkeiten, mit diesen Verbindung herzustellen, und bietet seine Hilfe an. Vielleicht wäre es möglich, sinniert er, dafür bestimmte Strukturen der Kirche zu nutzen. Nebenher will er wissen, ob wir etwas zur internationalen Verknüpfung neofaschistischer Kräfte sagen könnten.

Gegen zwei Uhr morgens löst sich die Runde auf. Gotthold Schramm und ich gehen noch ein paar Schritte durch die Nacht, um das Gehörte zu bewerten. Wichtig scheint uns, daß diese Herrn Verständnis für unser Anliegen zeigten. Ob sich diese Haltung auch auf andere Bürgerrechtler auswirkt?

Gespannt und gedämpft optimistisch gehen Schramm und ich Anfang Februar zu einem Gespräch mit Generaloberst Fritz Peter, dem Regierungsbeauftragten. Bei ihm sind Oberkonsistorialrat Ulrich Schröter, der ständige Vertreter von Bischof Gottfried Forck, und der Bürgerrechtler Werner Fischer.

Wir tragen ihnen Vorstellungen über Struktur, Aufgabenstellung und Personenstärke des neuen Aufklärungsdienstes vor.

Konsistorialrat Ulrich Schröter befürwortet einen Nachrichtendienstes, kritisiert allerdings die von mir genannte Zahl der Mitarbeiter. Er verlangt eine Reduzierung von 2.000 auf knapp unter 1.000 Personen. Unsere künftige Aufgabe sieht er vor allem in der wissenschaftlich-technischen und wirtschaftlichen Aufklärung.

Werner Fischer interessiert sich weniger dafür, ob es nun einen Dienst geben solle oder nicht, vielmehr will er von uns wissen, ob wir mit britischen Geheimdiensten kooperieren. Er habe sich während seines Aufenthaltes in England von diesen ständig kontrolliert gefühlt. Ohne unser Zutun sei das wohl kaum möglich gewesen.

Uns überrascht diese Naivität, und wir versichern, mit britischen Diensten nicht zusammengearbeitet zu haben.

Fischer glaubt uns nicht.

Die Reaktion von Fritz Peter trifft uns ziemlich kalt. Immerhin war der Generaloberst einmal stellvertretender Chef des Vereinten

Oberkommandos der Warschauer Vertragsstaaten und später Stabschef der DDR-Landstreitkräfte.

Er sagt nur einen Satz: »Ich habe nur aufzulösen, nichts zu erhalten oder neu aufzubauen.«

Wir wissen: Er sagt das nicht aus dem Bauch heraus. Als Regierungsbeauftragter gibt er nur die Meinung des Gremiums wieder.

Trotz dieser Ansage schlage ich dem Ministerpräsidenten in einem Brief vor, den Dienst ihm direkt zu unterstellen und, wenn nötig, mich in Rente zu schicken. – Ich erhalte keine Antwort.

Offensichtlich gibt es keine Chance mehr für uns – und dennoch sind wir nicht tatenlos. Wir beginnen damit, die Dienststelle und damit natürlich auch die Akten in ein Objekt in der Roedernstraße nach Hohenschönhausen zu verlagern.

Gleichzeitig sprechen wir mit Verteidigungsminister Theodor Hoffmann. Wir schlagen ihm vor, unseren Dienst in seine Verwaltung Aufklärung einzugliedern.

Der Admiral und sein Aufklärungschef, Generalleutnant Alfred Krause, befinden sich offensichtlich in einer Zwickmühle. Einerseits verstehen sie unser Anliegen, andererseits wollen sie sich natürlich mit uns, den MfS-Leuten, nicht belasten. Sie scheuen aber ein klares »Nein« und hoffen, daß ihnen die Entscheidung von anderen abgenommen wird.

Ich greife der Entwicklung vor: Wie sich zeigt, hängt auch die Führung der NVA der Illusion an, es gäbe für sie eine Zukunft. Und damit auch eine Zukunft der Militärischen Aufklärung. Als ich Krause rate, er solle rechtzeitig die Unterlagen seines Dienstes vernichten, stoße ich zunächst auf taube Ohren. Als sie damit beginnen, ist es bereits zu spät. – Und auch hier ist wieder Verrat im Spiel. Eberhard Lehmann, einst von Bruno Beater vom MfS zur NVA kommandiert, wo er als Stellvertretender Leiter der Verwaltung Aufklärung tätig war, kehrte später zum MfS zurück. Der Oberst arbeitete in der HA II, der Spionageabewehr, wo er ziemlich eng mit der I. Hauptverwaltung des KGB liiert war. Er lief über und verriet das IM-Netz der Verwaltung Aufklärung.

Die Schredder laufen heiß

Die schon im Herbst 1989 von mir angewiesene Reduzierung des Schriftgutes galt den umfangreichen IM-Personalakten. Da viele

Mitarbeiter den Sinn nicht erkannten, begann die Aktion zögernd. Erst im November/Dezember läuft die Vernichtung auf Hochtouren. Die einzige Verkollerungsanlage in der HVA reicht bei weitem nicht. Wir nutzen auch die wenigen Büroreißwölfe. Als im Dezember der Zentrale Runde Tisch nachdrücklich fordert, die Verkollerungsanlage stillzulegen, erteilt uns die Regierung eine entsprechende Weisung.

Uns bleiben nur noch die Schredder – eine sehr mühevolle Arbeit. Sie schnipseln rund um die Uhr. Laufen sie heiß, stellen sie die Mitarbeiter in Kühlschränke. Dann stopfen sie das zerschredderte Papier in Säcke. Inzwischen sind die Apparate wieder arbeitsbereit.

Im Dezember verbietet der Leiter des AfNS, Generalleutnant Wolfgang Schwanitz, weiter Schriftgut zu vernichten. 38 Jahre bin ich nun Militär. Der Befehl ist also für mich ein wesentlicher Bestandteil meines Lebens. Zum ersten Mal in meinem Leben ignoriere ich die Weisung eines Vorgesetzten, auch meine Stellvertreter halten sich nicht daran: Wir schreddern weiter.

Wir fühlen uns moralisch dazu verpflichtet, weil wir gegenüber unseren inoffiziellen Mitarbeitern in der DDR und im Operationsgebiet unverändert Verantwortung tragen.

So laufen die Apparate ohne Unterbrechung, bis der Hauptteil des Aktenbestandes, als zerkleinerte Papierstreifen in Säcken verpackt, für die endgültige Vernichtung vorbereitet ist.

Viele operative Mitarbeiter sind mit den Kundschaftern, die sie führen, nicht nur durch ein Arbeitsverhältnis verbunden. Oftmals entwickelte sich auch Freundschaft. So sind viele bei der Aktenvernichtung hochmotiviert. Solange die Möglichkeit besteht, verbrennen sie zu Hause in Öfen, Kaminen und auf ihren Gartengrundstücken im offenen Feuer Dienstunterlagen. Natürlich ist in diesem Chaos eine lückenlose Kontrolle nicht möglich. Wie immer in unserer Arbeit setzen wir auf Vertraulichkeit.

Einige mißbrauchen das Vertrauen und schlagen Kapital aus den Papieren, die sie vernichten sollen.

Das hat für einige Menschen im Westen schlimme Folgen.

Rosewood und SIRA

Als noch verhängnisvoller erweist sich ein Vorgang, der als »Rosenholz« publik werden soll. Nach wie vor liegt es im Dunkeln, wie die

CIA an diese Unterlagen gelangte. Genaues weiß niemand, doch viele spekulieren und fabulieren bis heute, besonders die Medien.

Von Juni bis August 1993 erscheint ein Wust von Spekulationen in Zeitungen und Zeitschriften. Der *Spiegel* vom 7. Juni zitiert unter der Überschrift »Ein Volk von Verdächtigen« den für die Geheimdienste zuständigen Staatsminister Bernd Schmidbauer: »Wir haben einen großen Zipfel der Decke erwischt, weit über 2.000 Spuren.« Der *Berliner Kurier* vom 23. Juni berichtet: »Die Akten kamen auf bisher unbekannten Wegen nach Bonn. Angeblich beschaffte sie Staatsminister Bernd Schmidbauer (CDU) beim ehemaligen KGB in Moskau.«

Der *Spiegel* zitiert am 28. Juli Bernd Schmidbauer erneut: »Alle Schichten der Gesellschaft sind betroffen.« Die Geschichte des Kalten Krieges müsse wegen des gewaltigen Umfangs an Verrat und Verrätern umgeschrieben werden.

Bild am Sonntag jubelt am 11. Juni: »Großes Zittern, Moskau verrät 300 DDR-Spione.«

Die *Berliner Zeitung* vom 12. Juli weiß: »In etwa zwei Wochen könnten die ersten 200 bis 300 Festnahmen erfolgen«, darunter »50 aktive sowie ehemalige Politiker aus Bund und Ländern«.

Der *Focus* vom 12. Juli kennt genau den Weg der Akten: »Die von den Russen Anfang Juli an den deutschen Verfassungsschutz übergebenen Unterlagen stammen aus der Abteilung II der HVA, wo Staatsapparat und Parteien der Bundesrepublik bearbeitet wurden.«

Bis in den August 1993 hinein brüstet sich Staatsminister Bernd Schmidbauer, bundesdeutschen Diensten sei es gelungen, Akten der HVA zu beschaffen. Am 9. August berichtet jedoch der *Spiegel*, die Unterlagen stammen vom US-Geheimdienst CIA. Das Eigenlob-Getöse im Bundeskanzleramt verstummt.

Wir von der HVA gewöhnen uns an die bittere Wahrheit, daß die CIA unsere Akten in die Hand bekam. Offensichtlich sind dies Karteikarten mit Angaben zu Personen und Vorgängen sowie Statistikbögen mit Festlegungen für den Mob-Fall. Die Folge: Eine größere Anzahl Kundschafter wird enttarnt, bei weitem nicht die in den Medien genannten 200 bis 2.000. Eines der prominentesten Opfer ist unsere Quelle in der NATO, Rainer Rupp.

Bis zum heutigen Tag ist nicht klar, wann, wo und wie die CIA zugreifen konnte und wie viel sie in die Hand bekam.

Für mich galten alle Unterlagen als vernichtet.

Spiegel 3/99 und *Focus* 5/99 behaupten übereinstimmend, der MfS-Oberstleutnant Rainer Hemmann habe die Unterlagen als mikroverfilmtes Material im Auftrag der HVA-Leitung an den KGB-Verbindungsoffizier Alexander (Sascha) Prinzipalow in Berlin-Karlshorst übergeben.

Rainer Hemmann erhielt von der HVA-Leitung nie einen entsprechenden Befehl und konnte ihn deshalb auch nicht ausführen.

Im *Spiegel* vom 6. Dezember 1999 taucht eine neue Variante auf. Die KGB-Offiziere Prinzipalow und Sjubenko sollen die Unterlagen an die CIA übergeben haben: »Beide sterben einen mysteriösen Tod: Sjubenko (1995) und Prinzipalow (1997) erliegen am Steuer ihres Autos, wie es offiziell heißt, einem Herzinfarkt.«

Das ist schon eine James-Bond-Version, aber die ist weder gerührt noch geschüttelt, hier wurden Fakten schlicht gequirlt.

Ich kannte Sascha Prinzipalow viele Jahre aus gemeinsamer Arbeit und schätzte ihn dienstlich und privat. Er starb wirklich an einem zweiten Herzinfarkt. Wie ausgerechnet Sjubenko von uns Unterlagen hätte erhalten sollen, ist logisch nicht zu erklären.

Ich schreibe am 8. und am 14. Dezember 1999 an den Verfasser beider *Spiegel*-Artikel, Ressortleiter Deutschland II, Jochen Bölsche: »Mysteriös ist nicht der Tod der KGB-Offiziere Prinzipalow und Sjubenko, sondern mysteriös ist das, was der *Spiegel* daraus macht. Wir nannten so etwas Aktive Maßnahme.«

Durch eine gezielte Falschmeldung soll vom Tatsächlichen abgelenkt werden. Der *Spiegel* ist offensichtlich (unbewußt?) Transporteur einer Irreführung geworden. Sich auf Verstorbene zu berufen ist übrigens eine beliebte Methode bei einer Aktiven Maßnahme. Und weiter schreibe ich: »Niemand außer den Akteuren der ›Rosewood-Aktion‹ weiß bis heute genau, wann und durch wen die CIA welches Material in welchem Umfang erlangte.«

Bölsche antwortet mir: »In einem zentralen Punkt haben Sie wohl recht: Mit allerletzter Sicherheit können wir (wie Sie) die ›Rosewood‹-Angelegenheit nicht rekonstruieren, wir können nur versuchen, uns dem wahrscheinlichen Ablauf anzunähern. Dabei hat die von uns referierte Version in der Tat den Vorteil, ›logisch‹ zu klingen.«

Ganz gleich, ob Verrat von Mitarbeitern, ob Verkauf an die Amerikaner direkt oder Übergabe an die sowjetische Seite und Verrat von dort: Unsere Kundschafter mußten dafür schwer büßen.

Unsere Bemühungen, alle Akten zu vernichten, sollte genau das verhindern.

Ende 1998 meldet die Gauck-Behörde, einem Mitarbeiter sei es gelungen, das Datenprojekt »SIRA« der HVA zu rekonstruieren.

»SIRA« erfaßte die eingegangenen Informationen in den Abteilungen VII (Politische Auswertung), V (Auswertung Wissenschaft und Technik), IX (Äußere Abwehr) und VI (Regimefragen). Für uns ist das erneut eine Überraschung, sollten doch alle elektronischen Datenträger auf Regierungsanweisung bis März 1990 zerstört werden. Selbst wenn nur Deck- und keine Klarnamen und nur Überschriften der erfaßten Informationen und kein detaillierter Inhalt sichtbar werden, kann es gelingen, eine Quelle zu identifizieren.

Die Bundesanwaltschaft macht sich sofort ans Werk, um Landesverratsdelikte zu entdecken. Bis September 2000 eröffnet sie bereits 20 Ermittlungsverfahren und klagt eine Person an.

Woher kommen nun die Datenträger?

Offensichtlich handelt es sich um eine Sicherheitskopie, die nicht aus dem Bestand der HVA stammt. Von der für Datenverarbeitung zuständigen Abteilung XIII des MfS muß sie in einen Mob.-Bunker der NVA gekommen sein. Die Gauck-Behörde beschreibt die Herkunft so: »Einige der erhaltenen Datenträger wurden nach 1990 in Rechenzentren außerhalb des MfS – zum Beispiel bei der NVA – aufgefunden. Aber die Arbeit mit den Materialien gestaltete sich schwierig, bis verschiedene Projekte (Handbücher im Aktenbestand der Abt. XIII – Datenverarbeitung) des MfS aufgefunden wurden.«Die HVA begann erst 1985 mit dem Aufbau eines eigenen Rechenzentrums, die Projektierung von »SIRA« dauerte bis 1988. Erst ab 1988/89 starteten wir den Echtbetrieb. Bis dahin arbeiteten wir auf Anlagen der Abteilung XIII des MfS. Trotz streng angewiesener eigener Verantwortung muß eine Sicherheitskopie in den Bestand der Abteilung XIII des MfS eingegangen sein.

Heute ist es nicht mehr verifizierbar, wann, warum und durch wen das angewiesen wurde.

Phantom Kriegskasse

Während der politischen »Wende« und nach der deutschen Einheit beginnt die Jagd auf die ominösen Stasi-Millionen. Vor allem Journalisten suchen sie und geben ihnen auch einen griffigen Namen:

Kriegskasse der HVA. Sie soll zur Überlebensordnung gehören, die die HVA angeblich von 1986 bis 1989 erarbeitet hatte.

Andreas Förster von der *Berliner Zeitung* berichtet, daß Offiziere im besonderen Einsatz Millionen ins Ausland verbrachten, Stasi-Strohmänner damit Häuser und Grundstücke erwarben.

Am 17. August 1990 erscheint das Blatt mit der Überschrift »Obskure Stasisten-Sanierung«. HVA-Mitarbeiter sollen sich dreieinhalb Millionen Mark einer Scheinfirma angeeignet haben sowie Liegenschaften, Büroausstattungen und Waren im Wert von mehreren Millionen Mark dem Auflösungskomitee entzogen haben.

Bereits am 21. Februar 1990 titelte die *BamS*: »320 Millionen verschwunden«. Und sie fragt: »Wo ist die Kriegskasse?«

Andere behaupten, aus der Kriegskasse der »MfS-Spionageabteilung fehlten 50 Millionen Mark.« Ob es sich dabei um DDR-Mark oder West-Mark handelt, spielt keine Rolle. Die Unsummen nehme ich etwas wehmütig zur Kenntnis. Niemals verfügten wir über 50 Millionen Mark am Stück. Eine solche Summe mußte fast vier Jahre für die operative Arbeit reichen.

Uns standen jährlich 13,5 Million DM zur Verfügung, die wir vierteljährlich und dann noch einmal am Ende jedes Jahres gegenüber der Finanzabteilung abrechnen mußten. Hinzu kamen noch 1,5 Millionen Mark aus dem Bereich Kommerzielle Koordinierung von Schalck. Wenn der Sektor Wissenschaft und Technik dringend in der Volkswirtschaft benötigte Waren besorgte, die auf der CO-COM-Liste standen, erhielten wir das Geld vom Ministerium für Wissenschaft und Technik, von der Industrie und von wissenschaftlichen Forschungseinrichtungen. Über dieses Geld durften wir natürlich nicht eigenverantwortlich entscheiden.

Besonders die *Berliner Zeitung* trüffelt ständig nach Stasi-Millionen. Am 19. April 1994 berichtet sie unter der Überschrift »Stasi-Schätze, Stasi-Geschäfte ohne Ende« über eine Scheinfirma der HVA. Die soll 1989/90 ihre Goldreserve (!) aufgelöst und in die Schweiz transferiert haben. Über eine Pressekonferenz zu diesem Thema erscheint in der *Berliner Zeitung* am 11. Mai 1994 ein Artikel mit der Überschrift »MfS-Mitarbeiter dementiert Existenz des Stasi-Schatzes. Bundesnachrichtendienst ließ Goldgeschäft platzen«.

Ein Jahr später meldet dieselbe Zeitung am 19. Mai: »Moneten-Müller ging der Polizei ins Netz.« Eine HVA-Firma, wird behauptet, hätte 2,5 Millionen DM ins Ausland verschoben. Autor

Andreas Förster stochert mal wieder im Nebel. Die Fakten interessieren ihn scheinbar kaum.

Und die gehen so: Richard Müller, ein BRD-Geschäftsmann, lieferte High-Tech-Waren unter anderem in die Sowjetunion und arbeitete dabei eng mit der Armeeaufklärung (GRU) zusammen. Er unterlief damit die COCOM-Liste und verstieß gegen bestehende Gesetze. Als er in den USA und in westeuropäischen Ländern mit Haftbefehl gesucht wurde, kam er in die DDR. Die sowjetische Armeeaufklärung bat die DDR-Staatssicherheit um Amtshilfe. Minister Mielke kümmerte sich selbst darum, daß Müller in Berlin weiter seinen Geschäften nachgehen konnte. Schalck-Golodkowski besorgte die Immobilien, der Sektor Wissenschaft und Technik in der HVA betreute Müller und leitete alle rechtlichen Schritte ein, damit er eine Firma gründen konnte. Minister Mielke befahl uns, nichts in die Firma zu investieren und in keine Geschäftsbeziehungen zu ihr zu treten. Wir sorgten lediglich für Richard Müllers Sicherheit und halfen ihm, Kontakte zu DDR-Institutionen herzustellen. Unter anderem sorgten wir dafür, daß sein Verteidiger, der nachmalige Bundesinnenminister Otto Schily, immer problemlos in die DDR zu seinem Mandanten kommen konnte. Schily mag das wohl für normal gehalten haben, das war es aber nicht. Tatsache bleibt: Das MfS öffnete ihm die Tür.

Anfang 1989 kehrte Richard Müller in die BRD zurück. Das Privathaus, die Geschäftsimmobilien und das DM-Konto von Richard Müller verwalteten Mitarbeiter des Sektors Wissenschaft und Technik. 1990 erbat Müller den Transfer der 2,5 Millionen auf private Konten in der Bundesrepublik – auch für bundesrepublikanische Verhältnisse ein ganz normaler Geschäftsvorgang. Es handelte sich nicht einmal um ein Anderkonto.

Aus diesem Vorgang formuliert das Landgericht Berlin eine Klage gegen Richard Müller, Oberst a. D. Horst Müller, Major a. D. Bernd Kaden und den ehemaligen OibE Sigmund Röder.

Im Januar 1998 endet der Prozeß mit einem Freispruch.

Die Richter stellen fest, daß es sich zweifelsfrei um das Privatvermögen von Richard Müller handelte und die HVA-Mitarbeiter nicht gegen geltende Gesetze verstoßen hätten.

Die von der Staatsanwaltschaft geforderte Revision wurde im September 1999 abgelehnt.

Am 7. März 1996 stehe ich dem im November 1995 eingesetzten Untersuchungsausschuß DDR-Vermögen als Zeuge vier Stunden Rede und Antwort. Ausführlich schildere ich den Umgang mit finanziellen Mitteln im MfS. Natürlich beantworte ich auch Fragen, ob Geld ins Ausland geflossen sei. Mit reinem Gewissen antworten alle HVA-Zeugen mit einem klaren Nein. Der Ausschuß kommt während seiner gesamten Arbeit zu keinen anderen Erkenntnissen.

Am 29. November 1996 kommt Oberst a. D. Erich Gaida mit Frau und Enkel von einem Urlaub aus Tunesien zurück. Auf dem Flughafen Berlin-Schönefeld wird er verhaftet und in Untersuchungshaft überführt. Dem ehemaligen Arbeitsgruppenleiter im Sektor Wissenschaft und Technik wirft man vor, unter Pseudonym Stasi-DM-Konten geführt und in den Jahren 1989/90 rund 17 Millionen Mark »veruntreut« zu haben.

Unter der Überschrift »Alle Wege führen nach Wien« fabuliert die *Berliner Zeitung* von einer Wien-Connection. 350 Millionen, behauptet der inzwischen einschlägig bekannte Autor Andreas Förster, seien an einen Wiener Geschäftsmann geflossen. – Er bezieht seine Informationen vermutlich von der Zentralen Ermittlungsstelle für Regierungs- und Vereinigungskriminalität (ZERV).

1998 verwurstet er diese in einem Buch. Erich Gaida widmet er darin ein ganzes Kapitel mit Unterstellungen und Vermutungen.

Die Wahrheit: Es gab ein DM-Konto bei der Handelsbank. Das gehörte einem Geschäftsmann, der mit der HVA in Verbindung stand. Erich Gaida verwaltete dieses Konto treuhänderisch – nicht illegal, sondern mit Wissen und im Auftrag seiner Vorgesetzten. Auf Anweisung des Kontoinhabers löste Gaida das Konto 1989/90 auf.

Die Wahrheit scheint Förster offenkundig nicht zu interessieren. Er sammelt Behauptungen und bietet sie als Tatsachen an. In der *Berliner Zeitung* zitiert er indirekt den SPD-Obmann im Untersuchungsausschuß, Julius Beucher, und schreibt, »daß Seilschaften aus der Wendezeit Stasi-Geld in dreistelliger Millionenhöhe ins Ausland geschafft haben. Die HVA, besonders der Sektor Wissenschaft und Technik, sei daran beteiligt.«

Weil Beschuldigte und Zeugen sich nicht dazu bekennen, spekuliert er nun, daß Gaida die 17 Millionen DM nicht in die eigene Tasche gewirtschaftet, sondern möglicherweise »in eine ›Gemeinschaftskasse‹ von Ex-Stasi-Offizieren verschoben hat«. Am 20. März 1998 klagt die Staatsanwaltschaft II beim Landgericht Berlin Erich

Gaida an, 17 Millionen DM dem staatlichen Zugriff entzogen und das Vermögen für sich und andere behalten zu haben.

Die Staatsanwaltschaft beantragt sechs Jahre Haft, die Verteidiger fordern Freispruch.

Die 12. Große Strafkammer des Landgerichts Berlin folgt den Rechtsanwälten: Freispruch. Der Staatsanwalt legt zwar Revision ein, zieht aber ihren Antrag nach zwei Monaten zurück.

Die *Berliner Zeitung* berichtet am 28.8.1998 unter der Überschrift »Staaatsanwalt legt Revision ein« u.a. über den Freispruch von Erich Gaida, läßt ihre Leser aber in dem Glauben, der Freispruch sei mangels Beweisen erfolgt.

Gaida saß eineinhalb Jahre in Untersuchungshaft.

Freundschaft ohne Garantie

Trotz Pannen und Verrat gereicht die Vernichtung der Akten allen Beteiligten zur Ehre. Sie fühlen sich auch in einer solch extremen Situation verpflichtet, unsere Kundschafter zu schützen. Die Behauptung, daß bei der Aktion Akten verschwinden, mit denen man uns Kapitalverbrechen hätte nachweisen können, ist falsch. Es hat solche Akten nie gegeben, weil es auch keine Kapitalverbrechen gab.

Die HVA wie auch das MfS besitzen 1990 keine Lobby. Wer ein Wort zur Entlastung des diensthabenden Prügelknaben sagt, muß damit rechnen, selbst unter Beschuß zu geraten. Sicher gibt es auch weiterhin gute Freunde außerhalb unseres Apparates. Sie sind jedoch schon ohne Einfluß und können kaum mehr als gute Worte und Wünsche beisteuern. Wir erbitten vor allem Verständnis und Hilfe von der Regierung. Doch dort erreichen wir wenig.

Also suche ich die Unterstützung der sowjetischen Seite. Seit Herbst 1989 leitet General Anatoli Nowikow die KGB-Vertretung in Karlshorst. Alexander (Sascha) Prinzipalow fungiert seit geraumer Zeit als Verbindungsoffizier zu uns. Mit beiden bin ich gut bekannt. Anatoli besuche ich öfter in seinem Dienstgebäude und bitte ihn im Dezember 1989 und im Januar 1990, in Moskau deutlich zu sagen, daß wir dringend Hilfe brauchen. Ein Gespräch eines kompetenten Vertreters der Moskauer Zentrale mit Ministerpräsident Modrow könne, so sage und hoffe ich, einiges bewirken.

Anatoli sieht das genauso. Doch trotz mehrerer Zusagen hält sich Moskau bedeckt. Fadenscheinige Begründungen folgen.

So spricht Anatoli selbst mit Modrow.

Bewirkt hat er nichts.

Daß dies alles nur noch Sandkastenspiele sind, kann ich nicht wissen. Im Unterschied zu Anatoli Nowikow weiß ich auch nicht, daß Armeegeneral Krjutschkow, sein Vorgesetzter, der Vorsitzende des KGB, die DDR bereits aufgegeben hat.

Wir glauben zu jenem Zeitpunkt noch fest an die »unverbrüchliche Freundschaft« und die »feste Kampfgemeinschaft« mit unseren »sowjetischen Freunden«.

Doch die Würfel sind längst gefallen. In einer Beratung im ZK der KPdSU am 26. Januar 1990 hatte Krjutschkow kühl festgestellt, daß die DDR nicht mehr zu halten sei und die Politik Kurs auf die Einheit Deutschlands nehmen solle. Das erfahre ich erst später. Diese Beratung mit Michail Gorbatschow ist, wie inzwischen bekannt, unser definitives Todesurteil.

Mich erregt weniger Krjutschkows kühle Einschätzung, sondern die Heuchelei, mit der uns begegnet wird.

Meine Frau und ich, inzwischen Zwangsrentner, fliegen 1990 nach Moskau, um unsere Tochter und meinen russischen Schwiegersohn zu besuchen. Beide arbeiten in einem wissenschaftlichen Institut. Die Leitung der I. Hauptverwaltung lädt uns zu einer zweiwöchigen Kur in ihr Sanatorium in Semjonowskoje ein. Sowohl im Moskauer Gästehaus als auch im Sanatorium spreche ich mit leitenden Mitarbeitern des sowjetischen Dienstes. Es läuft alles wie üblich streng nach Protokoll: reichlich gutes Essen, viele Trinksprüche, ausführliche Gespräche. Unentwegt wird die Freundschaft beschworen, Hilfe und Unterstützung freigebig angeboten.

Und es wird versichert, daß die MfS-Angehörigen nicht strafrechtlich verfolgt werden und daß unsere Altersversorgung sicher sei. Dafür hätten sie gesorgt.

Das entspricht nicht der Wahrheit.

Zutreffend ist, daß Krjutschkow als einziger in der sowjetischen Führung sich für uns verwendet. Er bittet Gorbatschow, gegenüber Kanzler Kohl dieses Thema anzusprechen. Gorbatschow aber tut das nicht.

Ehrenhaft verhalten sich auch die langjährigen Verbindungsoffiziere zur HVA Oleg Gerassimow und Wolodja Budachin, mit deren Familien meine Frau und ich befreundet sind, Alexander Prinzipalow und Anatoli Nowikow sowie Wadim Kirpitschenko und Leonid

Schebarchin. Natürlich sprechen sie auch nicht jederzeit offen mit uns, aber sie belügen uns nicht. Und das ist schon viel im harten Geschäft der Geheimdienste. Leider reißen alle freundschaftlichen Bande mit dem Untergang der DDR ab.

Für uns ist es bitter, von den »sowjetischen Freunden« in Moskau im Stich gelassen zu werden. Natürlich sind KGB-Vertreter in Karlshorst nach wie vor an der kleinsten Information interessiert. Sie wollen genau wissen, was sich in unserem Bereich entwickelt. Sie sorgen sich sehr um den Bestand unserer Akten, die ja vor fremdem Zugriff nicht sicher sind. Und sie wären bestimmt gern bereit, alles bei sich zu deponieren.

Natürlich denken wir darüber nach, und wir denken auch an die Übergabe operativer Vorgänge.

Doch Nowikow und Prinzipalow fragen mich nicht einmal danach. Das tut General Juri Drosdow, der um die Jahreswende 1989/90 in Karlshorst weilt.

Ich lehne das aus Prinzip ab und weise an, keine operativen Vorgänge an andere Geheimdienste, einschließlich der sowjetischen, zu übergeben.

Erstens kommt eine Übergabe überhaupt nicht in Frage, wenn der betreffende Kundschafter nicht vorher zustimmt. Nicht jeder, der sich einst der DDR anvertraute, hegt gleiche Gefühle für die Sowjetunion. Ich denke, die meisten handeln mehr als deutsche Patrioten denn als Internationalisten. (Umso lächerlicher sind die späteren Anklagen wegen Landesverrats. Sie handelten gemäß der Verpflichtung, daß von deutschem Boden nie wieder Krieg ausgehen dürfe und dienten damit »Deutschland, einig Vaterland«.)

Zweitens wollen wir unsere Kundschafter nicht vom Regen in die Traufe bringen. Die Entwicklung in der Sowjetunion ist sehr kritisch. Was passiert, wenn die UdSSR zerfällt?

Drittens können wir nicht einschätzen, wie weit gegnerische Kräfte schon in unser IM-Netz eingedrungen sind. Wir können also nicht garantieren, dem KGB keine »Maulwürfe« zu übergeben.

Mancher Leiter und Mitarbeiter entwickelt Eigeninitiative, was mir mißfällt. Als ich wieder einmal in Karlshorst bin, sehe ich Werner Roitzsch, den stellvertretenden Leiter der Abteilung VI (Übersiedlungen, Dokumentation), wie er technische Geräte, darunter einen wertvollen Farbkopierer, in das Haus schleppt. Ich veranlasse, die Geräte zurückzuholen und auf die Inventurliste zu setzen. Niemand soll der HVA kriminelle Handlungen oder Unregelmäßigkeiten nachsagen können.

Als Roitzsch illegal versucht, für sowjetische KGB-Mitarbeiter Ausweise zu besorgen, verbiete ich ihm dies.

Roitzsch zieht überall seine Fäden. Er gehört zu den eifrigsten Befürwortern, Material und Unterlagen an die sowjetische Seite zu übergeben.

Seinen späteren Verrat begründet Oberst Dr. Werner Roitzsch mit dem Gegenteil. Er habe mit seinem Schritt verhindern wollen, daß die sowjetische Seite HVA-Material erhält ...

Am 23. Februar 1990 tagt die Arbeitsgruppe Sicherheit des Zentralen Runden Tisches. Sie beschließt, die HVA ersatzlos aufzulösen. Der HVA-Vertreter, Oberst Bernd Fischer, weist darauf hin, daß man die Sicherheit der Kundschafter garantieren müsse. Ergebnis: Wir dürfen den Dienst eigenständig liquidieren.

Das noch vorhandene Material kommt in das Objekt Roedernstraße. Dort, in Hohenschönhausen, war der Operativ-Technische Sektor des MfS (OTS) und die Abteilung VIII (Operative Technik der HVA) untergebracht.

Den gesamten Ablauf der Aktenvernichtung kontrollieren Vertreter der evangelischen Kirche neben den sowieso schon damit Beauftragten des Zentralen Runden Tisches, dem Regierungsbeauftragten und den Verantwortlichen des Komitees zur Auflösung des MfS/AfNS.

Rückblick im Ruhestand

Mit dem Auflösungsbeschluß der Arbeitsgruppe Sicherheit des Zentralen Runden Tisches ist für die meisten der noch diensttuenden Mitarbeiter das Ende ihrer Tätigkeit absehbar. Nur 250 ziehen mit dem Material in die Roedernstraße. Alle anderen quittieren, gemäß dem Beschluß der Arbeitsgruppe Sicherheit des Runden Tisches, spätestens am 31. März 1990 den Dienst. Das gilt auch für mich.

Oberst Bernd Fischer, einer unserer fähigsten und qualifiziertesten Leiter, übernimmt bis zum endgültigen Ende am 30. Juni 1990 die Verantwortung. Ihm zur Seite stehen bewährte Leiter und Mitarbeiter. Alle, bis auf einen Verräter, erfüllen sie getreulich ihre Pflicht. Mitte März 1990 beendet die Resttruppe den Umzug. Ich darf bis zu meinem offiziellen Ausscheiden weder das Objekt in der Ruschestraße noch das in der Roedernstraße betreten. Ich verfolge nun von daheim die Ereignisse. Meine Mitarbeiter halten weiter den Kontakt zu den Quellen. Berichte wie die von Klaus Kuron aus dem Bundesamt für Verfassungsschutz erhalte ich nach wie vor. Gemeinsam bewerten wir die Informationen. Ich schlage Maßnahmen vor.

Natürlich ist das alles nicht befriedigend, doch mich befriedigt, das mir Mögliche für die Sicherheit unserer Kundschafter getan zu haben. Selbstlos verhindern viele Mitarbeiter und Leiter sowie meine Stellvertreter, daß das leckgeschlagene Schiff abrupt im Strudel versinkt. Vorwürfe vom nachmaligen Bundesbeauftragten für die Stasi-Unterlagen, Joachim Gauck, und einigen Bürgerrechtlern, daß wir sie getäuscht hätten, sind begründet. Na und?

Aus dem aktuellen Trubel herausgelöst, finde ich nun die Zeit, mit allen Abteilungsleitern und auch mit einigen Stellvertretern abschließend zu sprechen. Wir treffen uns bei mir oder bei ihnen zu Hause, manchmal auch bei gemeinsamen Bekannten. Die meisten kenne ich seit Jahrzehnten, arbeitete mehr oder weniger eng mit ihnen zusammen. Mit einigen ging ich durch dick und dünn, uns verbinden nicht nur persönlich enge Bande, auch unsere Familien sind befreundet. So sind die Gespräche keineswegs die letzten, der Abschied nicht endgültig. Wir fühlen uns weiter verbunden und wollen uns gegenseitig unterstützen. Wir versprechen uns, mit allen Mitteln unsere Kundschafter zu schützen. Obwohl wir mehr über die Vergangenheit und gemeinsame Erlebnisse reden, bedrückt uns natürlich die ungewisse Zukunft. Vor allem Mitarbeiter zwischen 45 und 60 Jahren sehen für sich wenig Möglichkeiten. Sie können nicht, wie ich es plane, nach Ablauf der Arbeitslosigkeit in Rente gehen. Selbst in früher erlernten Berufen haben sie kaum Chancen.

Hinzu kommt die Stasi-Hysterie. Man forderte »Stasi in die Produktion!« – doch wenn einer »in die Produktion« will, hebt man vielerorts sofort die Hände, wenn einer seine Herkunft nennt. Es beginnt für viele der Kreislauf Arbeitslosigkeit, Umschulung ohne Arbeitsplatzgarantie, mit ein wenig Glück bekommen einige eine ABM und gehen anschließend wieder in die Arbeitslosigkeit.

Am 31. März 1990 verlasse ich nach 38 Jahren die Hauptverwaltung Aufklärung und damit das MfS/AfNS. In der Personalabteilung erledige ich die notwendigen Formalitäten, kurz, aber nicht schmerzfrei. Mit gerade 61 Jahren gerate ich ins berufliche Aus. Als ich 1986 Leiter der HVA geworden war, hatte ich mir vorgenommen, zu meinem 65. Geburtstag in Pension zu gehen. Jüngere Mitarbeiter wären bereit und qualifiziert gewesen, die Nachfolge anzutreten. Nun ist alles ganz anders. Ich verabschiede mich voller Wehmut, auch Zorn, und voller Ungewißheit. Fragen zur eigenen Lebensleistung, Nachdenken über die eigene Verantwortung, über Schuld oder Nichtschuld begleiten mich.

Die Ankunft im Alltag eines Rentners ist gespenstisch. Der lang praktizierte Lebensrhythmus ist gestört, der Tag verläuft völlig anders. Anerzogene Gewohnheiten sind auf einmal nicht mehr wichtig, Freunde und Genossen fehlen. Was ich sage und entscheide, betrifft hauptsächlich nur noch mich und meine Familie.

Als ich am 1. April 1952 nach Berlin ging und den Dienst im Institut für wirtschaftswissenschaftliche Forschung begann, war ich gerade 23 Jahre alt. Immer häufiger denke ich darüber nach, woher ich gekommen bin, wo ich meine Wurzeln habe.

Kindheit und Jugendjahre

An einem Sonntag komme ich in Oberebenheit bei Pirna, in der Wohnung meiner Großeltern, auf diese Welt. Es ist der 9. März 1929. Über ganz Europa liegt Eiseskälte. In Deutschland sind 3,2

Millionen Arbeitslose als Hauptunterstützungsempfänger gemeldet. Für nur 800.000 von ihnen reicht das Geld. Meine Mutter, das zweitälteste Kind von fünf, wohnt noch bei ihren Eltern. Nach acht Jahren Volksschule ist sie jetzt Hausgehilfin in einem Fleischerhaushalt in Pirna. Ihr Vater arbeitet als Rangierwärter bei der Eisenbahn in Pirna, ihre Mutter versorgt zu Hause die Großfamilie.

Mein Vater, das älteste von fünf Kindern, wohnt ebenfalls bei seinen Eltern, aber in Cunnersdorf bei Pirna. Auf der Suche nach Arbeit wandert der gelernte Zimmermann durch Deutschland und Österreich. Zu meiner Geburt ist er gerade wieder zu Hause. Als Mann vom Bau geht er im Winter stempeln und hofft auf den Sommer. Meine Eltern heiraten erst einmal nicht. Für eine eigene Wohnung und den Lebensunterhalt fehlt ihnen das Geld. Erst 1934 bauen sie auf dem Grundstück der Eltern meines Vaters ein kleines unterkellertes Häuschen. Mein Elternhaus besteht aus einer Wohnküche und einem Zimmer. In einem kleinen Schuppen lagert das Feuerholz, das im Sommer gesammelt wird.

Ostern 1935 komme ich in die Schule. In Ebenheit bei Pirna unterrichten zwei Lehrer in zwei Klassenzimmern die Kinder aus drei Dörfern. Die Kleinen des ersten bis vierten Schuljahres lernen in einem Raum, die Großen der fünften bis achten Klasse in einem anderen. Mädchen und Jungen gemeinsam.

In den späten 30er Jahren höre ich in den abendlichen Gesprächen der Großeltern, der Eltern und deren Geschwister ständig das Wort »Krieg«. Gerüchte wabern durch das Land. Die Menschen, die nahe der Grenze zur Tschechoslowakei wohnen, ängstigen sich, zwischen künftige Fronten zu geraten. Sie fürchten sich vor den Fluten der geöffneten Staubecken an der oberen oder unteren Elbe und vor brennendem Öl auf dem Fluß. Die Panik der Erwachsenen erzeugt in meiner kindlichen Phantasie Horrorvisionen.

Diese Ängste der Grenzbevölkerung schwinden, als die Wehrmacht am 1. Oktober 1938 das Sudetenland besetzt und im März 1939 in Prag einmarschiert. Hitler ruft das Reichsprotektorat Böhmen und Mähren aus. Wir Kinder spüren nun die Furcht der Erwachsenen vor der Zukunft, die Ungewißheit, was auf den einzelnen zukommen wird. Die Mutter fürchtet, daß unser Vater Soldat werden muß. Viele warten ab, fügen sich dem Unabwendbaren, fühlen sich ohnmächtig. Alle hoffen, daß es so schlimm schon nicht werden wird.

Mit dem deutschen Überfall auf Polen am 1. September 1939 ändert sich die Situation in unserem Dorf. Die ersten Männer müssen in den Krieg. Die Frauen ernähren nun die Familien. Mein Vater wird im Frühjahr 1941 Soldat. Wir bekommen Feldpostbriefe aus dem besetzten Polen.

Auch mein Leben verändert sich. Mein Lehrer empfiehlt meinen Eltern, mich ab Ostern 1940 in die Staatliche Oberschule für Jungen in Pirna zu schicken. Mutter und Vater erkennen die Chance für mich, später mal aus den ärmlichen Verhältnissen auszubrechen. Mein Selbstbewußtsein reicht aber nicht aus, mich darüber zu freuen. Ich bin durch Erziehung und durch den begrenzten Raum, in dem ich aufwachse, nicht darauf vorbereitet, mich andernorts zu behaupten. Für uns Dörfler wohnen in der Stadt die Besser- und Höhergestellten. Meine Eltern zögern. Letztlich überzeugt sie mein Lehrer doch.

Ostern 1940 beginnt für mich der Unterricht an der Staatlichen Oberschule für Jungen in Pirna. In den ersten drei Klassen bin ich der einzige Arbeiterjunge und noch dazu vom Dorf. Meine neuen Schulkameraden kommen fast alle aus der städtischen Mittelschicht. Sie wirken auf mich selbstsicher und gewandt. Jeder besitzt ein Fahrrad, und in den Hosentaschen klimpert Taschengeld. Die Jungen aus meiner Klasse haben mir gegenüber keine Berührungsängste und wenig Vorbehalte. Sie verstehen aber meine zurückhaltende Art nicht. Wenn sie die einzige italienische Eisdiele der Stadt besuchen, bleibe ich draußen. Mir fehlt das notwendige Kleingeld.

Der Unterricht bereitet mir Schwierigkeiten. Warum ich Latein lernen muß, begreife ich nie. Dieses Fach wird mein Albtraum. Mein erster Klassenlehrer müht sich sehr, mir zu helfen. Ich bin zwar willig, aber zu ruhig und überaus zurückhaltend. Das steht dann auch in den ersten Zeugnissen. Meine Unlust nimmt zu.

Am 22. Juni 1941 überfällt die Hitlerwehrmacht die Sowjetunion. Meine Mutter sagt: »Das bricht Hitler das Genick.« Die Angst, ihren Mann zu verlieren, läßt sie nicht mehr los, und sie hofft inständig auf das Ende des Mordens.

In der Schule bin ich froh, wenn meine Leistungen gerade reichen, um versetzt zu werden. Meine Mutter versteht das überhaupt nicht. Ihre Tränen tun mir weh. Ich engagiere mich immer stärker beim Sport und im Dienst beim Jungvolk. Als besten Handballspieler der Schule oder als Jungschafts- und Jungzugführer respektieren mich die anderen. Mein Selbstbewußtsein wächst, »hart wie Kruppstahl, flink wie Windhunde, zäh wie Leder« will ich werden.

Ohne daß ich es wahrnehme, wirkt meine Mutter sehr einfühlsam auf mich ein. Ihre ehrliche Art, die Menschen zu achten und zu lieben, anderen zu helfen, fleißig und verantwortungsvoll zu leben, überstrahlt unmerklich mein Dasein und zeigt Wirkung.

Nachdenklich stimmt mich auch mein Vater während seines Urlaubs. Er berichtet von den Massakern der Deutschen beim Warschauer Aufstand, von denen er gehört hat. Im Familien-, Freundes- und Bekanntenkreis mehren sich die Nachrichten von Gefallenen und schwer Verwundeten. In unmittelbarer Nähe unseres Wohnortes, auf dem Sonnenstein in Pirna, sehen wir Busse mit verhängten Fenstern. Das Gerücht wird zur Gewißheit: Sie fahren ins Krematorium einer Anstalt für geistig behinderte Menschen. Dort werden Euthanasieopfer verbrannt.

Als die Geburtsjahrgänge 1927/28 die Schule verlassen müssen und als Soldaten oder Flakhelfer einberufen werden, ahnen wir vom Jahrgang 1929, daß auch wir bald dran sind. Lust zum Lernen haben wir nun überhaupt nicht mehr. Bald treffen die ersten Meldungen ein, die ersten Schulkameraden sind gefallen. Das militärische Zeremoniell auf dem Pirnaer Friedhof zeigt unser Dilemma: In die Schule wollen wir nicht mehr und vor der Front haben wir Angst.

Am 14. Februar 1945 fallen einige Bomben auf den Friedhof von Pirna. Mutter, die dort arbeitet, bleibt unverletzt. Später wissen wir, daß diese Luftminen eigentlich Dresden treffen sollten.

Die Angehörigen des Jahrgangs 1929 werden im März 1945 von den Lehrern aus der Schule verabschiedet. Wir kommen ins Wehrertüchtigungslager Altenberg im Erzgebirge. Die Fußballer des berühmten Dresdener Sport-Clubs (DSC), die dort als Unteroffiziere Dienst tun und gleichzeitig trainieren, bilden je Lehrgang mehrere hundert Jugendliche aus. Die meisten wollen nur eins: die letzten Kriegstage unversehrt überleben und gesund nach Hause kommen.

Mitte April 1945 stoßen amerikanische Truppen in die Tschechoslowakei vor. Bald stehen sie vor Chemnitz. Während eines Morgenappells sollen sich Freiwillige melden, um Altenberg zu verteidigen. Freiwillige deshalb, weil nicht jeder Jugendliche im Lager eine Waffe hat. Die sich nicht melden, gelten zwar als Feiglinge, dürfen aber nach Hause fahren. Das wußte ich bereits, da ich mit einigen Freunden während der Wache eine Kommandeursbesprechung belauscht hatte. Wir gehen also vorbereitet zum Morgenappell und unterlassen es, uns zu melden.

Unmittelbar nach dem Appell packen wir unsere Sachen und fahren mit der Bimmelbahn, wie die Schmalspurbahn Altenberg-Dohna heißt, bis zum Endhaltepunkt und von dort mit der Reichsbahn die kurze Strecke nach Pirna. Glücklich umarmt mich meine Mutter. Wir wollen zu Hause gemeinsam auf das Kriegsende warten.

Schon am nächsten Tag steht der SA-Ortsgruppenleiter vor der Tür. Er befiehlt, daß ich mich beim Volkssturm in der Adolf-Hitler-Schule zu melden habe. Meine Volkssturmeinheit quartiert sich in eine Schule in Pirna-Rottwerndorf ein. Ein älterer Unteroffizier schickt uns in kleinen Gruppen zum Bau von Schützengräben rund um Pirna. Nebenher lernen wir mit dem Gewehr umzugehen. Diesmal bekommt jeder eins und einige Schuß Munition.

Als wir auf anrückende sowjetische Truppen warten, geraten wir in Granatwerferfeuer. Meinem besten Freund fetzt es beide Unterschenkel weg. Er verblutet im Beiwagen eines Motorrades, mit dem er zum Arzt gefahren werden soll. Ich will nur noch weg.

Unser Unteroffizier, mit dem wir vier Jugendlichen am westlichen Stadtrand von Pirna Panzergräben ausheben, schickt uns einfach nach Hause. Er will auch zu seiner in der Nähe wohnenden Familie. Wir Jungen vereinbaren, daß jeder zum anderen kommen kann, falls einer zu Hause nicht sicher ist.

Ich werfe mein Gewehr in das Flüßchen Gottleuba, ziehe in unserer Wohnung die Uniform aus und vergrabe sie im Wald.

Meine Mutter befürchtet, daß mich jemand beobachtet hat, und schickt mich zu den Großeltern nach Oberebenheit. Mit einem klapprigen Fahrrad fahre ich dorthin. Kaum angekommen, nisten sich dort versprengte SS-Leute in den Bauernhöfen ein. Nun radele ich nach Cunnersdorf bei Königstein zum Elternhaus eines meiner Kameraden. Dort bleibe ich drei Tage. Als ich von der bedingungslosen Kapitulation in Berlin höre, fahre ich heim.

Zunächst halten sich keine sowjetischen Einheiten im Ort und in der näheren Umgebung auf. In den ersten Tagen ziehen Kampfverbände durch. Sie marschieren zurück, in Richtung Osten. Kaninchen, Hühner, Gänse, Uhren und Fahrräder nehmen sie mit. Später halten Eliteeinheiten, die Soldaten sind sehr diszipliniert. Offiziere quartieren sich in Wohnungen ein, die Bewohner suchen Unterkommen bei anderen Familien. Nach kurzer Zeit normalisiert sich das Zusammenleben. In Pirna richtet die sowjetische Armee eine Kommandantur ein, die Soldaten ziehen in Kasernen.

Unser Haus ist, wie die anderen Häuser und Wohnungen, unversehrt. Nun beginnt die Jagd auf Lebensmittel. Der Hunger treibt uns an. In Ebenheit, wo meine Großeltern leben, arbeite ich vom Frühsommer bis Herbst beim Bauern für wenige Groschen Stundenlohn, aber es gibt ausreichend Naturalien.

Im Herbst 1945 öffnen wieder die Schulen. Ich nehme widerwillig meine Bücher und werde wieder Schüler. Doch ich fühle mich schon zu erwachsen, zum Pauken fehlt mir die Lust. Inzwischen ist mein Vater wieder zu Hause. Er ist schwer magenkrank. In Polen kam er in sowjetische Gefangenschaft und wurde wegen seiner Krankheit bald entlassen.

Wir sitzen oft zusammen und diskutieren über die Zukunft, über das, was notwendig ist. Ich will mich neu orientieren, etwas Neues beginnen. Er stimmt mir zu und sagt: »Es gibt viele Ruinen im Land, Maurer werden gebraucht.« Im Dezember 1945 schließe ich die Schultür endgültig hinter mir. Ich will diesen alten Trott nicht mehr, ich will mein Leben von Grund auf ändern.

Auf dem Bau

Am Tag nach Neujahr des Jahres 1946 ziehe ich einen weißen Maureranzug an, schultere den Rucksack und gehe mit meinem Vater zur Baufirma Ulbricht in Pirna. Es ist mein erster Tag als Maurerlehrling. Mein Vater arbeitete schon vor dem Krieg dort. Nach seiner Rückkehr stellte ihn der Meister sofort wieder ein. Er gehört zu den sogenannten Stammarbeitern, die der Firma schon lange die Treue halten. Ich lerne nun mit Kelle und Kalk, mit Reibebrett und Putzmörtel umgehen. Mein Vater ist im Kreis seiner Kollegen anerkannt. Sie wählen ihn bald zum Betriebsrat.

Mein Ziel ist ziemlich klar. Erst will ich Geselle werden, dann irgendwie die Hochschulreife erlangen und dann studieren. Ich sehe mich schon als Bauingenieur oder Architekt. Das Handwerkliche fällt mir leicht und bereitet mir Freude. Es dauerte nicht lange, da akzeptieren mich die Gesellen als ihren Kumpel. Von ihnen lerne ich, wie man lotrecht eine Mauer hochzieht, wie man fachgerecht eine Ecke hinstellt und sauber einen Fenstersturz in Mörtel legt.

Die Stimmung des Aufbruchs im Land erfaßt auch mich. Der Krieg ist überstanden, allerorten höre ich den Schwur von Verwandten und Bekannten, von Kollegen und Freunden: »Lieber ein Leben lang trockenes Brot essen, als wieder in einen Krieg ziehen.« Die KPD kleidet diesen Gedanken in die griffige Losung: »Nie wieder Faschismus, nie wieder Krieg.« Sie trifft den Nerv der Menschen, obwohl für viele am 8. Mai 1945 eine Welt, im doppelten Sinn, zusammengebrochen war. Ohne Orientierung sicherten sie erst einmal ihr tägliches Überleben. Doch nun muß man die neue Welt in Ordnung bringen.

Hellwach interessiere ich mich zunehmend für die Politik. Ich merke, daß der Vater meiner Mutter seine Wurzeln in der Sozialdemokratie hat und die Familie meines Vaters mehr im Kommunismus. Diese unterschiedlichen Richtungen existieren hier im früheren roten Sachsen in vielen Familien. In den dicht an dicht liegenden Dörfern gibt es hier mehr die Sozis, da mehr die Roten.

In unserem Dorf beeinflussen mich die Kommunisten, die meinen Vater kennen. Als der aus der Kriegsgefangenschaft kommt, verstärkt sich das. Die Dörfler wählen meinen Vater in die erste Gemeindevertretung. Bei vielen Gesprächen bin ich nun dabei. Am 1. März 1946 werde ich Mitglied der KPD. Als sich die KPD und die SPD vereinen, finde ich das ganz in Ordnung. Mein Vater auch.

Am 10. April 1946 trete ich in die vor einem Monat gegründete FDJ ein. Als Jüngster der SED-Ortsgruppe soll ich eine FDJ-Gruppe ins Leben rufen. Das gelingt mir schnell, denn in unserem kleinen Dorf und im angrenzenden Pirnaer Ortsteil Sonnenstein/Am Mädelgraben ist wenig los. Die jungen Leute wollen wieder etwas gemeinsam unternehmen, tanzen und auch nur so zusammen sitzen. Aber wir haben natürlich auch politische Ambitionen.

Am 30. Juni findet im Land Sachsen ein Volksentscheid statt. Die Leute sollen entscheiden, ob die Großbetriebe von Nationalsozialisten und Kriegsverbrechern enteignet werden sollen. Gerade die Menschen in Sachsen zu befragen, quasi als Prüfstein für die gesamte Ostzone, ist sinnvoll. 40 Prozent des Industriepotentials des Ostens konzentriert sich hier. Aber man rechnet auch damit, daß die stärkste SED-Landesorganisation in der sowjetisch besetzten Zone am besten für den Erfolg sorgen kann.

In unseren Dörfern ist es einfach, dafür zu werben. Alle haben vom Krieg die Nase voll und reiche Leute wohnen hier nicht. Es gibt keinen Jugendlichen zwischen 14 und 18 Jahre, der uns nicht unterstützt, ob die Eltern nun Arbeiter oder Bauern oder kleine Gewerbetreibende sind. Wir basteln Transparente und malen Plakate. Daß 77,62 Prozent der Wähler in Sachsen für die Enteignung stimmen, ist auch unser Erfolg.

Als öffentliche Veranstaltungen wieder erlaubt sind, spielt unsere FDJ-Gruppe Theater, baut die Kulissen selbst und veranstaltet für die Bewohner des Ortes »bunte Abende«. Mit unseren Programmen ziehen wir über Land. Von dem Eintrittsgeld kaufen wir Material, um für Kinder notleidender Familien Spielzeug zu basteln.

Jedes Programm muß der Kulturoffizier der sowjetischen Kommandantur in Pirna freigeben. Der ist Germanist und kennt sich in der deutschen Literatur, Geschichte und Kunst besser aus als ich abgebrochener Abiturient. Die Gespräche sind Lehrstunden für mich.

Um so verblüffter bin ich, wenn er bestimmte Dinge aus dem Programm verbietet. Als wir das Lied: »Die Gedanken sind frei« singen wollen, streicht er das ohne Gnade. Ich höre einen längeren Vortrag über Freiheit und Notwendigkeit. Er endet damit, daß man nicht tun und lassen beziehungsweise denken könne, was man wolle.

So richtig ist mir das nicht klar, ich denke lange darüber nach.

Die ersten Übersetzungen von sowjetischen Büchern erscheinen. Das sind dicke broschierte Bände, die von Hand zu Hand gehen. »Neuland unterm Pflug« von Michail Scholochow lese ich und »Meine Universitäten« von Maxim Gorki. Pawel Kortschagin, der Held des Buches »Wie der Stahl gehärtet wurde« von Nikolai Ostrowski, beeindruckt mich sehr. Ein bißchen will ich schon so sein wie dieser junge Kommunist.

Über den Film »Die Mörder sind unter uns« von Wolfgang Staudte diskutieren wir lange. Die Älteren, die wie mein Vater lange im Krieg waren, und wir Jüngeren, die ihn nur noch beim Volkssturm oder als Flakhelfer erlebt haben, fühlen uns angesprochen.

Trotz aller Kultur und Politik knurrt uns der Magen. Ständig sind wir auf der Suche nach Eßbarem und Heizmaterial. Die Lebensmittelkarten für die jeweilige Woche sind schnell alle. Wir gehen zur Erntezeit auf die Felder und stoppeln Ähren und Kartoffeln. Die Getreidekörner mahlen wir, Mutter kocht davon Suppe, die Kartoffeln teilen wir uns mit den zehn Kaninchen, die irgendwann in der Pfanne enden.

Briketts und Feuerholz bekommen wir kaum. Am Wochenende sammeln wir in den Wäldern Beeren und Pilze oder roden Wurzelstöcke. Wir buddeln schweißtriefend die Baumstümpfe samt Wurzeln aus der Erde und transportieren die sperrigen Dinger mit dem Handwagen nach Hause. Dort zerkleinern wir sie mit Keilen, Vorschlaghammer und Axt. Manchmal bringt Vater einen Rucksack voller Holzabfälle vom Bau mit, einmal gehen wir einfach in den nahegelegenen Wald und fällen heimlich einen stattlichen Baum.

Wird der Hunger zu groß, stehle ich in der Nacht Getreideähren, Kartoffeln und Rüben von den Feldern, die noch nicht abgeerntet sind. Meine Eltern ängstigen sich. Vater denkt an die Schande, würde jemand den Sohn eines Gemeindevertreters beim Klauen ertappen. Die grundehrliche Mutter wendet sich mit Schaudern, doch sie will am nächsten Tag wieder etwas Eßbares für ihre Männer auf den Tisch stellen. Sie duldet still.

Eines Tages wird meine Ehrlichkeit aufs neue herausgefordert. Am Schulzaun in Pirna steht ein schickes Leichtmotorrad Marke »Jawa«. Ein in der Schule einquartierter sowjetischer Soldat sieht meine begehrlichen Blicke und schenkt es mir. Für ihn ist es »kapuuuut«. Doch das Gefährt ist nagelneu und intakt. Im Vorderrad fehlen lediglich einige Speichen. Ich nehme das Gefährt zu Hause auseinander und verstecke die Einzelteile auf dem Boden und im Schuppen.

Später kann man den Besitz solch »erworbener« Gegenstände legalisieren, indem man sie anmeldet und bezahlt. Da ich noch nicht mündig bin, erledigt das mein Vater für mich. 250 Mark kostet die Maschine. Er fährt mit ihr zur Arbeit, ich gurke mit dem Ding ohne Führerschein auf Feld- und Waldwegen herum.

Nach zwei Dritteln der Lehrzeit, im Herbst 1947, beherrsche ich das Handwerk und schaffe die Norm eines Gesellen. Ich bin eigentlich fertig mit meiner Ausbildung. Was soll ich noch hier? Da höre ich, daß eine Vorstudienanstalt an der TH Dresden eröffnet wird. Es besteht die Möglichkeit, das Abitur zu erlangen. Ich möchte dort unbedingt hin, doch mein Vater ist sehr krank. Er leidet an Magenkrebs. Nach einer Operation besteht keine Hoffnung mehr auf Genesung. Was soll ich tun? Mein Vater redet mir zu, ich solle mich bewerben. Er ist mächtig stolz, als es klappt. Der fehlende Berufsabschluß beunruhigt mich überhaupt nicht.

Mein Vater kämpft tapfer ums Überleben. Meine Mutter und

ich pflegen ihn lange Zeit zu Hause, und wir verzweifeln schier an unsrer Hilflosigkeit. Das täglich gespritzte Morphin besiegt den Schmerz nur kurz. Ich bin seit Beginn der Schule im Oktober nur noch abends zu Hause, meine Mutter ist am Ende ihrer Kraft.

Am 7. November 1947 stirbt mein Vater.

In Grunde genommen waren wir nur 14 Jahre zusammen. Aber da war er mein väterlicher Freund, der mir auf die Beine half und mich besonders in den Jahren 1946/47 politisch lenkte. Ich bin nun richtig erwachsen und werde mich intensiv um mein Abitur kümmern und mich politisch engagieren.

Sorgen bereitet mir meine Mutter. Sie, die im bisherigen Leben zuviel arbeitete und zuviel entbehrte, hat nun auch noch ihren Mann verloren. Sie setzt ihre ganze Kraft und ihre grenzenlose Liebe zu mir ein, um mir den weiteren Weg so leicht wie möglich zu machen.

Vom Hörer zum Studenten

Nun sitze ich wieder auf der Schulbank. Und das Lernen macht mir plötzlich Spaß. Ich habe ein Ziel und damit auch ein Motiv. In den Vorstudienanstalten – Vorgänger der späteren Arbeiter- und Bauernfakultäten an den Universitäten und Hochschulen – lernen vor allem Arbeiter- und Bauernkinder. Obwohl sie schon dem normalen Schulalter entwachsen sind, können sie hier die Hochschulreife erwerben.

Vor die Wahl gestellt, in einem Jahr oder in zwei Jahren das Abitur abzulegen, entscheide ich mich für einen Zweijahreslehrgang. Hier gehöre ich nicht zu einer Klasse, sondern absolviere einen Kurs. Wir sind auch keine Schüler, sondern Hörer. Jeder Kurs wählt einen Interessenvertreter. Die Wahl fällt auf mich. Ich setze mich für die Rechte meiner Mithörer gegenüber den Lehrern und der Anstaltsleitung ein. So spreche ich oft mit unserer Kursleiterin, Frau Dr. Weinert. Ehe sie an die Vorstudienanstalt kam, unterrichtete die Mittfünfzigerin jahrelang erfolgreich an einer Mädchenoberschule in Dresden. Sie ist Mitglied der Liberaldemokratischen Partei Deutschlands.

Wir müssen uns erst aneinander gewöhnen. Ich bin in der SED, sie ist Mitglied der LDPD. Ich bin es als Leiter einer FDJ-Ortsgruppe gewöhnt, ohne lange zu zögern meine Meinung zu sagen, sie, die erfahrene Pädagogin, findet es gewöhnungsbedürftig, daß Schüler so selbstbewußt auf das schulische Geschehen Einfluß nehmen wollen. Ich bin in Mathematik nicht gerade die Zierde des Kurses, sie, streng, ehrgeizig und gewissenhaft, kennt kein Pardon in ihrem Fach.

Im Unterricht zügelt sie uns Heißsporne sehr schnell, wenn sie Lücken im Fachwissen entdeckt. Doch sie hilft uns, diese zu schließen, und erkennt unsere Forderungen an, wenn sie berechtigt sind. Das unnachgiebige Fordern und die uneigennützige Hilfe ist eine Mischung, die mir zunehmend gefällt.

Und ich höre nur Gutes über meine Kursleiterin von einem Mädchen, mit dem ich täglich von Pirna nach Dresden fahre. Die zierliche Brigitte mit den blonden Haaren kenne ich aus der FDJ-Gruppe in Cunnersdorf. Frau Dr. Weinert war ihre Mathematiklehrerin an der Mädchenoberschule in Dresden. Und Brigitte lobt sie in den höchsten Tönen. Kein Wunder, denke ich mir, wenn man Mathe mag. Mal abgesehen von der mir nicht geheueren Integral- und Differentialrechnung gefällt mir Brigitte immer besser.

Sie ist, fast auf den Tag genau, so alt wie ich, kommt aber aus einem ganz anderen Elternhaus. Sie ist die einzige Tochter einer gutbürgerlichen Familie aus Dresden. Ihr Vater war Beamter im sächsischen Finanzministerium und während des Krieges Zahlmeister in der Wehrmacht. Am 13. Februar 1945 wurde in der Bombennacht auch die Wohnung ihrer Eltern in Dresden-Neustadt zerstört. Sie zog mit ihrer Mutter zu den Großeltern nach Pirna. Ihr Vater kam 1945 aus der Kriegsgefangenschaft und mußte sich einer Entnazifizierung unterziehen. Jetzt ist er Arbeiter in einer Ofenfabrik. Brigitte verließ die Oberschule und läßt sich zum Industriekaufmann ausbilden.

Kurz nachdem ich ihre Familie kennengelernt habe, stirbt ihr Vater im Februar 1949 an Lungenentzündung.

Ihre Mutter nimmt mich herzlich auf.

Brigitte und ich sind immer noch in der FDJ-Gruppe in Cunnersdorf und wir verbringen mit ihr viel Freizeit. Doch wir beginnen auch ganz persönliche Pläne zu schmieden. Wir sind beide als Einzelkinder aufgewachsen und wünschen uns eine große Familie. Ziemlich unbeschwert sehen wir unsere Zukunft. Wir sind jung, und die Aufbruchstimmung im Land entspricht genau unseren Gefühlen und auch unseren politischen Ansichten.

Ich stehe kurz vorm Abitur. In der Vorstudienanstalt herrscht eine Atmosphäre, die es an normalen Schulen nicht gibt. Hörer und Lehrer ziehen an einem Strang und in eine Richtung. Die einen wollen ihr Wissen so gut wie möglich vermitteln, die anderen so gut wie möglich lernen. Diese Übereinstimmung motiviert zusätzlich. Die Leistungen der Schüler entsprechen dem anspruchsvollen Niveau des Abiturs.

Ich entscheide mich nun für ein Studienfach. Das Land braucht Lehrer. Nach 1945 wurden nazibelastete Pädagogen aus dem Schuldienst entfernt, schnell ausgebildete Neulehrer kamen in die Schulen. Nun wirbt die SED nicht nur unter ihren Genossen, daß sich viele Abiturienten für ein Pädagogikstudium entschließen. Als Sprecher unseres Kurses und FDJ-Sekretär habe ich Spaß am Umgang mit jungen Leuten gefunden. Und ich kenne mich auf dem Bau aus. Also bewerbe ich mich an der TH Dresden, Fakultät für Pädagogik und Kulturwissenschaften, Abteilung Gewerbelehrer.

Bevor das Studium im September 1949 beginnt, verlobe ich mich mit Brigitte. Wir wollen die kommende Zeit gemeinsam packen. Ich fühle mich rundum wohl. Ich liebe meine zukünftige Frau und mir gefällt mein künftiger Beruf immer mehr.

Ich studiere mit vollem Einsatz. In den Semesterferien unterrichte ich an der Berufsschule in Pirna, hauptsächlich Maurer- und Zimmermannslehrlinge. Als ich künftige Schneiderinnen belehren soll, gerate ich zwar etwas aus der Fassung, finde mich aber als Hahn im Korb ganz toll.

Zu einer ganz andern Herausforderung gerät die Arbeit mit schwererziehbaren Jugendlichen im Jugendwerkhof auf der Festung Königstein, einer geschlossenen Anstalt. Hier lerne ich Schwemmgut des Krieges kennen, junge Leute mit einer Vergangenheit, die ihre Zukunft ständig überschatten wird. Sie brauchen einen Sinn und eine Aufgabe, um ihr Leben in den Griff zu bekommen.

Wachsendes Wissen in der Theorie und zunehmende Erfahrungen in der Praxis stärken mein Selbstbewußtsein. Ich habe den richtigen Beruf gewählt: Lehrer für Lehrlinge.

Am 9. Juni 1950 zerschellen vor unserm Haus in der Cunnersdorfer Straße 22 alte Teller und Tassen. Verwandte und Bekannte und unsere Freunde aus der FDJ-Gruppe werfen sie vor die Tür. Bei Großmanns ist Polterabend. An jenem Abend steigt ein kleines Straßenfest. Am nächsten Tag heiraten Brigitte und ich im Standesamt von Pirna. Wir ziehen in die Wohnung ihrer Mutter. Brigitte arbeitet mittlerweile im Büro einer Pirnaer Fabrik, und ich studiere weiter in Dresden. Wir leben von ihrem Lohn, meinem Stipendium und was die beiden Mütter von ihren kargen Gehältern hin und wieder in die Kasse der jungen Familie legen.

Am zweiten Weihnachtsfeiertag 1950 wird zu Hause unsere Tochter Ingrid geboren. Ich möchte gern dabei sein, doch die resolute Hebamme, Frau Franke, die Brigitte auf die Entbindung vorbereitet hat, schickt mich aus dem Zimmer. Frauensache. Ich sitze im Wohnzimmer und warte. Dann höre ich den ersten Schrei meiner Tochter und darf ins Zimmer. Nun sind wir eine richtige Familie. Brigitte trägt die größte Last.

Ich fahre weiter jeden Tag nach Dresden. Neben dem Studium bin ich ja noch ehrenamtlicher FDJ-Funktionär – im Dorf und in der Hochschule. Ich verhandele mit Professoren und Dozenten und komme mit vielen Studenten anderer Fachrichtungen ins Gespräch. Das tägliche Pensum ist kaum zu schaffen.

Ab Herbst 1951 sollen hauptamtliche 1. und 2. Sekretäre den Einfluß der FDJ an den Universitäten und Hochschulen verstärken. Die Parteileitung und die FDJ-Leitung der TH Dresden bitten mich, für ein Jahr das Studium zu unterbrechen und 1. Sekretär der Hochschulgruppenleitung zu werden. Schnell entschlossen sage ich zu. Das Jahr würde ich rasch nachholen und eben ein Jahr später das Studium abschließen. Angestellt wäre ich beim Zentralrat der FDJ in Berlin, heißt es.

Natürlich reizt mich auch das Gehalt von 600 Mark und die Aussicht, in Dresden eine Wohnung zu bekommen. Brigitte könnte wieder in ihrem Beruf arbeiten. Als wir dann wirklich in eine kleine Wohnung in Dresden ziehen, fällt uns beiden die Trennung von den Verwandten, den Freunden und vor allem von unseren Müttern schwer.

Nun bin ich hauptamtlicher Funktionär. Schnell merke ich, daß es nun schwierig wird.

Sicher, mit dem Rektor, Prof. Dr. Kozok, kläre ich so manches Problem im Interesse der Studenten. Noch besser ist das Verhältnis zum Prorektor für Gesellschaftswissenschaften und studentische Angelegenheiten, Prof. Dr. Hermann Ley. Er ist ein universell gebildeter Mann. Von Beruf Zahnarzt, widerstand er als Mitglied der verbotenen KPD aktiv dem faschistischen Terror und wurde wiederholt verhaftet. Nach seiner Habilitation 1948 beriefen ihn die Universität Leipzig und die Technische Hochschule Dresden zum Ordentlichen Professor für theoretische Pädagogik und dialektischen Materialismus. Obwohl um einiges älter als wir, wirkt er ausgesprochen jung und unkonventionell.

Wir hauptamtlichen und ehrenamtlichen Mitglieder der FDJ-Hochschulgruppenleitung fühlen uns etwas weit weg von den Fakultäten. Die ehrenamtlichen Funktionäre dort sind mit ihrem Studium beschäftigt und können mit unseren Anleitungen wenig anfangen. Der FDJ-Zentralrat, dem wir unterstehen, schwebt über dem realen Leben an den Universitäten und Hochschulen. Die Landesleitung in Dresden fühlt sich nicht zuständig.

Im März/April 1952 will ich mich, bisher nur kommissarischer 1. Sekretär, auf einer Delegiertenversammlung zur Wahl stellen. Dazu kommt es jedoch nicht mehr.

Wieder überstürzen sich die Ereignisse. Ein Mitarbeiter des ZK der SED spricht mit mir, dem Rektor, der Parteileitung und meiner Frau. Ich soll ab 1. April 1952 eine Schule des ZK der SED in Berlin besuchen, um danach in verantwortlichen Funktionen des Staates oder der Partei eingesetzt zu werden.

Diesmal fällt mir die Entscheidung nicht ganz so leicht. Schließlich will ich die mir noch fehlenden zwei Semester absolvieren und das Diplom erwerben. Prof. Ley schlägt mir vor, die Diplomprüfung vorzeitig abzulegen. Das lehne ich ab. Ohne Vorbereitung fürchte ich mich vor einer Blamage.

Doch die neue Herausforderung reizt mich schon.

Noch schwerer ist es für Brigitte, dem Ansinnen zuzustimmen. Sie würde mit unserer Tochter vorerst allein in Dresden bleiben, außerdem hat sich bereits das zweite Kind angekündigt. Schließlich willigt meine Frau ein.

Wir wissen beide nicht, daß dieser Entschluß unser gesamtes weiteres Leben prägen wird, daß wir mit dieser Entscheidung fast alle Beziehungen zu unseren bisherigen Freunden kappen – das Wort Konspiration kennen wir noch nicht.

Wir ahnen schon gar nicht, daß dieser Aufbruch nach 38 Jahren in einer Niederlage enden wird. Die Hoffnungen auf eine andere, bessere Welt erfüllen sich nicht.

Verräter und Schlapphüte

So geruhsam, wie ich befürchtete, gestaltet sich mein Ruhestand doch nicht. Viele Fäden verbinden mich noch mit meiner früheren Arbeit, mit meinen früheren Mitarbeitern, die in der Roedernstraße den Nachrichtendienst auflösen. Mitte April 1990 erfahre ich, daß sich Oberst Werner Roitzsch, einst stellvertretender Leiter der Abteilung VI (Übersiedlungen, Dokumentation) und Mitarbeiter des Auflösungsstabes, dem Verfassungsschutz offenbart hat.

Wir sind entsetzt. Die ihn kennen, trauen dem »konfusen Philosophen« Ungeschick und durch Hektik verursachte Fehler und Fehleinschätzungen zu, aber keinen Verrat. Unter seinen Genossen galt er als 150prozentiger.

Doch bald erscheinen die ersten Pressemeldungen. Vier unserer Kundschafter, die Roitzsch persönlich kennt, werden festgenommen:

Dr. Hagen Blau, Vortragender Legationsrat im Auswärtigen Amt – er wird schon im November 1990 zu sechs Jahren Haft verurteilt;

Klaus von Raussendorff, Vortragender Legationsrat im Auswärtigen Amt – im Juni 1991 wird er zu sechs Jahren Haft verurteilt;

Ludwig Pauli, Oberamtsrat im Auswärtigen Amt – im März 1992 bekommt er vier Jahre Haft;

Alexander Dahms, Polizeidirektor in der Bundesgrenzschutzdirektion – erhält im Februar 1991 sechs Jahre und sechs Monate Haft.

Der Leiter des Auflösungsstabes suspendiert Roitzsch sofort vom Dienst.

Der Verräter weist gegenüber seinen Vorgesetzten alle Anschuldigungen empört zurück und beteuert energisch seine Unschuld. Doch wir wissen, daß das Bundesamt für Verfassungsschutz seinen neuen Informanten unter dem Decknamen »Baustein« führt.

Am 4. Mai 1990 erhalte ich einen Brief von Roitzsch. Er schreibt: »Ich werde nicht nachlassen, um meine Rehabilitierung zu kämpfen. Wie sich die Fakten Ihnen auch darstellen mögen, ich bekräftige nochmals, daß ich mit diesen Festnahmen nichts zu tun habe.«

Ich lese noch etwas von einer »mafiaähnlichen Kampagne« gegen ihn und von »schwerem Schaden«, der ihm und seiner Familie zugefügt werde. Er bittet mich, ihn bei der Klärung dieser Angelegenheit zu unterstützen.

Ich lege das Blatt erst einmal ziemlich perplex beiseite. Was will er von mir? Ich bin im Ruhestand. Doch dann werde ich lebendig. Vielleicht ist doch noch etwas zu retten.

Noch am gleichen Tag spreche ich mit Roitzsch. Ich bitte Oberst Helmut Reinhold, seinen ehemaligen Abteilungsleiter dazu.

Roitzsch leugnet erst einmal, dann gibt er schließlich zu, mit dem Verfassungsschutz gesprochen und die vier Kundschafter verraten zu haben. Schluchzend bereut er und verspricht, den Schaden in Grenzen zu halten, das heißt, er will weiteres operatives Wissen nicht preisgeben. (Aber auch dieses Versprechen wird Roitzsch nicht halten und plaudern, was das Zeug hält.) Am Ende unseres Gesprächs notiert er sein Geständnis:

»Anfang April kam der Kontakt mit dem BfV zustande. Es fanden insgesamt drei Treffs statt. Von mir wurden die Namen der Kundschafter ›Brede‹, ›Merten‹, ›Adler‹ und ›Dämon‹ preisgegeben, allerdings mit der Maßgabe, sie nicht zu verhaften.

Zielstellung des BfV war, so wurde es auch im Gespräch mit mir dargestellt, die Übergabe an den sowjetischen Nachrichtendienst zu verhindern bzw. diese Übergabe unter Kontrolle zu nehmen.

In den Gesprächen interessierte die Situation in der Roedernstraße, welche tatsächliche personelle Besetzung vorhanden ist, welche Arbeitsfähigkeit existiert.

Großes Interesse bestand auch zur Frage des Verbleibs von Akten. (Sorge, daß Politiker kompromittiert werden könnten.)

Zu den einzelnen Gesprächen werde ich Gesprächsprotokolle anfertigen, um die Gesamtsituation zu rekonstruieren.

Der nächste Treff ist für den 22.5.90, 14 Uhr, in Westberlin festgelegt (Reserve 23.5.90, 9 Uhr).

Unterschrift Tel. Köln 7390173

Brockmeyer«

Roitzsch fertigt keine Protokolle an, und er verweigert jedes weitere Gespräch.

Herr Brockmeyer vom Bundesamt für Verfassungsschutz wird ihm das wohl verboten haben.

Kurze Zeit später bittet mich der neue Innenminister Peter-Michael Diestel (DSU) zu einem Gespräch mit dem Regierungsbeauftragten, Fritz Peter, und dem Leiter des Auflösungsstabs, Bernd Fischer.

Ich informiere Diestel über Roitzschs Verrat und fordere seine Bestrafung, um weiteren Schaden zu verhindern. Dr. Diestel verurteilt Roitzschs Verhalten, hält dessen Entlassung aus dem Dienst für rechtens, aber auch für ausreichend. Ihn festzunehmen lehnt er ab, forsch fügt er hinzu, er würde schon dafür sorgen, daß Roitzsch keine sichere Zukunft erwarten könne – eine Floskel.

Dann kommt er zu den eigentlichen Themen dieser Zusammenkunft: der Stand der Auflösung der HVA und die gerade in der Öffentlichkeit begonnene Diskussion um die Amnestie. Die Bundesregierung fordere als Voraussetzung für eine Straffreiheit, daß wir unsere Quellen nennen, besonders die in staatlichen Institutionen. Diestel schlägt uns vor, guten Willen zu zeigen und drei bis fünf der wichtigsten Quellen zu enttarnen. Wenn die Bundesrepublik gleiches tue, könne man doch einen Schlußstrich ziehen.

Oh Gott, denke ich, ist der so naiv oder spielt er das nur?

Wir geben drei Punkte zu bedenken:

Erstens: Wer soll entscheiden, welche Quellen am wichtigsten sind? Der Bundesverfassungsschutz bewertet das wahrscheinlich völlig anders als wir. Aber der kann sich ja nur entscheiden, wenn er alle kennt. Wir müßten also *alle* Quellen offenlegen.

Zweitens: Wenn wir dem Bundesverfassungsschutz den kleinen Finger reichen, packt der die ganze Hand, sonst wäre er wirklich kein Geheimdienst.

Und drittens: Wir geben keinen Klarnamen preis, wenn dem betreffenden Kundschafter nicht zuvor Straffreiheit zugesichert werde. Alles andere sei Verrat und komme für uns nicht in Frage.

Das Gespräch geht aus wie das Hornberger Schießen. Alle weiteren Verhandlungen, die bis Mitte Juni stattfinden, führt Bernd Fischer vor allem mit Dr. Werthebach, Referatsleiter im Bundesinnenministerium und Berater des DDR-Innenministers.

Immer wieder und ausschließlich fordert Werthebach operatives Wissen, besonders die Namen unserer Kundschafter in staatlichen Institutionen der Bundesrepublik. Diestel und Werthebach gehen davon aus, daß die hauptamtlichen Mitarbeiter des Nachrichtendienstes nicht strafrechtlich verfolgt werden. Dr. Werthebach versichert das bis zum Schluß und beruft sich dabei auf den Bundesinnenminister, Dr. Wolfgang Schäuble.

Wir lehnen nach wie vor eine Preisgabe unserer Quellen ohne deren Wissen und Zustimmung ab. Die Bundesregierung solle, so schlagen wir vor, Bedingungen schaffen, daß sich die Kundschafter freiwillig melden könnten.

Ende Juli bricht Dr. Werthebach den Kontakt zu uns und die Gespräche mit uns ab.

Später begründet er das mit der »sturen Haltung der HVA«.

Nach dem Ende der Gespräche erarbeiten wir auf Anregung Diestels ein Positionspapier. Er übergibt es, zusammen mit einer eidesstattlichen Erklärung von Markus Wolf, Bernd Fischer und mir, an Werthebach.

Das Positionspapier hat folgenden Wortlaut:

»Überlegungen und Vorschläge zur nachrichtendienstlichen Problematik im deutschen Einigungsprozeß.

1. In der Tätigkeit des Nachrichtendienstes der DDR, der Hauptverwaltung Aufklärung des ehem. MfS/AfNS, wurde ausgegangen von Artikel 51 der UN-Charta und Artikeln 7, 23 und 33 der Verfassung der DDR.

Unstrittig ist dabei: Die DDR handelte als selbständiger Staat und Völkerrechtssubjekt.

Ausgehend von der entstandenen Lage, die in die Vereinigung beider deutscher Staaten, gemäß Artikel 23 Grundgesetz, führen wird, sollte eine gemeinsame Aufarbeitung dieser Seite deutsch-deutscher Problematik so erfolgen, daß keine neue Belastung des Vereinigungsprozesses durch die ehemaligen Aktivitäten der Staatssicherheit erfolgt.

In diesem Sinne sollte eine spektakuläre Offenlegung der Erkenntnisse beider Seiten über die nachrichtendienstliche Tätigkeit der jeweils anderen Seite unterbleiben. Insbesondere sollte es zu keinen Offenlegungen von ehemaligen für die Aufklärung der DDR tätigen Personen kommen.

Die ehemaligen Mitarbeiter der Aufklärung der DDR haben bisher diszipliniert an der Auflösung der ehemaligen HVA mitgearbeitet. Ein Offenlegen der Quellen würde von der überwiegenden Mehrheit nicht akzeptiert und absolut verurteilt.

Eine derartige Maßnahme würde nicht nur in der DDR, sondern auch international auf Unverständnis mit nicht kalkulierbarem Risiko führen.

Die notwendige Lösung muß den Interessen der betroffenen Menschen wie den Sicherheitsinteressen der Bundesrepublik Deutschland gerecht werden.

Eine Offenlegung von Personen zieht zwangsläufig eine Verfolgung nach sich. Eine moralische Verurteilung, verbunden mit materiellen Konsequenzen, ist einer strafrechtlichen Verurteilung gleichzusetzen.

Dabei ist zu berücksichtigen:

– Die Kenntnisse der DDR-Seite über nachrichtendienstliche Aktivitäten, die sich auf Archivmaterialien und auf umfangreiches und detailliertes Wissen von ehemaligen Mitarbeitern aller Ebenen der Aufklärung und z. T. der Abwehr gründen, können nicht mehr zu staatlichen Reaktionen gegen die BRD-Interessen führen.

– Diese Erkenntnisse betreffen auch die Interessen einer Reihe europäischer Staaten, vor allem jedoch Fragen der inneren Sicherheit der BRD.

Die friedlichste Lösung dieser sehr komplizierten Problematik wäre ein ›General-Pardon‹ (Gesetz über eine Generalamnestie) für alle IM und Mitarbeiter bezüglich ihrer Tätigkeit gegen die Interessen der BRD.

2. Die nachrichtendienstliche Tätigkeit der Hauptverwaltung Aufklärung ist seit dem 24. Februar 1990 vollständig eingestellt.

In den meisten Positionen, u. a. in der BRD, erfolgte dies schon wesentlich früher (teilweise Ende 1989).

Einzelaktionen zur Abwicklung und Absicherung der Beendigung der nachrichtendienstlichen Tätigkeit sowie zur Regelung humanitärer Fragen erfolgten in Ausnahmen noch bis Ende Juni 1990. Dabei wurden keine Aufträge erteilt.

Die dazu noch erforderlichen stark reduzierten Agenturfunksendungen wurden per 31. 5. 1990 beendet.

Die Einstellung der Arbeit erfolgte entsprechend den politischen Grundlinien und Festlegungen der Regierung der DDR und zum Schutze der Quellen und beteiligter Personen sowie unter Berücksichtigung der außenpolitischen Interessen der DDR und ihrer Verbündeten.

Die Zusammenarbeit mit Sicherheitsorganen anderer Staaten wurde eingestellt. Es wurden und werden weder Strukturen noch Agenturen übergeben. Beratergruppen bzw. Verbindungsoffiziere, die in sechs Staaten (Südjemen, Mocambique, Angola, Tansania, Äthiopien, Nikaragua) eingesetzt waren, beendeten im Februar 1990 ihr Tätigkeit. Alle Angehörigen sind bis Ende März 1990 in die DDR zurückgekehrt und per 31. 3. 1990 entlassen worden. Die Arbeit mit allen Residenturen und Agenturen wurde per 24. Februar 1990 beendet. Zum größeren Teil erfolgte das bereits im Dezember 1989. Es wurde ihnen untersagt, Vorgänge, Technik und materielle Werte an andere Geheimdienste oder Landessicherheitsorgane zu übergeben. Offenbarung/Offenlegung operativen Wissens gegenüber Geheimdiensten oder Landessicherheitsorganen wurde gleichfalls verboten.

Alle Mitarbeiter, inklusive OibE, wurden aus dem Dienstverhältnis per 31. 3. 1990 entlassen. Alle inoffiziellen Mitarbeiter sind entpflichtet.

Im Zusammenhang mit der Auflösung der Bezirksverwaltungen/Bezirksämter des AfNS stellten auch die Abteilungen XV ihre nachrichtendienstliche Arbeit ein. Das erfolgte zeitlich – mit geringen territorialen Unterschieden – bis März 1990. Der Mitarbeiterbestand der ehemaligen Abteilungen XV ist gleichfalls vollständig aufgelöst.

Ein Archivbestand der HVA von 45 laufenden Metern Akten sowie Karteien wurde am 22. 6. 1990 eingelagert. Bei dem vorhandenen Material handelt es sich überwiegend um für die Sicherheit der DDR, ihrer Verbündeten aber auch der BRD und anderer Staaten relevantes Material.

In Anbetracht der Bedeutung des Materials ist eine gesondert gesicherte Archivierung erfolgt.

Der Auflösungsprozeß richtete sich in seinem Wesen auf den Abschluß von 540 (per Ende März 1990) nicht mehr aktiv laufenden Vorgängen im Operationsgebiet, zum großen Teil außerhalb der BRD, einschließlich der dazugehörigen Verbindungspositionen. Insbesondere handelt es sich dabei neben den Quellen um Kuriere, Instrukteure, Residenten, Gehilfen und technische Kräfte, die zur Gewährleistung der Vorgangssicherheit erforderlich waren. Die Vorgangsauflösung wurde – bis auf Haftvorgänge – bis Ende Juni 1990 abgeschlossen.

Die personelle und materielle Auflösung der Hauptverwaltung Aufklärung ist zum 30. Juni 1990 abgeschlossen worden.

Seitens der ehemaligen Leiter der Aufklärung der DDR und der für die Auflösung Verantwortlichen wird die volle Loyalität gegenüber der gegenwärtigen Regierung der DDR und der künftigen Regierung Deutschlands erklärt, die beinhaltet:

– das Bekenntnis zur freiheitlichen, demokratischen und sozialen Grundordnung im Sinne des Grundgesetzes der BRD (gemäß Staatsvertrag und Einigungsvertrag),

– die ausdrückliche Anerkennung der künftigen Machtverhältnisse und das Bekenntnis zur Unterlassung jeglicher nachrichtendienstlicher Aktivitäten gegen die Interessen Deutschlands,

– die verstärkte, den Umständen entsprechende Einflußnahme auf die ehemaligen Mitarbeiter zur Wahrung der Geheimhaltung, insbesondere zur Verhinderung von Indiskretionen über nachrichtendienstliche Zusammenhänge, vor allem spektakulärer Öffentlichkeit auch in anderen Ländern,

– die Einhaltung der Verpflichtung der ehemaligen Mitarbeiter, jede nachrichtendienstliche Tätigkeit einzustellen, und Androhung strafrechtlicher Konsequenzen bei Verstoß,

– Einstellung jeglicher Tätigkeit gegen die Interessen der BRD,

– keine Übergabe von IM an andere Geheimdienste, sowohl durch die früheren Leiter als auch durch die mit der Auflösung beauftragten Verantwortlichen,

– die erfolgte Vernichtung aller Unterlagen, die einem Wiederaufbau von Agenturen oder Strukturen dienen könnten.

4. Seitens der früheren Leiter der HVA, Markus Wolf und Werner Großmann, und des mit der Auflösung der HVA betrauten amtierenden Leiters, Bernd Fischer, besteht die uneingeschränkte Bereitschaft zur Abgabe einer eidesstattlichen Erklärung, daß es zum Zeitpunkt der vollständigen Einstellung der nachrichtendienstlichen Tätigkeit unter den ehemaligen Kundschaftern der HVA in der BRD keine Minister, Staatssekretäre, Ministerialdirigenten, Ministerialdirektoren bzw. Beamte oder Offiziere vergleichbarer Funktionen oder Dienstgrade gegeben hat. (Es gibt keinen zweiten Guillaume.)

5. Entsprechend den Sicherheitsinteressen der Bundesrepublik könnte eine Aufforderung zur Selbststellung durch die dafür zuständigen Organe der BRD an Bürger der BRD, die nachrichten-

dienstlich für das MfS tätig waren, erfolgen, was mit gleichzeitiger Zusicherung einer differenzierten Bewertung und der Straffreiheit verbunden wäre.

Eine solche Erklärung könnte durch Vertreter der DDR (Regierung, ehemalige Verantwortliche der Aufklärung) dahingehend unterstützt werden, daß unter Hinweis auf die zugesicherte Straffreiheit erklärt wird, daß eine Selbststellung erfolgen kann, wenn das die freie Entscheidung jedes einzelnen Betroffenen ist.

Die Selbststellung könnte bei ausgewählten Rechtsanwälten der BRD und der DDR erfolgen (sog. Appellamnestie).

Unter der Voraussetzung, daß ein Beratungsgremium bzw. eine zeitweilige Arbeitsgruppe (Vertreter der Justiz bzw. Staatsanwaltschaft und Experten) beider Seiten wirksam würde, könnten individuelle Prüfungen erfolgen auf der Grundlage von

– Erkenntnissen der BRD-Abwehrorgane zu Einzelpersonen,
– von der DDR-Seite eingebrachten Vorschlägen,
– Selbststellung/Selbstanzeigen von ehemaligen inoffiziellen Mitarbeitern.

Dadurch könnte erreicht werden, daß Einzelpositionen von sicherheitspolitischer Brisanz (z. B. von Geheimnisträgern) in Abstimmung entsprechend den Sicherheitsinteressen der BRD beseitigt werden.«

Eine Regierungskommission unter Leitung des MdI-Staatssekretärs Eberhard Stief, Mitglied der Nationaldemokratischen Partei Deutschlands (NDPD), erarbeitet für den Einigungsvertrag unter anderem Grundsätze für die Behandlung des personenbezogenen Schriftgutes des ehemaligen Ministeriums für Staatssicherheit/Amtes für Nationale Sicherheit:

»1. Die Verantwortlichkeit für die zentrale Lagerung des Schriftgutes des ehemaligen MfS/AfNS in einem Sonderdepot, seine sichere Verwahrung und Nutzung obliegt der Regierung der Deutschen Demokratischen Republik und nach der Vereinigung der Bundesregierung des vereinten Deutschlands. Die im Gesetz der Volkskammer bezüglich der Aufgaben und Verantwortung des Sonderbeauftragten nebst Beirat enthaltenen Regelungen gelten fort.

2. Nach der Vereinigung obliegt die parlamentarische Kontrolle einem Ausschuß, der aus Mitgliedern des Bundestags sowie der Länderparlamente Mecklenburg/Vorpommern, Branden-

burg, Berlin, Sachsen-Anhalt, Sachsen und Thüringen zu bilden ist.

3. Die im Zusammenhang mit der inzwischen eingestellten nachrichtendienstlichen Tätigkeit des ehemaligen MfS/AfNS gegen die Bundesrepublik Deutschland stehenden Fragen sind vor dem Beitritt der Deutschen Demokratischen Republik zur Bundesrepublik Deutschland einvernehmlich zu lösen.«

Da der Punkt 3 einige Fragen offen läßt, schlagen wir Werthebach Ergänzungen vor:

»– Aussetzung bzw. Einstellung der Strafverfolgung für zurückliegende nachrichtendienstliche Tätigkeit gegen die BRD bei Sicherung der vollen Loyalität der ehemaligen Mitarbeiter und IM gegenüber dem Grundgesetz.

– Zusicherung/Verpflichtung zur Verhinderung von Indiskretionen und des Mißbrauchs nachrichtendienstlich erworbener Erkenntnisse zum Nachteil der Bundesrepublik Deutschland.«

Weder unser Zusatz noch die drei Grundsätze stehen dann im Einigungsvertrag, der am 31. August 1990 von den Verhandlungsführern Schäuble und Krause unterschrieben wird. Sicher fehlt das Engagement von de Maizière und Diestel, was diese aber zurückweisen. Sie schieben dem DDR-Verhandlungsführer Günter Krause den Schwarzen Peter zu.

Die BRD-Seite sieht in dieser Phase ohnehin keinen Grund mehr, spezielle Interessen der DDR zu berücksichtigen. Dr. Ekkehard Werthebach soll jedenfalls die Nichtaufnahme der drei Punkte, so erfahren wir, als eine persönliche Niederlage bezeichnet haben.

Ende August sagt man uns unter der Hand, daß sich Markus Wolf, Hans-Joachim Tiedge, das Ehepaar Willner und noch einige andere rechtzeitig vor dem 3. Oktober ins Ausland absetzen sollen, um einer Festnahme zu entgehen. Außer den genannten Personen brauche kein Angehöriger des Nachrichtendienstes der DDR, die sich im Land aufhalten, mit Strafverfolgung zu rechnen.

Wir sprechen mit einigen ehemaligen Kundschaftern und auch mit Tiedge. Einige entscheiden sich zu emigrieren, andere bleiben in der DDR und erwarten ihr Schicksal. Die sowjetischen Vertreter stimmen sofort zu, Tiedge vom Armeeflughafen Sperenberg nach Moskau zu fliegen.

Mit dem Jahr 1990 beginnt in den Medien der beiden deutschen Staaten eine Berichterstattung voller Hysterie. Vollends überschlagen sich die Meldungen nach dem Beschluß der Volkskammer am 5. Februar 1990 über Meinungs-, Informations- und Medienfreiheit. Bundesdeutsche Zeitungen und Zeitschriften überschwemmen den DDR-Markt.

Eine Horrormeldung jagt die andere. Mord, Totschlag, Terror, Entführung, Erpressung und andere Kapitalverbrechen werden der Stasi zugeordnet. Das Ministerium für Staatssicherheit, einschließlich der Hauptverwaltung Aufklärung, wird zum Reich des Bösen stilisiert und mit einem Bannfluch belegt. Die HVA habe, so wird behauptet, zielgerichtet versucht, die BRD zu destabilisieren und letztlich zu liquidieren. Jede Enttarnung eines Kundschafters gilt als Beweis für diese aberwitzige Unterstellung. Die Zahl der sogenannten Spione wird hochgerechnet. Das Ergebnis ist wahnwitzig. Journalisten vermuten Maulwürfe im Bundeskanzleramt und in allen politischen, militärischen und wirtschaftlichen Zentren.

Es mehren sich die Anschuldigungen, die Aufklärung habe sich im In- und Ausland an Kapitalverbrechen beteiligt. Als im Juni 1990 Innenminister Diestel stolz verkündet, ehemalige RAF-Aktivisten seien in der DDR verhaftet worden, gibt es kein Halten mehr. Die HVA habe nicht nur vom Aufenthalt dieser Leute in der DDR gewußt, sondern sei an deren terroristischen Aktivitäten beteiligt gewesen und habe sie von der DDR aus mit inszeniert. Im September 1990 meldet beispielsweise die *Berliner Morgenpost*: »Stasi aktiv an Morden in Äthiopien beteiligt«.

Im Februar bereits berichtet *Der Spiegel* über vermeintliche Waffengeschäfte der HVA. Im August titelt die *BamS*: »Honeckers Ständige Vertretung war Spionage- und Schmuggelzentrale.«

Im September schreibt *Quick* unter der Überschrift »Das erschütterndste Dokument des Stasi-Terrors« über den angeblichen Mißbrauch der Psychiatrie.

Diese atemlose Berichterstattung erzeugt eine hysterische Stimmung in der Bevölkerung. Dementis nehmen die Redaktionen in Kauf, die Leser aber kaum zur Kenntnis. Differenziert, wie sonst üblich, geht es in der Presselandschaft nicht mehr zu. Über *taz* bis

FAZ und *Die Welt*, von *Stern* und *Spiegel* bis *Quick* und *Bunte*, von den öffentlich-rechtlichen Anstalten bis zu den kommerziellen Sendern druckt und sendet jeder alles und in der Regel ungeprüft. Die reißerisch formulierte Schlagzeile ersetzt oftmals die solide Recherche.

Nach dem Amtsantritt der Regierung de Maizière gibt es schüchterne Ansätze, dem Druck standzuhalten, aber das dauert nicht lange. Lothae de Maizière erwähnt zwar in einem Interview mit der *Welt* am 23. April 1990, daß eine Amnestie notwendig wäre, meint damit aber mehr die Beteiligten an den Wahlfälschungen. Nach den HVA-Mitarbeitern befragt, antwortet er: »Mit denen, die aus brennendem Herzen gearbeitet haben«, würde es schwierig werden, und zu Markus Wolf: »Man wird sich mit ihm beschäftigen müssen.«

Als Innenminister Peter-Michael Diestel im Mai 1990 ein Staatliches Komitee zur Auflösung des MfS/AfNS einsetzt, äußert er die Absicht, Markus Wolf einzubeziehen. Da geht ein Aufschrei durch die Blätter, daß Diestel den Kopf schnell wieder einzieht. Er fordert aber trotzdem auf, die ehemaligen Stasi-Mitarbeiter nicht aus der Gesellschaft auszugrenzen, und fordert für sie im *Tagesspiegel* vom 17. Mai 1990 »ein mitmenschliches Weiterleben in der Gesellschaft«.

Mit den Zeitungen und Zeitschriften kommen Anfang 1990 auch Heerscharen von Journalisten aus der Bundesrepublik in die noch existierende DDR. Jeder von ihnen will seine Stasi-Story und stürzt sich mit Vehemenz auf ehemalige Mitarbeiter des MfS.

Der Nachrichtenhändler

Im Juni 1990 klingelt ein mir unbekannter Mann an der Gartenpforte unseres Hauses in Hohenschönhausen. Er stellt sich als Peter-Ferdinand Koch aus Hamburg vor. Er sei freier Journalist, Verleger, Buchautor und Geheimdienstexperte. Sicher im Auftreten, redegewandt, gibt sich der sonst arrogant und überheblich auftretende Mann verständnisvoll und mitfühlend.

Ohne lange zu fackeln bietet er mir an, mein nachrichtendienstliches Wissen zu vermarkten. Er könne Kontakte zum israelischen Geheimdienst Mossad vermitteln und schlage in diesem Fall eine Übersiedlung mit Ehefrau nach Wien vor. Er verfüge aber auch über Beziehungen zu amerikanischen Diensten und sei bereit, auch da den Weg zu bahnen.

Ich lehne diese Angebote so konsequent ab, daß er nie wieder darauf zu sprechen kommt. Sofort wechselt er seine Taktik und entwickelt ein gemeinsames Buchprojekt. Er will mir beim Schreiben helfen, legt schon fertige Umschlagentwürfe auf den Tisch und denkt laut über mögliche finanzielle Gewinne nach. Mit 150.000 DM will er mich überzeugen, mein operatives Wissen auszuplaudern, darum geht es ihm wohl in erster Linie.

Der Mann wird mir zunehmend suspekt, mein Instinkt sagt mir, daß ich einem Menschen gegenübersitze, der zu mehreren Geheimdiensten Kontakt hat oder sucht. Die Beziehung zu mir scheint ihm dabei offensichtlich hilfreich. Axel Jeschke vom *Spiegel* bestätigt später meinen Verdacht und stuft Koch in die Kategorie Nachrichtenhändler ein.

Koch entlarvt sich schnell selbst. Als er merkt, daß bei mir nichts zu holen ist, weder Namen von Personen noch konkretes Wissen über ehemalige operative Vorgänge der HVA, versucht er es mit einer anderen Tour. »Ganz zufällig« bekommt er Kontakt zu Mitarbeitern des Bundesamtes für Verfassungsschutz, »ganz unerwartet« tauchen bei ihm Mitarbeiter des Bundesnachrichtendienstes auf. Alle wissen angeblich von unseren Kontakten und interessieren sich für seine Recherchen oder wollen direkt mit mir reden.

Koch engagiert sich in diesem Spiel zunehmend, obwohl er selbst immer wieder betont, mit den »Schlapphüten« nichts im Sinn zu haben. Er bedrängt mich zunehmend, ihn mit anderen Mitarbeitern der HVA bekanntzumachen. Ich lehne das ab. Besonders interessiert er sich für Karl-Christoph Großmann, der mit mir weder verwandt noch verschwägert ist.

Als Koch andeutet, daß er mit ihm bereits im Gespräch sei, befürchte ich schlimme Folgen. Den labilen Großmann hatte ich wegen finanzieller und anderer Unregelmäßigkeiten von seiner Funktion als stellvertretenden Leiter der Abteilung IX (Äußere Abwehr) entbunden und ihn als Sonderoffizier eingesetzt. Als er sich anmaßte, den Abteilungen XV in den Bezirksverwaltungen Weisungen zu erteilen, wurde er entlassen und berentet.

Koch gelingt es sehr schnell, von meinem Namensvetter Einzelheiten über Quellen zu erfahren. Als ehemaliger stellvertretender Leiter der Äußeren Abwehr in der HVA kennt er einige unserer wichtigsten Quellen in den gegnerischen Diensten persönlich, und bei anderen weiß er von ihrer Existenz.

Großmann läuft zum BfV über und wird fortan unter dem Decknamen »Kardinal« geführt.

Koch, der dies alles mit vermittelt und eingeleitet hat, erregt sich mir gegenüber lediglich über dessen Forderung nach einem Kopfgeld von 500.000 DM. Koch nennt das unverschämt.

Das Ganovenduo, daß sich gesucht und gefunden hat, reduziert sich nun selbst auf das, was es wirklich interessiert: Geld.

Durch Karl-Christoph Großmanns Verrat werden folgende Kundschafter der HVA verhaftet und später verurteilt:

Alfred Spuhler im November 1991 zu zehn Jahren;

Ludwig Spuhler zu fünf Jahren und sechs Monaten Haft;

Dr. Gabriele Gast im Dezember 1991 zu sechs Jahren und neun Monaten;

Klaus Kuron im Februar 1992 zu zwölf Jahren Haft.

Für die Kundschafter bringt dieser Verrat nicht nur Leid und Unheil über ihre Familien, sondern auch die Enttäuschung, aus den eigenen Reihen verraten worden zu sein.

Wenn mir gewisse Angebote gemacht werden, denke ich an die Grundsätze, denen ich mich in meiner Arbeit in der HVA ein Leben lang verpflichtet gefühlt habe:

1. Unsere Tätigkeit diente der Erhaltung und Sicherung des Friedens, der Sicherheit der DDR und der anderen sozialistischen Länder, einschließlich ihrer territorialen Integrität und Unverletzlichkeit der Grenzen, der Entwicklung des sozialistischen Staates, seiner Wirtschaft und der anderen gesellschaftlichen Bereiche.

Unsere Tätigkeit hatte niemals das Ziel, andere Staaten zu destabilisieren, zu liquidieren, die Menschenrechte zu verletzen oder Kapitalverbrechen zu begehen.

Dazu verpflichteten sich alle Personen, die mit der HVA eine inoffizielle Zusammenarbeit eingingen, unabhängig davon, ob das Bekenntnis schriftlich oder mündlich erfolgte.

Mit Beendigung der Zusammenarbeit sind alle Verpflichtungen erloschen und es erfolgen auch keine neuen. Wir übergaben keine Quellen an andere Geheimdienste und beendeten alle Maßnahmen, die früher zur Aufklärung der Politik der NATO-Staaten gegenüber den damaligen sozialistischen Ländern durchgeführt worden waren. Es besteht also keine Gefahr mehr für die BRD und andere Staaten.

2. Die Mehrzahl der IM verpflichteten sich zur Zusammenarbeit mit uns aus politischen, zum Teil aus ideologischen Motiven. Sicher erhielten sie auch finanzielle Zuwendungen. Aber ausschließlich wegen des Geldes haben nicht viele gearbeitet, keiner nur unter Druck, einige aber unter fremder Flagge, das heißt, sie wußten nicht, daß sie für die Aufklärung der DDR tätig waren.

3. Die Zusammenarbeit mit vielen ging über einen langen Zeitraum, zum Teil über Jahrzehnte. Da entwickelten sich viele enge, persönliche Beziehungen und sogar Freundschaften.

4. Mit der Zusammenarbeit gingen nicht nur die IM Verpflichtungen ein. Wir fühlten uns für ihre Sicherheit und die ihrer Familien verantwortlich. Unser Zusammengehen beruhte auf gegenseitigem Verständnis, gegenseitiger Achtung und Wertschätzung, gegenseitigem Respekt und Vertrauen sowie der Erwartung, niemanden bewußt in Schwierigkeiten zu bringen.

5. Schließlich waren wir Offiziere, denen Verrat fremd sein mußte, nicht nur weil er bestraft wurde. Das Gewissen, die Moral, die Ehre eines Offiziers, aber auch eines bewußt politisch tätigen Menschen geboten dies. Jeder trug entsprechend seiner Funktion oder Position Verantwortung für sich und seine Mitarbeiter. Dazu gehörten unbedingt auch die IM in der DDR und im Operationsgebiet. Zum Lumpen wurde der, der die Verantwortung anderen zuschob oder sich auf Kosten anderer und zu seinem eigenen Vorteil seiner Verantwortung entzog.

Die meisten Mitarbeiter halten sich auch nach ihrer Entlassung an diese Grundsätze und widerstehen dem Werben der Geheimdienste anderer Länder. Sie widerstehen den verlockenden Angeboten der Straffreiheit und unterwerfen sich nicht dem § 153e (tätige Reue) der Strafprozeßordnung der BRD. Für viele ist das nicht einfach, denn nach der Vereinigung am 3. Oktober 1990 beginnt eine konzertierte Aktion des Bundesverfassungsschutzes, des Bundeskriminalamtes und der Bundesanwaltschaft.

Nur wenige geben sich selbst auf. Einige jedoch bieten sich an oder erliegen entsprechendem Druck und verlockenden Angeboten. Sie offenbaren sich gegnerischen Geheimdiensten und geben ihr Wissen preis. Daß sich darunter ehemalige leitende Mitarbeiter befinden, ist für mich eine furchtbare Enttäuschung.

Neben den schon genannten *Busch, Roitzsch* und *Karl-Christoph Großmann* verraten noch andere ihre ehemaligen Kundschafter:

Frank Weigelt, Mitarbeiter im Sektor Wissenschaft und Technik, erhielt vom Bundesamt für Verfassungsschutz den Decknamen »Bistro«. Auf Befehl seiner neuen Dienstherren versucht er den von ihm geführten Kundschafter Dieter W. Feuerstein dem KGB zu übergeben. Erst als Feuerstein dieses Ansinnen ablehnt, wird er verhaftet und zu acht Jahren Haft verurteilt;

Andreas Otto, Mitarbeiter der Abteilung IX (Äußere Abwehr), verrät neben anderen Herbert Kloss, der im Januar 1993 zu drei Jahren und sechs Monaten verurteilt wird;

Dieter Schlaphof, ehemaliger stellvertretender Leiter der Abteilung XV in Dresden, im Bundesamt für Verfassungsschutz unter dem Decknamen »Doris« geführt, dient seinen westdeutschen IM dem KGB an. Als wir davon Kenntnis erhalten, informieren wir natürlich Moskau. Nichts geht mehr.

Rainer Holz, ehemaliger Mitarbeiter der Bezirksverwaltung Potsdam, bekommt vom Bundesverfassungsschutz den Decknamen »Malediven«;

Volker Lätsch, ehemaliger Referatsleiter der Abteilung XI (Bearbeitung von US-Behörden) steht ebenfalls auf der Besoldungsliste des BfV.

Andere hoffen auf Straffreiheit oder Strafmilderung. Sie plaudern ihr Wissen aus, belasten Kundschafter und tragen zu deren Verhaftung und Verurteilung bei. Zu diesen gehören:

Peter Haustein, ehemaliger Referatsleiter in der Abteilung II (Bearbeitung politischer Parteien in der BRD);

Ingolf Freyer, ehemaliger stellvertretender Leiter der Abteilung II;

Gunter Nehls, ehemaliger stellvertretender Leiter der Abteilung IX (Äußere Abwehr);

Peter Richter, ehemaliger Referatsleiter in der Abteilung VII (Auswertung);

Günter Bohnsack, ehemaliger Mitarbeiter in der Abteilung X (Aktive Maßnahmen);

Horst Gensch, ehemaliger stellvertretender Abteilungsleiter im Sektor Wissenschaft und Technik;

Jürgen Greschke, ehemaliger Mitarbeiter in der Abteilung X;

Manfred Lohs, ehemaliger Referatsleiter in der Abteilung IV (Bearbeitung des Bundesministeriums für Verteidigung);

Der Psychologe Dr. *Gerd Lips*, ehemaliger Mitarbeiter der Abteilung VI (Übersiedlung, Dokumentation), ein enger Freund von Werner Roitzsch;

Karlheinz Michalek, ehemaliger Mitarbeiter der Abteilung XI (USA).

Ich akzeptiere ihre Motive nicht. Immerhin sind es alles ehemalige leitende Mitarbeiter, die von ihren Untergebenen und IM jene Leistungen forderten, für die sie nun verurteilt werden.

Den eigenen Kopf auf Kosten anderer aus der Schlinge zu ziehen, halte ich für schäbig. Die Verantwortung für den anderen endet nicht mit dem Dienst. Obwohl wir in einigen Fällen vom Verrat informiert sind, können wir die betreffenden Kundschafter nicht mehr warnen. Die Zeit reicht nicht aus, die operativen Möglichkeiten gibt es nicht mehr, die Verbindungsleute sind nicht mehr handlungsfähig. In keinem Fall unterlassen wir aber eine mögliche Warnung. Wir opfern niemanden.

Das Interview

Peter-Ferdinand Koch fühlt vor, ob ich zu einem Gespräch mit dem *Spiegel* bereit sei. Ich lehne erst einmal ab. Einerseits befürchte ich, daß die Journalisten etwas wissen wollen, was ich ihnen nicht sagen werde, andererseits präsentiere ich mich zum ersten Mal in meinem Leben der Öffentlichkeit. Für mich als alten Geheimdienstmann ungewohnt.

Je länger ich über das Angebot nachdenke, desto mehr Argumente finde ich, mich doch zu äußern. Ich kann meine ehemaligen Mitarbeiter und Kundschafter darüber informieren, daß die HVA-Leitung keinen verraten wird, daß alle Akten vernichtet wurden und dadurch keine Enttarnung drohe. Jeder soll wissen, daß Übernahmeangebote an andere Dienste nicht von uns kommen werden und wir uns allen Kundschaftern solidarisch verbunden fühlen. Schließlich stimme ich dem Interview zu.

Zum ersten Abklopfen treffe ich mich im Beisein von Koch mit dem *Spiegel*-Redakteur Axel Jeschke im Restaurant »Peking« in der Leipziger Straße. Jeschke sichert mir zu, daß nur ein Text erscheint, der von mir autorisiert ist.

Mit gehörig Lampenfieber sitze ich ein paar Tage später im

Berliner Grand Hotel in der Friedrichstraße zwei Journalisten gegenüber. Hinter mir liegen immerhin die Wirren des Herbstes 1989 und des ersten Halbjahres 1990. Die Stasi-Hysterie im Lande, vor allem geschürt durch die Medien, *Spiegel* inklusive, ist an mir nicht spurlos vorbeigegangen. Die Situation ist heikel, ich bin mir meiner Souveränität nicht ganz so sicher wie sonst. Die Redakteure Uli Foerster und Axel Jeschke erledigen ihre tägliche Arbeit, für mich ist das Interview eine Premiere.

Die drei Stunden überstehe ich leidlich. Den *Spiegel*-Leuten antworte ich nicht immer umfassend und tiefschürfend. Aber das erwarten sie wohl auch nicht, denn sie machen es mir nicht besonders schwer. Es reicht ihnen offensichtlich, die erste öffentliche Äußerung des letzten Spionagechefs der DDR in ihrem Blatt zu haben.

Das, was dann am 3. September 1990 in dem Hamburger Nachrichtenmagazin steht, entspricht genau meiner Absicht. Koch behauptet später in seinem Buch »Die feindlichen Brüder«, mir sei es lediglich um ein fünfstelliges Honorar gegangen. Ganz davon abgesehen, daß der windige Vermittler mit Sicherheit nicht weniger einsteckt, brauche ich die 10.000 DM später dringend für Anwaltshonorare. Mit meinem ersten Interview bin ich zufrieden.

Spaziergang mit Foertsch

Koch trifft wieder einmal »rein zufällig« Mitarbeiter des BND. Sie hätten ihn gebeten, ein Gespräch mit mir in Westberlin zu vermitteln. Ihre Namen sagen mir nichts. Ich lehne nicht nur Westberlin als Ort des Treffens ab, sondern auch die Partner. Noch bin ich Bürger der DDR. Wenn ich nach Westberlin fahre, können sie mich ohne weiteres verhaften.

Außerdem bin ich der ehemalige Chef der HVA und treffe mich nicht mit einem subalternen BND-Mitarbeiter.

Ich lasse also Koch ausrichten, entweder kommt ein leitender Vertreter des Bundesnachrichtendienstes nach Ostberlin oder es gibt kein Treffen. Die Begegnung sei aber ohnehin sinnlos, wenn man erwarte, daß ich Namen und Sachverhalte mitteile.

Nun ist die andere Seite wieder dran. Hans-Georg Wieck, der Präsident, wird wohl nicht die Hauptstadt der DDR betreten.

Den Vizepräsidenten Paul Münstermann, 1967 von der Bundespost zum Bundesnachrichtendienst gewechselt, schicken sie wohl auch nicht. »Puff-Paule«, wie sie ihn beim BND nennen, gilt bei Freund und Feind als hinreichend inkompetent für jedes geheimdienstliche Geschäft.

Als sich Volker Foertsch ankündigt, bin ich zufrieden. Er ist Leiter der Abteilung Operative Beschaffung und gilt als der dritte Mann im BND. Der ist ein anderes Kaliber und gehört in Pullach zum festen Inventar. Am 30. August wollen wir im Tierpark spazierengehen. Ich kenne die Gegend sehr gut. In den 50er Jahren habe ich in Altfriedrichsfelde gewohnt und bin mit meinen Kindern und meiner Frau oft dort gewesen. Mit Foertsch werde ich die gewohnte Runde von damals drehen. Da sind wir ungefähr anderthalb Stunden unterwegs. Das muß reichen.

Wie gewohnt, bereite ich mich auf den Termin vor. Ich spreche mit Harry Schütt, dem ehemaligen Leiter der HVA-Abteilung IX (Äußere Abwehr). Der kennt den Bundesnachrichtendienst und Foertschs Biographie aus dem Effeff. Nur er und meine Frau wissen, was ich an diesem Spätsommertag vorhabe.

In Fleisch und Blut übergegangene Regeln der konspirativen Arbeit halte ich auch an diesem Tag ein. Eine halbe Stunde vor dem vereinbarten Termin parke ich meinen roten Lada Samara vor einem Plattenbauhochhaus gegenüber dem Tierpark, auf der anderen Seite der vierspurigen Ausfallstraße. Ich gehe durch den Fußgängertunnel zum Haupteingang neben dem Bärenzwinger und kaufe zwei Eintrittskarten. Observiert werde ich offensichtlich nicht.

Punkt zwölf Uhr preschen zwei schwarze Limousinen heran, fahren forsch auf den Gehweg und halten vor dem Eingang. Die fühlen sich hier schon wie zu Hause, denke ich. Ich stehe unter einem großen Baum, Foertsch kommt auf mich zu. Wie immer, wenn ich jemand treffe, stelle ich mir die Frage: Kannst du mit dem? – Wir sind von ähnlicher Statur und begegnen uns auf gleicher Augenhöhe, als wir uns die Hand geben.

Foertsch ist sechs Jahre jünger als ich. Beide waren wir 23 Jahre alt, als wir Geheimdienstler wurden. Er begann bei Reinhard Gehlen, dem ehemaligen Brigadegeneral der Heeresabteilung Fremde Heere Ost, die in der überfallenen Sowjetunion stationiert war. Ich meldete mich bei Markus Wolf, dem jungen Kommunisten, der nach dem Sieg über Hitlerdeutschland aus dem Moskauer Exil gekommen war.

Foertsch ist im Bundesnachrichtendienst der Bundesrepublik Deutschland verantwortlich für die Nachrichtenbeschaffung im Osten, ich bin Rentner und vertrete die nicht mehr existierende Hauptverwaltung Aufklärung des abgewickelten Ministeriums für Staatssicherheit der gerade noch existierenden Deutschen Demokratischen Republik – die Tickets für den Tierpark bezahlte ich schon mit Westgeld.

Wir gehen zur Pforte des Tierparks. Ich reiche die zwei Eintrittskarten durch das Fenster, die Frau hinter dem Schalter reißt sie ein und gibt sie zurück. Zwei ältere Herren gehen nun im Tierpark spazieren. Der Himmel ist grau, die Stimmung im Park trist, wir begegnen nur wenigen Menschen. Beide fühlen wir uns nicht so ganz wohl. Foertsch fragt mich, ob ich abgesichert werde. Ich antworte ihm, daß die HVA aufgelöst und ich allein zu diesem Treffen gekommen sei.

Das kann er von sich nicht behaupten. Mehrere Personen seien zu seinem Schutz in der Nähe. Für mich akzeptabel, wenn auch die Sicherheitslage für ihn hier in der DDR entschieden besser ist, als sie für mich in Westberlin wäre.

Foertsch fällt nicht mit der Tür ins Haus. Das wundert mich nicht, denn wir wollen uns während dieses ersten Treffens erst einmal kennenlernen. Konkreteres wollen wir bei weiteren Zusammenkünften klären. Ich erzähle ihm, daß ich als junger Mitarbeiter des Außenpolitischen Nachrichtendienstes während des Baus des Tierparks hier nachts Wache geschoben habe.

Das amüsiert ihn.

Ich: »Vielleicht hätten wir uns schon früher treffen sollen.«

Er: »Das hätte die Politik wohl nicht erlaubt.«

Von sich aus erwähnt er die Amnestie für ehemalige HVA-Mitarbeiter, die im Gespräch ist, und erkundigt sich, ob auch ich als Führungsoffizier gearbeitet hätte.

Als ich das bejahe, sagt er: »Nicht gut, die Verantwortlichen in der Bundesrepublik neigen mehr und mehr dazu, auch die Führungsoffiziere strafrechtlich zu verfolgen.« Er halte das für Unsinn. »Ich befürworte die Amnestie«, beteuert er, »aber wer soll sie durchsetzen.« Gut zu wissen, denke ich, daß wenigstens Foertsch nicht an den Unsinn von guten und bösen Spionen glaubt.

Mittlerweile stehen wir an der Braunbärenschlucht. Ich vermisse ein Metallschild, auf dem stand, daß die Mitarbeiter des MfS diese Anlage dem Tierpark geschenkt haben. Es ist verschwunden. Schnell konzentriere ich mich wieder auf meinen Begleiter. Ich versichere ihm: Die nachrichtendienstliche Arbeit der HVA ist beendet, die Kontakte zu Kundschaftern abgebrochen, eine Übergabe von Quellen an andere Geheimdienste findet nicht statt, und operatives Wissen gebe ich nicht preis.

Foertsch nimmt das schweigend zur Kenntnis.

In zwei unabhängig voneinander gesprochenen Sätzen glaube ich einen Zusammenhang zu erkennen. Foertsch sagt: »Die Zeit ist gekommen, um über Zusammenarbeit zu sprechen.«

Später stellt er fest, daß der BND eine zunehmende Aktivität der CIA in der Bundesrepublik bemerke. Letzteres würde seinen Dienst künftig mehr beschäftigen als die Aktivitäten des ehemaligen KGB.

Was den Umgang mit den Amerikanern betrifft, erzähle ich ihm einiges über die Initiativen und Werbeversuche des CIA-Residenten in der DDR.

Bei dem Stichwort »Werbeversuch« plaudern wir ein bißchen von alten Zeiten. Gegenseitig versuchten wir hauptamtliche Mitarbeiter umzudrehen. Was die bekanntgewordenen Fälle betrifft, versichern wir uns: viel versucht, wenig geglückt.

Ich untertreibe ein bißchen, denn Foertsch kennt unsere Kundschafter im BND noch nicht. Alfred Spuhler und Dr. Gabriele Gast sind zwar abgeschaltet, aber noch nicht enttarnt.

Aus verständlichen Gründen will er nun wissen, wer im MfS die Werbeaktivitäten des BND gegen HVA-Mitarbeiter bearbeitet hat. Offensichtlich möchte er nicht, daß die lange Liste der Pleiten und Pannen in falsche Hände kommt. Ich sage ihm, das hätte unsere Arbeitsgruppe Sicherheit selbst erledigt und nur in ganz seltenen Fällen die Abwehr. Aber, so füge ich hinzu, die Dossiers, die wir von zu werbenden BND-Mitarbeitern angelegt hatten, seien auch nicht von schlechten Eltern.

Es beruhigt ihn sehr, daß diese Akten wie auch alle anderen der HVA durch den Reißwolf gegangen sind.

Unser Rundgang durch den Park ist präzise nach 90 Minuten zu Ende. Foertsch lädt mich zu einem weiteren Gespräch Ende September nach München ein, und gibt mir eine Telefonnummer.

Ich halte mich zurück mit einer Zusage, verspreche aber, mich zu melden. Natürlich will ich noch einmal mit ihm sprechen. Vielleicht kann ich wenigstens die Leitung des Bundesnachrichtendienstes überzeugen, eine Amnestie zu unterstützen. Illusionen habe ich nicht, denn Volker Foertsch hatte ja angedeutet, daß der BND wenig gegen die Politik ausrichten könne.

Als wir uns verabschieden, klickt auf einmal der Auslöser eines Fotoapparates. Woher kommt plötzlich der Fotograf? Foertsch hat ihn offensichtlich nicht bestellt, denn er zuckt zusammen und versucht, sich wegzudrehen. Ein Pressemann ist es auch nicht, denn in der Folgzeit erscheint in keiner Zeitung ein Bild. Wer sammelt hier Beweise?

Es kommt zu keinem weiteren Treffen. Der Generalbundesanwalt ist schneller. Am 17. September 1990 erläßt er einen Haftbefehl gegen mich.

In verschiedenen Zeitungen lese ich anschließend viel Unsinn über das Treffen. *Tango* schreibt, ich hätte von Foertsch 200.000 DM erhalten. Mein Dementi druckt das Magazin dann allerdings auch. Und Koch, der dieses Treffen mit eingefädelt hat, von mir aber nichts über den Inhalt erfährt, fabuliert in seinem Buch »Die feindlichen Brüder« über das Treffen am 30. August 1990. Richtig ist nur das Datum und der Ort des Treffens. Ich lese bei ihm amüsiert: Ich kam mit der U-Bahn, die BND-Leute mit einigen Autos, ich wurde von 40 HVA-Observanten abgesichert, von einem ehemaligen HVA-Major laufend fotografiert, und ich hätte das Erbe der HVA, was immer das ist, angeboten, wenn der BND einen Teil der leitenden Offiziere übernehmen würde ...

Die Agenten kommen

Das Gespräch zwischen mir und Volker Foertsch wirft lange Schatten. Im Sommer 1997 stehen zwei BND-Mitarbeiter vor meiner Wohnungstür in der Grevesmühlener Straße. Frau Wagner und Herr Dietz wollen sich mit mir unterhalten. Wir gehen in mein kleines Arbeitszimmer, eigentlich das Kinderzimmer in der Drei-Zimmer-Wohnung. Ich soll ihnen helfen, einen Maulwurf zu enttarnen, den sie in der unmittelbaren Führungsspitze des BND vermuten. »Wir verfügen über ziemlich beweiskräftige Informationen aus Moskau.«

Die betreffende Person habe früher für die HVA gearbeitet und sei dann von den Russen übernommen, allerdings längere Zeit schlafend geführt worden.

Oha, denke ich, den müßtest du ja kennen. Doch es sitzt weder eine noch nicht enttarnte Quelle in Pullach, noch haben wir einen Kundschafter an Moskau übergeben. Ich vermute, daß der BND einer aktiven Maßnahme der russischen Aufklärung aufgesessen ist. Ich entsinne mich, daß Anfang der 90er Jahre General Juri Drosdow, der damalige Leiter der illegalen Linie in der sowjetischen Aufklärung, so etwas in der Öffentlichkeit gestreut hatte. Wer wärmt also die alten Kamellen wieder auf und warum?

Ich ahne bereits, wen der Bundesnachrichtendienst im Visier hat und frage meine Gäste nach ihrer zuständigen Abteilung. Dachte ich es mir doch, sie kommen aus der Abteilung 5. Und der Leiter der Sicherheitsabteilung ist Volker Foertsch. Die sind ihrem eigenen Chef auf der Spur! Das geht ja munter weiter im BND, auch ohne die HVA. – Ich äußere meine Gedanken natürlich nicht, aber mein Interesse ist geweckt.

Als die beiden mich und meine Frau zum Essen einladen, sagen wir sofort zu. Frau Wagner und Herr Dietz vom BND wollen mehr wissen. Wir treffen uns am 22. August 1997 im Restaurant »Reinhard's« im Berliner Nikolaiviertel. Bevor das Essen serviert wird, frage ich sie direkt, was sie von mir wissen wollen.

Die heutige russische Aufklärung stünde für sie an vorderster Stelle der zu bearbeitenden Dienste. Dann kommt die Frage: Sind Sie bereit, uns zu helfen.

Ganz davon abgesehen, daß ich nichts weiß, werde ich grundsätzlich: »Dem BND zu helfen heißt der BRD zu dienen. Welche Motive sollte ich haben, nachdem wir früheren Mitarbeiter der HVA und unsere Kundschafter strafrechtlich verfolgt, gesellschaftlich geächtet und sozial ausgegrenzt wurden, diesem Staat zu dienen? Bis jetzt hat er von uns immer nur etwas genommen, niemals etwas gegeben!«

Die beiden scheinen ziemlich beeindruckt. Weil ich aber das Gespräch noch nicht beenden will, werde ich verbindlicher: »Das Verhalten der damals Verantwortlichen der sowjetischen Aufklärung hat mich sehr enttäuscht. Von denen erfahre ich nichts mehr. Glauben Sie wirklich, daß mir frühere Partner in Moskau erzählen, wo und wie sie in der BRD aktiv sind?«

Nun gut, meine Frau und ich genießen das Essen, und wir stimmen zu, uns mit den BND-Leuten im September noch einmal zu treffen, wenn wir einige Tage im bayerischen Bad Birnbach verbringen.

Zum verabredeten Termin sitzt der Referatsleiter der beiden mit am Tisch. In Haltung, Sprache und Gestik ein typischer Militär, denke ich. Und schon bestätigt er es. Er diente früher bei der Bundeswehr. Auch er beklagt, daß ehemalige HVA-Mitarbeiter keine Chance beim BND bekämen. Schneidig setzt er hinzu: »Wir sind nach 1945 mit den Braunen fertig geworden, da werden wir es doch nach 1990 mit den Roten auch schaffen.«

Ich bekomme leichtes Sodbrennen. Trotzdem beginne ich keine Grundsatzdiskussion mit diesem Fatzke.

Ansonsten: gleiches Thema, ähnliche Fragen. Was soll das? Dann fragt der schnöselige Referatsleiter, ob ich noch einmal mit Herrn Foertsch sprechen möchte. Das elektrisiert mich, ich sage zu. Verdächtigen die nun ihren Chef wirklich, und wollen sie Beweise erarbeiten, wenn ich mit ihm rede? Das Ganze amüsiert mich zunehmend. So naiv kann keiner sein.

Weder Dietz noch Wagner oder der Referatsleiter melden sich bei mir, um einen Termin für das angebotene Gespräch zu vereinbaren oder abzusagen. Höchst unprofessionell. Monate später lese ich in den Zeitungen die ersten Meldungen über einen Maulwurf im BND. Juri Drosdow soll in seinen Memoiren »Notwendige Arbeit« mitgeteilt haben, daß schon im Jahre 1972 »D-104 Skorpion« aus dem BND angeworben worden sei.

Die Aufregung ist groß. BND-Präsident Hansjörg Geiger suspendiert den Ersten Direktor im Bundesnachrichtendienst Foertsch, der als Chef der Abteilung Sicherheit/Abwehr Doppelagenten jagen sollte. Die Bundesanwaltschaft eröffnet ein Ermittlungsverfahren und läßt den Panzerschrank des Verdächtigen mit brisantem Material räumen. Nach neun Monaten ist die Luft raus, Foertsch kehrt in seine Diensträume zurück. Der Verdacht habe sich entkräftet, teilt die Leitung des Bundesnachrichtendienstes allen Mitarbeitern in einem Rundschreiben mit. Die Diskussionen halten an, Präsident Geiger schickt seinen dienstältesten Beamten in den Ruhestand. Das Bundeskanzleramt ernennt schließlich den 63jährigen zum Leiter der internen BND-Schule.

Mit dieser Aktion blamiert sich der BND bis auf die Knochen.

Die zwei BND-Mitarbeiter, Frau Wagner und Herr Dietz, die mich im November 1998 wieder in Berlin besuchen, sind da ganz meiner Meinung. Sie entschuldigen sich für das arrogante Verhalten ihres inzwischen versetzten Referatsleiters und bitten um weitere Gespräche.

Doch dann kommt alles ganz anders. Von einem alten Freund erfahre ich, daß ihn ein Herr Langer vom BND gebeten habe, mich für ein Gespräch zu gewinnen. Das Thema: Volker Foertsch. Ich höre wohl nicht richtig. Der Mann ist zwar nicht mehr im Dienst, aber längst öffentlich rehabilitiert. Wer dreht denn da weiter an der Schraube, deren Gewinde längst ausgeleiert ist, und warum? Ich lasse durch meinen Freund Herrn Langer mitteilen, wenn er etwas von mir wolle, solle er sich direkt bei mir melden.

Nichts passiert.

Ende Januar 1999 ruft mich Dietz wieder an. Mir reicht es nun endgültig. Ich lehne jeden weiteren Kontakt ab und begründe das auch: Neben der unprofessionellen Arbeit des Herrn Langer gibt es für mich einen entscheidenden politischen Grund. Gerade habe der Geheimdienstkoordinator im Bundeskanzleramt, Ernst Uhrlau, erklärt, eine Gleichbehandlung der Spione Ost und West käme auf keinen Fall in Frage. »Solange unsere Kundschafter also nicht rehabilitiert werden«, sage ich, »verbietet sich eine Zusammenarbeit mit bundesdeutschen Diensten«.

Ein bißchen denke ich dabei schon an Frau Wagner und Herrn Dietz, die meiner Frau und mir nicht unsympathisch sind. Sie traten höflich, korrekt, sachlich, professionell und betont zurückhaltend auf und verhielten sich absolut zuverlässig. Termine und Verabredungen hielten sie penibel ein. Ihre faire Haltung gegenüber den ehemaligen Mitarbeitern der Hauptverwaltung Aufklärung schien ehrlich wie auch ihr Bedauern, daß die Politik nach 1990 nur konfrontativ gegenüber der ehemaligen HVA agiert. Darin sahen sie auch den Grund, warum die meisten HVA-Angehörigen, die sie ansprachen, jeden Kontakt ablehnten.

Das registrierte ich natürlich mit Genugtuung. Damit es nicht verlorengeht: Dietz und Wagner firmierten unter »Vertriebs- und Beratungsbüro« München, Telefon 089/159 132 15.

Ende Februar 1999 meldet sich der BND-Beamte Langer wieder telefonisch bei meinem Freund. Er richtet Grüße von seinem Präsidenten August Hanning an mich aus und bittet um ein Gespräch. Was will der? Im Mai treffen wir uns in der Wohnung meines Freundes.

Herr Langer hat einen Herrn Bockholz mitgebracht. Beide arbeiten in der Sicherheitsabteilung des BND. Das Wort führt Bockholz, offensichtlich der Ranghöhere. Er deutet an, nicht ohne Ansehen und Einfluß zu sein, nicht nur im BND. Beide Agenten freuen sich über unser Zusammentreffen, denn bisher sei ich ja weder gesprächs- noch auskunftsbereit gewesen. Immerhin seien seit der »Wende« zehn Jahre vergangen, viel habe sich verändert, auch im BND unter dem neuen Präsidenten August Hanning. Die ehemaligen Mitarbeiter der Aufklärung seien doch nun in die BRD integriert und hätten gleiche Rechte und Pflichten wie alle Bundesbürger. Der BND habe es von Anfang für falsch gehalten, wie die Politik mit den HVA-Leuten umgegangen ist. Damit habe man Chancen vertan. Nun denke man auch in der Politik anders.

Das sehe ich nicht so. Ich nehme die Anspielung auf die staatsbürgerlichen Pflichten auf: »Ich sehe mich zwar in der Pflicht, als BRD-Bürger diesem Staat nicht zu schaden, nicht aber, ihm zu helfen. Ich stehe also dem BND nicht zur Verfügung.«

Nun lassen beide BND-Beamten ihren Frust ab. Sie hätten es nie verstanden, daß ihnen der Kontakt zu HVA-Mitarbeitern verboten worden sei. Es sei falsch, die Aufklärer strafrechtlich zu verfolgen. Auch die Probleme mit den Kundschaftern hätte man besser lösen können, wäre der BND von Anfang an einbezogen worden. Die operative Bilanz der HVA sei doch unbestritten gut, und die Mitarbeiter hätten ausgesprochen professionell gearbeitet – ein Fehler, diese Potenzen nicht zu nutzen.

Nun frage ich: »Mit welchem Ziel wollen Sie denn nun diese Potenzen ausschöpfen?«

Sofort nennen sie die russische Aufklärung. Sie wollen ausschließlich Gefahren für den BND abwenden. Geheimdienstliche Angriffe auf andere Institutionen in Politik, Industrie, Wirtschaft und beim Militär interessieren sie nicht.

Etwas irritiert frage ich sie: »Glauben Sie wirklich, daß heute noch ein ehemaliger DDR-Aufklärer Interna der russischen Aufklärung erfahren würde? Einst enge Bande existieren schon lange nicht mehr. Außerdem ist kaum noch jemand von den alten Bekannten im Dienst.«

Schnell lenken die BND-Leute ein. Allein die Kenntnis der

russischen Mentalität sei von Vorteil. Die fehle den BND-Mitarbeiten völlig. Die fast beschwörend vorgetragene Bitte, ein neues Gespräch zu verabreden, deutet an: Sie haben ihr eigentliches Ziel noch nicht genannt. Was soll diese Tippeltappeltour? Ob ich denn wenigstens bereit sei, einzelne Fragen zu beantworten?

Nun verliere ich die Lust und sage knapp und deutlich »Nein«. Zum Abschluß bitten sie um einen weiteren Termin im Herbst. Prompt melden sie sich wieder bei meinem Freund. Doch nicht nur aus gesundheitlichen Gründen sage ich endgültig ab.

Aber der BND vergißt mich nicht. Im September 2005, sechs Jahre nach unserer letzten Begegnung, stehen Wagner und Dietz wieder vor meiner Tür. Das übliche Blabla, konkret werden sie nur bei den Fragen nach Juretzkos zweitem Buch. Ich muß mich nicht verstellen: Ich kenne es nicht.

Anfang 2006 – in den Medien häufen sich Meldungen über die Arbeit des BND mit und gegen Journalisten – ruft Frau Wagner an und bittet schon wieder um einen Termin. Nun habe ich es wirklich satt und lasse sie brüsk abblitzen.

Es verhält sich tatsächlich so, wie es Hansjörg Geiger in einem Interview mit dem *Spiegel* 34/1996 offenbarte: »Der BND muß besser werden«. Der damalige Geheimdienstchef resümierte darin seine fünfjährige Tätigkeit bei der Gauck-Behörde. Er habe dort, mit Blick aufs MfS erfahren, »wie ein Geheimdienst mit vielfach hochmotivierten, sehr engagierten Mitarbeitern es geschafft hat, an sehr, sehr viele Informationen aus anderen Ländern heranzukommen, die diese Länder sehr gerne für sich behalten hätten. Ein Dienst, der kreativ war. Es war nicht nur die Masse, die beim MfS Erfolg hatte. Das höre ich manchmal: ›Na ja, wenn wir so viele Leute einsetzen könnten und wenn wir so wenig rechtliche Regelungen hätten ...‹ Sicher hat das dem MfS manches erleichtert. Aber im MfS waren auch Leute, die sich als Elite verstanden haben und einfallsreich gewesen sind.« – Er kannte inzwischen seine Leute, und ich verstand seinen Neid und seine Unzufriedenheit.

Ich bleibe hier

In den letzten Wochen vor dem Beitritt der DDR zur BRD wächst der Druck auf uns, die Quellen offenzulegen. Eine gesetzliche Regelung, die ehemaligen Spione in Ost und West gleich zu behandeln, erwartet niemand mehr. Die zuständigen Mitglieder der letzten DDR-Regierung, Ministerpräsident Lothar de Maizière, sein Stellvertreter und Innenminister Peter Michael Diestel und der Verhandlungsführer, Staatssekretär Günter Krause, interessieren sich kaum noch für unsere Angelegenheiten. Ob das ein abgekartetes Spiel ist, können aber nur sie sagen.

Die Medien sind sich fast einig, Kundschafter wie auch hauptamtliche HVA-Mitarbeiter müssen strafrechtlich verfolgt werden. Obwohl fast nur Markus Wolf genannt wird, bin ich nicht blauäugig und hoffe, daß mich die Gerichte in Ruhe lassen. Ohne Illusionen frage ich mich: Soll ich hier bleiben und mich der Verantwortung stellen – oder setze ich mich ins Ausland ab?

Ich arbeitete fast vier Jahrzehnte in einer legalen Institution eines von der Völkergemeinschaft anerkannten Staates. In dieser Zeit erfüllte ich ausschließlich nachrichtendienstliche Aufgaben. Verbrechen gegen die Menschlichkeit oder andere schwere strafbare Handlungen beging ich nicht. An meinen Händen und denen meiner Mitarbeiter und Kundschafter klebt kein Blut.

Meine Tätigkeit entsprach der Verfassung und den Gesetzen der DDR und auch den geltenden internationalen Verpflichtungen im Rahmen des Warschauer Vertrags. Als Offizier war ich auf die Verfassung und die Gesetze meines Staates vereidigt. Ich handelte als bewußt politisch tätiger Mensch, um während des Kalten Krieges den Frieden zu sichern.

In den letzten dreieinhalb Jahren des Ministeriums für Staatssicherheit leitete ich den Nachrichtendienst und trug die Verantwortung für Tausende offizieller und inoffizieller Mitarbeiter. Soll ich diese Menschen, die wie ich getreu ihren Idealen und Verpflichtungen handelten, jetzt im Stich lassen? Zwar verfüge ich nach der Auflösung des Dienstes weder über Befugnisse noch über organisatorische Möglichkeiten, aber ich will durch meine Haltung ein Beispiel geben, versuchen, Schaden abzuwenden, zu motivieren und zu aktivieren. Ich will meinen Einfluß geltend machen, daß niemand, unbedacht oder gewollt, den inneren Frieden gefährdet.

Ich bin also fest entschlossen, hierzubleiben, zu meinem Leben zu stehen und mich meiner Verantwortung zu stellen. Ich besorge keine falschen Pässe für mich und meine Frau, ich verfüge über keine Konten im Ausland. Obwohl es Angebote gibt, bemühe ich mich nirgendwo um Asyl. Ganz davon abgesehen, daß mich die ärgsten Gegner in die Arme schlössen, würde ich nur mit ihnen kooperieren. Daß ich dies nicht tue, paßt überhaupt nicht in das Klischee mancher Leute, für die der Verrat einfach zum Instrumentarium eines Spionagechefs gehört.

Ich spreche in diesen Tagen oft mit meiner Frau darüber. Brigitte steht, wie in all den 40 Jahren unserer Ehe, mit ganzem Herzen an meiner Seite. Sie hat viele schwere Entscheidungen mit getroffen, und sie tut es jetzt auch. Wir rufen die Familien unserer Kinder zusammen. Tragen wir doch auch ihnen und ihren Familien gegenüber Verantwortung.

Ingrid, Harald und Frank bestärken uns und wollen uns uneingeschränkt unterstützen. Selten im Leben erlebt man so ein Glück. Kann man mehr von seinen Kindern bekommen? Die Tränen während dieses Gesprächs sind ein Gemisch aus Angst, Sorge, Schmerz, Glück, Freude und der Gewißheit, daß wir uns in jeder Situation aufeinander verlassen können.

Nun brauche ich nur noch einen Anwalt, der mir in den zu erwartenden rechtlichen Auseinandersetzungen zur Seite steht. Rechtsanwalt Dr. Friedrich Wolff übernimmt meine Vertretung. Ich kenne ihn nur aus einer früheren flüchtigen Begegnung, schätze aber seine Kompetenz und Integrität.

Bei ihm bin ich in guten Händen.

Der Prozeß

Die Böllerschüsse in der Nacht vom 2. zum 3. Oktober 1990 hören Brigitte und ich nicht. Weitab vom Schuß schlafen wir in unserem Haus in Hohenschönhausen der deutschen Einheit entgegen. Doch noch am selben Tag holt uns ein ganz anderer Kracher in die Realität des vereinten Deutschland zurück. Den Tag des Anschlusses der DDR an die BRD erleben wir als feindliche Übernahme. Dabei beginnt der Morgen des 3. Oktobers mit herrlichem Sonnenschein. Wir meiden das Berliner Zentrum und fahren zu unseren Kindern ins Grüne. Im Familienrat gibt es viel zu besprechen.

Verhaftung im Wohnzimmer

Am frühen Nachmittag kehren wir zurück. Von der Konrad-Wolf-Straße fahren wir durch die Orankestraße in die stille Oberseestraße. Hier, am idyllischen Oberen See, wohnen mehrere Generale des einstigen Ministeriums für Staatssicherheit in zweigeschossigen Reihenhäusern aus Betonfertigteilen zur Miete. Unweit unseres Hauses parkt ein PKW mit einem Kennzeichen aus Frankfurt am Main. Das fällt hier auf. Ich vermute, ein Journalist ist mal wieder auf Informationssuche. Heiße Interna aus dem MfS sind in den Redaktionen gefragt.

Vor unserem Haus Nummer 6-8 halte ich. Brigitte öffnet wie immer das Tor, und ich fahre das Auto in die Garage. Als ich das Tor schließe, sehe ich hinter der Milchglasscheibe des Kellerfensters einen Schatten. Sofort denke ich: Einbrecher oder Staatsschutz? Noch ehe ich mir die Frage beantworten kann, kommt Brigitte angelaufen. »Ich bekomme die Wohnungstür nicht auf, der Schlüssel paßt nicht.« Jemand scheint also das Schloß ausgewechselt zu haben. Ich kann mir nun meine Frage beantworten. Diebe knacken zwar Schlösser, sie bauen aber keine neuen ein. Brigitte geht zur Pforte und klingelt, ich eile durch den Garten, um über die Terrasse in die Wohnung zu gelangen.

Im Haus wird es lebendig, die Tür öffnet sich, vor uns stehen mehrere Männer, meist ohne Jackett und mit hochgekrempelten Hemdsärmeln. Sie wirken erschrocken. Ungläubig starren sie uns an. Das dauert allerdings nur kurze Zeit, schnell haben sie sich wieder in der Gewalt.

Einer der sechs Herren stellt sich als Kriminalhauptkommissar Klauß vom BKA vor. Er fragt: »Sind Sie Herr und Frau Großmann?« Wir bestätigen ihm das. Die Herren scheinen überrascht und zugleich erleichtert zu sein. Offensichtlich hatten sie angenommen, wir seien auf der Flucht, als sie 11.30 Uhr die Tür öffneten und in unser Haus eindrangen. Nun stehen wir einfach vor ihnen – unglaublich.

Ihre aufkommende Freude über das unverhoffte Jagdglück wird jäh unterbrochen. An der Pforte klingelt jemand. Ein Beamter geht hinaus und kommt bald wieder. Er zeigt mir zwei Presseausweise von in der DDR akkreditierten Journalisten, die mich sprechen wollen.

»Sind das wirklich Journalisten, oder etwa Mitarbeiter von Ihnen?«

Mich überrascht die Frage, und sie amüsiert mich auch. Offensichtlich hat der BKA-Beamte doch noch nicht so richtig realisiert, daß Berlin-Hohenschönhausen seit 0.00 Uhr in der Bundesrepublik Deutschland liegt und es das Ministerium für Staatssicherheit nicht mehr gibt. Glaubt er wirklich, zwei zu allem entschlossene MfS-Rambos würden mich hier mit Gewalt raushauen?

Die sechs Kriminalbeamten des BKA fühlen sich augenscheinlich im Haus des ehemaligen Spionagechefs der DDR wie im Feindgebiet. Einsatz hinter der Front. Erleichtert nehmen sie zur Kenntnis, daß da draußen wirklich Redakteure vom *Spiegel* stehen. Wie immer haben die eine gute Nase.

Nach dieser Aufregung wird es fast diplomatisch.

Kriminalhauptkommissar Klauß begrüßt mich sehr förmlich, aber auch sehr höflich mit Handschlag. Dann beginnt er, mir den Haftbefehl zu verkünden. Dazu kommt es erst einmal nicht. Der BKA-Beamte Bürger steht plötzlich in der Tür, er hält in seinen Armen eine große Plasteschale, um ihn herum wabert Bratenduft. Er war im Westteil der Stadt, um Essen für seine hungrigen Kollegen aus der Kantine des Polizeipräsidiums zu holen.

Klauß ignoriert die Fourage, verkündet nun doch den Haftbefehl und teilt mir mit, daß sie mich jetzt ins Polizeipräsidium nach Tempelhof bringen. Die Kohlrouladen werden kalt. Uns interessiert das weniger, wir haben schon gegessen und sind nach diesem Empfang restlos satt.

Mit meiner Festnahme hatten Brigitte und ich schon gerechnet. Wir sagten uns: Natürlich gibt es politische Interessen, selbstverständlich ist der Einigungsvertrag kein Friedensvertrag im Kalten Krieg gegen den alten Feind, freilich wird die Bürokratie die Muskeln spielen lassen. Trotzdem kommt für uns die Verhaftung zu diesem Zeitpunkt, an diesem neuen deutschen Feiertag überraschend.

Nun möchte ich wissen, warum die BKA-Leute geglaubt haben, daß wir das Weite gesucht hätten?

Herr Klauß weist auf zwei leere Plastehüllen, die auf meinem Schreibtisch liegen. Er vermutet, daß wir darin unsere Reisepässe aufbewahrt hatten. Und da die Tüten leer sind, mußten wir getürmt sein.

Nun werde ich ein wenig unwillig. Für wie dilettantisch halten die mich eigentlich? Das kratzt an meiner Berufsehre, schließlich habe ich mein Handwerk von der Pike auf gelernt.

Die Herren verstehen auch nicht, warum wir nicht doch noch das Weite gesucht haben, als wir sie in unserem Haus entdeckt hatten. Möglich wäre es gewesen, denn sie waren mit der Durchsuchung der Wohnung beschäftigt. Was draußen passierte, nahmen sie nicht zur Kenntnis.

Wer hat die bloß ausgebildet? Ich schüttele den Kopf.

Ehe ich meine Siebensachen zusammenpacke, lese ich in aller Ruhe den Haftbefehl. Mir fallen Unstimmigkeiten auf, die es offensichtlich zwischen dem Generalbundesanwalt, dem Bundesgerichtshof und dem Ermittlungsrichter bei der Ausstellung gegeben haben muß. Ich sehe die Chance, hier später einzuhaken, gegen meine gesetzwidrige Festnahme zu protestieren, um wenigstens Haftverschonung zu erreichen. Und so verspreche ich Brigitte, bald wieder zu Hause zu sein. Sie will sich bemühen, so schnell wie möglich Friedrich Wolff zu benachrichtigen, der zur Zeit telefonisch nicht erreichbar ist.

Ich verabschiede mich von meiner Frau.

Klauß und Bürger gehen mit mir zum Auto. Es ist ein Mietwagen. Vielleicht kann man so wirklich Geld sparen. Wir fahren los.

Da ich offensichtlich der einzige Ortskundige im Wagen bin, lotse ich die Herren auf kürzestem Weg durch die Stadt. Sie folgen blindlings.

Im Präsidium führen sie mich in die besonders gesicherte Etage des Staatsschutzes. Inzwischen ist es schon 15 Uhr. Klauß und Bürger haben immer noch nichts gegessen. Kurzerhand bitten sie mich, mit ihnen in ein nahegelegenes Restaurant zu gehen. Warum soll ich das ablehnen? Also ziehen wir los.

Auf dem Flur kommt ein großer, schlanker Mann auf mich zu. Er stellt sich als Oberstaatsanwalt Schulz vor. Er gibt sich sehr freundlich, wirkt aber ziemlich großspurig, er kann kaum den Triumph über meine Festnahme verbergen. Der Mann gefällt mir nicht, mit mir wird er seine reine Freude haben.

Als Klauß, Bürger und ich in dem kleinen Chinarestaurant Platz genommen haben, erscheint auch der Oberstaatsanwalt. Noch während des Essens redet er auf mich ein. Aufgeregt fordert er mich auf, die noch unbekannten Quellen der HVA in der Bundesrepublik zu nennen. Er appelliert an meine staatsbürgerliche Pflicht und preist die Vorteile des § 153e der Strafprozeßordnung.

Ich erinnere ihn daran, daß ich erst seit 15 Stunden ungewollt Bundesbürger bin und auf Vergebung durch tätige Reue verzichte. Im übrigen halte ich ein Restaurant für einen ungeeigneten Ort, grundsätzliche Fragen zu besprechen.

Ich will überhaupt nicht mit dem Mann reden und schweige.

Er monologisiert und reflektiert nun die »Unrechtstaten« meines Dienstes. Der Mann ist nicht nur einfältig, er hat auch keine Ahnung. Als ich mich auf seine Polemik nicht einlasse, ist das Eis zwischen uns nicht gebrochen, wie das jeder geschickte Gesprächspartner anstrebt, wenn er etwas erreichen will, es hat nun Grönlandqualität.

Die beiden BKA-Beamten beobachten still die Szene.

Nach Rückkehr ins Präsidium läßt sich der Oberstaatsanwalt nicht mehr sehen, offenbar hat er begriffen, daß er mit kühnem Schwung jede Möglichkeit einer Verständigung vom Tisch gewischt hat.

Nun beginnen die Formalitäten. Die Beamten nehmen meine Personalien auf und schreiben ein Protokoll über die Festnahme. Herr Klauß und Herr Bürger bemühen sich, telefonisch meinen Anwalt zu erreichen. Schließlich ruft Brigitte an. Sie hat gewirbelt und sagt: »Dr. Friedrich Wolff wird morgen neun Uhr im Präsidium sein.«

Inzwischen ist es Abend. Für die Nacht komme ich in Polizeigewahrsam. Dort behandelt man mich wie einen Kriminellen. Auf dem Gang toben verhaftete Dealer und Betrunkene. Meine Laune sinkt auf den Tiefpunkt, als ich, aller beweglichen Gegenstände ledig, in der Zelle stehe. Soll das eine Schocktherapie sein, oder ist es lediglich Unvermögen, mir eine andere Unterbringung zu besorgen? Wenn sie mich damit weichklopfen wollen, erreichen sie genau das Gegenteil.

Am Morgen des 4. Oktober erscheint gegen neun Uhr mein Anwalt. Wir beraten das weitere Vorgehen. Ich lehne jedes Eingehen auf den § 153e der Strafprozeßordnung ab und sage ihm, daß ich das auch so vor dem Ermittlungsrichter am Bundesgerichtshof halten werde.

Nach nochmaligem Lesen des Haftbefehls sind wir beide der Ansicht, daß eine Haftverschonung zu erreichen ist. Ich halte aber auch eine längere Haft für möglich und bitte in diesem Fall, meine Frau zu unterstützen. Wir verabschieden uns.

Gegen 11 Uhr soll ich mit dem Hubschrauber ab Tempelhof nach Karlsruhe fliegen und um 15 Uhr im Bundesgerichtshof dem Ermittlungsrichter vorgeführt werden. Wolff kann mich nicht begleiten, er hat in Berlin zu tun. Ich muß ohne Anwalt das weitere überstehen.

Langsam bekomme ich Hunger. Das Knastfrühstück in der Zelle habe ich mir geschenkt. Mit zwei BKA-Beamten gehe ich ins Kasino, bezahle mein Brötchen selber, lese in der Zeitung und würge mit dem Kaffee die triumphierende Meldung über meine Festnahme runter.

Kurz vor der Abfahrt zum Flughafen erfahre ich, daß Oberst a. D. Bernd Fischer, ehemaliger Leiter der HVA-Abteilung I (Staatsapparat BRD) und Chef der HVA-Auflösungsgruppe, mit mir im Hubschrauber fliegen wird. Über unsere Angelegenheiten, so wird mir bedeutet, dürfen wir uns nicht unterhalten. Obwohl es mich verbittert, daß auch Bernd festgenommen wurde, freue ich mich, einen Freund an meiner Seite zu haben.

Der BGS-Hubschrauber startet. Drin sitzen »zwei Straftäter«, vier BKA-Beamte, zwei Piloten. Selbst wenn mein Anwalt Zeit gehabt hätte – für ihn ist kein Platz vorgesehen. Es ist eng, unbequem und laut, trotzdem genieße ich die herrliche Aussicht. Ich fliege das erste Mal mit einer solchen Klappermühle und betrachte das mir bekannte Territorium der ehemaligen DDR, daß nun in den Landkarten als Bundesrepublik Deutschland geführt werden wird, aus der Vogelperspektive. Pünktlich 15 Uhr landen wir auf dem Gelände des Bundesgerichtshofs. Die vielen Journalisten und Fotoreporter überraschen und irritieren mich. Jahrzehnte vermied ich tunlichst eine solche Öffentlichkeit, nun muß ich mich daran gewöhnen.

In diesem Moment entschließe ich mich endgültig: kein Wort!

Sofort führen mich zwei BKA-Beamte in das Dienstzimmer des Ermittlungsrichters Klaus Detter. Ich kenne ihn nicht persönlich, hörte aber seinen Namen von Kundschaftern, die man verhaftet hatte. Als er sie vernahm, erwies er sich als korrekt und fair.

Zu meiner Überraschung eröffnet er mir, daß im Nebenzimmer Rechtsanwalt Dr. Gunter Widmaier warte. Ich könne mit ihm sprechen und mich dann entscheiden, ob ich ihm ein Mandat als Verteidiger erteile.

Woher kommt der Anwalt plötzlich? Wer hat ihn gerufen?

Als ich mit Widmaier rede, springt sofort der berühmte Funke über. Wir einigen uns schnell auf eine Verteidigungsstrategie. Ich unterschreibe die Vollmacht. Dr. Wolff hat offensichtlich einen Kollegen informiert, um mich nicht ohne Rechtsbeistand in dieses Abenteuer stolpern zu lassen.

In seinem Buch »Verlorene Prozesse 1954-1998« schildert Friedrich Wolff die Zusammenhänge: »Ich konnte aus Berlin nicht weg und war ziemlich ratlos und deswegen dankbar, als mir Professor Vogel, der aus dem Radio von der Inhaftierung erfahren hatte, telefonisch empfahl, Rechtsanwalt Dr. Widmaier mit der Vertretung des Mandanten zu beauftragen. Dies tat ich.«

Gunter Widmaier ist vor der Anhörung beim Ermittlungsrichter fest davon überzeugt, daß ich mit ihm den Bundesgerichtshof verlassen kann. Anders die Beamten vom BKA. Ihre Fahrzeuge zur Weiterfahrt in die JVA Meckenheim stehen bereit.

Meine Nerven sind auf das äußerste gespannt. Die Festnahme, die schlaflose Nacht in der mistigen Zelle, der Flug mit dem Hubschrauber, die fremde, feindliche Atmosphäre hier lassen mich nicht kalt. Doch ich konzentriere mich auf das Kommende.

Der Ermittlungsrichter verliest und erläutert den Haftbefehl des 3. Strafsenats des Bundesgerichtshofs vom 17. September 1990, der Untersuchungshaft anordnet.

Man wirft mir geheimdienstliche Agententätigkeit in einem besonders schweren Fall gegen die Bundesrepublik Deutschland vor, ein Vergehen nach § 99 des Strafgesetzbuches. Als Haftgrund wird Fluchtgefahr angegeben. Der Bundesgerichtshof befürchtet, daß »er sich noch vor dem Beitritt der DDR zur Bundesrepublik am 3. Oktober 1990 ins Ausland absetzt, um die weitere strafgesetzliche Entwicklung (z. B. Erlaß eines Amnestiegesetzes) und um die strafprozessuale Handhabung in vergleichbaren Fällen abzuwarten.«

Interessant dabei ist, daß der Ermittlungsrichter des Bundesgerichtshofes Klaus Detter den Antrag des Generalbundesanwalts abgelehnt hat. Er sieht keine Fluchtgefahr. Erst auf die Beschwerde des Generalbundesanwalts erfolgte der entsprechende Beschluß des 3. Strafsenats des Bundesgerichtshofs.

Detter fordert mich auf, ich solle mich zur Sache äußern. Ich erkläre, nichts über die nachrichtendienstlichen Aktivitäten aussagen zu wollen, weder zu Personen noch zu Sachverhalten. »Ich bleibe dabei«, sage ich, »daß ich eine Tätigkeit ausgeübt habe, die in dem damals souveränen Staat DDR eine legitime Tätigkeit gewesen ist. Meine Arbeit entsprach den Gesetzen der DDR, die ein souveräner Staat war. Sie entsprach überdies den Verpflichtungen der DDR im Rahmen des Warschauer Paktes. Ich lege Wert darauf festzuhalten, daß meine Tätigkeit nach dem Recht der DDR legal war und daß sie deshalb – auch wenn sie den Gesetzen der Bundesrepublik Deutschland entgegensteht – nach der Wiedervereinigung nicht strafbar sein kann; dies deshalb, weil sie nicht gegen übergesetzliches Recht verstieß.«

Etwas später füge ich hinzu: »Ich möchte zunächst sagen, daß ich mich voll dem Verfahren stelle. Ich war Leiter der Hauptverwaltung Aufklärung und fühle mich als ›Kapitän‹, der als Letzter von Bord geht.

Gerade wegen der Verantwortung gegenüber den früheren Mitarbeitern dieses Amtes, auf die viele persönliche und wirtschaftliche Probleme zukommen werden, möchte ich mich diesem Verfahren stellen.«

Ermittlungsrichter Detter nimmt das erst einmal ohne sichtbare Reaktion zur Kenntnis. Korrekt, sachlich und gut vorbereitet setzt er sich ernsthaft und professionell mit meinen Argumenten auseinander.

Mein Auftreten und meine Haltung, stellt er fest, bestätigen den Eindruck, den er seit der Lektüre des *Spiegel*-Gesprächs von mir habe. Er sei überzeugt, daß ich mich meiner Verantwortung stelle und nicht flüchten werde. Deshalb habe er abgelehnt, einen Haftbefehl zu erlassen. Er sei auch nicht überrascht, daß ich nichts über Mitarbeiter und Sachverhalte meines Dienstes sagen will. Wenn er meine Person einschätze, berücksichtige er, daß ich vierzig Jahre in der DDR gelebt habe. Er sei zu seinem Glück in der BRD aufgewachsen. »Weiß ich«, so fügt er hinzu, »was aus mir geworden wäre, wenn ich im anderen Teil Deutschlands gewesen wäre.«

Auch der Vertreter der Bundesanwaltschaft, Bundesanwalt Hecking, wirkt unaufgeregt und zielstrebig. Ohne missionarische Attitüde unterscheidet sich sein Auftreten wohltuend von dem Gehabe des Oberstaatsanwalts Schulz in Berlin.

Die BKA-Beamten hüllen sich in Schweigen. Lediglich Kriminalhauptkommissar Klauß meldet sich einmal zu Wort. Als die Herren erörtern, ob ich eine Kaution zahlen könne, gibt er zu bedenken, was ihn schon in Berlin verblüfft hatte: »Herr Großmann besitzt ja nicht mal ein Haus!«

Der Ermittlungsrichter hält den Haftbefehl aufrecht – der anwesende Bundesanwalt sieht die Fluchtgefahr nach wie vor –, setzt den Vollzug aber unter Auflagen aus.

Ich muß mich einmal in der Woche bei der zuständigen Polizeidienststelle melden, einen Wechsel des Wohnorts oder der Wohnung vorher mitteilen, und ich darf die Bundesrepublik Deutschland nur verlassen, wenn die zuständige Strafverfolgungsbehörde einer Reise zustimmt. Meine Personalpapiere, die ich schon in Berlin abgegeben hatte, werden nun endgültig eingezogen.

Damit erfüllen sich die Erwartungen meines Anwalts.

Ich kann den Bundesgerichtshof als bedingt freier Mann verlassen. Ehe ich mich verabschiede, bittet mich Bundesanwalt Hecking um ein informelles Gespräch.

Wir trinken Kaffee im Kasino des Bundesgerichtshofs. Er macht mich nochmals auf die Möglichkeit aufmerksam, den § 153e der Strafprozeßordnung in Anspruch nehmen zu können. Allerdings verzichtet er auf jede Drohgebärde und den dümmlichen Appell, ich solle meine nunmehrigen staatsbürgerlichen Pflichten erfüllen, wie es Oberstaatsanwalt Schulz in Berlin praktizierte.

Meine Antwort, daß weder Strafverfolgung, Strafandrohung noch Kann-Bestimmungen wie der § 153e meine Haltung ändern, nimmt Hecking ruhig zur Kenntnis. Er hat wohl nichts anderes erwartet. Doch ich bin weder ein verstockter Sünder noch ein Betonkopf, der die Realitäten nicht zur Kenntnis nehmen will. Deshalb biete ich ihm meine Hilfe an, wenn die Bundesanwaltschaft bereit ist, Straffreiheit für meine Mitarbeiter und Kundschafter zu garantieren.

Ich verstehe aber auch Heckings Befürchtung, daß durch den Schutz unserer Quellen das KGB in der Lage wäre, mit unseren Kundschaftern gegen die Bundesrepublik zu arbeiten. Deshalb biete ich ihm an, die sowjetische Seite zu einer verbindlichen Verzichtserklärung zu bewegen.

Noch bin ich davon überzeugt, daß mein alter Bekannter, Armeegeneral Wladimir Krjutschkow, langjähriger Chef der I. Hauptverwaltung, derzeit Vorsitzender des Komitees für Staatssicherheit der UdSSR, eine solche Zusage gibt.

Mir ist jedoch nicht klar, ob die bundesrepublikanische Seite so etwas überhaupt will. Eignet sich doch das KGB-Syndrom wunderbar dafür, HVA-Mitarbeiter und Kundschafter weiter zu verfolgen. Vielleicht bin ich doch noch zu blauäugig.

Als ich entlassen werde, stellt Dr. Widmaier die berechtigte Frage, wie ich denn nun nach Hause käme und wer das bezahlen solle. Schließlich habe man mich mit dem Hubschrauber von Berlin hierher transportiert, und nun schicke man mich einfach auf die Straße. Wir freuen uns diebisch darüber, wie sich die Beamten gegenseitig die Verantwortung zuschieben. Der BKA-Vertreter bekommt den Schwarzen Peter. Für so etwas gäbe es keinen Fonds, und ich würde schon Wege finden, nach Berlin zu gelangen, redet der sich raus. Für mich und für meinen Anwalt ist das nicht das eigentliche Problem, uns amüsiert, wie sie sich des Problems entledigen.

Nach einem kurzen Statement vor der Fernsehkamera der ARD verlassen wir das Gelände des Bundesgerichtshofes. In der nahegelegenen Kanzlei von Dr. Widmaier rufe ich meine Frau an. Brigitte freut sich, mich zumindest auf einem freien Fuß zu wissen. Ich erfahre, daß die BKA-Beamten noch bis zum Nachmittag des 4. Oktobers erfolglos nach Konterbande in unserem Haus gesucht haben. Das Büro Dr. Widmaiers bemüht sich inzwischen, meine Rückreise nach Berlin zu organisieren.

Frau Müller, Rechtsanwältin in der Kanzlei, fährt mich zum Frankfurter Flughafen. Bei der Pan Am hat sie bereits einen Flug gebucht. Weil ich keinen Ausweis mehr besitze, bestätigt sie dem Beamten meine Identität und lotst mich durch die Personen- und Gepäckkontrolle der Pan Am, die just zu dieser Zeit ihre Sicherheitsbestimmungen verschärft hat.

Auf dem Flughafen Tegel erwarten mich nach meiner Odyssee Brigitte und die Kinder.

Wider den Haftbefehl

Mein Anwalt übergibt am 25. Oktober 1990 dem Generalbundesanwalt Alexander von Stahl ein vielseitiges Schriftstück. Dr. Widmaier weist darin nach, daß meine Strafverfolgung aus verfassungs- und völkerrechtlichen Erwägungen unzulässig sei und beantragt, den Haftbefehl aufzuheben.

Widmaier und Stahl treffen sich zu einem Gespräch. Der Generalbundesanwalt gilt zwar allgemein als Befürworter einer Amnestie, im konkreten Fall verfolgt er andere Absichten. Mir unterstellt er, daß ich Strukturen der HVA weiter aufrecht erhalte, um mit Druck und Drohung ehemalige Untergebene davon abzuhalten, Quellen und Interna zu offenbaren. Stereotyp behauptet er, wir hätten Quellen an andere Dienste, sprich KGB, übergeben.

Und dann setzt von Stahl zum Rundumschlag an. Er könne jetzt schon sagen, daß er, allein wegen meiner langjährigen leitenden Mitarbeit in der HVA, zuletzt als deren Chef, bei einem Prozeß eine Freiheitsstrafe von fünf bis sechs Jahren beantragen müsse. Noch haben die notwendigen Anfangsermittlungen nicht einmal begonnen, da steht für ihn das Strafmaß schon fest. Nur konsequent, daß er es ablehnt, den Haftbefehl aufzuheben.

Im Beschluß des Ermittlungsrichters des Bundesgerichtshofs vom 30. Januar 1991 lese ich nichts anderes. Weder verfassungs- noch völkerrechtliche Gesichtspunkte stünden der Strafverfolgung wegen geheimdienstlicher Agententätigkeit nach § 99 StGB entgegen.

Doch beim näheren Hinsehen entdecke ich interessante und bemerkenswerte Aussagen des Ermittlungsrichters, die durch die Entscheidung des Bundesverfassungsgerichts von 1995 gestützt werden. Je mehr ich lese, desto spannender wird es. Unter anderem steht da: »Es erscheint zwar fraglich, ob die Anwendung des StGB für die Zeit vor dem 3. Oktober 1990 hinsichtlich des dem Beschuldigten vorgeworfenen strafbaren Verhaltens auf § 3 StGB in Verbindung mit § 9 StGB gestützt werden kann.«

Ein anderer Satz elektrisiert mich geradezu: »Eine sachgerechte Lösung erscheint deshalb nur durch ein Straffreiheitsgesetz möglich.«

Auch einer anderen Passage stimme ich aus vollem Herzen zu: »Die weitere Strafverfolgung früherer hauptamtlicher Mitarbeiter der Geheimdienste der DDR gibt auch aus anderen Gründen zu Bedenken Anlaß. Selbst wenn sich durch den Beitritt der DDR an der völkerrechtlichen Existenz des Staates BRD nichts geändert hat, darf die veränderte Zusammensetzung des Bundesstaates BRD nicht außer acht bleiben.

Die BRD ist durch den Beitritt der DDR auf 16 Bundesländer erweitert worden. Für fünf dieser Länder haben die betroffenen Angehörigen der Geheimdienste eine erlaubte, vom damaligen Staat DDR sogar verlangte Tätigkeit ausgeübt. Daran hat die Wiedervereinigung nichts geändert. Strafrechtliches Verhalten des Beschuldigten hat sich also nur gegen einen Teil (11 Länder) der jetzigen BRD gerichtet.«

Obwohl mein Haftbefehl weiterbesteht, ermutigen mich diese Gedanken. Ich hoffe auf eine gerechte Entscheidung. Offensichtlich gibt es keine geschlossene Front von Bundesanwaltschaft und Ermittlungsrichter. Jeder spielt hier seinen demokratischen Part.

Kein Kompromiß

Seit Januar 1991 bin ich mit Dr. Joachim Wagner, stellvertretender Chefredakteur des NDR und Leiter des renommierten politischen Magazins *Panorama* im Gespräch. Er besucht mich mehrere Male in Berlin und bietet Hilfe bei der Lösung »unseres Problems« an. Seine Motive oder auch mögliche Hintermänner bleiben für mich vorerst im Dunkeln. Wagner deutet enge Kontakte zur Bundesanwaltschaft an und spricht von deren Kompromißbereitschaft. Er vermittelt ein Gespräch in Karlsruhe. Ich nutze jede Gelegenheit, um meine ehemaligen Mitarbeiter und damit natürlich auch mich zu schützen. Wagner stellt eine moderate Behandlung unserer Informanten in Aussicht, weiterhin solle es keine Haftbefehle, geringe Strafen, und Straffreiheit für hauptamtliche Mitarbeiter geben, wenn sie sich offenbaren. Alles müsse man im Gespräch ausloten. Dann kann ich auch meine Ansichten verdeutlichen

Am 2. Mai 1991 stehe ich mit Rechtsanwalt Dr. Widmaier vor dem riesigen Haus der Bundesanwaltschaft in der Karlsruher Herrenstraße. Der Leiter der Abteilung Spionage, Dr. Müller, empfängt uns in seinem Dienstzimmer und stellt uns Bundesanwalt Lampe und Oberstaatsanwalt Kohlhase vor.

Dr. Müller beginnt das Gespräch mit einem Schnerzchen. Er kenne mich seit Jahren von einem Bild. Es zeige mich 1978 mit Markus Wolf in Stockholm. »Er war als Dr. Cremer da, und Sie nannten sich Dr. Lenkeit.«

Oh Gott, denke ich, die haben das immer noch nicht mitgekriegt. Nach seinem Übertritt 1979 glaubte Stiller, mich auf diesem Foto zu erkennen, und gab dies beim Bundesnachrichtendienst zu Protokoll.

Dr. Müller wirkt ein bißchen enttäuscht, als ich ihm sage, daß ich zu jenem Zeitpunkt weder als Dr. Lenkeit noch als Werner Großmann in Stockholm war, schon gar nicht mit Herrn Wolf zusammen. Nicht auszudenken, der Chef der Aufklärung und sein Stellvertreter gemeinsam im Operationsgebiet. So viele konspirative Regeln kann man gar nicht auf einmal verletzen.

Ganz schön schlampige Arbeit der bundesrepublikanischen Strafverfolgungsbehörden. Selbst nach dem Untergang der DDR, als der Westbehörde alle Archive zur Verfügung stehen, klären sie nicht auf, sondern glauben an ihre alten Legenden.

Die Lockerungsübung mißlingt also gründlich. Doch das spielt offensichtlich keine Rolle, die drei Herren bevorzugen die harte Tour. Dr. Müller beginnt. Nie habe er mit Herrn Dr. Wagner über eventuelle Kompromisse gesprochen. Es gebe auch keinen Grund zu verhandeln, da mit einer politischen Lösung nicht zu rechnen sei. Im übrigen folge die Bundesanwaltschaft dem Legalitätsgrundsatz und deshalb könne es keine generellen Festlegungen geben. Jeder Fall sei einzeln zu entscheiden.

In letzter Zeit habe man nach der Enttarnung einiger DDR-Spione die Haft nur deshalb nicht vollstreckt, weil stets Wohnsitz und gesellschaftliches Umfeld in der BRD gewesen sei und eine Fluchtgefahr deshalb nicht bestand. »Davon«, so sagt Müller, »können Sie aber keine generelle Regelung ableiten. Bei Verdacht auf Landesverrat gibt es grundsätzlich keine Haftverschonung.« Globale Zusagen für Mitarbeiter der HVA gäbe es auch dann nicht, wenn sie alles offenlegen würden. Über die Höhe der Strafe entscheiden unabhängige Gerichte. »Eine Berücksichtigung des § 153e kann die Bundesanwaltschaft nur empfehlen, Garantien gibt sie nicht.«

Meine Hoffnung, vernünftig miteinander zu reden, erweist sich als blanke Illusion. Die Bundesanwaltschaft will nach der Übernahme der DDR durch die BRD, nach der Auflösung der HVA jeden einzelnen von uns nicht nur auf die Knie, sondern auch noch auf den Bauchnabel zwingen. In den Staub mit allen Feinden Preußens. Unsere ehemaligen Kundschafter und Mitarbeiter sollen sich offenbaren und ihr Schicksal vertrauensvoll in die Hände der Bundesanwaltschaft legen, die wird es dann schon richten. Und mich fordern sie zum Mittun auf. Die Galle läuft mir über.

Wer so verhandelt, der will nicht miteinander ein Problem lösen, er will nur gewinnen. Mir bleibt nichts anderes übrig, als dieses ganze unannehmbare Zeug einfach abzulehnen.

Nun gleitet Dr. Müller vollends in die Polemik. Er halte es für unzulässig, die HVA und den BND zu vergleichen. Die operativen und politischen Zielstellungen seien entgegengesetzt und wohl nicht zu vergleichen.

Nun grinse ich doch. Ich kenne das Spiel, die Welt in Gute und Böse einzuteilen, den geheimdienstlichen Untergrund in gute und böse Spione einzuordnen, sich immer auf der besseren Seite der Welt zu wähnen. Wir nannten das Klassenbewußtsein. Ich glaube, viele im Osten haben seit der »Wende« mehr über sich und die Zeitläufe nachgedacht als manche im Westen. Die machen einfach nur weiter.

Das behalte ich natürlich für mich. Ich sage den Herren, und darauf bestehe ich: »Die Hauptverwaltung Aufklärung, unter der Leitung von Markus Wolf und auch unter meiner, trug in der Zeit des Kalten Krieges dazu bei, den Frieden zu erhalten. Und wir beförderten durch unsere Arbeit, mag das auch erst einmal paradox klingen, die sich entwickelnden Beziehungen zwischen der DDR und der BRD.«

Müller schaut mich so verständnislos an, als ob ich Russisch mit ihm rede. Er wirft mir vor, daß wir Personen schützen, die aus niederen Motiven, meist materiellen, für uns gearbeitet haben.

Natürlich, wenn es notwendig war, bezahlten wir für gute Informationen auch viel Geld. Welcher Geheimdienst tut das nicht? Die Angebote des BND an unsere Mitarbeiter waren nicht von Pappe. Doch es ist ein Irrtum, daß alles nur mit Geld zu bekommen ist. Viele der besten und effektivsten HVA-Quellen arbeiteten vor allem aus politischen Motiven mit uns zusammen. Nur so sei es zu erklären, daß über die Jahre Freundschaften zwischen Führungsoffizieren und Kundschaftern entstanden. Und gerade deshalb fühle ich mich als letzter Leiter der HVA nicht nur für meine ehemaligen offiziellen Mitarbeiter, sondern auch für die inoffiziellen verantwortlich. Ganz davon abgesehen, daß die HVA-Angehörigen in einem militärischen Organ eines souveränen Staates dienten, der Verfassung, dem Eid und Befehlen verpflichtet waren und sich damit nicht strafbar gemacht haben.

»Als ehemaliger Kommandeur«, sage ich zu Dr. Müller abschließend, »werde ich mich nicht auf Kosten oder zum Schaden meiner einstigen Untergebenen freikaufen.«

Wir verabschieden uns kühl und knapp.

Nach dem Gespräch bespreche ich mit Dr. Widmaier unser weiteres Vorgehen. Ich notiere mir Stichworte: Amnestie ist zur Zeit nicht zu erwarten, deshalb so verhalten wie bisher; kein Angebot zur tätigen Reue (§ 153e) oder irgendeine andere Zwischenlösung annehmen; bis zum Bundesverfassungsgericht gehen. »Hier stehe ich, ich kann nicht anders.«

Dr. Widmaier zitiert augenzwinkernd Martin Luther.

Die Anklage

Der Generalbundesanwalt arbeitet mit Hochdruck. Am 10. Juni 1991 erhebt er Anklage gegen mich, meinen Stellvertreter Ralf-Peter Devaux, den Abteilungsleiter und Leiter der Auflösungsgruppe der HVA, Bernd Fischer, den stellvertretenden Abteilungsleiter Bernhard Schorm und den Referatsleiter Siegfried Kern –

wegen geheimdienstlicher Agententätigkeit (§ 99 Abs.1 Nr. 1 StGB). Bei Devaux und Schorm im besonders schweren Fall, Landesverrat bei mir und Schorm (§ 94 StGB) und Bestechung (§ 334 StGB).

Der Generalbundesanwalt beantragt, die Haftverschonung für Großmann aufzuheben und den Haftbefehl zu vollziehen, Devaux und Schorm zu verhaften und das Hauptverfahren zu eröffnen.

Die Anklageschrift umfaßt 195 Seiten und 65 Seiten Anmerkungen mit Ergebnissen der Ermittlungen.

Der Generalbundesanwalt will á tempo einen Pilotprozeß durchziehen, in welchem die »Verbrechen« der jeweiligen Leitungsebene sichtbar werden. Deshalb steht aus der HVA-Leitungshierarchie je ein Vertreter vor den Schranken des Gerichts – vom Referatsleiter bis zum Chef der Aufklärung. Der gesamte Dienst soll juristisch delegitimiert werden. Klappt das, ist der Weg frei, jeden operativen Leiter zu bestrafen.

Bernd Fischer haben sie deshalb ausgesucht, weil er die Abteilung I leitete. Sie bearbeitete die Regierung der BRD. Außerdem: Durch den Verrat von Roitzsch im Frühjahr 1990 liegen zu dieser Abteilung mehr Erkenntnisse vor als zu anderen.

Die in aller Eile zusammengeschusterte Anklage ist voller Fehldeutungen, Falscheinschätzungen und überdies äußerst lückenhaft. Bei allem Ernst der Lage kommt Freude auf beim Lesen. Wir wußten in den 80er Jahren mehr über Interna des Bundesnachrichtendienstes und der Bundesregierung als die Anklage im Jahre 1991 über uns. Dabei existiert die HVA schon seit anderthalb Jahren nicht mehr.

Vielleicht ahnen das die Beamten der Bundesanwaltschaft. Was sie zum größten Teil mit Hilfe von Verrätern zusammentrugen, soll nun zur Anklage reichen, für Delikte bis hin zum Landesverrat. Welch eine Groteske!

Am 10. Juli 1991 reagiert mein Anwalt auf das Elaborat und stellt den Antrag an das Kammergericht Berlin, »gemäß Artikel 100 Abs. 1 Satz 1 das Verfahren auszusetzen und die Entscheidung des Bundesverfassungsgerichts über die Verfassungsmäßigkeit der Vorschrift des Art. 315 Abs. 4 EGStGB, in der Fassung der Anlage I zum Einigungsvertrag vom 31. 8. 1990 (BGBL II S. 889), in ihrer Anwendbarkeit auf die Straftatbestände des Landesverrats und der Gefährdung der äußeren Sicherheit (§ 93 bis 100a StGB) einzuholen.« Er stellt fest: »Die Vorschrift des Art. 315 Abs. 4 EStGB verstößt – bezogen auf die Straftatbestände des Landesverrats und der Gefährdung der äußeren Sicherheit (§§ 93 bis 100a StGB) – gegen das Rückwirkungsverbot des Art. 103 Abs. 2 GG und ist verfassungswidrig.«

Er verweist erneut auf seinen Antrag vom 24. Oktober 1990, den Haftbefehl aufzuheben. Die Strafverfolgung der Angeklagten verstoße gegen den Gleichheitsgrundsatz des Artikels 3 Absatz 1 des Grundgesetzes und gegen das völkerrechtliche Bestrafungsverbot, das aus dem Artikel 31 der Haager Landkriegsordnung abzuleiten ist.

Nicht zuletzt bezieht er sich auf den Beschluß des Ermittlungsrichters des Bundesgerichtshofs vom 31. Januar 1991. Darin wird ebenfalls ein Straffreiheitsgesetzes für unerläßlich erklärt.

Dem Argument, der Artikel 31 der Haager Landkriegsordnung sei eine Sonderregelung des Kriegsvölkerrechts und für den Friedensfall nicht anwendbar, begegnet Widmaier mit dem sogenannten Erst-Recht-Schluß und schreibt: »Wäre – eine schlimme Vorstellung – die Wiedervereinigung Deutschlands mit militärischen Mitteln herbeigeführt worden, so stünde die Straflosigkeit der im Auslandsnachrichtendienst der DDR tätigen DDR-Bürger kraft geschriebenen Völkerrechts ohne weiteres fest. Es ist undenkbar, nach der Wiedervereinigung in Frieden, in Freiheit und gleichberechtigter Brüderlichkeit zu anderen Ergebnissen zu kommen.«

Der Beschluß

Am 22. Juli 1991 beschließt der 1. Strafsenat des Kammergerichts Berlin einstimmig: »Das Verfahren wird ausgesetzt. Das Bundesverfassungsgericht wird angerufen zur Entscheidung über folgende Rechtsfragen:

1. Verstößt Art. 315 Abs. 4 StGB in der Fassung des Einigungsvertrags insoweit gegen Art. 3 Abs. 1 GG, als er die Strafverfolgung wegen geheimdienstlicher Agententätigkeit im Verlauf damit verübten Landesverrats und der mit der geheimdienstlichen Tätigkeit im Zusammenhang stehenden Bestechung gegen solche Personen beibehält, die ihre Handlungen vom Boden der ehemaligen DDR aus begangen haben und die zum Zeitpunkt des Wirksamwerdens der Einheit Deutschlands am 3. Oktober 1990 ihre Lebensgrundlage in der ehemaligen DDR hatten?

2. Kann die für den Kriegsfall geltende allgemeine Regel des Völkerrechts des Art. 31 der Haager Landkriegsordnung, wonach der zu seinem Heer zurückgekehrte Spion für früher begangene Spionage nicht verantwortlich gemacht werden darf, auf den unter 1. genannten Personenkreis angewendet werden?«

Den Antrag des Generalbundesanwalts, mit der Anklage den Haftverschonungsbeschluß »betr. Großmann« aufzuheben, den Haftbefehl in Vollzug zu setzen und gegen Devaux und Schorm Haftbefehl zu erlassen, schmettert der 1. Strafsenat mit folgender Begründung ab:

»Der Senat hält die Strafverfolgung der Angeschuldigten wegen der ihnen mit der Anklage zur Last gelegten Taten mit dem Verfassungsgrundsatz der Gleichheit vor dem Gesetz (Art. 3 Abs. 1 GG) für unvereinbar und beabsichtigt, die Haftanträge abzulehnen, den Haftbefehl und Haftverschonungsbeschluß betreffend Großmann aufzuheben und die Eröffnung des Hauptverfahrens abzulehnen.«

Interessant und für unser Selbstwertgefühl wichtig:

»Keiner der Angeschuldigten ist bereit gewesen, sein Wissen über Mitarbeiter, Quellen oder sonstige in die nachrichtendienstliche Tätigkeit der Hauptverwaltung Aufklärung eingebundenen Personen zu offenbaren.«

Und schließlich formuliert das Kammergericht seine konträre Auffassung zur Argumentation der Bundesanwaltschaft:

»Nicht die Strafbarkeit der Taten, sondern die durch den Beitritt der DDR tatsächlich erst ermöglichte Strafverfolgung der Angeschuldigten steht nach Auffassung des Senats nicht im Einklang mit Art. 3 Abs. 1 GG [...]

Der Wegfall des StGB/DDR und das Inkrafttreten des StGB der Bundesrepublik Deutschland in dem Beitrittsgebiet hat dazu geführt, daß die gegen die Bundesrepublik Deutschland ausgeübten nachrichtendienstlichen Tätigkeiten strafbar bleiben; die Angehörigen und Agenten der Aufklärungsorgane der Bundesrepublik Deutschland sind dagegen straflos. Schon dieses Ergebnis stellt eine Ungleichbehandlung im Sinne des Art. 3 Abs. 1 GG dar [...]

Die Bewertung, ob eine Spionagetätigkeit ›offensiv‹ oder ›defensiv‹ ausgeübt worden ist, läßt sich rechtlich nicht fassen. Maßgebend ist allein der Inhalt der nachrichtendienstlichen Tätigkeit.

Unter Beachtung dieses Maßstabs haben die Angeschuldigten nach dem Ergebnis der Ermittlungen keine Tätigkeiten entfaltet, die sich von denen anderer Geheimdienste unterscheiden [...]

Die strafrechtliche Verfolgung der Angeschuldigten wegen Landesverrats und geheimdienstlicher Agententätigkeit beruht somit nicht auf einer mit der Ausgestaltung der Einheit Deutschlands verbundenen Entscheidung des Gesetzgebers, sondern ist das Ergebnis des Umstands, daß der in Rede stehende Bereich von einer Regelung gerade ausgenommen worden ist ...

So läßt sich der in der Bevölkerung verhaßte Inlandsapparat nicht mit dem Nachrichtendienst der Hauptverwaltung Aufklärung vergleichen, der eine autonome Stellung hatte und eine Tätigkeit entfaltet hat, wie sie von fast allen Staaten betrieben wird. Daß die Angeschuldigten als Angehörige des MfS in Bereiche eingebunden waren, in denen es zu Menschenrechtsverletzungen oder zu ähnlich schwerwiegenden strafbaren Handlungen gekommen ist, oder daß sie durch die Weiterleitung von Erkenntnissen an den Inlandapparat des MfS dessen Unterdrückungsmaßnahmen strafrechtlich zu verantworten hätten, haben die Ermittlungen nicht ergeben.«

Zur Relevanz der Haager Landkriegsordnung für den Prozeß stellt das Kammergericht fest:

»Es trifft zu, daß die Vorschrift ihrem Wortlaut nach nur den Kriegsfall betrifft. Nach Auffassung des Senats ist ihr jedoch ein übergeordneter Gedanke zu entnehmen, der auch für den friedlichen und vertraglichen Beitritt des einen Staates zu einem andern Staat Geltung beansprucht.

Der Senat beabsichtigt daher, die Vorschrift des Art. 31 der Haager Landkriegsordnung auf den hier zu beurteilenden Sachverhalt entsprechend anzuwenden und die Angeschuldigten von der Verfolgung wegen ihrer nachrichtendienstlichen Tätigkeit freizustellen.«

Der Beschluß des 1. Strafsenats des Kammergerichts Berlin löst unterschiedliche Reaktionen aus. Zustimmung und Freude natürlich bei uns, den Angeschuldigten, und unseren Verteidigern. Er bestärkt uns in unseren Auffassungen und Haltungen. Realisten in der Politik und der Justiz, so scheint es, atmen erleichtert auf.

Die Spitze der Bundesanwaltschaft verfällt kurzzeitig in Starre und fassungsloses Unverständnis, rafft sich aber bald zum Gegenangriff auf.

Am Oberlandesgericht München läuft gerade der Prozeß gegen Generalmajor a. D. Harry Schütt, ehemaliger Leiter der HVA-Abteilung IX (Äußere Abwehr), den Offizier im besonderen Einsatz Günter Böttger, die Brüder Spuhler als Informelle Mitarbeiter. Schütt und die Spuhlers sitzen in Untersuchungshaft. Der ehemalige HVA-General reicht eine Beschwerde gegen seine Haft ein und verweist darauf, daß Mitarbeiter bundesdeutscher Dienste strafrechtlich nicht verfolgt werden.

Einen Tag nach der Entscheidung des Kammergerichts Berlin lehnt der 3. Strafsenat des Bundesgerichtshofs in Karlsruhe die Gleichbehandlung der Spione in Ost und West ab:

»Dies sei eine Folge der rechtlichen Ausgestaltung der deutschen Vereinigung und bedeute nur scheinbar eine Ungleichbehandlung. Die Tätigkeit der beiden Nachrichtendienste ließe sich nur bei ausschließlich formaler Betrachtung gleichsetzen.«

Die Nachrichtendienste der Bundesrepublik, auch wenn sie operativ Auslandsaufklärung betreiben, schützten lediglich ihr Land. Die Tätigkeit der DDR-Nachrichtendienste habe dagegen die äußere Sicherheit der Bundesrepublik gefährdet.

Harry Schütt wird zwar am 17. September 1991 gegen eine Kaution von 25.000 Mark aus der Haft entlassen, am 15. November 1991 jedoch zu einer Freiheitsstrafe von zwei Jahren auf Bewährung verurteilt – wegen Beihilfe zum Landesverrat.

Günter Böttger erhält 14 Monate Haft auf Bewährung, Alfred Spuhler wegen Landesverrats zehn Jahre Haft und 60.000 Mark Geldstrafe. Sein Bruder Ludwig fünfeinhalb Jahre Haft und 40.000 Mark.

Für den Bundesgerichtshof gibt es also gute und böse Spione.

Natürlich sorgt der BND für die äußere Sicherheit und den Schutz der Bundesrepublik. Genauso schützten wir die DDR, das war unser Auftrag. Und wir erfüllten ihn eben besser als die Gegenseite den ihren. Und obwohl sie nun auf der ganzen Linie gewonnen haben, verzeihen sie uns das nie.

Wieso gefährdeten nur wir die andere Seite?

Im Grundgesetz der alten BRD stand die Einheit Deutschlands als Verfassungsauftrag. Im Klartext bedeutete das doch nichts anderes, als die DDR zu liquidieren. Niemals wurde die HVA beauftragt, die Bundesrepublik zu destabilisieren oder gar zu liquidieren, immer nur, die DDR zu stärken. Bundesjustizminister Kinkel schließt sich kritiklos der Argumentation des Bundesgerichtshofes an. In einem Interview, das die *Junge Welt* am 18. September 1991 veröffentlicht, begibt er sich aufs Hochseil der Argumentation: »Der Bundesgerichtshof hat sich zweimal in diesem Jahr mit diesem Fragenkreis beschäftigt. Er hat dem Sinn nach folgendes erklärt: Die Arbeit westlicher Nachrichtendienste und die Arbeit der Hauptabteilung Aufklärung des MfS sei nur oberflächlich und formal betrachtet gleich gewesen.

Die Arbeit der westlichen Nachrichtendienste habe eine rein schützende, abwehrende Funktion, während die der Hauptabteilung Aufklärung des Ministeriums für Staatssicherheit aggressiven, die äußere Sicherheit der Bundesrepublik bedrohenden Charakter hatte.

Der Bundesgerichtshof ist der Auffassung, daß dies wohl von ›fortzeugender Wirkung‹ sei. Frühere Mitarbeiter der Hauptabteilung Aufklärung würden heute beim KGB – nachweisbar durch Zeugenaussagen beim Generalbundesanwalt – arbeiten und damit weiterhin die äußere Sicherheit der Bundesrepublik gefährden.«

Und dann rüttelt der Bundesjustizminister kräftig an der im Grundgesetz festgeschriebenen Unabhängigkeit des deutschen Richters: »Ich hoffe, daß sich das Bundesverfassungsgericht der Rechtsauffassung des Bundesgerichtshofs anschließen wird.«

Dr. Klaus Kinkel verkündet damit in seiner Eigenschaft als Justizminister die offizielle Politik für die weitere strafrechtliche Verfolgung der hauptamtlichen und inoffiziellen Mitarbeiter der DDR-Nachrichtendienste. Rein menschlich ist das zu verstehen. Von 1979 bis 1982 Präsident des Bundesnachrichtendienstes, überstand er den direkten Vergleich mit der HVA nur stehend k.o.

Der Generalbundesanwalt, Alexander von Stahl, unterstützt und verfeinert Kinkels absurde Theorie und gibt ihm sogar Argumentationshilfe. Am 13. Dezember 1991 schickt er dem Bundesjustizminister die Studie »Zur Vergleichbarkeit der Hauptverwaltung Aufklärung (HVA) im Ministerium für Staatssicherheit (MfS) der DDR und dem Bundesnachrichtendienst in tatsächlicher Hinsicht«.

Auf 20 Seiten begründet Stahl den Unterschied zum BND mit der Integration der HVA ins Ministerium für Staatssicherheit. Sie sei den Vorgaben der SED und den Befehlen des Ministers für Staatssicherheit unterworfen gewesen. Sie habe die Ressourcen operativer Diensteinheiten der Abwehr genutzt und habe über besonders subversiv tätige Abteilungen verfügt. Die HVA sei Teil eines Organs mit »leninistischem Hintergrund des Tschekismus« gewesen.

Natürlich ist der Bundesnachrichtendienst ebenso in ein System eingebunden. Um seinen Auftrag auch nur annähernd zu erfüllen, nutzte er Möglichkeiten, die das Arbeitsgebiet anderer Dienste betrafen und die im Innern des Landes konspirative Aktivitäten voraussetzten, zwecks Nutzung nach außen. Im BND gab es neben solchen Referaten wie 14 A (Grenzmeldenetz), 14 B (Post- und Fernmeldekontrolle), 14 C (Befragungswesen) viele getarnte Außenstellen und in andere Bundesbehörden eingeschleuste Mitarbeiter.

Allein drei Referate im BND beschäftigten sich mit politischer, militärischer, wissenschaftlich-technischer und Wirtschaftsaufklärung in der DDR. Gab es nicht auch den Bereich Gegenspionage? War der BND nicht auch mit getarnten Dienststellen in Westberlin vertreten, einem Gebiet, in dem zur damaligen Zeit aus völkerrechtlicher Sicht keine BRD-Dienststellen tätig sein durften?

Gab es nicht eine Vielzahl von Auslandsresidenturen, die unter anderem ständig versuchten, DDR-Reisekader oder Mitarbeiter in DDR-Auslandsvertretungen mit teils erpresserischen Methoden zu werben? In den 80er Jahren wurden uns jährlich zirka 20 solcher Versuche bekannt. Die Dunkelziffer dürfte etwa genau so groß sein.

Hat der BND nicht auch eine starke, gut funktionierende elektronische Funkaufklärung betrieben? Gerade unter der Präsidentschaft Kinkels wurde dieser Bereich sowohl technisch als auch personell stark ausgebaut. Installierte nicht gerade Kinkel die Gruppe Stammberger im BND, die sich mit besonderen Aktionen in den Staaten des Warschauer Paktes befaßte? Es ist absurd. Wäre das alles unwahr, bleibt die Frage: Warum gab und gibt es denn überhaupt den Bundesnachrichtendienst?

Die Verteidigungsstrategie

Meine Verteidiger, Rechtsanwalt Dr. Widmaier und Rechtsanwalt Dr. Wolff, lassen sich auf diese primitive juristische Beweiserhebung nicht ein. Am 17. Dezember 1991 übergeben sie dem 2. Senat des Bundesverfassungsgerichts einen Schriftsatz. Darin begründen sie das Rückwirkungsverbot mit dem Artikel 11 Nr. 2 der Allgemeinen Erklärung der Menschenrechte vom 10. 12. 1948: »Niemand kann wegen einer Handlung oder Unterlassung verurteilt werden, die im Zeitpunkt, wo sie erfolgte, auf Grund des nationalen oder internationalen Rechts nicht strafbar war«, mit dem Artikel 7 Abs. 1 der Europäischen Menschenrechtskonvention vom 4. 11. 1950: »Niemand kann wegen einer Handlung oder Unterlassung verurteilt werden, die zur Zeit ihrer Begehung nach inländischem oder internationalem Recht nicht strafbar war«, mit dem Artikel 15 Abs. 1 des Internationalen Paktes über bürgerliche und politische Rechte vom 19. 12. 1966: »Niemand darf wegen einer Handlung oder Unterlassung verurteilt werden, die zur Zeit ihrer Begehung nach inländischem oder internationalem Recht nicht strafbar war.«

Widmaier und Wolff nutzen die Argumentation des Ermittlungsrichters des Bundesgerichtshofs, Detter. Sie verweisen darauf, daß sich nach der Wiedervereinigung das »Teilvolk« der elf alten Bundesländer von dem der fünf neuen Länder unterscheidet. Sie schreiben: »Die Wiedervereinigung vermag die Spaltung Deutschlands in zwei selbständige Staaten mit getrennten Staatsvölkern und selbständigen (weithin gegenläufigen) Rechtsordnungen nicht rückwirkend ungeschehen zu machen.«

Meine Rechtsanwälte nutzen auch das Ergebnis einer Recherche von Dr. Wolff. Der untersuchte, ob bei den Verhandlungen zum Einigungsvertrag die Gestaltung des Artikels 315 Abs. 4 EStGB auf einer bewußten Entscheidung des Gesetzgebers beruht oder ob eine vertragliche Regelung ausgeklammert worden ist. Das Ergebnis: Beide Seiten gingen davon aus, regelungsbedürftig im Einigungsvertrag oder in noch zu schaffenden Rechtsvorschriften ist lediglich die strafrechtliche Behandlung der DDR-Spione, die ihren Lebensbereich in der Bundesrepublik Deutschland hatten. Doch die kannte zu diesem Zeitpunkt noch niemand, die Verantwortlichen schwiegen. Hauptamtliche Mitarbeiter der HVA, deren Lebensmittelpunkt in der DDR lag, sollten also keiner Strafverfolgung ausgesetzt werden.

Wir regen an, Teilnehmer an diesen Gesprächen als Zeugen zu laden: Dr. Peter-Michael Diestel als ehemaligen stellvertretenden Ministerpräsidenten und Innenminister der DDR, Günter Eichhorn als ehemaligen Leiter des Komitees für die Auflösung des Ministeriums für Staatssicherheit/Amt für Nationale Sicherheit und den Präsidenten des Bundesamtes für Verfassungsschutz, Dr. Eckart Werthebach, als ehemaligen Berater des Innenministers der DDR.

Das Bundesverfassungsgericht holt erst einmal bei verschiedenen Institutionen Empfehlungen zur strafrechtlichen Verfolgung ein. Das Bundesjustizministerium bejaht sie in seiner 19seitigen Stellungnahme vom 15. Januar 1992. Ebenso die Thüringer Landesregierung. Ihr Papier vom 14. Januar 1992 unterschreibt der CDU-Ministerpräsident Josef Duchac, früher im Rat des Bezirkes Erfurt, heute Leiter der Außenstelle der Konrad-Adenauer-Stiftung in Ungarn.

Bundesanwälte im Einsatz

Die Bundesanwaltschaft legt nach dem Beschluß des Berliner Kammergerichts alles darauf an, durch Anklagen und Prozesse gegen ehemalige leitende Mitarbeiter des MfS, besonders der HVA und deren Kundschafter, Fakten zu schaffen. Es müssen Verurteilungen wegen Landesverrats und geheimdienstlicher Agententätigkeit her, um das Bundesverfassungsgericht zu beeinflussen.

Im November und Dezember 1992 läuft beim Oberlandesgericht Stuttgart ein Prozeß gegen Oberst a. D. Herbert Köhler, ehemaliger Leiter der Abteilung XV (Aufklärung) in der Bezirksverwaltung Dresden.

Nach der Anklage gegen Großmann und vier weitere leitende Mitarbeiter der HVA will der Generalbundesanwalt mit diesem Prozeß die HVA-Strukturen in den Bezirksverwaltungen bloßlegen und damit den gesamten Umfang der gegen die BRD gerichteten Spionage aufdecken.

Die Bundesanwaltschaft fordert für Köhler zweieinhalb Jahre, das Gericht verurteilt ihn zu 21 Monaten Haft auf Bewährung und 20.000 Mark Geldstrafe. Das Stuttgarter wie auch das Münchner Oberlandesgericht in Sachen Schütt/Böttger stellen sich auf die Seite des Bundesgerichtshofs und damit gegen die Auffassung des Kammergerichts Berlin.

Ebenso entscheidet das Oberlandesgericht Düsseldorf. Es klagt im August 1992 wegen Landesverrats und geheimdienstlicher

Agententätigkeit gegen die Oberste a. D. Kurt Gailat und Günter Neefe, ehemalige Abteilungsleiter, Gerhard Behnke und Werner Groth, ehemalige stellvertretende Abteilungsleiter.

Das ist die blanke Rache an leitenden Offizieren, die nachrichtendienstlich erfolgreich politische Parteien und deren Einrichtungen in der Bundesrepublik aufgeklärt hatten. Das ist ein juristisches Nachschlagen gegen Kurt Gailat, den ehemaligen Führungsoffizier von Christel und Günter Guillaume, der als unser Kundschafter von 1970 bis 1974 ein Vertrauter von Bundeskanzler Brandt war.

Günter Neefe scheidet aus gesundheitlichen Gründen aus dem Verfahren aus.

Verurteilt werden im Juni 1994 Kurt Gailat zu zwei Jahren Haft auf Bewährung, Gerhard Behnke zu eineinhalb Jahren auf Bewährung, Werner Groth zu einem Jahr und neun Monaten auf Bewährung.

Im November 1991 verhaftet der Staatsschutz den Fernsehredakteur beim *Norddeutschen Rundfunk* Bernd Michels. Von 1976 bis 1985 arbeitete er als Pressesprecher der SPD in Schleswig-Holstein und war gleichzeitig für die HVA tätig. Der Bundesverfassungsschutz kam ihm nicht auf die Spur, sondern der ehemalige HVA-Mitarbeiter der Abteilung X (Aktive Maßnahmen), Greschke, verriet ihn.

Im November 1993 erfolgt dann die Anklage gegen Bernd Michels, gegen Oberst a. D. Rolf Wagenbreth, ehemaliger Leiter der Abteilung X, und seine Stellvertreter, die Oberste a. D. Rolf Rabe und Wolfgang Mutz. Der Ankläger wirft ihnen vor, die Bundesrepublik destabilisiert zu haben. Verbreitete Desinformationen, übrigens eine allseits beliebt Technik in allen Geheimdiensten, wertet er in ihrem Fall als besonders verwerflich und existenzgefährdend für die BRD.

Das Oberlandesgericht Schleswig lehnt es ab, die Hauptverhandlung zu eröffnen und wartet auf den Entscheid des Bundesverfassungsgerichts.

Im März 1993 klagt der Generalbundesanwalt beim Kammergericht Berlin wegen Landesverrats gegen Generalleutnant a. D. Günter Kratzsch, ehemaliger Leiter der HA II (Spionageabwehr) des Ministeriums für Staatssicherheit und drei seiner Mitarbeiter.

Der 1. Strafsenat entscheidet wie im Fall Großmann – er setzt das Verfahren aus und ruft das Bundesverfassungsgericht zur Entscheidung an.

Am 30. Juli 1993 lehnt der 3. Strafsenat des Bundesgerichtshofs die Revision des Urteils von Harry Schütt und Günter Böttger ab. Es verweist das Verfahren mit der Auflage an das Oberlandesgericht München zurück, nicht nur wegen Beihilfe zum Landesverrat zu verhandeln, sondern auch wegen Mittäterschaft. Ein höheres Strafmaß soll her.

Am 17. März 1994 spricht das Bayerische Oberlandesgericht beide tatsächlich in diesem Sinne schuldig, bleibt aber beim Strafmaß von zwei Jahren bzw. vierzehn Monaten auf Bewährung.

Nach der Rückkehr von Markus Wolf in die Bundesrepublik am 24. September 1991 geraten die Medien völlig außer Rand und Band. Die Bundesanwaltschaft zeigt unverhohlen Freude und Erleichterung. Auf eine erfolgreiche Anklage und Verurteilung hoffend, nimmt der Staatsschutz Wolf sofort fest. Er zahlt eine Kaution von 250.000 Mark und kommt am 4. Oktober 1991 nur unter strengen Auflagen frei. Er muß sich zweimal wöchentlich bei der Polizei melden und sich an seinem Wohnort, im Berliner Stadtbezirk Mitte, aufhalten.

Im September 1992 stellt er sich vor dem Oberlandesgericht Düsseldorf der Anklage. Die Hauptverhandlung dauert sieben Monate. Das Oberlandesgericht verurteilt ihn am 6. Dezember 1993 wegen Landesverrats in drei Fällen, jeweils in Tateinheit mit Bestechung von sieben Personen, zu einer Freiheitsstrafe von sechs Jahren – die Bundesanwaltschaft hatte sieben Jahre beantragt. Wolf muß die Kosten des Verfahrens tragen.

Gemeinsam mit Rainer Rupp, unserem ehemaligen Kundschafter im NATO-Hauptquartier, der im Juli 1993 verhaftet worden war, werden seine Ehefrau und seine Führungsoffiziere angeklagt. Am 17. November verurteilt der 4. Strafsenat beim Oberlandesgericht Düsseldorf Rainer Rupp zu zwölf Jahren Haft und 300.000 Mark Strafe, seine Ehefrau Ann wegen Beihilfe zum Landesverrat zu einem Jahr und zehn Monate. Oberst a. D. Klaus Rösler, ehemaliger Leiter der Abteilung XII (NATO/EU) und Oberst a. D. Karl Rehbaum, ehemaliger stellvertretender Abteilungsleiter, bekommen wegen Landesverrats jeweils zwei Jahre Haft auf Bewährung.

Es folgen weitere Prozesse, Eilverfahren, Anklagen und Beugehaft, unter anderem gegen Oberst a. D. Wolfgang Hartmann, ehemaliger Leiter der Abteilung XV (Aufklärung) in Neubrandenburg, Generalmajor a. D. Carli Coburger, ehemaliger Leiter der HA VIII (Ermittlungen, Beobachtungen), Generalleutnant a. D. Alfred Krause, ehemaliger Chef der Verwaltung Aufklärung des Ministeriums für Nationale Verteidigung, Oberst a. D. Jürgen Rogalla, ehemaliger Leiter der Abteilung XI (USA) der HVA, gegen Oberstleutnant Rolf Wiesel, ehemaliger stellvertretender Referatsleiter in der Abteilung I (Staatsapparat BRD) der HVA.

Mit hektischer Eile verfolgt die Bundesanwaltschaft ehemalige Kundschafter mit Anklagen wegen Landesverrats, geheimdienstlicher Agententätigkeit und Bestechlichkeit. Der Anklagebehörde erbötige Strafsenate verhängen hohe Haftstrafen und Geldbußen.

Die Medien begleiten das Ganze mit spektakulären Berichten. Führten schon die Verhaftungen, die durch den Verrat von Roitzsch Anfang 1990 erfolgten, zu großer Medienresonanz, wiederholt sich dies bei der Verurteilung von Dr. Hagen Blau, Klaus von Raussendorff, Ludwig Pauli und Alexander Dahms. Höhepunkte des Mediengerassels werden die Verhaftungen der von Karl-Christoph Großmann verratenen Kundschafter Dr. Gabriele Gast und Klaus Kuron.

Viele Journalisten beobachten die Prozesse gegen die Brüder Alfred und Ludwig Spuhler sowie gegen den von dem ehemaligen hauptamtlichen Mitarbeiter Weigelt verratenen Dieter W. Feuerstein, Ingenieur bei MBB. Die hauptsächlich durch den Verräter Busch ermöglichte Festnahme und Verurteilung von Rainer Rupp gerät jedoch zum absoluten Höhepunkt.

Auch gegen ehemalige Kundschafter, die schon vor Jahren in die DDR zurückgeholt worden waren, geht die Bundesanwaltschaft vor. Das Oberlandesgericht Düsseldorf verurteilt beispielsweise im Februar 1994 Hanna Olbricht (»Sonja Lüneburg«) zu mehr als zweieinhalb Jahren Haft. Hier hätte bei der Urteilsfindung nun wirklich die Haager Landkriegsordnung berücksichtigt werden müssen. Aus der DDR mit nachrichtendienstlichem Auftrag in die Bundesrepublik übergesiedelt, kehrte Hanna Olbrich nach Jahren in die Heimat zurück und lebte als DDR-Bürgerin im Ruhestand. Als nunmehrige Bundesbürgerin wird sie verhaftet.

Am 13. Juli 1995 teilt die Bundesregierung auf eine Kleine Anfrage der Bundestagsgruppe der PDS mit: Seit 1. Januar 1992 ermittelt der Generalbundesanwalt gegen 1.622 offizielle Mitarbeiter des MfS, 35 offizielle Mitarbeiter der Verwaltung Aufklärung, 1.449 IM-Ost. Er klagt gegen 44 Geheimdienstoffiziere der DDR und neun IM-Ost. Elf hauptamtliche Mitarbeiter und zwei IM-Ost wurden rechtskräftig verurteilt. Seit 1. Januar 1992 leitete er gegen 2.412 IM-West Ermittlungsverfahren wegen des Verdachts auf Landesverrat und insbesondere der geheimdienstlichen Agententätigkeit ein. 72 IM-West wurden verurteilt, 481 Eilverfahren noch nicht abgeschlossen. 17 Verurteilte befinden sich noch in Haft.

1998 nennt Bundesanwalt Lampe auf einer öffentlichen Veranstaltung der Gauck-Behörde folgende Zahlen: Von 2.700 Eilverfahren gegen IM-West wurden 1.400 wegen Geringfügigkeit, 700 wegen geringer Schuld mit Auflagen zur Zahlung ab 100.000 DM eingestellt. Es bleiben 400 Anklagen und 300 rechtskräftige Verurteilungen.

Nach meinen Erkenntnissen gab es mindestens 320, möglicherweise sogar 340 Verurteilungen.

Am 18. Juni 1999 erweitert Lampe in einem Vortrag in der Akademie für politische Bildung in Tutzing diese Zahlen, Stichtag: 1. Juli 1997. So eröffnete die Bundesanwaltschaft 4.171 Ermittlungsverfahren gegen hauptamtliche Mitarbeiter und IM aus der DDR, 2.928 Verfahren gegen IM-West, in der Regel Quellen der HVA. Von 82 angeklagten ehemaligen DDR-Bürgern wurden 82 verurteilt, von 388 Altbundesbürgern 252.

Für die Zeit nach 1997 gibt es dazu, auch nach Auskunft der Bundesregierung, keine statistischen Angaben.

Das Urteil

Während die Strafverfolgungsbehörden und die Gerichte aktiv und zielgerichtet Beweise für die umfassende, die äußere Sicherheit der Bundesrepublik bedrohende Spionage suchen, höre ich bis zum März 1994 wenig von meinem Verfahren.

Da beauftragt der Vizepräsident des Bundesverfassungsgerichts, Prof. Ernst Gottfried Mahrenholz, kurz vor seinem Ausscheiden das Max-Planck-Institut für ausländisches öffentliches Recht und Völkerrecht, ein völkerrechtliches Gutachten in unserer Sache zu erarbeiten. Wer welche Erwartungen damit verknüpft, vermag ich nicht einzuschätzen. Ich hoffe jedenfalls, die Wissenschaftler bestätigen, daß meine Strafverfolgung nicht rechtens ist.

Enttäuscht lesen meine Anwälte und ich das Gutachten vom 1. Juli 1994. Bundesanwalt Lampe wird stehend Beifall geklatscht haben. Und schon handelt die Bundesanwaltschaft. Am 28. April 1994 schickt sie ein Schreiben an den Vorsitzenden des 1. Strafsenats des Kammergerichts Berlin. Darin lehnt sie den Antrag meines Anwalts ab, meinen Haftbefehl aufzuheben. Sie weist darauf hin, daß sie wie bei Markus Wolf auch bei mir mit einer beträchtlichen Freiheitsstrafe rechne. Außerdem habe man in anderen Verfahren eine Vielzahl strafbarer Handlungen des Herrn Großmann aufgedeckt.

Die Bundesanwaltschaft lehnt im gleichen Schreiben ab, meine Auflagen aufzuheben. Überraschend stimmt sie aber einem Kuraufenthalt in Ungarn zu.

Was denn nun, befürchtet sie, daß ich verschwinde oder nicht?

Wohl um mich unter Druck zu setzen, schickt mir die Bundesanwaltschaft die Urteile gegen Wolf, Schütt/Böttger und die Anklageschrift gegen leitende Offiziere und einen IM der HVA-Abteilung Aktive Maßnamen ins Haus. Offensichtlich will sie damit auch dem 1. Strafsenat des Berliner Kammergerichts eine Lektion erteilen, wie verantwortungslos dessen Beschluß vom 21. Juli 1991 ist.

Am 14. September 1994 sendet das Bundesministerium für Justiz der Präsidentin des Bundesverfassungsgerichts einen Zwischenbericht des Generalbundesanwalts über die strafrechtliche Aufarbeitung der aus der ehemaligen DDR gegen die BRD betriebenen Spionage. Vor allem versucht er nachzuweisen, daß es sich bei der HVA und ihren offiziellen und inoffiziellen Mitarbeitern um Spione der Kategorie Bösewicht handelt. Man gesteht uns zwar zu, wie ein Geheimdienst anderer Staaten gehandelt zu haben, stellt dann aber fest: »Darüber hinaus belegen jedoch vielfach angefallene Ermittlungsergebnisse, daß die Auslandsaufklärung der DDR vom typischen SED-Unrecht geprägt war und neben der Gefährdung der äußeren Sicherheit der Bundesrepublik Deutschland auch Individualrechtsgüter der Bürger in der DDR und in der Bundesrepublik in der für das totalitäre Stasi-Regime kennzeichnenden Weise verletzte.

Es hat sich als unmöglich erwiesen, für die Trennung des 1. Bereichs der ›reinen‹ Auslandsaufklärung von der mit herausgehobenem SED-Stasi-Unwert verknüpften Spionage allgemeingültige Abgrenzungskriterien zu finden.

Namentlich eine Differenzierung nach bestimmten nachrichtendienstlichen Organisationseinheiten, Tätergruppen, gesetzlichen Tatbeständen, Angriffszielen oder Handlungsorten ist hierfür nicht geeignet.«

Nach dem die besonders den »SED/Stasi-Unwert« ausmachenden Abwehrdiensteinheiten und ihre Tätigkeitsmerkmale genannt werden, gesteht man der HVA folgendes zu: »Die Spionage aus der DDR selbst mit gravierendem SED-typischen Unwert erfüllt in der Regel ›nur‹ die Straftatbestände zum Schutz der Sicherheit der Bundesrepublik – §§ 93 ff StGB. Es gibt Fälle, in denen MfS-Offizieren, im Zusammenhang mit der Spionage, Straftaten wie Freiheitsberaubung, Entführung, Nötigung nachweisbar sind. Fälle dieser Art kennzeichnen zwar auch die Auslandsaufklärung der DDR, sind aber nach bisherigen Erkenntnissen der Bundesanwaltschaft selten [...]

Noch häufiger sind die Fälle, in denen die operative Zielstellung – Bestrafung von Verrätern, Verhinderung von Republikflucht mit anschließender Inhaftierung, Diffamierung von Regimekritikern – nicht den Tätern zugerechnet werden kann, die den Tatbestand der §§ 93 f. unmittelbar erfüllt haben.«

Objektive Richter, so hoffen meine Anwälte und ich, lassen sich von solchem Hickhack nicht beeinflussen. Trotzdem nehmen wir die Wertungen der Bundesanwaltschaft nicht unwidersprochen hin. Dr. Widmaier schickt unsere Stellungnahme am 8. Januar 1994 an das Bundesverfassungsgericht. Darin bewertet er neuere Entscheidungen des Bundesgerichtshofes, die strafrechtliche Verfolgung der DDR-Außenspionage, die vielfältigen Diskussionen dieses Problems in der Literatur und das Rechtsgutachten des Max-Planck-Instituts zum Zwischenbericht des Generalbundesanwalts.

Er kommt zu dem Schluß: »Sollte man trotz allem den Einwendungen gegen die strafrechtliche Verfolgbarkeit der durch Bürger der ehemaligen DDR begangenen Spionage gegenüber der Bundesrepublik rechtlich zwingende Kraft absprechen, so entbehrte ein solcher rechtstechnisch vielleicht darstellbarer Strafanspruch doch der inneren Legitimation.

Die Strafverfolgung dieses Personenkreises stünde im Widerstreit mit dem Grundsatz der Gleichheit vor dem Gesetz, mit dem rechtsstaatlichen Vertrauensgrundsatz und schließlich mit den völkerrechtlichen Prinzipien des Art. 31 der Haager Landkriegsordnung HLKO.«

Zur Strafbarkeit der Spionage von Bürgern der alten Bundesrepublik für die DDR argumentiert er: »Wenn sich der Gesetzgeber in diesem Bereich nicht doch noch zu einer Amnestie entschließen kann, so muß dies von verfassungswegen zur grundlegenden Herabsetzung der zu verhängenden Strafen führen.«

Endlich, nach fast fünf Jahren, urteilt das Bundesverfassungsgericht über die deutsch-deutschen Spione. Der Beschluß des 2. Senats des Bundesverfassungsgerichts vom 15. Mai 1995, mit fünf gegen drei Stimmen angenommen, bestätigt unsere Argumentation. Das ist eine Schlappe für die Rechtsauffassung der Bundesanwaltschaft, des Bundesgerichtshofs und einiger Oberlandesgerichte.

Das Bundesverfassungsgericht stimmt zwar unseren Argumenten und denen des Kammergerichts Berlin in der Sache *nicht* zu, sieht aber ein sogenanntes Verfolgungshindernis. Damit billigt es aber unsere und die Rechtsauffassung des Kammergerichts. Die widerstreitenden politischen Kräfte im Bundesverfassungsgericht einigen sich lediglich auf einen Kompromiß. Dieser betrifft vor allem die Aufsplittung der Betroffenen in drei Gruppen und schließt jene Bundesbürger aus, die für uns nachrichtendienstlich tätig waren.

Das ist völlig unbefriedigend, in der Sache teilweise kompliziert und schwer faßlich. Um so mehr, weil ehemalige, in der DDR rechtskräftig verurteilte Spione westlicher Dienste durch das »1. SED-Unrechtsbereinigungsgesetz« vom 29. Oktober 1992 als politisch Verfolgte rehabilitiert und großzügig entschädigt werden.

Der entscheidende Satz im Urteil lautet: Die Angehörigen der Geheimdienste der DDR hatten – wie die Geheimdienste aller Staaten der Welt – eine nach dem Recht ihres Staates erlaubte und von ihm sogar verlangte Tätigkeit ausgeübt.«

Der Beschluß des Bundesverfassungsgerichts hat zur Folge, daß der 1. Strafsenat des Kammergerichts Berlin am 7. Juni 1995 meinen Haftbefehl aufhebt.

Noch gibt aber die Bundesanwaltschaft nicht auf. Sie will nun gegen die sogenannten Begleitdelikte wie etwa Bestechung strafrechtlich vorgehen oder, böse Falle, das Verfahren nach § 153a der Strafprozeßordnung wegen Geringfügigkeit einstellen. Ich müßte dann allerdings an eine gemeinnützige Institution eine bestimmte Summe zahlen und damit ein Schuldbekenntnis abgegeben. Das lehne ich ab.

Mit Schreiben vom 28. Juli 1995 zieht der Generalbundesanwalt die Anklage gegen mich zurück und stellt das Verfahren gemäß § 153c Absatz 2 in Verbindung mit Absatz 2 der Strafprozeßordnung ein.

Am 18. September 1995 erhalte ich die seit meiner Festnahme am 3. Oktober 1990 beschlagnahmten Gegenstände zurück.

Auf Beschluß des 1. Strafsenats des Kammergerichts Berlin vom 12. Oktober 1995 trägt die Staatskasse die Kosten des fünf Jahre dauernden, rechtswidrig geführten Prozesses.

Der Beschluß des Bundesverfassungsgerichts betrifft natürlich nicht nur mich. Alle gegen hauptamtliche Mitarbeiter von DDR-Nachrichtendiensten gefällten Urteile sind gegenstandlos, die noch laufenden Strafverfahren werden eingestellt.

Nur Markus Wolf steht weiter im Visier der Bundesanwaltschaft. Gegen ihn bastelt man eine neue Anklage.

Wolf wird am 27. Mai 1997 vom Oberlandesgericht Düsseldorf wegen Entführung und Nötigung zu zwei Jahren Haft auf Bewährung und 50.000 Mark Geldbuße verurteilt. Der Generalbundesanwalt hatte dreieinhalb Jahre gefordert.

Bei aller Unzulänglichkeit des Beschlusses des 2. Senats des Bundesverfassungsgerichts vom 15. Mai 1995, vor allem wegen der weiteren Strafverfolgung unserer Kundschafter, errangen wir einen Teilerfolg in Sachen Recht und Gerechtigkeit.

Die Front jener ist geschwächt, die die Strafverfolgung ehemaliger Mitarbeiter von DDR-Nachrichtendiensten fordern. Vor allem die Bundesanwaltschaft und besonders Bundesanwalt Lampe stehen nun ziemlich dumm da. Ihre Wortschöpfungen wie »leninistischer Hintergrund des Tschekismus« oder »SED-Stasi-Unwert« beeindruckten die Richter des Bundesverfassungsgerichts offenkundig nicht. Die Argumente des Ermittlungsrichters Klaus Detter, der Richter des 1. Strafsenats des Kammergerichts Berlin und der Anwälte Dr. Wolff und Dr. Widmaier, inzwischen Professor an der Universität München, überzeugten und waren vor allem juristisch solide.

Kampf um die Kundschafter

Der Präsident des Bundesverfassungsschutzes, Gerhard Boeden, steht unter Druck. Der Innenausschuß des Bundestages wirft ihm vor, daß er seinen Verfassungsauftrag nicht erfüllt. Noch immer hockten Spione der Hauptverwaltung Aufklärung unerkannt in irgendwelchen Löchern und die ehemaligen Verantwortlichen der HVA schweigen. Die müssen doch irgendwie zu finden sein! Wollen die sich nicht endlich offenbaren? Wie effizient ist denn nun eigentlich das BfV, das jedes Jahr nahezu 200 Millionen Mark verschlingt? – Boeden kann das Kürzel »Stasi« nicht mehr hören. Als er 1987 als erfolgsverwöhnter Vizepräsident des Bundeskriminalamtes in das Bundesamt für Verfassungsschutz wechselte und dort Präsident wurde, hatten seine Vorgänger Pleiten, Pech und Pannen geradezu gesammelt. Und wir als Hauptverwaltung Aufklärung im Ministerium für Staatssicherheit der DDR waren daran nicht ganz unbeteiligt. Nun erwischt es auch Boeden: Klaus Kuron, einer seiner Mitarbeiter ist als Kundschafter der HVA enttarnt worden.

Immerhin hatte Kuron im Amt keinen schlechten Ruf. In der Abteilung IV (Spionageabwehr) galt er als einer der erfolgreichsten Spezialisten für das Werben von CM (*counter man*). Er drehte gegnerische Agenten um. 1982 wendete sich Kuron aber selbst an uns und arbeitete konspirativ als Kundschafter für die Hauptverwaltung Aufklärung. Als Kuron enttarnt wird, ist das ein Schock für Boeden. Doch wegen seines Alters braucht er sich nicht mehr um seine Karriere zu sorgen, er wird bald pensioniert. Das soll aber nicht sang- und klanglos passieren, er möchte schon einen honorigen Abgang hinlegen und geordnete Verhältnisse hinterlassen. Schließlich will der designierte Präsident Eckart Werthebach mit dem MfS-Problemen keinen Gordischen Knoten übernehmen, für den er kein scharfes Schwert hat. – Boeden ergreift die Initiative und sucht den kurzen Weg zu Offizieren der Staatssicherheit. Sie sollen ihm helfen, daß sich unerkannte Ostspione freiwillig stellen.

Im Oktober 1990 lädt er Generalmajor a. D. Edgar Braun, den ehemaligen Leiter der HA XIX (Verkehrswesen) und Generalleutnant a. D. Günter Kratzsch, ehemaliger Leiter der HA II (Spionageabwehr) zu einem Gespräch ein. Am 26. Oktober 1990 treffen sich die Präsidenten des Bundesamtes für Verfassungsschutz, Gerhard Boeden, und Dr. Eckart Werthebach in der Berliner Außenstelle des Bundesinnenministeriums mit den beiden Generalen. Braun und Kratzsch kennen sich im weitläufigen Komplex in der Mauerstraße gut aus, schließlich residierte hier einst das Innenministerium der DDR. – Die beiden Gastgeber kommen schnell zur Sache. Sie erwarten konkrete Fakten über die Arbeit der Staatssicherheit in der BRD und in Westberlin. Es bestehe dringender Handlungsbedarf, Gefahren für die Bundesrepublik abzuwenden. Noch unerkannte Quellen besonders im politischen Bereich müßten sich offenbaren. In diesem Zusammenhang könne man auch über den Umgang mit den Mitarbeitern ders MfS insgesamt reden. Politische und juristische Spielräume wären vorhanden. Aber erst einmal sollten alle Quellen offengelegt werden.

»Auch Sie müssen doch an einer schnellen Lösung interessiert sein«, sagt Boeden, »schon um für sich und Ihre ehemaligen Mitarbeiter die Situation zu entspannen«.

Günter Kratzsch verweist darauf, daß er der falsche Ansprechpartner sei, wenn es um die Arbeit in der BRD und in Westberlin gehe. Da müßten sie mit Herrn Großmann sprechen. – Man bittet Edgar Braun, mit mir zu reden. Und der kommt sofort zu mir.

Ich bin nicht bereit, über politische und juristische Spielräume zu verhandeln, wenn die *bedingungslose* Offenlegung unserer Quellen gefordert wird. Zweitens: Oberst a. D. Bernd Fischer, Chef der Auflösungsgruppe der HVA und in dieser Funktion Gesprächspartner von Werthebach, soll mich begleiten. Ich weise drittens darauf hin, daß die Herren vor dem Gespräch den Generalbundesanwalt informieren sollten. Schließlich besteht gegen mich noch Haftbefehl, und ich verweigere gegenüber der Bundesanwaltschaft und dem Richter die Aussage.

Ich bin gespannt, ob meine Forderungen erfüllt werden.

Am 2. November 1990 teilt mir Edgar Braun mit, daß Boeden und Werthebach nicht mehr mit uns reden wollen, da die ihnen abverlangten Konzessionen zu groß sein würden.

Eine Antwort ganz anderer Art bekomme ich öffentlich. In der Tageszeitung *Die Welt* lese ich am 19. November 1990 einen Artikel mit Äußerungen von Herrn Boeden, die er anläßlich eines mehrstündigen Redaktionsbesuchs geäußert hat. Er behauptet: »Da gibt es noch Seilschaften in bestimmten Bereichen, sogar noch Weisungsabhängigkeiten.« Er habe kürzlich mit zwei ehemaligen MfS-Generalen gesprochen und ihnen ihre Situation klargemacht. »Die beiden haben zu mir gesagt, das sehen wir alles ein, aber wir können nicht, wir müssen erst mit Großmann und der muß sicher erst mit Wolf reden. Die Antwort, die sie mir dann übermittelt haben, war nicht sehr erfreulich.«

Sofort rufe ich Braun und Kratzsch an. Sie versichern mir glaubhaft, daß sie dies nicht gesagt haben. Ich glaube ihnen, denn ich war den beiden gegenüber nie weisungsbefugt und bin es heute erst recht nicht. Und: Markus Wolf hält sich im Ausland auf. Selbst wenn ich gewollt hätte, wäre er für mich nicht erreichbar gewesen.

Ich kann verstehen, daß Boeden mit seinem Stasi-Syndrom seinen Verfassungsauftrag erfüllen will. Und folglich glaubt er, entsprechenden Druck auf die Besiegten ausüben zu müssen.

Inzwischen schreiben ehemalige leitende Mitarbeiter des Ministeriums für Staatssicherheit einen Brief an den Bundesminister des Innern, Dr. Wolfgang Schäuble. Es unterzeichnen die Generale a. D. Kratzsch, Möller, Engelhardt und Großmann.

Anlaß des Briefes ist die zunehmende Strafverfolgung und Ausgrenzung ehemaliger Mitarbeiter und IM sowie unsere Sorge, daß durch die unseriöse Art und Weise, wie die Arbeit des Ministeriums dargestellt wird, die Folgen unkalkulierbar werden. Wir bitten um ein Gespräch mit kompetenten Vertretern seiner Behörde. Wir erklären uns bereit, »in bezug auf die Diensteinheiten der Abwehr und der Aufklärung auch personenbezogene Vorschläge zu unterbreiten, wie den Sicherheitsinteressen im Zusammenhang mit ehemaligen IM entsprochen werden kann, wie der durch bestimmte Medien immer wieder geschürten ›Stasi-Hysterie‹ begegnet werden kann und wie eine Integration ehemaliger MfS-Mitarbeiter in die neuen Lebensbedingungen erfolgen könnte«.

Boeden zeigt Nerven und lädt zu einem weiteren Gespräch am 15. Februar 1991 ins Gebäude des ehemaligen Ministeriums des Innern ein. Die Generale a. D. Günter Möller, ehemaliger Leiter der Hauptabteilung Kader und Schulung, Günter Kratzsch, Leiter der Spionageabwehr, Gerhard Niebling, ehemaliger Leiter der Zentralen Koordinierungsgruppe (ZKG) und ich diskutieren ein Positionspapier. Möller und Niebling hatten es erarbeitet. Ich stimme dem

Papier als Gesprächsgrundlage zu, obwohl ich mit bestimmten Formulierungen nicht einverstanden bin, etwa jener, daß wir bereit seien »zur Offenlegung der tatsächlichen Zusammenhänge zu dem Komplex ›Übergabe von Quellen an das KGB der UdSSR im Zusammenhang mit der Auflösung des MfS‹«. – Für mich ist das kein Thema, da niemand übergeben worden ist. Auch andere Passagen finden nicht meine Zustimung. Aber, so denke ich mir, soll doch jeder seine Position daraus entnehmen und entsprechend vortragen.

Im Gespräch mit Boeden und Werthebach merke ich, daß es denen nur um unsere Kundschafter in der Bundesrepublik und in Westberlin geht. Sie wollen nur eins: Namen und Adressen.

Ohne Gegenleistung bekommen sie von mir nicht mal die Schuhgröße genannt.

Ich bemerke nicht – vielleicht, weil ich es nicht für möglich gehalten habe – , daß jemand den Herren das interne Positionspapier zusteckt.

Eingangs betonen Boeden und Werthebach, daß das Problem der weiteren Existenz und möglichen Nutzung von Quellen durch das KGB unbedingt gelöst werden müsse. Dr. Werthebach wendet sich direkt an mich: »Sie müßten doch auch interessiert sein an einer Lösung.« Und fast beschwörend fügt er hinzu: »Es ist schon sehr spät, aber vielleicht noch nicht zu spät«. Er fordert mich auf, meine Gedanken zu äußern, stellt aber fest: »Wenn Ihre Vorschläge nicht über das hinausgehen, was Herr Fischer vor der Einheit zu mir gesagt hat, können wir das Gespräch sofort beenden.«

Ich gehe nicht. Obwohl ich ohne Gegenleistung keine Namen nennen werde, bin ich an einer Lösung interessiert.

Im Namen der ehemaligen hauptamtlichen und inoffiziellen Mitarbeiter der HVA trage ich vor: Wir verhalten uns loyal gegenüber der BRD und ihrer Regierung, unternehmen nichts gegen die innere und äußere Sicherheit des vereinigten Deutschland. Sie sollten uns Gelegenheit geben, in diesem Sinne auf unsere ehemaligen Mitarbeiter und IM Einfluß zu nehmen, und nicht immer wieder bestehende innere Strukturen und Seilschaften behaupten.

Wir wollen unseren Beitrag durchaus leisten, den inneren Frieden im vereinten Deutschland herzustellen und zu erhalten. In diesem Sinne werden wir auf ehemalige IM einwirken, ihre nachrichtendienstliche Tätigkeit für keinen anderen Geheimdienst neu zu beginnen. Es gab ohnehin mit keinem Geheimdienst der ehemaligen Ostblockländer gemeinsam geführte Vorgänge, und mit der Einstellung der Arbeit der HVA wurden auch keine übergeben.

Um in diesem Sinne Erfolg zu haben, sollten alle ehemaligen Mitarbeiter auf spektakuläre Veröffentlichungen in den Medien verzichten. Wir seien bereit, an der Aufarbeitung aller interessierenden Fragen zur Tätigkeit der HVA mitzuwirken. Das, so sage ich, sei eigentlich nicht neu. Bereits im Juni/Juli 1990 hätten wir dies schriftlich vorgeschlagen. Leider wäre es damals zu keinem Dialog und entsprechenden Vereinbarungen gekommen. Stattdessen habe eine umfassende Strafverfolgung eingesetzt. Unter solchen Bedingungen sei die Bereitschaft zu einer Zusammenarbeit natürlich sehr gering.

Folgende Voraussetzungen sollten geschaffen werden:

– Einstellung der Strafverfolgung gegen ehemalige Mitarbeiter und IM.

– Bildung einer Gruppe zur Aufarbeitung der Tätigkeit der HVA, in der wir natürlich vertreten sein müssen. Sollten sich strafrechtlich relevante Tatsachen ergeben, die über die nachrichtendienstliche Tätigkeit hinausgehen, muß entsprechend entschieden werden.

– Schaffung von Rechtsvorschriften, die den Weg für IM freimachen, sich bei Zusicherung der Straffreiheit selbst zu stellen. In diesem Zusammenhang erkläre ich mich bereit, öffentlich zu erklären, daß ich dies als Maßnahme zur Abwendung von Gefahren für die Bundesrepublik sehe und sich niemand an früher eingegangene Verpflichtungen gebunden fühlen muß. Jeder kann in freier Entscheidung diesen Weg über eine Person seines Vertrauens gehen.

Herr Boeden unterbricht mich und fragt, wie viele sich denn stellen würden, *ohne* daß Straffreiheit garantiert sei?

»Sicher würde dies keiner tun.«

Ich fahre fort und bitte um die Gelegenheit, in Einzellfällen mit ehemaligen Kundschaftern, die in sensiblen Bereichen tätig sind, zu sprechen. Man könne sie veranlassen, ohne viel Aufhebens zu kündigen und ihren Arbeitsplatz zu verlassen. Würde ihre geheimdienstliche Arbeit bekannt, bestünde natürlich ebenfalls Straffreiheit.

Weiterhin müßten Voraussetzungen geschaffen werden, die soziale und gesellschaftliche Ausgrenzung ehemaliger Mitarbeiter und IM zu beenden und Unrecht zu beseitigen. »Eine Offenlegung unserer Quellen ohne jede Garantie für Straffreiheit und anderweitige Verfolgung und Ausgrenzung aber lehne ich ab.«

Boeden und Dr. Werthebach reagieren positiver als erwartet. Hier und da bezweifeln sie die Realisierbarkeit meiner Vorschläge. Ihnen gefalle beispielsweise gar nicht, daß ich eine öffentliche Erklärung abgeben wolle. Sonst halten sie vieles für brauchbar, diskussionswürdig und einiges sogar für sofort machbar. Sie müßten erst einmal über alles nachdenken und mit ihrem Minister reden. Starke Zweifel äußern sie, ob es Straffreiheit für Bürger der Bundesrepublik geben könne, die konspirativ für die DDR gearbeitet hätten.

Dr. Werthebach meint, ich werde bald von ihm hören. Boeden plaudert beim Hinausgehen: »Vielleicht klappt es ja nun doch noch mit einem honorigen Abgang in den Ruhestand.« Er meint natürlich seinen. – Wir verabschieden uns verhalten optimistisch.

Es kommt keine Einladung von Dr. Werthebach, sondern eine öffentliche Indiskretion. Zeitungen veröffentlichen Auszüge aus dem Positionspapier, mit denen wir als Erpresser der Bundesregierung vorgeführt werden sollen. Wer das unausgegorene Papier weitergereicht hat, kann stolz auf sich sein.

Als *Spiegel-TV* zum Gespräch einlädt, wollen wir die Gelegenheit nutzen, unsere Position öffentlich darzustellen. An der im April 1991 ausgestrahlten Diskussion beteiligen sich die Generale a. D. Schwanitz, Engelhardt, Niebling und Großmann.

Das Gespräch wird für uns ein Fiasko. Der Moderator unterstellt uns Erpressung und Einflußnahme auf unsere ehemaligen Mitarbeiter. Uns gelingt nicht, die eigentlichen Zusammenhänge überzeugend darzustellen.

Am 10. Februar 1992 bekomme ich wieder mal Besuch vom Verfassungsschutz. Nach Voranmeldung klingeln Herr Andresen und Herr Gödke an meiner Wohnungstür. Sie sind, so sagen sie, im Auftrag des Präsidenten des Bundesamtes für Verfassungsschutz, Dr. Werthebach, unterwegs. Es gehe um noch vorhandene HVA-Quellen in der Bundesrepublik. Man wolle Gefahren für die Bundesrepublik beseitigen. Das sei ihr dienstlicher Auftrag, und deshalb haben sie zu vielen ehemaligen HVA-Angehörigen Kontakt – nicht ganz erfolglos, aber insgesamt seien sie noch unzufrieden. Zwar erklärten sich zunehmend ehemalige HVA-Mitarbeiter zur Mithilfe bereit, viele würden sich aber immer wieder auf Großmann berufen. Er müßte zustimmen oder ein entsprechendes Zeichen setzen.

Offensichtlich sind die Herren mit ihrem Latein am Ende. Meine Genugtuung verheimliche ich nicht. Der Verfassungsschutz spielt mir verteilten Rollen. Werthebach gibt den Unnachsichtigen, die beiden vor mir spielen die Einfühlsamen. Mancher meiner ehemaligen Mitarbeiter habe ihnen gesagt, schleimen sie, daß ich bestimmt an Lösungen mitwirken würde. Sie, Andresen und Gödke, seien gespannt, wozu ich bereit bin, was man gemeinsam tun könne. Es entspräche doch auch meinen Intentionen, endlich aus der pauschalen Verurteilung herauszukommen. »Wenn Sie die Quellen nennen, können Sie ja auch sagen, was die HVA in Wirklichkeit getan hat und sich so von der Abwehr absetzen.«

Die nehmen mich offensichtlich nicht für voll. Ich sollte mit ihnen einmal die Situation »Gespräch« durchspielen. Regel Nummer 1: Wer seinen Widerpart nicht ernstnimmt und ihm Achtung verweigert, hat schon vor dem ersten Satz verloren.

Zugegeben, ich bin im Vorteil. Durch unsere langjährigen Quellen im Verfassungsschutz kenne ich diese Institution schon länger als diese beiden Männer, die jetzt dort arbeiten. Die meisten Leute dort sind offensichtlich wirklich so, wie sie viele unserer Kundschafter charakterisierten.

Ich zeige mich zunächst verwundert, daß Herr Dr. Werthebach genau ein Jahr benötigte, um sein Versprechen auf weitere Gespräche einzulösen. Dann erläutere ich den beiden ausführlich unsere Initiativen, Vorschläge und Gespräche von Mitte 1990 bis jetzt und wiederhole meine Gedanken, die ich im Gespräch mit Boeden und Werthebach im Februar 1991 vorgetragen habe. Mein Fazit zum Mitschreiben: keine bedingungslose Kapitulation und kein Freikauf auf Kosten anderer. – Die Herren versuchen einen Taschenspielertrick. Einige Vorleistungen würden meine Bereitschaft zeigen, ernsthaft an einer Lösung zu arbeiten.

Es hat sich erledigt.

Werthebach meldet sich nach einiger Zeit im *Kölner Express* zu Wort. Die Mitarbeiter der Hauptverwaltung Aufklärung könne man amnestieren, wenn sich diese bereiterklärten, noch existierende Quellen im Westen zu benennen. Außerdem denke er an eine Appellamnestie für alle jene im Westen operierenden Agenten, die sich freiwillig stellen und nicht als schwere Fälle einzustufen seien. Als vorstellbare Obergrenze nennt er eine Haftstrafe von drei bis vier Jahren. Hält er unsere ehemaligen Kundschafter wirklich für derart ängstlich und so leicht käuflich? Glaubt Werthebach tatsächlich, daß sich jemand stellt, weil er hofft, nur drei Jahre zu erhalten, dann doch dreieinhalb Jahre bekommt und deshalb nicht amnestiert werden kann? – Herr Andresen meldet sich am 25. Februar 1992 noch einmal telefonisch. Ich antworte auf seine Frage, wie wir weiter verfahren könnten: »Die Äußerungen Ihres Präsidenten zur Amnestie sind für mich keine weitere Gesprächsgrundlage. Ich habe Ihnen meine Vorstellungen ausführlich dargelegt. Die passen mit denen Ihres Präsidenten nicht zusammen. Also lassen wir es sein.«

Kaum habe ich Werthebach und Boeden endgültig abgehakt, lädt Rechtsanwalt Dr. Peter-Michael Diestel, in der Regierung de Maizière stellvertretender Ministerpräsident und Innenminister, zu Gesprächen ein. Wir treffen uns am 3. und am 10. März 1992 in seinem Haus in Zeuthen bei Berlin. An der ersten Zusammenkunft nimmt auf eigene Initiative Generalleutnant a. D. Günter Möller, ehemaliger Leiter der Hauptabteilung Kader und Schulung teil, zum zweiten Treffen bitte ich Generalleutnant a. D. Horst Jänicke, bis 1987 Stellvertreter von Markus Wolf und später von mir.

Diestel empfängt uns an der Tür seines Hauses. Muskelbepackt und eloquent ist er präsent wie kein zweiter. Wir gehen ins Haus. Die Initiative, beginnt er das Gespräch, gehe von Staatsminister Bernd Schmidbauer aus. Er habe ihn gebeten, das Gespräch mit mir zu suchen. Er solle erkunden, wie man durch Offenlegung von Quellen zu einer Amnestie kommen könne.

Es dauert etwas, bis ich merke, daß Schmidbauer nicht etwa an Straffreiheit für unsere Kundschafter denkt, nein, er hat nur die hauptamtlichen Mitarbeiter im Auge. Der Herr Staatsminister schwenkt nicht selbst den Säbel, er läßt drohen. Diestel zitiert ihn: »Das Bundesverfassungsgericht wird ein brutales politisches Urteil fällen. Die Menschen erwarten so etwas [...] Es gäbe Hinweise, daß man nun erst einmal alle Generale des ehemaligen Ministeriums für Staatssicherheit inhaftieren muß.«

Diestel übermittelt die Frage, wieso wir nicht das Signal aus dem Schütt-Prozeß aufgegriffen hätten. Ich habe nun schon Übung, unseren Standpunkt darzulegen, es ist ja nicht das erste Mal. Neu ist, daß nun auch Diestel unsere Kundschafter »Verräter« nennt.

Ich verbitte mir das.

Günter Möller bleibt bei dieser Perfidie auffallend ruhig.

Möller und Niebling versuchten schon mehrmals, mich und andere ehemalige leitende Mitarbeiter der HVA zu veranlassen, uns nicht so vehement für unsere Kundschafter einzusetzen »Eines Tages wird doch sowieso alles bekannt«, meinen sie. Ganz in diesem Sinne schrieben sie auch an ehemals leitende Mitarbeiter der Bezirksverwaltungen. Sie sollten bei jedem Einzelfall prüfen, ob der § 153 anwendbar sei. – Ich bin verstimmt, zumal zu jenem Zeitpunkt noch kein Verfahren gegen einen leitenden Mitarbeiter der Abwehr läuft, dafür aber schon Tausende gegen Aufklärer und ihre Kundschafter. Offensichtlich genügen den Herren schon die eben gehörten Drohungen, um das Zittern zu bekommen.

Als ich mit Möller in Diestels Wagen nach Hause fahre, erklärt er mir, daß er ständig bedrängt werde. So sei er neulich zum zuständigen Personalchef des Bundesamtes für Verfassungsschutz bestellt worden. Dieser habe ihm unmißverständlich gesagt, man erwarte von ihm als früherem Kaderchef des Ministeriums für Staatssicherheit, daß er seinen Einfluß geltend mache, uns zur Räson zu bringen. Es klingt wie eine Entschuldigung.

Die meisten ehemaligen Mitarbeiter der Abwehr verhalten sich in den für sie schwierigen Situationen ehrenvoll.

Als ich zum zweiten Mal Diestel besuche, verabschiedet er Horst Jänicke und mich mit dem Hinweis, daß er jetzt mit Schmidbauer sprechen werde, wir würden von ihm hören. Dann ist Funkstille.

Ein Jahr vergeht, ehe sich, völlig unerwartet, der frühere Präsident des Bundesamtes für Verfassungsschutz und späterer Präsident des Bundesnachrichtendienstes Heribert Hellenbroich bei mir in Berlin meldet. Er sitzt am 16. März und am 24. April 1993 in meinem kleinen Arbeitszimmer. Das erste Mal spreche ich mit ihm allein, am zweiten Gespräch nimmt Horst Jänicke teil.

Herr Hellenbroich nennt zunächst seine Motive für den Besuch. Er trete schließlich für Gleichbehandlung ein. »Sie haben doch nichts anderes gemacht als ich.« – Aber ein bißchen besser schon, denke ich und verkneife mir ein Lächeln.

Er wolle dem Rechtsgrundsatz der Gleichbehandlung zum Durchbruch verhelfen. Er sei erschrocken und erbost, wie Nichtprofis, Juristen und Politiker bisher die Angelegenheit erledigen. Andererseits sehe er natürlich, daß sicher noch Quellen von uns in einflußreichen Positionen sitzen, »unbekannt und deshalb erpreßbar, von wem auch immer. Sicher mehr vom amerikanischen als vom russischen Geheimdienst.« Das müsse verhindert werden. Also müßten diese Personen enttarnt werden.

Obwohl er in der Affäre Tiedge geopfert wurde und nun im

einstweiligen Ruhestand lebe, sei er Staatsbürger genug, um Schaden von der Bundesrepublik abzuwenden.

Die Strafverfolgung der HVA-Mitarbeiter müsse eingestellt und für die betroffenen Quellen eine »honorige Lösung gefunden« werden. »Eine politische Lösung muß her statt der juristischen.«

Er halte Bernd Schmidbauer, der von seiner Sondierungsmission wisse, für einen kompetenten Mann. Hellenbroich will nun mit mir über eine Lösung nachdenken. Und er hat auch gleich eine Lebensweisheit parat. Drohe Problemstau, ermutige ihn sein Leitspruch: »Die Vergangenheit ruhen lassen, die Zukunft sichern.«

Der Mann hat gut reden, dem ist nur der Präsidentenstuhl verlorengegangen, mir ein ganzer Staat, und gleich noch eine ganze Utopie dazu.

Was er sagt, hört sich aber sehr vernünftig an. Ich spüre, er sucht wirklich eine Lösung, und im Gegensatz zu der vom Verfassungsschutz eine ohne Fallstricke und doppelten Boden.

Ich erkläre meine Bereitschaft zu Gesprächen, erläutere wieder mal alle bisherigen Initiativen und deren Ergebnisse, nenne erneut unsere Grundsätze. Wir verabschieden uns freundlich nach dem ersten Gespräch. Er will mit Staatsminister Schmidbauer sprechen, und ich will mich mit meinen früheren Stellvertretern beraten.

Bei seinem zweiten Besuch übermittelt er Bernd Schmidbauers Ansicht, daß das bisherige Vorgehen nicht zum Ziele führe. Er fordere nicht mehr die bedingungslose Kapitulation, sehe aber Schwierigkeiten, alle Parteien für eine Appellamnestie und Straffreiheit für BRD-Bürger, die sich nach BRD-Recht strafbar gemacht hätten, zu gewinnen.

Auf Wunsch erläutern Horst Jänicke und ich erneut unsere bekannten Auffassungen. Wir weichen kein Jota von der Forderung nach Straffreiheit ab und beharren auf einer freiwilligen Appellamnestie. Nicht wir würden offenbaren, sondern jeder sich selbst, wenn es der einzelne, entsprechend der noch zu gebenden Garantien, für richtig hält. Wir akzeptieren: Wer diese Chance nicht nutzt und ohne unser Zutun enttarnt wird, müsse die Konsequenzen tragen. Wir sprechen uns für eine politische Lösung und die dazu erforderlichen Initiativen des Gesetzgebers aus. Wir betonen unsere Loyalität gegenüber dem Staat und sichern zu, so auf unsere Kundschafter zu wirken, das von ihnen keinerlei Gefahr für die Bundesrepublik ausgehen wird.

Ein bißchen ist in diesem Gespräch aber schon die Luft raus. Zu oft legten wir unseren Standpunkt dar, zu oft sind wir gescheitert – zu oft sind wir an der Siegermentalität gescheitert.

Trotzdem vereinbaren wir mit Heribert Hellenbroich, in einem »non paper« unsere Haltung und unsere Vorschläge zu formulieren. Anfang Mai 1993 übergibt Hellenbroich das Papier dem Staatsminister Schmidbauer. Es hat folgenden Wortlaut:

»Die gegenwärtig laufenden Ermittlungs- und Strafverfahren nach § 94 – 99 StGB gegen ehemalige Angehörige der Hauptverwaltung Aufklärung des Ministeriums für Staatssicherheit der DDR haben eine Reihe von Problemen aufgeworfen, die von der Öffentlichkeit und Juristen diskutiert werden.

Sie beschäftigen Staatsanwaltschaften und Gerichte bis hin zum Bundesverfassungsgericht. Angehörige der Hauptverwaltung Aufklärung haben dazu den nachfolgenden Standpunkt:

1. Es wird anerkannt, daß die Bundesrepublik Deutschland ein berechtigtes Interesse hat, die noch unentdeckten Quellen der Hauptverwaltung Aufklärung in den alten Bundesländern zu identifizieren. Auch wir haben daran Interesse, jede nur mögliche Weiterarbeit ehemaliger Quellen – für welchen Geheimdienst auch immer – auszuschließen.

2. Es steht fest, daß die weitaus überwiegende Zahl der Mitarbeiter der Hauptverwaltung Aufklärung sich gegenüber ihren ehemaligen Quellen in den alten Bundesländern moralisch verpflichtet fühlt und nicht bereit ist, diese Quellen einer strafrechtlichen Verfolgung auszusetzen. Diese Verpflichtung beruht auf den in der Regel engen menschlichen Beziehungen, die sich in jahrelanger Zusammenarbeit und aus der Gemeinsamkeit ideeller Ziele ergeben haben. Der Offiziers-Ehrenkodex wird weiterhin die Haltung der Mehrzahl der ehemaligen Mitarbeiter der HVA bestimmen.

Die Durchführung der Ermittlungs- und Strafverfahren gegen die Angehörigen der Hauptverwaltung Aufklärung in der DDR stellt, angesichts der Schwierigkeit der Ermittlungen und der Zahl der betroffenen Personen, eine zusätzliche Belastung für die ohnehin überlastete deutsche Kriminalpolizei und Justiz dar. Unglaublich mutet die in letzter Zeit erwogene Bildung von Sondersenaten an. Die rechtliche Grundlage dieser Verfahren ist zweifelhaft. Sie ist angesichts der Tatsache, daß es die DDR nicht mehr gibt, unter dem Gesichtspunkt der Generalprävention zudem sinnlos.

4. Es sollte darüber hinaus nicht verkannt werden, daß die Strafverfolgung der ehemaligen Mitarbeiter der HVA nicht nur von diesen und ihren Familienangehörigen als eine zusätzliche ungerechte Maßnahme empfunden wird, sondern daß auch in der Öffentlichkeit aus humanistischen Erwägungen Kritik an diesen Maßnahmen geübt wird.

Die soziale und gesellschaftliche Ausgrenzung ehemaliger HVA-Mitarbeiter hat wie die aller MfS-Angehörigen eine Dimension angenommen, die rechtsstaatlichen Grundsätzen nicht entspricht und unverhältnismäßig ist.

Die Gefahr unkontrollierbarer Reaktionen wird immer deutlicher.

5. Unter Berücksichtigung der vorstehenden Tatsachen ergibt sich logisch nur ein Ausweg: ›Die Vergangenheit ruhen lassen, die Zukunft sichern.‹

Dazu schlagen wir folgendes vor:

a) Die Bundesrepublik Deutschland erklärt verbindlich, daß sie den ehemaligen Quellen der Hauptverwaltung Aufklärung, die sich freiwillig offenbaren, Straffreiheit gewährt.

Die ehemaligen leitenden Mitarbeiter der Hauptverwaltung Aufklärung, die hinter dieser Stellungnahme stehen, verpflichten sich danach, an ihre ehemaligen Quellen zu appellieren, von dem Angebot der Straffreiheit unter den genannten Voraussetzungen Gebrauch zu machen.

b) Alle Ermittlungs- und Strafverfahren gegen frühere Quellen, die bereits vor längerer Zeit in die DDR zurückgeführt wurden, werden eingestellt und aufgehoben.

c) Alle Ermittlungs- und Strafverfahren gegen ehemalige HVA-Mitarbeiter werden eingestellt und aufgehoben.«

Mitte Juli meldet sich endlich Hellenbroich. Er sei enttäuscht über unsere kompromißarme Position, die unter dem erwarteten kleinsten gemeinsamen Nenner liege.

Uns überrascht das gar nicht, denn Schmidbauer 008, der Agent seiner Majestät des Kanzlers, tönt aus dem Bundeskanzleramt, daß die Geschichte des Kalten Krieges neu geschrieben werden müsse. Weit über 2.000 Spuren würden verfolgt. Einen großen Zipfel der Decke habe man bereits angehoben.

Unsere Haltung führt nicht zum Erfolg. Viele Kundschafter landen im Gefängnis. Bittere Erkenntnis für uns: Nicht die hervorragende Arbeit seiner Dienste, wie Herr Schmidbauer behauptet, führt zur Enttarnung unserer Kundschafter, sondern Verrat aus unseren Reihen.

Wann und durch wen auch immer US-Diensten der Zugriff auf das Material gelang, sie sichteten es ausgiebig, ehe sie es, wahrscheinlich frisiert, den Partnerdiensten übergaben.

In der zweiten Hälfte der 90er Jahre werden fast alle inhaftierten Kundschafter aus der Haft entlassen und die Reststrafen zur Bewährung ausgesetzt. Interessant daran ist: Im CSU-geführten Bayern kommen sie nach Verbüßung der Hälfte der Strafe frei, in den SPD-regierten Ländern erst nach zwei Dritteln. Die betroffenen Personen sind zwar frei, werden aber unverändert gesellschaftlich und sozial ausgegrenzt. Die Strafe nach der Strafe – Verlust des Arbeitsplatzes, der Pension, Auflagen, Zahlung der Gerichts- und Anwaltskosten sowie »Rückzahlung« des angeblich erhaltenen Agentenlohnes – belasten sie und ihre Familien schwer.

Nun also geht der Kampf um Rehabilitierung und Beendigung der Diffamierung.

Zwei Organisationen engagieren sich besonders: die 1995 gegründete Initiativgruppe »Kundschafter des Friedens fordern Recht e. V.« (IKF) und die »Arbeitsgruppe Aufklärer« in der 1993 ins Leben gerufenen »Gesellschaft zur rechtlichen und humanitären Unterstützung e. V.« (GRH). Mitglieder der IKF sind in der GRH ebenfalls präsent.

Die »Arbeitsgruppe Aufklärer« ist auf verschiedenen Feldern aktiv. Am 15. August 2000, mit Blick auf den 10. Jahrestag der Herstellung der deutschen Einheit, schreibt sie an Bundespräsident Johannes Rau. »Könnte angesichts der geschichtlichen Wurzeln des Gegeneinanders der beiden Deutschlands sowie des beendeten Ost-West-Gegensatzes durch eine politische Geste ein Schlußstrich unter Strafverfolgung und soziale Ausgrenzung gezogen und einem Geist der Aussöhnung Raum geschaffen werden?

Kopien des von Markus Wolf, vom ehemaligen Chef der Militäraufklärung der NVA, Alfred Krause, und mir unterzeichneten Schreibens gehen an Paul Spiegel als Präsident des Zentralrates der Juden und den Präses der Evangelischen Kirche in Deutschland (EKD), Manfred Kock.

Rau läßt den Chef des Bundespräsidialamtes abschlägig antworten. Frohn verweist auf den Beschluß des Bundesverfassungsgerichts vom 15. Mai 1995 und auf diese Behandlung dieser Frage im Bundestag im Juli 2000: Alle Fraktionen – die der PDS ausgenommen – hatten ein Straffreiheitsgesetz abgelehnt. Entweder in Unkenntnis oder wider besseren Wissens behauptet Frohn zudem, daß »nur wenige Westdeutsche wegen Spionage für die DDR verurteilt worden seien« und »die fraglichen Taten gutteils aus materiellen Gründen begangen wurden«.

Ist es Hohn oder Zynismus, wenn der Leiter des Bundespräsidialamtes dieser Strafverfolgung »präventive Wirkung« zuschreibt?

Die im Namen des Bundespräsidenten erteilte Antwort steht im Widerspruch zu dem, was Rau am 10. März 2000 in einer Rede in Manningen erklärt hat: »Wenn nur die Sieger Geschichte schreiben, dann widerfährt den Verlierern selten Gerechtigkeit.«

Die EKD lehnt ebenfalls eine Amnestie unter Hinweis auf Bundesverfassungsgericht und Bundestag ab.

Der Zentralrat der Juden reagiert nicht.

Am 8. Mai 2005 schreiben wir an den neuen Bundespräsidenten Horst Köhler. Der Brief trägt die Unterschriften von Markus Wolf, Horst Jänicke, Heinrich Tauchert, Horst Vogel, Ralf Devaux und mir. Unmittelbarer Anlaß ist der Beschluß des Bundesverfassungsgerichts zur strafrechtlichen Verfolgung früherer Mitarbeiter und Agenten des MfS und des MfNV der DDR vor zehn Jahren.

Wir verweisen zunächst darauf, daß seit dem 3. Oktober 1990 über 5.600 Ermittlungsverfahren gegen etwa 7.600 Beschuldigte geführt wurden. In rund 300 Fällen erfolgten Verurteilungen. Drei Kundschafter erhielten Strafen von jeweils zwölf Jahren, in zehn Fällen gab es Urteile zwischen acht und zehn Jahren, eine größere Personengruppe bekam jeweils sechs Jahre.

»15 Jahre nach Herstellung der deutschen Einheit scheint es an der Zeit und geboten, die bisherige Verfolgungspraxis zu prüfen und zu korrigieren. Wir bitten Sie, Ihre mit Ihrer Funktion verbundenen Möglichkeiten zu nutzen, damit

– eventuell noch laufende Ermittlunsgverfahren gegen hauptamtliche und inoffizielle Mitarbeiter der Aufklärungsdienste der DDR eingestellt werden;

– eine der Wahrheit verpflichtete Aufarbeitung der Tätigkeit der Aufklärungsdienste der DDR unter Einbeziehung von Diensten der BRD erfolgt;

– die Diffamierung der DDR-Aufklärungsdienste, auch durch Bundesbehörden, beendet wird;

– durch Gnadenakte Gerichtskosten und verhängte Geldstrafen bzw. die von Finanzämtern verlangten Nachzahlungen erlassen und die eingeleiteten Pfändungsmaßnahmen eingestellt werden;

– die erworbenen Anwartschaften auf die Altersversorgung wiederhergestellt sowie die verhängten Strafrenten korrigiert werden.«

Der Chef der Präsidialkanzlei ließ uns wissen: »Der Bundespräsident hat sich ausführlich über die Entscheidung des Bundesverfassungsgerichts aus dem Jahre 1995 zur Strafverfolgung vor allem von westdeutschen Mitarbeitern der DDR-Nachrichtendienste unterrichten lassen. Er ist der Überzeugung, daß der Beschluß des Bundesverfassungsgerichts dem Rechtsstaat des Grundgesetzes ein vorzügliches Zeugnis ausstellt. Der Bundespräsident sieht darum keinerlei Anlaß, im Sinne Ihres Anliegens tätig zu werden.«

Und Jansen hängte abschließend noch die nicht nur in unseren Augen zynische Floskel an: »Haben Sie bitte Verständnis dafür.«

Wir sehen wegen der Ungleichbehandlung der Spione in Ost und West durch das Bundesverfassungsgericht das Grundgesetz durchaus verletzt und vermögen zumindest in seiner Anlegung das »vorzügliche Zeugnis« des Herrn Bundespräsidenten nicht zu teilen: Zumindest sehen wir Artikel 3, der die Gleichheit jedes Bundesbürgers vor dem Gesetz festschreibt, nicht gewahrt.

Diese Tatsache führt zur Herstellung einer DVD unter dem Titel »Rache und Vergeltung. Verfolgung der Kundschafter und Mitarbeiter der Aufklärungsorgane der DDR – Bestandteil der BRD-Strategie, die DDR zu delegitimieren«. In der Filmdokumentation äußern sich Prof. Dr. Siegfried Prokop, Dr. Gabriele Gast, Dr. Friedrich Wolff, Hans-Joachim Bamler, Gotthold Schramm, Dieter Popp, Klaus Eichner, Rainer Rupp und ich.

Im Mai 2005 organisieren wir eine Konferenz in Berlin unter der Fragestellung »Spionage für den Frieden?«, an der neben deutschen Gästen auch Fachleute aus dem Ausland teilnehmen. So begrüßen wir Milton Bearden, ein früherer CIA-Führungskader – zuletzt leitete er die Abteilung Sowjetunion/Osteuropa –, Oberst a. D. Witali W. Korotkow vom Auslandsnachrichtendienst des KGB und den ehemaligen Leiter des kroatischen Nachrichtendienstes, prof. Dr. Miroslaw Tudjman.

In der lebhaften Diskussionen melden sich unter anderen die

Historiker Gerhard Fischer, Stefan Doernberg und Siegfried Prokop. Es melden sich ehemalige Kundschafter und ehemalige Nachrichtendienstler wie Rainer Rupp und Gabriele Gast, Alexander Karin, Klaus Eichner, Wolfgang Schwanitz und Markus Wolf. Ich spreche ebenso wie der Geheimdienstexperte Erich Schmidt-Eeenboom. Hans Modrow, der verhindert ist, läßt seinen Beitrag vortragen.

Übereinstimmend kommen alle Redner zum Schluß, daß die Nachrichtendienste in Ost und West während des Kalten Krieges entscheidend dazu beigetragen haben, daß dieser zu keinem heißen wurde.

In regelmäßigen Abständen treffen sich ehemalige Hauptamtliche und Kundschafter zum Gedankenaustausch. An der Begegnung im Mai 2006 in Strausberg nehmen etwa 80 Personen teil, darunter 35 ehemalige Kundschafter. Von Strausberg gehen Grußadressen an Freunde, die noch immer in den USA einsitzen: an Kurt Stand – 1997 verhaftet, zu 17 Jahren verurteilt –, an Theresa Squillacote – 1997 verhaftet, 1999 zu 21 Jahren verurteilt – und an James Clarke – 1997 verhaftet, 1999 zu zwölf Jahren und sieben Monaten verurteilt.

Wir teilen ihnen mit: »Bestandteil unseres Tagesprogramms war auch ein Bericht über Eure Lage. Ihr seid die letzten Freunde, die wegen ihres Wirkens für den Frieden in der Zeit des Kalten Krieges noch hinter Kerkermauern sitzen müssen. Wir bewundern Eure Standhaftigkeit und Kraft gegenüber den schweren Haftbedingungen und den Belastungen im persönlichen Bereich.

Wir drücken Euch fest die Hand. Unsere Solidarität und die Möglichkeit von Unterstützung, die uns noch geblieben sind, gehören Euch. Viel Erfolg im Kampf gegen die amerikanische Justizwillkür bei Euren Bemühungen für eine Verkürzung der Haft und baldige Freiheit.«

Mit Büchern wie »Kundschafter im Westen« (2003), »Der Botschaftsflüchtling und andere Agentengeschichten« und »Flucht vor der Junta« (beide 2006) klären wir eine interessierte Öffentlichkeit über die Kundschafter und ihre Tätigkeit auf.

»Stasijagd« als Instrument zur Delegitimierung der DDR

Unter maßgeblichem Einfluß westdeutscher Berater beginnt die Delegitimierung der DDR bereits unter der Regierung von Lothar de Maizière. Im Einigungsvertrag wird fixiert, daß die DDR ein »SED-Unrechtsregime« war.

Die Einverleibung der DDR in die Bundesrepublik Deutschland – formaljuristisch Beitritt genannt – dient nur diesem einen Ziel. Auf dem Deutschen Richtertag 1991 erklärt bekanntlich Justizminister Klaus Kinkel die Delegitimierung zur wichtigsten Aufgabe der damit befaßten Juristen. Ein völkerrechtlich anerkannter und geachteter Staat erhält das Eitkett, den das internationale Recht nicht kennt: Unrechtsstaat.

Das MfS, »die Stasi«, wird zum Verbrecherorgan erklärt. Die Argumentationskette geht so: DDR = Stasi = Unrecht = Verfolgung, Verbrechen, Folter. Einer auch nur ansatzweise objektiven Bewertung der Tätigkeit des MfS wird entschieden widersprochen, egal, von welcher Seite sie kommt. Und ehemalige Mitarbeiter haben ohnehin nichts zu sagen.

Dem Bürger wird ein Moloch, der Krake, das Ungeheuer vorgeführt.

Entscheidenden Anteil an dieser systematischen Verleumdung hat der Bundesbeauftrage für die Unterlagen des Staatssicherheitsdienstes der ehemaligen Deutschen Demokratischen Republik (BStU), der die nach ihm benannte Behörde seit 1992 führt.

Auf Gauck folgte Birthler, geändert hat sich seit anderthalb Jahrzehnten nichts.

Wie es in der Selbstdarstellung heißt, gilt sie als »zentrale Säule der Aufarbeitung des diktatorischen SED-Regimes und seiner systematischen Bespitzelung. Rechtliche Grundlage der Behörde ist das Stasi-Unterlagengesetz von 1991.« Etwa 2.200 Mitarbeiter und ihre Institution verzehren Jahr um Jahr rund 100 Millionen Euro.

In bezug auf die HVA möchte die Behörde nachweisen, daß sie kein Auslandsnachrichtendienst wie etwa der BND war, sondern beauftragt gewesen sei, die Bundesrepublik zu destabilisieren und perspektivisch zu liquidieren. Zudem sei sie Teil des Repressionsapparates der DDR gewesen, d. h. die HVA habe mehr Energie und Kräfte im Inland als im Ausland gebunden.

Da die Behörde für diese Behauptung kaum Belege hat wie überhaupt die Dokumentenlage dürftig ist, jubelt man geradezu, als »Rosenholz« und die SIRA-Daten auftauchen. Deren Bedeutung wird aus naheliegenden Gründen propagandistisch nicht nur überhöht dargestellt, sondern zur Entdeckung erster Klasse hochstilisiert. Als müsse die Siegergeschichte noch einmal umgeschrieben werden.

Die öffentlichen Kampagnen dazu beweisen den Verfolgungswahn und die politische Schizophrenie der Behörde und ihrer Multiplikatoren.

Die Kunst der angeblich wissenschaftlichen Aufarbeitung der HVA-Geschichte besteht nun darin, daß aus zugänglichen Zahlen und Informationsüberschriften – mehr steht nicht zur Verfügung – inhaltliche Wertungen und Deutungen vorgenommen werden. Aus einer bestimmten Anzahl von als IM in der Bundesrepublik registrierten Personen wird »Die unterwanderte Republik« oder »Das Gesicht dem Westen zu« oder »Der diskrete Charme der DDR«. Da wird gezählt und hochgerechnet, da wird vermutet und behauptet, da wird Wunschdenken zum Beweis erhoben.

Es schockt natürlich die Öffentlichkeit, wenn beispielsweise Hubertus Knabe behauptet, die HVA habe 20.000 bis 30.000 IM in der Bundesrepublik geführt.

Auch wenn dies bald von anderen auf 6.000 oder gar 1.500 reduziert wird, verfehlt die Spekulation ihre Wirkung nicht.

Da für mich nicht Zahlen, sondern inhaltliche Ergebnisse Maßstab für eine erfolgreiche nachrichtendienstliche Tätigkeit sind, enthalte ich mich der Zählerei.

Ebenso falsch sind die Wertungen, bei denen die Menge der Informationen eine Rolle spielt. Mitunter ist eine Information weitaus wichtiger als 100 es sein können. Und was ist mit jenen, die mündlch gegeben wurden und in keiner Datei auftauchen?

So bleibt festzustellen, daß selbst wissenschaftlich gebildete Personen in der Behörde – offenkundig, weil ihnen auch Kenntnisse fehlen, eher wie Statistiker und nicht wie Historiker arbeiten. Für mich ist das nichts weiter als Erbsenzählerei.

Der jüngste Höhepunkt der in Wellen laufenden Hysterie war die 2006 verbreitete »Entdeckung«, daß laut »Rosenholz« zwischen 1969 und 1972 angeblich 43 IM der HVA im Bundestag gesessen hätten. Selbst Helmut Schmidt und Helmut Kohl, die nachmaligen Kanzler, seien als IMA registriert gewesen. Laut Birthler heißt IMA »IM mit Arbeitsakte«.

Eine solche Registratur hat es bei uns nie gegeben.

Und wenn es so bei »Rosenholz« von der CIA steht, ist einmal mehr der Nachweis geführt, daß die Datei unseriös ist.

Falsch ist auch, daß die angeblich über Kohl und andere dort aufgefundene Akten von der HVA kommen sollen. Wir, die HVA, haben die Akte Helmut Kohl vernichtet.

Wenn etwas existiert, stammt es allenfalls aus anderen Diensteinheiten des MfS, nicht von uns. Kohl war kein IM von uns, auch wenn wir dennoch jederzeit bestens über ihn, sein Leben und seine Politik informiert waren. Intimes eingeschlossen.

Und mehr werde ich dazu nicht mehr sagen: Unser gegebenes Wort gilt – wir verraten keine Quellen.

Die Suche der Behörde nach Beweisen für eine IM-Tätigkeit ist nicht nur ideologisch motiviert, sondern hat bereits pathologische Züge. Die Behörde arbeitet wie die Inquisition: Sogenannte Belastungen werden eingesetzt zur beruflichen und gesellschaftlichen Ächtung. Manch einer zog den individuellen Suizid dem Rufmord vor. Von Wissenschaft ist da wenig zu spüren.

Nicht grundlos mehreren sich darum auch die Stimmen in der Politik, der Wissenschaft und der Öffentlichkeit, die Akten des MfS ins Bundesarchiv zu überführen und der Behörde die Deutungs- und Interpretationshoheit zu nehmen. Daran ändert sich nichts, selbst wenn der Bundespräsident nach Besuchen in der »Gedenkstätte Hohenschönhausen« oder bei der Birthlerbehörde rührselig erklärte, dort werde »gute Arbeit geleistet«.

So sehr ich die Hexenjagd auf die IM prinzipiell verurteile, distanziere ich mich auch von ihnen, wenn diese Personen heute erklären, sie haben nichts gewußt, seien unwissentlich abgeschöpft oder gar mißbraucht worden, oder hätten niemandem geschadet etc. Wir kennen die Sprüche, die dann in der Regel geklopft werden, leider zur Genüge. Ich schäme ich insbesondere dann für sie, wenn es sich um auch in der DDR honorige Persönlichkeiten handelte, die nunmehr glauben »angekommen« zu sein.

Natürlich gehört das »Abschöpfen« zum Handwerk aller Nachrichtendienste. Doch die HVA hat keine DDR-Bürger abgeschöpft. Wir haben mit überzeugten Staatsbürgern zusammengearbeitet, die ihrem Staat und seinen Organen politisch verbunden waren. Wenn jemand den Kontakt ablehnte, respektierten wir das.

Niemand wurde gezwungen, keiner erpreßt.

Ich frage mich, weshalb so wenige sich so verhielten wie der sächsische Landtagsabgeordnete Dr. Volker Külow (Die Linke), der sich vor der Wahl zu seiner Tätigkeit für die HVA bekannte und auch heute, trotz aller Anfeindungen, unverändert dazu steht.

Auch Markus Wolf und ich haben bereits Anfang der 90er Jahre wiederholt erklärt, daß wir bereit seien, uns bei jenen zu entschuldigen, denen wir persönlich geschadet hätten. Nicht einer hat sich gemeldet.

Wenn sich alle so verhalten würden, wie es Volker Külow getan hat, wäre es den »Stasijägern« nicht so leicht gefallen, ihr denunziatorisches Gewerbe mit solchem Erfolg zu betreiben.

Ein wesentliches Moment der Delegitimierung ist die Gleichsetzung von Nazi- und SED-Diktatur. Weil man die Leichenberge, die die Hitlerfaschisten anhäuften, in der DDR vergebens suchte, erfand man das »Auschwitz der Seelen«. Hubertus Knabe, der Leiter in Hohenschönhausen, bezeichnet die von ihm ausgerichtete »Gedenkstätte« als das »Dachau des Ostens«. Entsprechend ist der Ort ausgestaltet und beschriftet. Über 40.000 Menschen hätten in vierzig Jahren dort unsäglich gelitten, heißt es, ohne präzise zu erklären, daß sich an diesem Ort zunächst ein Internierungslager für Naziverbrecher befand, daß auf Weisung des Alliierten Kontrollrates von der Besatzungsmacht eingerichtet worden war.

Über Knabes »Gruselkabinett« gibt es inzwischen einige Veröffentlichungen, die die Wahrheit wieder auf die Füße stellt und die Lügen auch als solche bezeichnet. Zu jenen aber, die sich Knabes Les- und Deutungsart zu eigen gemacht haben, gehören auch Kommunal- und Landespolitiker der Linkspartei/PDS. Es war für sehr viele Mitglieder, Wähler und Sympathisanten nicht nachvollziehbar, warum sie einer Markierung des Areals mit gleichermaßen ahistorischen wie denunziatorischen Texttafeln zustimmen, und zogen für sich die Konsequenzen.

Wenn ihr so gut wart, warum habt ihr nicht den Untergang verhindern können?

Diese Frage wird mir oft gestellt. Dann antworte ich: Nicht der Nachrichtendienst macht die Politik eines Staates. Er ist nicht Auftraggeber, sondern Auftragnehmer und Dienstleister. Natürlich wird von ihm erwartet, daß er wahrheitsgemäß informiert, um Fehleinschätzungen und -schlüsse zu vermeiden.

Die DDR ist nicht der einzige Fall, wo Männer Geschichte machten. Und wenn wir uns in der Welt umschauen, müssen wir feststellen, daß es noch immer so ist. Auch wenn eine qualifizierte Mehrheit selbst in den USA den Irak-Krieg ablehnt, wird dort dennoch weiter gemordet.

Nun lag es wohl nicht an Honecker oder Mittag allein, daß die DDR von 1971 bis 1989 vor die Hunde ging. Und es ausschließlich darauf zu schieben, daß wir immer ordentlich informiert haben, aber unsere Hinweise ignoriert wurden, ist auch nicht ganz gerecht. Vergessen wir nicht, die DDR gehörte zu einem Staatenbündnis, ihre Außen- und Sicherheitspolitik sowie die Wirtschaft war insbesondere mit der Politik der Führungsmacht verknüpft. Die Feststellung, daß die unverbrüchliche Freundschaft zur Sowjetunion Garant für unsere Existenz sei, traf 100prozentig zu. Allerdings haben wir uns nie vorstellen können, daß dies eine zweiseitige Angelegenheit war und es Moskau auch mal anders sehen könnte. Wenn die Sowjetunion dieses Bündnis aufkündigte – was sie schließlich tat –, war unser Schicksal besiegelt. Krjutschkow weist in seinem Vorwort darauf hin. Gorbatschow erlaubte den Vormarsch der Konterrevolution in den sozialistischen Ländern. Keines von uns aber war in der Lage, allein als sozialistischer Staat in Europa zu existieren.

War darum alles umsonst?

Nein. Wir haben den Frieden erfolgreich gesichert und ein atomares Inferno verhindert. Daran hat die HVA ihren Teil. Wie sagte Milton Bearden von der CIA am 7. Mai 2004 in Berlin? »Ehrlicherweise muß die Rolle der Nachrichtendienste beider Seiten – lassen Sie mich hinzufügen; aller Nachrichtendienste in Ost und West – als Beitrag dazu gesehen werden, daß der 45 Jahre dauernde Kalte Krieg kalt blieb und nicht heiß wurde.« Und auch Ex-Präsident Clinton erklärte das am 11. Juli 2004: »Die Spione haben dafür gesorgt, daß zwischen uns kein Atomkrieg stattfand.«

Personenregister